SPECTACULUM · MODERNE THEATERSTÜCKE

SPECTACULUM 65

Sonderband zum 100. Geburtstag
von Bertolt Brecht

Bertolt Brechts
Leben des Galilei

Drei Fassungen,
Modelle, Anmerkungen

SUHRKAMP VERLAG

Erste Auflage 1998

Satz und Druck: MZ-Verlagsdruckerei GmbH, Memmingen
Printed in Germany

INHALT

Die Kenntnis der Natur der Dinge, so sehr und so ingeniös vertieft und erweitert, ist ohne die Kenntnis der Natur des Menschen, der menschlichen Gesellschaft in ihrer Gesamtheit nicht imstande, die Beherrschung der Natur zu einer Quelle des Glücks für die Menschheit zu machen. Weit eher wird sie zu einer Quelle des Unglücks. So kommt es, daß die großen Erfindungen und Entdeckungen nur eine immer schrecklichere Bedrohung der Menschheit geworden sind, so daß heute beinahe jede menschliche Erfindung nur mit einem Triumphgeschrei empfangen wird, der in einen Angstschrei übergeht.

Bertolt Brecht

ALLER GUTEN DINGE SIND DREI
BRECHTS *GALILEI*-PROJEKT (1938-1956)

»Der *Galilei* wird Anfang nächster Woche schon fertig werden, es ist eine richtige Rekordarbeit von Brecht: er arbeitet noch nicht einmal 14 Tage daran.« Dies berichtet Margarete Steffin Mitte November 1938 dem dänischen Journalisten Knud Rasmussen. Wenige Tage später, am 23. November, bestätigt Brecht in seinem *Journal*: »›Das Leben des Galilei‹ abgeschlossen. Brauchte dazu drei Wochen.«

Eine Entstehungszeit von lediglich drei Wochen für solch ein komplexes Theaterstück wie den *Galilei* scheint außergewöhnlich kurz. Wie kann ein Dramatiker in diesen wenigen Tagen die Fülle des Stoffs bewältigen? Wer Brechts Arbeitsweise kennt, weiß, daß er sich stets ausführlich mit seinen Themen beschäftigt hat: Wochenlang, monatelang, oft jahrelang konnten seine Gedanken um ein bestimmtes Sujet kreisen. Das gilt insbesondere für die Figur des Galileo Galilei, dessen Schwanken zwischen Aufbegehren und Unterordnen, zwischen Lebenslist und Lebenslust Brecht faszinierte. So bedeuten die drei Wochen zunächst nicht mehr, als daß der Autor in dieser Zeit seine eigenen Gedanken wie die seiner Mitarbeiter schriftlich fixierte. Abgeschlossen war das Stück damit keineswegs. Brecht gehört zu jenen Dramatikern, die ihre Stücke nicht als endgültig fertig betrachten; bis zur letzten Minute vor der Uraufführung wurde an einzelnen Sätzen und Passagen gefeilt, verändert, Szenen umgestellt und auf ihre Wirkung auf der Bühne hin überprüft: Die Qualität des Puddings erweist sich erst beim Essen, heißt einer der Kernsätze der Brechtschen Theaterarbeit. Und auch nach seiner Premiere galt ein Stück noch nicht als beendet, für eine Aufführung an einem anderen Ort stand es wieder für Änderungen offen, aktuelle Ereignisse zogen neue Erkenntnisse nach sich und verlangten nach einer Auseinandersetzung innerhalb des Stücks. So blieb es auch im Falle *Galilei* nicht bei der ersten Fassung, die nach dem Land ihrer Entstehung die »dänische« genannt wird. Dem *Leben des Galilei* folgt der *Galileo* in englischer Sprache, an dem Brecht von 1944 bis 1947 arbeitet; ebenfalls nach dem Entstehungsland wird diese Fassung als »amerikanische« bezeichnet. Von 1947 bis zu seinem Tod schließlich schreibt er an der sogenanntern »Berliner Fassung«, die wiederum den Titel *Leben des Galilei* trägt.

Auch wenn die drei Fassungen vordergründig dasselbe Thema haben, so unterscheiden sie sich doch in wesentlichen Punkten, insbesondere in Brechts Einschätzung der Verantwortlichkeit des Wissenschaftlers für seine Forschungen. Der vorliegende *Spectaculum*-Band bietet die Möglichkeit, die drei Fassungen miteinander zu vergleichen und die verschieden gewichteten Aspekte bei der Gestaltung der Rolle des Wissenschaftlers in der Gesellschaft zu betrachten.

Und erst wenn wir gescheitert sind,
vollständig und hoffnungslos
geschlagen und unsere Wunden
leckend, in traurigster Verfassung,
werden wir zu fragen anfangen, ob
wir nicht doch Recht gehabt haben
und die Erde sich dreht!

Bertolt Brecht

ZEITTAFEL ZU GALILEO GALILEI

1564 Galileo Galilei in Pisa geboren
Shakespeare in Stratford geboren

1572 Der böhmische Hofmathematiker Tycho Brahe erkennt, daß außerhalb der Planeten sich auch die Sterne ständig bewegen

1576 Der italienische Dominikanermönch und Philosoph Giordano Bruno flieht ins Ausland, da er von der katholischen Kirche wegen seiner auf den Erkenntnissen von Nikolaus Kopernikus beruhenden Lehre von der Einheit Gottes mit der Natur verfolgt wird. Über Kopernikus hinausgehend, vertritt er die Ansicht, daß es neben dem Sonnensystem, das die Erde einschließt, noch zahlreiche andere geben müsse. Schließt auf die Unendlichkeit des Weltalls und bezeichnet die bislang nicht vorstellbaren anderen Sonnensysteme als »neue Welten«

1581 Galilei studiert zunächst Medizin, später Mathematik und Physik an der Universität von Pisa

1581 Galilei beobachtet die Pendelbewegungen

1584 Giordano Brunos Hauptwerk *Vom Unendlichen, dem All und den Welten* erscheint in London

1585 Galilei studiert an der Universität in Florenz

1586 Galilei erfindet eine Waage, mit der spezifische Gewichte gemessen werden können. Veröffentlicht einen Aufsatz über seine Entdeckung des hydrostatischen Gleichgewichts, die ihn in Italien bekannt macht

1589 Galilei arbeitet (bis 1592) als Dozent für Mathematik an der Universität Pisa. Er erforscht den freien Fall und die Gesetze der Schwerkraft; seine theoretischen Studien und Aufzeichnungen veröffentlicht er jedoch noch nicht

1592 Galilei arbeitet (bis 1610) als Professor für Mathematik an der Universität von Padua, die als eine der fortschrittlichsten in Europa gilt. Unter dem Schutz der Republik Venedig genießt sie relative Unabhängigkeit vom Einfluß der katholischen Kirchenführung auf Forschung und Lehre. Auch Angehörige der lutherischen, kalvinistischen oder reformierten Kirche aus anderen europäischen Ländern dürfen hier studieren, solange sie ihren Glauben nicht öffentlich praktizieren.
Giordano Bruno wird bei seiner Rückkehr nach Venedig verhaftet und sechs Jahre eingekerkert

1593 Galilei konstruiert eine »Maschine zum Heben von Wasser«. Verfaßt das *Traktat über Befestigungen* sowie das *Traktat über Mechanik,* das universitätsintern als Leitfaden für Studenten publiziert wird

1597 Galilei verfaßt das *Traktat über die Himmelskugel.* Konstruiert den Proportionszirkel (vom Konstruktionsprinzip her mit dem des Storchenschnabels vergleichbar), der als Vorläufer des Rechenschiebers gilt. Galilei entwickelt das Gerät zur Vereinfachung geometrischer Berechnungen im Militärwesen

1598 Die Republik Venedig liefert Giordano Bruno an die Inquisition aus

1600 Giordano Bruno wird wegen seiner Ansichten öffentlich in Rom als Ketzer verbrannt

1601 Johannes Kepler wird in Böhmen Nachfolger des verstorbenen Hofmathematikers Tycho Brahe

1604 Galilei erprobt seine »Maschine zum Heben von Wasser« in Padua für die Bewässerung eines Gartens der Stadt

1608 Der niederländische Linsenschleifer Hans Lippershey baut das erste Linsenfernrohr

1609 Galilei konstruiert die Lippersheysche Erfindung nach. Galileis Instrument erreicht bereits eine zwanzigfache Vergrößerung; damit kann er die Gestirne beobachten. Im August bietet er Venedig das Fernrohr als Geschenk an und führt es auf dem Glockenturm von San Marco vor; zum Dank bekommt er eine Professur auf Lebenszeit in Padua, sein Gehalt wird auf 1000 Scudi verdoppelt. Im Oktober entdeckt er bei der Untersuchung des Mondes dessen erdähnliche Oberflächenstruktur, was Rückschlüsse auf die Planetennatur der Erde zuläßt. Kepler verfaßt seine *Gesetze der Planetenbewegung*

1610 Galilei entdeckt die Jupitermonde; der Nachweis von deren Existenz und ihrer Bewegung um den Planeten ist ein erster Beweis gegen die aristotelische These, daß die Planeten fest mit undurchdringlichen Kristallschalen verbunden seien. Entdeckt die Saturnringe sowie die Phasen der Venus, die sich wie der Mond der Erde in zunehmender und abnehmender Gestalt zeigt – ein weiterer Beweis für das kopernikanische Weltbild. Beobachtet die Sonnenflecken. Mit dem Fernrohr können nun auch Sterne sichtbar gemacht werden, die dem bloßen Auge bislang verborgen blieben. So kann Galilei nachweisen, daß die Milchstraße kein (wie von Aristoteles vermutet) Nebel ist, sondern eine Anhäufung zahlloser Sterne. Auch im sogenannten Nebel im Sternbild des Orion weist er 500, im Bereich der Plejaden 40 zuvor nie gesehene Sterne nach. Veröffentlicht die *Sternenbotschaft*, in dem er sich öffentlich zum kopernikanischen Weltbild bekennt. Nach diesem nach Nikolaus Kopernikus benannten Weltbild bewegen sich die die Planeten einschließlich der Erde um die Sonne (im Gegensatz zum sogenannten ptolemäischen Weltbild, nach dem sich sämtliche Himmelskörper um die Erde bewegen; da es sich mit den Aussagen der Bibel in Einklang bringen läßt, gilt es als unumstößliche Lehrmeinung). Galilei wird »Erster Mathematiker und Philosoph« am Hofe des 19jährigen Großherzogs Cosimo II. von Toskana, den er schon als Prinzen unterrichtet hat

1611 Galilei begibt sich nach Rom. Lernt dort Kardinal Carlo Maffeo Barberini kennen, der ein in der Kirche anerkannter Wissenschaftler und zugleich Dichter ist. Barberini bringt Galilei große Wertschätzung entgegen, schreibt ihm Huldigungsbriefe und ein Gedicht. Im Ergebnis eines längeren Streits zwischen Galilei, einigen Universitätsprofessoren und Mitgliedern des toskanischen Herrscherhauses entsteht auf Veranlassung des Großherzogs Cosimo II. in Florenz Galileis anti-aristotelischer *Diskurs über die Körper, die auf dem Wasser schwimmen oder in demselben sich bewegen*. In ihr geht Galilei auch auf astronomische Probleme ein und argumentiert nach der kopernikanischen Lehre. Kardinal Barberini verteidigt Galilei gegen die Angriffe seiner Gegner.

1612 Der *Diskurs über die Körper, die auf dem Wasser schwimmen oder in demselben sich bewegen* erscheint, woraufhin in Florenz der Dominikaner Lorini gegen Galileis Lehre von der Bewegung der Erde predigt

1613 Galilei verfaßt seine Schrift über die Sonnenflecken, worin er die kopernikanische Lehre verteidigt und eine Grenze zwischen Wissenschaft und Glauben zieht

1615 Lorini denunziert Galilei bei der Inquisition. Galilei reist nach Rom

1616 Galilei verfaßt den *Diskurs über Ebbe und Flut.* In Rom muß er Lorinis Anschuldigungen vor der Inquisition entkräften. Er bleibt unangetastet. Jedoch beauftragt der Papst die führenden Theologen der Inquisition mit der Prüfung der kopernikanischen Lehre, die aufgrund von lediglich zwei unterbreiteten Sätzen aus Kopernikus' Schriften auf den Index gesetzt wird. Kenntnisnahme, Besitz und Verbreitung der wissenschaftlichen Werke von Kopernikus sind ab sofort unter Strafe gestellt. Galilei wird von Kardinal Roberto Bellarmin eingeladen, der ihm diesen Sachverhalt mitteilt. Der Jesuit Bellarmin ist einer der führenden Theologen seiner Zeit und steht seit 1592 dem Collegium Romanum als Rektor vor, das in allen Fragen der Wissenschaft als höchste Instanz der Kirche gilt

1619 Keplers Hauptwerk *Die Harmonie der Welten* erscheint

1623 In seiner Streitschrift *Goldwäger* setzt sich Galilei mit prinzipiellen Fragen und Methoden der Astronomie auseinander.
Kardinal Carlo Maffeo Barberini wird Papst (Urban VIII.)

1632 Mit Genehmigung der Florentiner Zensurbehörde erscheint im Februar schließlich Galileis *Dialog über die beiden hauptsächlichen Weltsysteme*, die bereits im August wieder verboten wird. Galilei wird nach Rom vorgeladen, um vor dem Inquisitionsgericht zu erscheinen

1633 Im April beginnt Galileis Prozeß. Er wird vor der Inquisition verhört. Im Juni findet das letzte der insgesamt vier öffentlichen Verhöre statt, wo ihm die Folter angedroht wird. Er schwört der kopernikanischen Lehre ab. Nach dem Prozeß lebt er unter strenger Aufsicht der Inquisition in seinem Landhaus in Arcetri südlich von Florenz. Seine Tochter Virginia Gamba lebt als Nonne in dem Kloster von Arcetri

1635 Eine lateinische Übersetzung des verbotenen *Dialogs* erscheint in Straßburg. Galilei lanciert weitere Übersetzungen

1637 Ein früheres Augenleiden führt bei Galilei zu fortschreitendem Sehverlust. Auf Fürsprache des 28jährigen Großherzogs Ferdinand II. von Toskana gestattet die Inquisition im Mai, Helfer für die Weiterarbeit an den *Discorsi* heranzuziehen. Im Winter völlig erblindet

1638 In Leiden werden seine *Discorsi* veröffentlicht und begründen die moderne Physik. Mit der Auflage, sich dort keinesfalls öffentlich zu betätigen, darf Galilei für kurze Zeit nach Florenz, um besser medizinisch versorgt werden zu können

1642 Galilei stirbt in Florenz

Dänische Fassung
1938/39

Wie eitel ist doch der Glaube,
man könne einer neuen Wahrheit
Eingang verschaffen durch
Widerlegung dieses und jenes
Autors. Erst muß man verstehen,
die Köpfe der Menschen
umzuformen, und sie fähig
machen, zwischen Wahrheit und
Irrtum zu unterscheiden.
Galileo Galilei

ZUR ENTSTEHUNG DER DÄNISCHEN FASSUNG 1938/39

Bereits einige Jahre vor der ersten Niederschrift des *Galilei* 1938 befaßt sich Brecht mit der Rolle des Wissenschaftlers in der Gesellschaft. 1932 berichtet er dem russischen Schriftstellerkollegen Sergej Tretjakow in Moskau von seinem Plan, in Berlin ein Panoptikumtheater zu gründen, in dem er interessante Gerichtsverfahren von der Antike bis zur Gegenwart auf die Bühne bringen will. Dabei denkt er auch an den berühmten Prozeß des italienischen Astronomen Galileo Galilei, der 1633 in Rom stattfand.

Nachdem Brecht im Februar 1933 aus Deutschland geflohen ist, verfolgt er im Exil aufmerksam den Leipziger Reichstagsbrandprozeß, in dem der Hauptangeklagte Georgi Dimitroff den Fall Galileis als Parallele zum aktuellen Geschehen aufgreift. In seinem Schlußplädoyer wendet sich der bulgarische Arbeiterführer mit dem Galilei zugeschriebenen Ausspruch »Und sie [die Sonne] bewegt sich doch!« anklagend an die Richter, denen es wie den einstigen Inquisitoren nicht gelingen werde, den Sieg der Wahrheit aufzuhalten. Im November 1937 setzt sich Brecht in seiner *Rede über die Widerstandskraft der Vernunft* mit der Situation der Wissenschaftler im faschistischen Deutschland auseinander und spielt dabei indirekt auf Galileis Haltung gegenüber den Herrschenden an. Das gleiche Thema greift er im Frühjahr 1938 in der Szene *Physiker 1935* für *Furcht und Elend des III. Reiches* auf. Seine Überlegungen stehen mit jener Strategie des antifaschistischen Widerstands in Einklang, die Georgi Dimitroff auf dem VII. Weltkongreß der Kommunistischen Internationale 1935 als Taktik des Trojanischen Pferdes beschrieben hat. In seiner 1934/35 verfaßten Schrift *Fünf Schwierigkeiten beim Schreiben der Wahrheit* empfiehlt Brecht Schriftstellern, ihre »Propaganda für das

Denken« in scheinbar harmlose Geschichten zu kleiden: »Die Vorkämpfer der Wahrheit können sich Kampfplätze auswählen, die verhältnismäßig unbeobachtet sind. Alles kommt darauf an, daß ein richtiges Denken gelehrt wird, ein Denken, das alle Dinge und Vorgänge nach ihrer vergänglichen und veränderbaren Seite fragt.« In diesem Sinne behandelt Brecht in *Leben des Galilei* die vorgeblich unverfänglichen gesellschaftlichen Ereignisse im 17. Jahrhundert, die zur Verurteilung Galileis geführt haben, als Präzedenzfall, an dem kämpferisches Verhalten unter einer Diktatur demonstriert werden kann.

Erste Gliederungsskizzen, Fabel- und Szenenentwürfe entstehen zwischen Frühjahr und Herbst 1938. Ins Zentrum der Szenen rücken der Kampf um Wahrheit und Vernunft sowie die Bedeutung der Wissenschaft für den gesellschaftlichen Fortschritt. Brecht stellt den Gedanken der Renaissance vom Beginn eines neuen Zeitalters der Situation in Deutschland gegenüber und zieht Parallelen zum antifaschistischen Widerstandskampf. In einem weiteren, als *Fassung für Arbeiter* konzipierten Stückplan tritt der Lehrstück-Aspekt hinter einer stärkeren Orientierung auf die Biographie des Wissenschaftlers Galilei zurück. In ausgedehnten Literaturstudien beschäftigt sich Brecht mit den historischen Fakten, die er aus Emil Wohlwills Biographie *Galilei und sein Kampf für die copernicanische Lehre* (2 Bde., 1909 und 1926) und Leonardo Olschkis *Galilei und seine Zeit* (1927) bezieht. Neben den Satiren von Horaz benutzt er die Werke zweier Zeitgenossen Galileis: Aus Francis Bacons *Neuem Organon* und Michel de Montaignes *Gesammelten Schriften* übernimmt Brecht ganze Textpassagen. Für die Darstellung physikalischer und astronomischer Probleme (über die er sich auch mit Christian Möller, einem Assistenten des dänischen Physikers und Nobelpreisträgers Niels Bohr berät) zieht Brecht A. S. Eddingtons *Das Weltbild der Physik und ein Versuch seiner philosophischen Deutung* (1931), James Jeans' *Die Wunderwelt der Sterne* (1930) sowie die *Geschichte der Stellarastronomie bis zur Gegenwart* des französischen Astronomen Henri Mineur heran. Von Galileo Galileis Werken liest er *Unterredungen und mathemathische Demonstrationen über zwei neue Wissenszweige, die Mechanik und die Fallgesetze betreffend*. Über Kontakte zum Kopenhagener Bohr-Institut erhält Brecht wahrscheinlich Hinweise auf Experimente zur Atomkernspaltung, die in dieser Zeit von verschiedenen Ländern durchgeführt werden. Den deutschen Chemikern Otto Hahn und Fritz Straßmann gelingt im Dezember 1938 erstmalig die Spaltung eines Uran-Atoms, womit nun die Möglichkeit gegeben ist, ungeheure Energiemengen freizusetzen. Informationen über diese Entdeckung gelangten über die nach Schweden emigrierte Mitarbeiterin Hahns, Lise Meitner, an das Bohr-Institut in Kopenhagen.

Der letzte Anstoß für die Ausarbeitung des Stücks kommt von dem deutschamerikanischen Schriftsteller Ferdinand Reyher, der Brecht Anfang November 1938 vorschlägt, ein Exposé zu einem Film mit dem Galilei-Stoff zu schreiben; möglicherweise ließe sich in den USA ein Produzent dafür finden. Margarete Steffin berichtet Walter Benjamin am 17. November 1938 über den Fortgang der Arbeit: »Brecht fing vor zehn Tagen an, den Galilei, der ihm ja schon länger im Kopf spukte, herunterzudramatisieren, er hat jetzt von vierzehn Szenen bereits neun fertig.« Statt des geplanten Filmexposés entsteht ein Theatertext, dessen erste Niederschrift am 23. November vorliegt. Der Titel *Die Erde bewegt sich* auf dem Deckblatt des Typoskripts stellt den Widerstand der Galilei-Figur in den Vordergrund. Mit der Betonung eines Auflehnens gegen die Verdunkelung der Wahrheit will Brecht insbesondere die technische Intelligenz ansprechen, die sich inzwischen fast vollständig in Hitlers Aufrüstungsprogramm hat integrieren lassen. Auch daß Großbritannien und Frankreich keinen Widerstand gegen Hitlers Annexionen geleistet haben, führt dazu, daß Brecht den Galilei der ersten Entwürfe – der gezielt alle Möglichkeiten in der Auseinandersetzung um die Vernunft ausschöpft – zu einer differenzierten Figur verändert. Sie besteht ihre Kämpfe um Wahrheit nicht mehr in überlegener Taktik, sie ist trotz Widerstand am Ende geschlagen, aber dennoch nicht besiegt.

Unmittelbar nach der ersten Niederschrift geht er mit Margarete Steffin, die er gegenüber Piscator als Mitarbeiterin am *Galilei* nennt, an die detailliertere Ausformung des Textes. In den ersten beiden, bis Februar 1939 dauernden Korrekturstufen werden Veränderungen an einzelnen Szenen vorgenommen und der Handlungsspielraum verschiedener Figuren erweitert. Unverändert bleiben lediglich das Gespräch zwischen Galilei und dem kleinen Mönch sowie der Schmuggel der *Discorsi* über die italienische Grenze am Schluß des Dramas. Die Korrekturen dienen der schlüssigeren dramaturgischen Verknüpfung einzelner Vorgänge, der individuellen Anreicherung von Figuren, der stärkeren Poetisierung in der Behandlung physikalischer Fakten und der weiteren sprachlichen Überarbeitung des Textes. Abschriften der Korrekturstufen unter dem Titel *Leben des Galilei* gehen bereits Freunden, Übersetzern und Verlegern zu.

Noch währenddessen übersetzt der Odenser Journalist Knud Rasmussen das Stück partieenweise in die dänische Sprache. Ende Februar korrigiert Brecht noch einmal die von Steffin geschriebenen Wachsmatrizen, von denen im März 1939 Steffin und Helene Weigel eine große Anzahl von Abzügen anfertigen. Sie werden in die USA an Hanns Eisler, Albert Einstein, Karl Korsch, Elisabeth Hauptmann, die Schauspieler Fritz Kortner und Alexander Granach, die Regisseure Mordecai Gorelik und Erwin Piscator, die Schriftsteller Ferdinand Reyher und Curt Riess verschickt. In Frankreich bekommen der Regisseur Slatan Dudow, der Übersetzer Pierre Abraham, Ernst Josef Aufricht, Lion Feuchtwanger, Walter Benjamin und der Rechtsanwalt Martin Domke das Stück, in Schweden die Schauspielerin Naima Wifstrand, in der Schweiz Gustav Hartung vom Stadttheater Basel und Heinrich Gretler vom Zürcher Schauspielhaus. In der Sowjetunion, wohin ein weiteres Exemplar geht, wird das Stück am 18. August 1939 in *Sowjetski Iskustwo* ausführlich rezensiert. Der Entschluß, zu dieser Art Selbstvertrieb zu greifen, weist auf die Schwierigkeiten Brechts hin, Verlage für die Veröffentlichung oder Theater für eine Aufführung zu interessieren. Hinzu kommt, daß der in Prag bereits zum Druck vorbereitete 3. Band der *Gesammelten Werke*, der den *Galilei* enthalten sollte, aufgrund der deutschen Annexion der Tschechoslowakei nicht mehr erscheinen kann.

In Dänemark wird das von Knud Rasmussen in engem Kontakt mit Steffin und Brecht ins Dänische übersetzte *Leben des Galilei* Anfang Januar 1939 der Theateragentur Carl Strakosch angeboten. Durch eine unbeabsichtigte Indiskretion Rasmussens bedingt, kündigt *Fyns Venstreblad* am 4. Januar in einem großen Artikel an, daß Brechts neues Stück aus dem Zeitalter der Inquisition sicher gegenwärtige Verhältnisse ansprechen wird – sehr zum Ärger Brechts, der gehofft hatte, das Stück in Kopenhagen anonym unterbringen zu können. Obwohl der Theaterverleger Arvid Englind das Stück zum Vertrieb annimmt, kommt weder eine Aufführung noch eine ins Auge gefaßte Radio-Bearbeitung des *Galilei* zustande.

Im September 1939 kürzen Brecht und Steffin, die inzwischen von ihrem dänischen Exil nach Schweden geflüchtet sind, für eine Bühnenfassung den Text um 15½ Seiten. Auf der Insel Lidingö bei Stockholm stellen sie Passagen innerhalb von Szenen um, straffen den Schluß und tauschen die Pestszene gegen das Gespräch zwischen dem Dogen und Kardinal Bellarmin aus. 1940 erwägt der sowjetische Staatsverlag in Kiew einen

Druck von *Leben des Galilei* mit Zeichnungen von Hans Tombrock, der jedoch nicht realisiert wird.

Unter dem Titel *Galileo Galilei* wird das Stück am 9. September 1943 im Schauspielhaus Zürich uraufgeführt – es bleibt die einzige Inszenierung der dänischen Fassung zu Lebzeiten Brechts. Regisseur Leonard Steckel, der zugleich die Hauptrolle übernimmt, hat vor allem die aktuellen Bezugspunkte für die Auseinandersetzung mit dem Faschismus herausgearbeitet und weniger ein historisches als ein philosophisches Drama auf die Bühne gebracht. Die Vielschichtigkeit des Galilei, seine Genußsucht im Materiellen wie im Denken, seine Fähigkeit als Lehrer, komplizierte astronomische und physikalische Probleme auf einfachste Weise erläutern zu können, all das tritt in Steckels Interpretation in den Hintergrund. Seiner Darstellungsweise gilt insbesondere der anhaltend lange Premierenbeifall, die Inszenierung wird ein großer Erfolg. Wie sehr sie sich auch von Brechts Vorstellungen für die Darbietung des *Galilei* unterschieden haben mag, diese Fähigkeit, der Verführung zum Genialen, Erhabenen und Tragischen nicht zu erliegen, war ausschlaggebend für die positive Resonanz. Brecht-Kenner in Zürich waren erstaunt: Sie hatten eher Szenen mit stark antithetischem Charakter, ein Stück mit Songs und demonstrativen Ansprachen an das Publikum erwartet als diese dramatische Biographie, die das Stück im gewohnten Ablauf einer durchgehenden Handlung beließ. Ebenso auffällig war, daß die Kritik der politischen Tendenz des Stücks zustimmte. Das vierte Kriegsjahr hatte die vorsichtige Reserviertheit der Schweizer, die um ihre eigene Sicherheit fürchteten, offensichtlich in den Hintergrund treten lassen.

Leben des Galilei

Schauspiel

Fassung 1938/39

Personen

Galileo Galilei · Virginia, seine Tochter · Frau Sarti, seine Haushälterin · Andrea, ihr Sohn · Kurator der Universität Padua · Doppone · Sagredo, Freund Galileis · Doge · Ratsherren · Cosmo de Medici, Großherzog von Florenz · Hofmarschall · Ein Theologe · Ein Philosoph · Ein Mathematiker · Höfling · Lakai · Zwei Nonnen · Bäcker · Frau · Zwei Soldaten · Alte Frau · Mann · Zwei vermummte Männer · Dicker Prälat · Zwei Gelehrte · Zwei Mönche · Drei weitere Mönche · Zwei Astronomen · Zwei Philosophen · Sehr dünner Mönch · Sehr alter Kardinal · Clavius · Kleiner Mönch · Türhüter · Inquisitor · Ludovico, Verlobter Virginias · Zwei Schreiber · Bellarmin · Barberini, später Papst Urban VIII. · Zwei Damen · Älterer Gelehrter · Mucius · Rektor Gaffone · Diener · Straßensänger · Frau des Straßensängers · Jesuit · Individuum · Mann · Junger Mann · Alter · Beamter · Florentinischer Inquisitor · Hoher Beamter · Zwei Beamte der Inquisition · Weiterer hoher Beamter · Alter Diener · Stimme des Ansagers · Weiterer Beamter · Hafner · Arzt Busciate · Bauer · Drei Jungen · Grenzwächter · Schreiber · Kutscher · Professoren · Kinder · Hohe Geistliche · Mönche · Gelehrte · Astronomen · Leute in einer italienischen Stadt

1

Galileo Galilei, Lehrer der Mathematik in Padua, will das neue kopernikanische Weltsystem beweisen

Das ärmliche Studierzimmer des Galilei in Padua. Es ist morgens. Ein Knabe, Andrea, der Sohn der Haushälterin, bringt ein Glas Milch und einen Wecken.

GALILEI *sich den Oberkörper waschend, prustend und fröhlich:* Stell die Milch auf den Tisch, aber klapp kein Buch zu.

ANDREA Mutter sagt, wir müssen den Milchmann bezahlen. Sonst macht er bald einen Kreis um unser Haus, Herr Galilei.

GALILEI *lachend:* Es heißt: er beschreibt einen Kreis, Andrea.

ANDREA Wie Sie wollen. Wenn wir nicht bezahlen, dann beschreibt er einen Kreis um uns, Herr Galilei.

GALILEI Während der Gerichtsvollzieher, Herr Cambione, gerade auf uns zukommt, indem er was für eine Strecke zwischen zwei Punkten wählt?

ANDREA *grinsend:* Die kürzeste.

GALILEI Gut. Ich habe was für dich. Sieh hinter den Sterntafeln nach!
Andrea fischt hinter den Sterntafeln ein großes hölzernes Modell des ptolemäischen Systems hervor.

ANDREA Ist das wie alle meinen, daß die Welt ist?

GALILEI Ja. Beschreib es!

ANDREA In der Mitte ist ein kleiner Stein.

GALILEI Das ist die Erde.

ANDREA Darum herum sind, immer übereinander, Schalen. Acht.

GALILEI Das sind die kristallenen Sphären.

ANDREA Auf den Schalen sind Kugeln angemacht ...

GALILEI Die Gestirne.

ANDREA Die unterste Kugel ist der Mond, das steht drauf. Und darüber ist die Sonne.

GALILEI Und jetzt laß die Sonne laufen.

ANDREA *bewegt die Schalen:* Das ist schön. Aber wir sind so eingekapselt.

GALILEI *sich abtrocknend:* Ja, das fühlte ich auch, als ich das Ding zum ersten Mal sah. Einige fühlen das. Mauern und Schalen und Unbeweglichkeit! Durch zweitausend Jahre glaubte die Menschheit, daß die Sonne

und alle Gestirne des Himmels sich um sie drehten. Der Papst, die Kardinäle, die Fürsten, Gelehrten, Kapitäne, Kaufleute, Fischweiber und Schulkinder glaubten, unbeweglich in dieser kristallenen Kugel zu sitzen. Aber jetzt fahren wir heraus, Andrea.
Denn die alte Zeit ist herum und es ist eine neue Zeit. Seit hundert Jahren ist es, als erwartete die Menschheit etwas.
Die Städte sind eng und so sind es die Köpfe. Aberglauben und Pest. Aber jetzt heißt es: da es so ist, bleibt es nicht so. Denn alles bewegt sich, mein Freund.
Auf unserm alten Kontinent ist ein Gerücht entstanden: es gibt neue Kontinente. Und seit unsere Schiffe zu ihnen fahren, spricht es sich auf den lachenden Kontinenten herum: das große gefürchtete Meer ist ein kleines Wasser.
Und es ist eine große Lust aufgekommen, die Ursachen aller Dinge zu erforschen: warum der Stein fällt, den man losläßt, und wie er steigt, wenn man ihn hochwirft.
Jeden Tag wird etwas gefunden. Selbst die Hundertjährigen lassen sich noch von den Jungen ins Ohr schreien, was Neues entdeckt wurde.
Da ist schon viel gefunden, aber da ist mehr, was noch gefunden werden kann. Und so gibt es wieder zu tun für neue Geschlechter. Die alten Lehren, die tausend Jahre geglaubt wurden, sind ganz baufällig. An diesen Gebäuden ist weniger Holz als an den Stützen, die halten sollen. Das neue Wissen aber ist ein Neubau, von dem nur das Gerüst steht. Selbst die Lehre des großen Kopernikus ist noch nicht bewiesen. Aber die Menschheit wird bald Bescheid wissen über ihre Wohnstätte, den Himmelskörper, auf dem sie haust. Was in den alten Büchern steht, das genügt ihr nicht mehr.
Denn wo der Glaube tausend Jahre gesessen hat, ebenda sitzt jetzt der Zweifel. Alle Welt sagt: ja, das steht in den Büchern, aber laßt uns jetzt selbst sehn.
Den gefeiertsten Wahrheiten wird auf die Schulter geklopft, was nie bezweifelt wurde, das wird jetzt bezweifelt.
Dadurch ist eine Zugluft entstanden, welche sogar den Fürsten und Prälaten die goldgestickten Röcke lüftet, so daß fette und dürre Beine darunter sichtbar werden, Beine wie unsere Beine.
Die Himmel, hat es sich herausgestellt, sind leer. Darüber ist ein fröhliches Gelächter entstanden.
Aber das Wasser der Erde treibt die neuen Spinnrocken, und auf den

Schiffswerften, in den Seil- und Segelhäusern regen sich fünfhundert Hände in einer neuen Ordnung.
Selbst die Söhne der Fischweiber laufen in die Schulen. Auf den Märkten wird von den Gestirnen gesprochen.
Es hat immer geheißen, die Gestirne sind an einem kristallenen Gewölbe angeheftet, daß sie nicht herunterfallen können. Jetzt haben wir Mut gefaßt und lassen sie im Freien schweben, ohne Halt, und sie sind in großer Fahrt, gleich uns, ohne Halt und in großer Fahrt.
Das Weltall aber hat über Nacht seinen Mittelpunkt verloren und am Morgen hatte es deren unzählige. So daß jetzt jeder als Mittelpunkt angesehen wird und keiner. Denn da ist viel Platz plötzlich.
Unsere Schiffe fahren weit hinaus, unsere Gestirne bewegen sich weit im Raum herum, selbst im Schachspiel die Türme gehen neuerdings weit über alle Felder.
So daß der Dichter sagt: O früher Morgen des Beginnens! O Hauch des Windes, der von neuen Küsten kommt!

ANDREA Sie müssen Ihre Milch trinken, denn dann kommen sofort wieder Leute.

GALILEI Hast du, was ich dir gestern sagte, inzwischen begriffen?

ANDREA Was? Das mit dem Drehen?

GALILEI Ja?

ANDREA Nein. Warum wollen Sie denn, daß ich es begreife? Es ist so schwer und ich bin im Oktober erst dreizehn.

GALILEI Ich will gerade, daß auch du es begreifst. Dazu arbeite ich und kaufe die Bücher, statt den Milchmann zu bezahlen.

ANDREA Aber ich sehe doch, daß die Sonne abends woanders hält als morgens. Da kann sie doch nicht stillstehn! Nie und nimmer.

GALILEI Du siehst! Was siehst du? Du siehst gar nichts. Du glotzt nur. Glotzen ist nicht sehen. *Er stellt den eisernen Waschschüsselständer in die Mitte des Zimmers.* Also das ist die Sonne. Setz dich. *Andrea setzt sich auf einen Stuhl. Galilei steht hinter ihm.* Wo ist die Sonne, rechts oder links?

ANDREA Links.

GALILEI Und wie kommt sie nach rechts?

ANDREA Wenn Sie sie nach rechts tragen natürlich.

GALILEI Nur so? *Er nimmt ihn mitsamt dem Stuhl auf und trägt ihn in die andere Zimmerecke.* Wo ist jetzt die Sonne?

ANDREA Rechts.

GALILEI Und hat sie sich bewegt?

ANDREA Das nicht.

GALILEI Was hat sich bewegt?

ANDREA Ich.

GALILEI Falsch! Dummkopf! Der Stuhl!

ANDREA Aber ich mit ihm!

GALILEI Natürlich. Der Stuhl ist die Erde. Du sitzt drauf.

FRAU SARTI *ist eingetreten, das Bett zu machen. Sie hat zugeschaut:* Was machen Sie eigentlich mit meinem Jungen, Herr Galilei?

GALILEI Ich lehre ihn sehen, Frau Sarti.

FRAU SARTI Indem Sie ihn im Zimmer herumschleppen?

ANDREA Laß doch, Mutter. Das verstehst du nicht.

FRAU SARTI So? Aber du verstehst es, wie? Sie bringen ihn noch so weit, daß er behauptet, zwei mal zwei ist fünf. Er verwechselt schon alles, was Sie ihm sagen. Gestern abend bewies er mir schon, daß die Erde sich um die Sonne dreht. Er ist fest überzeugt, daß ein Herr namens Kippernikus das ausgerechnet hat.

ANDREA Hat es der Kippernikus nicht ausgerechnet, Herr Galilei? Sagen Sie es ihr selber!

FRAU SARTI Was, Sie sagen ihm wirklich einen solchen Unsinn? Daß er es in der Schule herumplappert und die geistlichen Herren zu mir kommen, weil er lauter unheiliges Zeug vorbringt. Sie sollten sich schämen, Herr Galilei.

GALILEI *frühstückend:* Auf Grund unserer Forschungen, Frau Sarti, haben, nach heftigem Disput, Andrea und ich Entdeckungen gemacht, die wir nicht länger der Welt gegenüber geheimhalten können. Eine neue Zeit ist angebrochen, Frau Sarti, ein großes Zeitalter, in dem zu leben eine Lust ist.

FRAU SARTI So. Hoffentlich können wir auch den Milchmann bezahlen in dieser neuen Zeit, Herr Galilei. *Ab.*

GALILEI *lacht. Dann beiläufig zu Andrea:* Einiges haben wir gestern also doch verstanden?

ANDREA Ich habe es ihr nur gesagt, damit sie sich wundert. Aber es stimmt nicht. Sie haben gesagt, daß die Erde sich auch um sich selber dreht, nicht nur um die Sonne. Aber den Stuhl mit mir haben Sie nur um den Waschständer gedreht und nicht um sich selber. Sonst wäre ich nämlich heruntergefallen und das ist ein Fakt. Warum haben Sie den Stuhl nicht umgedreht? Weil dann bewiesen ist, daß ich von der Erde ebenfalls herabfallen würde, wenn sie sich drehen würde. Da haben Sie's.

GALILEI Ich habe dir doch bewiesen . . .

ANDREA Aber heute nacht habe ich gefunden, daß ich da ja, wenn die Erde sich wirklich drehen würde, mit dem Kopf die ganze Nacht nach unten hängen würde. Und das ist ein Fakt.

GALILEI *nimmt einen Apfel vom Ofenrand:* Also das ist die Erde.

ANDREA Nehmen Sie nicht lauter solche Beispiele, Herr Galilei. Damit schaffen Sie's immer.

GALILEI *den Apfel zurücklegend:* Schön.

ANDREA Mit Beispielen kann man es immer schaffen, wenn man schlau ist. Nur, ich kann meine Mutter nicht in einem Stuhl herumschleppen, wie Sie mich. Da sehen Sie, was das für ein schlechtes Beispiel ist. Und was ist, wenn der Apfel also die Erde ist? Dann ist gar nichts.

GALILEI *lacht:* Du willst es ja nicht wissen.

ANDREA Nehmen Sie ihn wieder. Wieso hänge ich nicht mit dem Kopf nach unten nachts?

GALILEI Also hier ist die Erde und hier stehst du. *Er steckt einen Holzsplitter von einem Ofenscheit in den Apfel.* Und jetzt dreht sich die Erde.

ANDREA Und jetzt hänge ich mit dem Kopf nach unten.

GALILEI Wieso? Schau genau hin! Wo ist der Kopf?

ANDREA *zeigt am Apfel:* Da. Unten.

GALILEI Was? *Er dreht zurück.* Ist er etwa nicht an der gleichen Stelle? Sind die Füße nicht mehr unten? Stehst du etwa, wenn ich drehe, so? *Er nimmt den Splitter heraus und dreht ihn um.*

ANDREA Nein. Und warum merke ich nichts von der Bewegung?

GALILEI Weil du sie mitmachst! Du und die Luft über dir und alles, was auf der Kugel ist.

ANDREA Und warum sieht es so aus, als ob die Sonne läuft?

GALILEI *dreht wieder den Apfel mit dem Splitter:* Also unter dir siehst du die Erde, die bleibt gleich, sie ist immer unten und bewegt sich für dich nicht. Aber jetzt schau über dich. Nun ist die Lampe über deinem Kopf, aber jetzt, was ist jetzt, wenn ich gedreht habe, über deinem Kopf, also oben?

ANDREA *macht die Drehung mit:* Der Ofen.

GALILEI Und wo ist die Lampe?

ANDREA Unten.

GALILEI Also!

ANDREA Das ist fein. Das wird sie wundern! *Pause.* Aber da ist noch was: woher weiß der Kippernikus, daß wir uns drehen und nicht der Himmel sich dreht, wenn man es nicht direkt bemerkt?

GALILEI Ich muß dir ein Geständnis machen, Andrea: er weiß es nicht. Es ist nur eine Hypothese.

ANDREA Was ist das, eine Hypothese?

GALILEI Das ist, wenn man etwas als wahrscheinlich annimmt, aber keine Fakten hat. Daß die Felizia dort unten, vor dem Korbmacherladen, die ihr Kind an der Brust hat, dem Kind Milch gibt und nicht etwa Milch von ihm empfängt, das ist so lange eine Hypothese, als man nicht hin und es sehen und beweisen kann. Und den Gestirnen gegenüber sind wir wie Würmer mit trüben Augen, die nur ganz wenig sehen. Die Hypothese des Kopernikus ist die größte Hypothese, die es je gegeben hat, aber nicht mehr.

ANDREA Und das, was die Kirche sagt, was ist das?

GALILEI Oh, das ist auch eine Hypothese. Sie ist aber schlechter. Es sind viele Gesetze, die weniges erklären, aber die neue Hypothese hat wenige Gesetze, die viel erklären. Aber es ist der riesige Fehler des neuen Systems, daß nur die Mathematiker verstehen können, warum es wahrscheinlich so ist. Was ich dir zeigen konnte, ist nur: daß es so sein kann. Du verstehst: es spricht nichts dagegen.

ANDREA Kann ich nicht Mathematiker werden? Damit ich sehe, was dafür spricht?

GALILEI Wie soll ich den Milchmann und den Fleischer und den Buchhändler bezahlen, wenn ich auch noch dir Stunden gebe, für die ich nichts bekomme? Verschwind, ich muß an die Arbeit!

FRAU SARTI *herein:* Der Kurator der Universität ist draußen!

GALILEI Halt, der ist wichtig. Das sind vielleicht 500 Skudi.

Frau Sarti ab.

ANDREA Kann ich den Apfel mithaben?

Galilei nickt. Andrea ab.

DER KURATOR DER UNIVERSITÄT *tritt ein:* Ich komme, um Ihnen Ihr Ansuchen um Erhöhung des Gehalts auf 1000 Goldskudi zurückzubringen. Ich kann es bei der Universität leider nicht befürworten. Sie wissen, mathematische Kollegien bringen der Universität nun einmal keinen Zustrom. Mathematik ist eine brotlose Kunst, sozusagen. Nicht als ob die Republik sie nicht über alles schätzte. Sie ist nicht so nötig wie die Philosophie und vor allem die Theologie, aber sie verschafft den Kennern doch so unendliche Genüsse!

GALILEI *über seinen Papieren:* Ich kann nicht auskommen mit 500 Skudi, Herr. Meine Tochter ist jetzt fünfzehn Jahre alt und braucht eine Aussteuer.

DER KURATOR Aber, Herr Galilei, Sie lesen zwei mal zwei Stunden in der Woche. Ihr außerordentlicher Ruf verschafft Ihnen sicher Schüler in beliebiger Menge, die zahlen können für Privatstunden. Haben Sie keine Privatschüler?

GALILEI Herr, ich habe zu viele! Ich lehre und lehre, und wann soll ich lernen? Mann Gottes, ich bin nicht so siebengescheit wie die Herren von der philosophischen Fakultät. Ich bin dumm. Ich verstehe rein gar nichts. Ich bin also gezwungen, die Löcher in meinem Wissen auszustopfen. Und wann soll ich das tun? Wann soll ich forschen? Herr, meine Wissenschaft ist noch wißbegierig! Über die größten Probleme haben wir heute noch nichts als Hypothesen. Aber wir verlangen Beweise von uns. Und wie soll ich da weiterkommen, wenn ich, um meinen Haushalt in Gang zu halten, gezwungen bin, jedem Wasserkopf, der es bezahlen kann, einzutrichtern, daß die Parallelen sich im Unendlichen schneiden.

DER KURATOR Vergessen Sie nicht ganz, daß die Republik vielleicht nicht so viel bezahlt als gewisse Fürsten bezahlen, daß sie aber die Freiheit der Forschung garantiert. Wir in Padua lassen sogar Protestanten als Hörer zu! Und wir verleihen ihnen den Doktorgrad! Herrn Cremonini haben wir nicht nur nicht an die Inquisition ausgeliefert, als man uns bewies, bewies, Herr Galilei, daß er irreligiöse Äußerungen tut, sondern wir haben ihm sogar eine Gehaltserhöhung bewilligt. Bis nach Holland weiß man, daß Venedig die Republik ist, in der die Inquisition nichts zu sagen hat. Und das ist einiges wert für Sie, der Sie Astronom sind, also in einem Fach tätig, wo seit geraumer Zeit die Lehre der Kirche nicht mehr mit dem schuldigen Respekt geachtet wird!

GALILEI Herrn Giordano Bruno haben Sie von hier nach Rom ausgeliefert. Weil er die Lehre des Kopernikus verbreitete.

DER KURATOR Nicht, weil er die Lehre des Herrn Kopernikus verbreitete, die übrigens falsch ist, sondern weil er kein Venezianer war und auch keine Anstellung hier hatte. Sie können den Verbrannten also aus dem Spiel lassen. Nebenbei, bei aller Freiheit ist es doch rätlich, einen solchen Namen, auf dem der ausdrückliche Fluch der Kirche ruht, nicht so sehr laut in alle Winde zu rufen, auch hier nicht, ja, nicht einmal hier.

GALILEI Euer Schutz der Gedankenfreiheit ist ein ganz gutes Geschäft, wie? Indem ihr darauf verweist, daß woanders die Inquisition herrscht und brennt, kriegt ihr hier billig gute Lehrkräfte. Den Schutz vor der Inquisition laßt ihr euch damit vergüten, daß ihr die schlechtesten Gehälter zahlt.

DER KURATOR Ungerecht! Ungerecht! Was würde es Ihnen schon nützen, beliebig viel freie Zeit zur Forschung zu haben, wenn jeder beliebige, womöglich ganz ungebildete Mönch der Inquisition Ihre Gedanken einfach verbieten könnte? Keine Rose ohne Dornen, keine Fürsten ohne Mönche, Herr Galilei!

GALILEI Und was nützt freie Forschung ohne freie Zeit, zu forschen?

DER KURATOR Sie sind ein unzufriedener Mensch, Herr Galilei. Ein großer, aber unzufriedener Mann.

GALILEI Ja, ich bin unzufrieden, und das ist es, was ihr mir hoch bezahlen würdet, wenn ihr Verstand hättet! Denn ich bin mit mir unzufrieden. Aber statt dessen sorgt ihr, daß ich es mit euch sein muß. Ich gebe es zu, es macht mir Spaß, ihr meine Herren Venezianer, in eurem berühmten Arsenal, den Werften und Artilleriezeughäusern meinen Mann zu stellen. Aber ihr laßt mir keine Zeit, den weiterführenden Spekulationen nachzugehen, welche sich mir dort für mein Wissensgebiet aufdrängen. Ihr verbindet dem Ochsen, der da drischet, das Maul! Ich bin 46 Jahre alt und habe nichts geleistet, was mich befriedigt.

DER KURATOR Wollen Sie sich etwa auch in diesen gefährlichen Streit mischen, der um diese modernen Hypothesen des Herrn Kopernikus tobt?

GALILEI *zornig:* Nein. Aber nicht euch zu Gefallen, sondern weil euer Gerichtsvollzieher mich an einem Strick davon zurückhält, endlich der Welt die paar Fakten auf den Tisch zu legen, die sie braucht. Und ich wäre daran, Herr! Ich wäre daran! Vielleicht zeigen Sie den Herren Stadträten einmal diese Untersuchungen über die Fallgesetze *er weist auf ein Bündel Manuskripte* und fragen sie, ob das nicht ein paar Skudi mehr wert ist!

DER KURATOR Es ist unendlich viel mehr wert, Herr Galilei.

GALILEI Nicht unendlich viel mehr wert, sondern 500 Skudi mehr wert, Herr!

DER KURATOR Skudi wert ist nur, was Skudi bringt. Wenn Sie Geld haben wollen, müssen Sie etwas anderes vorzeigen. Sie können für das Wissen, das Sie verkaufen, nur so viel verlangen, als es dem, der es Ihnen abkauft, einbringt. Die Philosophie zum Beispiel, die Herr Colombe in Florenz verkauft, bringt dem Fürsten mindestens 10 000 Skudi im Jahr ein. Ihre Fallgesetze haben Staub aufgewirbelt, gewiß. Man klatscht Ihnen Beifall in Paris und Prag. Aber die Herren, die da klatschen, bezahlen der Universität Padua nicht, was Sie sie kosten. Ihr Unglück ist Ihr Fach, Herr Galilei.

GALILEI Ich verstehe: freier Handel, freie Forschung. Freier Handel mit der Forschung, wie?

DER KURATOR Aber Herr Galilei! Welch eine Auffassung! Erlauben Sie mir zu sagen, daß ich Ihre spaßhaften Bemerkungen nicht ganz verstehe. Ich sage nichts davon, daß der blühende Handel der Republik mir kaum als etwas Verächtliches erscheint. Noch viel weniger aber vermöchte ich als langjähriger Kurator der Universität in diesem, darf ich es sagen, frivolen Ton von der Forschung zu sprechen. *Während Galilei sehnsüchtige Blicke nach seinem Arbeitstisch schickt.* Bedenken Sie die Zustände ringsum! Die Sklaverei, unter deren Peitsche die Wissenschaften an gewissen Orten seufzen! Aus alten Lederfolianten hat man dort Peitschen geschnitten. Man muß dort nicht wissen, wie der Stein fällt, sondern was der Aristoteles darüber schreibt. Die Augen hat man nur zum Lesen. Wozu neue Fallgesetze, wenn nur die Gesetze des Fußfalls wichtig sind? Und dagegen die unendliche Freude, mit der unsere Republik Ihre Gedanken, sie mögen so kühn sein wie sie wollen, aufnimmt! Hier können Sie forschen! Hier können Sie arbeiten! Niemand überwacht Sie, niemand unterdrückt Sie! Unsere Kaufleute, die wissen, was besseres Leinen im Kampf mit der venezianischen Konkurrenz bedeutet, hören mit Interesse Ihren Ruf »Bessere Physik«, und wieviel verdankt die Physik dem Schrei nach besseren Webstühlen! Unsere hervorragendsten Bürger interessieren sich für Ihre Forschungen, besuchen Sie, lassen sich Ihre Entdeckungen vorführen, Leute, deren Zeit kostbar ist, verachten Sie nicht den Handel, Herr Galilei! Niemand würde hier dulden, daß Ihre Arbeit auch nur im geringsten gestört wird, daß Unberufene Ihnen Schwierigkeiten bereiten. Geben Sie zu, Herr Galilei, daß Sie hier arbeiten können!

GALILEI *verzweifelt:* Ja.

DER KURATOR Und was das Materielle angeht: machen Sie doch mal wieder was so Hübsches wie Ihren famosen Militärzirkel, mit dem man *er zählt es an den Fingern ab* ohne alle mathematischen Kenntnisse Linien in beliebiger Weise teilen, Quadrat- und Kubikwurzeln ausziehen, die Zinseszinsen eines Kapitals berechnen, Grundrisse von Liegenschaften in verkleinertem oder vergrößertem Maßstab reproduzieren und die Schwere von Kanonenkugeln bestimmen kann.

GALILEI Leider brauche ich zu der Bestimmung der Zinsen und Zinseszinsen des Gewinns aus dem Militärzirkel keinen Militärzirkel, so klein sind sie. Außerdem ist das Schnickschnack.

DER KURATOR Etwas, was die höchsten Herren entzückt und in Erstaunen gesetzt hat und was Bargeld getragen hat, nennen Sie Schnickschnack. Ich höre, daß sogar der General Stefano Gritti mit diesem Instrument Wurzeln ausziehen kann!

GALILEI Wahrhaftig ein Wunderwerk!

DER KURATOR Wie ich sagte: ein großer, aber unzufriedener Mensch!

FRAU SARTI *herein:* Herr Galilei! Ein junger Herr, der Unterricht wünscht. Sehr gut angezogen und bringt einen Empfehlungsbrief. *Übergibt diesen.* Tun Sie mir den einzigen Gefallen und schicken Sie den nicht auch wieder weg. Ich denke an die Milchrechnung. *Ab.*

DER KURATOR Ich eile, ich verabschiede mich. Ich bin der letzte, der Sie von einem Verdienst abhalten möchte.

GALILEI Vielen Dank.

Der Kurator geht. Galilei klappt verzweifelt seine Bücher zu.

DOPPONE *tritt ein, ein reicher junger Mensch:* Doppone.

GALILEI Hier geht es zu wie in einem Taubenschlag.

DOPPONE Wie beliebt?

GALILEI *den Empfehlungsbrief lesend:* Sie kommen aus Holland?

DOPPONE Wo ich von Ihnen hörte.

GALILEI Ach so, Sie sind Italiener!

DOPPONE Mein alter Herr wünschte, daß ich mich ein bißchen umsähe. Was es so in der Welt gibt und so weiter.

GALILEI Und da hörten Sie in Holland, daß es zum Beispiel mich gibt.

DOPPONE Und da ich mich jetzt also nolens volens zum Examen ausbilden möchte ...

GALILEI Privatunterricht: 30 Skudi pro Monat.

DOPPONE Sehr wohl. Nicht als ob ich das Examen brauchte, aber Sie wissen, die Wissenschaften geben einem etwas Air, und wissen Sie, mein alter Herr sagt, ich bin ein Streitvogel. Wie beliebt? Ich soll Theologe werden. Ich streite gern.

GALILEI Vorschuß 30 Skudi.

DOPPONE Zum Beispiel so eine Frage: was fällt schneller, fünf Kilo Eisen oder zehn Kilo Eisen? Da kann ich tagelang streiten. Was meinen Sie zum Beispiel? Nicht als ob es darauf ankäme, nur wer recht hat, nicht?

GALILEI Mhm.

DOPPONE Ich sehe zum Beispiel in Amsterdam, ulkige Stadt, sauber, dieses neue Ding, durch das man alles fünfmal so groß sieht, Teleskop. Ich sage sofort: zwei Linsen, fünfmal größer alles, vier Linsen, zehnmal größer alles. Untersuche. Sehe, die guten Leute benützen zwei völlig falsche Linsen, die nicht zusammenpassen, eine hohle, eine volle. Nimmt natürlich die eine wieder weg, was die andere leistet, klar. Sage mir: muß man anders anfassen. Richtig?

GALILEI Von was reden Sie eigentlich?

DOPPONE Von dem neuen Ding in Holland, durch das man alles vergrößert sieht.

GALILEI Was sieht man vergrößert?

DOPPONE Kirchturmspitzen, in Gärten badende Damen, Tauben ...

GALILEI *mürrisch:* Haben Sie selbst etwas vergrößert gesehen?

DOPPONE Sicher. Alles.

GALILEI Und aus was bestand das Ding?

DOPPONE Sagte Ihnen ja, zwei Linsen. Man muß aber gleiche nehmen.

GALILEI Es waren also ungleiche?

DOPPONE Das war doch die Dummheit! Hebt sich ja auf! Wetten?

GALILEI *ruft zum Fenster hinaus:* Andrea! Andrea! Rotschädel!

ANDREA *herein:* Sagen Sie nicht immer Rotschädel zu mir und besonders nicht so, daß man es bis zur Straße hinunter hören kann! Ich weiß, daß ich rothaarig bin.

GALILEI So, das bringt dich also in Harnisch, wenn man dir sagt, was ist? Darüber müssen wir noch reden, Rotschädel. Lauf einmal zum Brillenmacher und hol zwei Linsen, eine hohl, eine voll.

Andrea geht wütend.

DOPPONE Mein alter Herr sagt immer: andere Länder, andere Sitten. Ich sage: andere Gläser, andere Vergrößerung! Gut, wie? Ist aber falsch. Verlassen Sie sich auf Doppone.

GALILEI Ich werde es untersuchen. Wie alt ist die Sache?

DOPPONE Die Erfindung? War zwei Tage alt, als ich abfuhr. Lag in den Windeln. Und schon so verderbt, wie? Mein alter Herr ...

GALILEI Was ist Ihr Vater?

DOPPONE Wolle.

GALILEI Sagen wir Vorschuß: 45 Skudi.

Doppone bezahlt. Andrea keuchend herein.

GALILEI *winkt Doppone hinaus:* Kommen Sie Freitag, neun Uhr.

DOPPONE Hast du die Linsen? Zwei gleiche? Nein? Ich sage Ihnen, Herr Galilei, Doppone schlägt zwei gleiche vor, eventuell viere! *Ab.*

GALILEI Der Kerl ist so dumm, daß er päpstlicher Kammerherr werden könnte.

ANDREA Ich mußte meine Mütze dort lassen. Pfand.

GALILEI *lacht:* Was wirst du ohne Mütze im Winter machen? Gib her! Warum hast du denn den Apfel nicht gegessen? *Er hält die Linsen hintereinander vor das Auge.*

ANDREA Damit zeige ich ihr doch, daß sie sich dreht!

GALILEI *mäßig interessiert:* Schau einmal da durch, Andrea!

ANDREA *schaut durch:* Das ist ja alles ganz nah. Die Glocke auf dem Campanile, ganz nah, ich sehe sogar die kupfernen Lettern drauf! Und dahinter die Wäscherinnen am Fluß! Ich sehe ihre Waschhölzer!

GALILEI *sieht wieder durch:* Daß du den Apfel nicht aufgegessen hast, beweist, daß in dir ein Mathematiker steckt. Sinn für brotlose Kunst. Ich werde dich ausbilden. Ich kann mir das vielleicht doch leisten. Dieser Schnickschnack ist 500 Skudi wert.

ANDREA *den er noch einmal durchschauen läßt:* Man sieht ganz deutlich. Jetzt kommt der Gerichtsvollzieher Herr Cambione auf das Haus zu.

GALILEI Schnell, Rotschädel, steck du die 45 Skudi ein.

2
Galilei überreicht der Republik Venedig eine neue Erfindung

Signoria von Venedig. 24. August 1609. In zwei Gruppen stehen sich gegenüber die Ratsherren und der Kurator der Universität mit Professoren, darunter Galileo und sein Freund Sagredo. Die Herren warten plaudernd auf den Dogen. Abseits Andrea mit einem Samtkissen, auf dem das Fernrohr liegt, etwa 60 Zentimeter lang, mit karmesinrotem Überzug.

GALILEI *zu Sagredo:* Ich kann dir nicht versprechen, daß ich den Karneval hier durchstehen werde. Mir fliegen alle Glieder. Die meinen hier wieder, sie kriegen einen lukrativen Schnickschnack. Aber es ist viel mehr. Ich habe es heute nacht auf den Mond gerichtet. Der Rand zwischen der hellen Sichel und dem runden dunklen Teil ist nicht scharf, sondern ganz unregelmäßig, zackig und rauh. Und von eigenem Licht keine Spur, du. Verstehst du, was das bedeuten kann?

DER KURATOR Der Doge!

Der Doge kommt raschen Schrittes. Der Kurator stellt ihm Galilei vor. Der Doge stellt sich an die Spitze der Ratsherren, und die Zeremonie beginnt.

DER KURATOR Eure Exzellenz, Hohe Signoria! Bevor Herr Galileo Galilei, Professor der Mathematik an Ihrer ruhmvollen Universität Padua der Signoria von Venedig das von ihm erfundene neue Fernrohr als Geschenk überreicht, erlauben Sie mir, im Namen der Universität ein Schreiben zu verlesen, das genannter Herr Galilei an den Dogen gerichtet hat. *Er liest.* »Als Lehrer der Mathematik an der Universität in Padua habe ich es stets als meine Aufgabe betrachtet, nicht nur meinem hohen Lehrauftrag zu genügen, sondern auch durch eine nützliche und außerordentliche Erfindung der Regierung der Republik einen außergewöhnlichen Vorteil zu verschaffen. Dieser Anforderung glaube ich nun durch die Konstruktion meines Augenglases zu entsprechen, die ich den tiefsten theoretischen Erwägungen der Optik entnommen habe und demgemäß als Frucht der Wissenschaft darbringe, die ich seit vollen siebzehn Jahren in Padua lehre.« *Er blättert um. Leises Händeklatschen der Ratsherren.*

GALILEI *zu Sagredo:* Wenn der Mond, ein gewöhnlicher Himmelskörper, eine Erde wäre, und er sieht aus wie eine Erde, durch das Instrument kann man es sehen, deutlich, was ist dann die Erde, frage ich.

SAGREDO Nimm dich zusammen. Übrigens, wer ist der Mensch dort, er scheint dir zu winken.

Seitwärts ist der junge Doppone erschienen. Von der Palastwache aufgehalten, sucht er Galileis Aufmerksamkeit auf sich zu lenken.

GALILEI *unangenehm berührt:* Das ist ein Schüler von mir, ein kolossaler Dummkopf. Ich habe keine Ahnung, was er wollen kann.

DER KURATOR *liest weiter, während Doppone immerfort winkt:* »Unschätzbaren Vorteil kann die durch dieses Instrument bewerkstelligte Annäherung der Gegenstände für jedes Unternehmen zu Lande und zur See gewähren. Auf dem Meere werden wir die Fahrzeuge und Segel des Feindes zwei Stunden früher entdecken, als er unser ansichtig wird.« *Klatschen.* »Indem wir auf diese Weise die Zahl und Art seiner Schiffe unterscheiden, können wir seine Stärke beurteilen, um uns zur Verfolgung, zum Kampf oder zur Flucht zu entschließen.« *Stärkeres Klatschen.*

GALILEI Wenn der Kerl nicht Ruhe gibt, gehe ich einfach weg.

SAGREDO Unmöglich.

DER KURATOR »Ebenso lassen sich auf dem Lande die Lager und Verschanzungen des Feindes innerhalb ihrer festen Plätze von entfernten, hochgelegenen Stellen aus beobachten und auch auf offenem Felde zum eigenen Vorteil jede seiner Bewegungen und Vorbereitungen sehen und im einzelnen unterscheiden.« *Klatschen.*

GALILEI Er erregt schon Aufsehen bei den Herren.

SAGREDO Laß ihn doch! Man ist schon seiner Herr geworden. Was schließt du daraus, daß der Sichelrand nicht scharf und glatt ist?

GALILEI Der Mond hat Gebirge.

DER KURATOR Indem so, Eure Exzellenz und Hohe Signoria, Herr Galilei Ihnen sein Instrument überreicht *er winkt Andrea, der das Fernrohr dem Dogen darreicht,* dieses Instrument seiner Erfindung, dieses Zeugnis seiner Intuition, das dies alles und noch viele andere nützliche Anwendungen gestattet, stellt er dem Ermessen Eurer Exzellenz und einer Hohen Signoria anheim, zu befehlen, was zu geschehen habe, ob Instrumente gleicher Art gefertigt werden sollen oder nicht. Er hofft, in Zukunft noch Größeres leisten zu können, wenn es Gott und Eurer Exzellenz gefallen sollte, daß er seinem Wunsch gemäß den Rest seines Lebens im Dienste der Venezianischen Republik verbringt. *Beifall.*

Der Rat hat sich um das Fernrohr geschart.

DIE HERREN Der Kanal liegt wie ein Buch vor einem. – Man sieht bis zum Hafen. – Auf dem Boot dort essen sie zu Mittag. Bratfisch. Ich habe Appetit. – Mit dem Ding sieht man zu gut. Ich werde meinen Frauenzimmern sagen müssen, daß sie sich nicht mehr auf dem Dach waschen dürfen. – Wann kann man solch ein Ding bekommen? *Lachen.*

GALILEI Ich frage mich sogar, ob ich mit dem Ding nicht eine gewisse Lehre nachweisen kann.

DER KURATOR Das bedeutet die jährlichen 500 Skudi mehr für Sie.

GALILEI *ohne ihn zu beachten, zu Sagredo:* Bedenke: Lichtpunkte auf dem dunklen Teil der Scheibe, dunkle Stellen auf der hellen Sichel! Es stimmt fast zu genau! Ich bin natürlich sehr mißtrauisch, äußerst mißtrauisch.

Der Doge, ein dicker, bescheidener Mann, hat sich Galilei genähert und versucht unbeholfen, ihn anzusprechen.

DER KURATOR Herr Galilei, Seine Exzellenz!

GALILEI Richtig! Die 500! Sind Sie zufrieden, Exzellenz?

DER DOGE *ihm die Hand schüttelnd:* Sie wissen, wir brauchen immer einen Vorwand für unsere Stadtväter, um unseren Gelehrten etwas zukommen zu lassen.

DER KURATOR Dieses Instrument sichert der Republik eine immense Überlegenheit in militärischer Beziehung.

DER DOGE *lächelnd:* Gewiß. Wir brauchen den Vorwand. *Er verabschiedet sich unbeholfen.*

DER KURATOR Diese Leute haben keine Ahnung, was sie kriegen. Unbildung.

DOPPONE *ist endlich durchgebrochen. Er sagt atemlos zu Galilei:* Herr Galilei, warum haben Sie mich nicht angehört vor der Überreichung? Das Ding ist ganz falsch. Der Überzug muß grün sein. Er war grün, verlassen Sie sich auf Doppone!

3

9. JANUAR 1610: VERMITTELS DES FERNROHRS ENTDECKT GALILEI AM HIMMEL ERSCHEINUNGEN, WELCHE DAS KOPERNIKANISCHE SYSTEM BEWEISEN. VON SEINEM FREUND VOR DEN MÖGLICHEN FOLGEN SEINER FORSCHUNGEN GEWARNT, BEZEUGT GALILEI SEINEN GLAUBEN AN DIE MENSCHLICHE VERNUNFT.

Studierzimmer des Galilei in Padua. Galilei und Sagredo am Fernrohr.

SAGREDO *durch das Fernrohr schauend, halblaut:* Der Sichelrand ist rauh. Auf der dunklen Hälfte, in der Nähe des leuchtenden Rands, sind leuchtende Punkte. Sie treten einer nach dem andern hervor. Von ihnen aus ergießt sich das Licht wachsend über immer weitere Flächen, wo es zusammenfließt mit dem größeren leuchtenden Teil.

GALILEI Wie erklärst du dir diese Punkte?

SAGREDO Es kann nicht sein.

GALILEI Doch. Es sind Riesenberge.

SAGREDO Auf einem Stern?

GALILEI Berge. Deren Spitzen die aufgehende Sonne vergoldet, während rings Nacht auf den Abhängen liegt. Du siehst das Licht von den höchsten Gipfeln in die Täler niedersteigen.

SAGREDO Aber das widerspricht aller Astronomie von zwei Jahrtausenden.

GALILEI So ist es. Was du siehst, hat noch kein Mensch gesehen, außer mir. Du bist der zweite.

SAGREDO Aber der Mond kann keine Erde sein mit Bergen und Tälern, sowenig die Erde ein Stern sein kann.

GALILEI Der Mond kann eine Erde sein mit Bergen und Tälern und die

Erde kann ein Stern sein. Ein gewöhnlicher Himmelskörper: einer unter Tausenden. Sieh noch einmal hinein. Siehst du den verdunkelten Teil des Mondes ganz dunkel?

SAGREDO Nein. Jetzt, wo ich darauf achtgebe, sehe ich ein schwaches, aschfarbenes Licht darauf ruhen.

GALILEI Was kann das für ein Licht sein?

SAGREDO ?

GALILEI Das ist von der Erde.

SAGREDO Das ist Unsinn. Wie soll die Erde leuchten mit ihren Gebirgen und Wäldern und Gewässern, ein kalter Körper?

GALILEI So wie der Mond leuchtet. Weil die beiden Sterne angeleuchtet sind von der Sonne, darum leuchten sie. Was der Mond uns ist, das sind wir dem Mond. Und er sieht uns einmal als Sichel, einmal als Halbkreis, einmal voll und einmal nicht.

SAGREDO So wäre kein Unterschied zwischen Himmel und Erde?

GALILEI Nein.

SAGREDO Vor noch nicht zehn Jahren ist ein Mensch in Rom verbrannt worden. Er hatte eben das behauptet.

GALILEI Gewiß. Und wir sehen es. Laß dein Auge am Rohr, Sagredo. Was du siehst, ist, daß es keinen Himmel gibt. Der Mond ist uns nicht mehr Himmelskörper, als wir es ihm sind. Heute ist der 6. Januar 1610. Der Mensch trägt in sein Journal ein: es gibt keinen Himmel mehr.

SAGREDO Das ist ein wunderbares Ding, dieses Rohr.

Es klopft.

GALILEI Ich habe noch eine Sache entdeckt. Sie ist vielleicht noch erstaunlicher.

Es klopft wieder. Galilei öffnet. Es ist der Kurator der Universität.

DER KURATOR Entschuldigen Sie die späte Stunde, aber es ist etwas ganz Außerordentliches vorgefallen. Ich wäre Ihnen verpflichtet, wenn ich mit Ihnen allein sprechen könnte.

GALILEI Herr Sagredo kann alles hören, was ich hören kann, Herr Priuli.

DER KURATOR Aber es wird Ihnen vielleicht doch nicht angenehm sein, wenn der Herr hört, was vorgefallen ist. Es ist leider etwas ganz und gar Unglaubliches.

GALILEI Herr Sagredo ist es gewohnt, in meiner Gegenwart Unglaublichem zu begegnen, wissen Sie.

DER KURATOR Ich fürchte, ich fürchte. *Auf das Fernrohr zeigend.* Da ist ja das famose Ding. Das Ding können Sie gradesogut wegwerfen. Es ist nichts damit, absolut nichts.

SAGREDO *der unruhig herumgegangen war:* Wieso?

DER KURATOR Wissen Sie, daß man diese Ihre Erfindung, die Sie als Frucht einer siebzehnjährigen Forschertätigkeit bezeichnet haben, an jeder Straßenecke Italiens für ein paar Skudi kaufen kann? Und zwar hergestellt in Holland?

GALILEI Tatsächlich?

DER KURATOR Ich verstehe nicht Ihre Ruhe, Herr.

SAGREDO Was bekümmert Sie eigentlich? Lassen Sie sich erzählen, daß Herr Galilei vermittels dieses Instruments in eben diesen Tagen umwälzende Entdeckungen die Gestirnwelt betreffend gemacht hat.

GALILEI *lachend:* Sie können durchsehen, Priuli.

DER KURATOR So lassen Sie sich erzählen, daß mir die Entdeckung genügt, die ich als der Mann, der für diesen Schund Herrn Galilei eine Gehaltsverdoppelung verschafft hat, gemacht habe. Es ist ein reiner Zufall, daß die Herren von der Signoria, die im Glauben, in diesem Instrument der Republik etwas zu sichern, was nur hier hergestellt werden kann, nicht beim ersten Durchblicken an der nächsten Straßenecke siebenmal vergrößert einen gewöhnlichen Straßenhändler erblickt haben, der eben dieses Rohr für ein Butterbrot verkauft.

Galilei lacht schallend.

SAGREDO Lieber Herr Priuli, ich kann den Wert dieses Instruments für den Handel vielleicht nicht beurteilen, aber sein Wert für die Philosophie ist so unermeßlich, daß ...

DER KURATOR Für die Philosophie! Was hat Herr Galilei, der Mathematiker ist, mit der Philosophie zu schaffen? *Zu Galilei:* Sie haben seinerzeit der Stadt eine sehr anständige Wasserpumpe erfunden, und Ihre Berieselungsanlage funktioniert. Die Tuchweber loben Ihre Maschine ebenfalls, und die Studenten sind mit Ihren Vorlesungen zufrieden. Aber lassen Sie um Gottes willen die Philosophie den Philosophen!

GALILEI Goldene Worte, Sagredo!

DER KURATOR *stöhnt:* Zum Dank für meine Freundlichkeit haben Sie mich zum Gelächter der Stadt gemacht. Ich werde im Gedächtnis fortleben als der Kurator, der sich mit einem wertlosen Fernrohr hereinlegen ließ. Sie haben allen Grund zu lachen. Sie haben Ihre 1000 Goldskudi. Ich aber kann Ihnen sagen, und es ist ein ehrlicher Mann, der Ihnen das sagt: mich ekelt diese Welt an! *Er geht, die Tür hinter sich zuschlagend.*

GALILEI In seinem Zorn wird er geradezu sympathisch. Hast du gehört: eine Welt, in der man nicht Geschäfte machen kann, ekelt ihn an!

SAGREDO Hast du gewußt von diesen holländischen Instrumenten?

GALILEI Natürlich, vom Hörensagen. Aber ich habe diesen Filzen ein doppelt so gutes konstruiert. Wie soll ich arbeiten, mit dem Gerichtsvollzieher in der Stube? Und Virginia braucht wirklich bald eine Aussteuer, sie ist nicht intelligent. Und dann, ich kaufe gern Bücher, nicht nur über Physik, und ich esse gern anständig. Bei gutem Essen fällt mir am meisten ein. Ein verrottetes Zeitalter! Sie haben mir nicht so viel bezahlt wie einem Kutscher, der ihnen die Weinfässer fährt. Dabei ist das System gesund. Vier Klafter Brennholz für zwei Vorlesungen über Mathematik. Fortschrittlichere Leute, als in den Fürstentümern sitzen, aber kleinzügig. Ich habe ihnen jetzt 1000 Skudi herausgerissen, aber ich habe auch jetzt noch Schulden, einige sind zwanzig Jahre alt. Und der Unterricht geht weiter und verschlingt alle Zeit. Fünf Jahre freie Arbeit, und ich habe alles bewiesen! Ich werde dir noch etwas anderes zeigen.

SAGREDO *zögert, an das Fernrohr zu gehen:* Ich verspüre beinahe etwas wie Furcht, Galilei.

GALILEI Ich werde dir jetzt einen der milchweiß glänzenden Nebel der Milchstraße vorführen. Sage mir, aus was er besteht!

SAGREDO Das sind Sterne. Unzählige.

GALILEI Allein im Sternbild des Orion sind es 500 Fixsterne. Das sind die vielen Welten, die zahllosen andern, die entfernteren Gestirne, von denen der Verbrannte gesprochen hat. Er hat sie nicht gesehen, er hat sie erwartet!

SAGREDO Aber selbst wenn diese Erde ein Stern ist, so ist es noch ein weiter Weg zu den Behauptungen des großen Kopernikus, daß sie sich um die Sonne dreht. Da ist kein Gestirn am ganzen Himmel, um das ein anderes sich dreht; aber um die Erde dreht sich immer noch der Mond!

GALILEI Ich frage mich. Seit vorgestern frage ich mich. Seit einigen Tagen beobachte ich den Jupiter. Ich stelle ihn dir ein. *Er stellt das Fernrohr ein.* Da sind nämlich vier Sterne nahe bei ihm, die man nur durch das Rohr sieht. Sie waren am Dienstag ... Was ist das? *In großer Erregung.* Das ist anders heute. Sieh durch und sag mir, wie es mit ihrer Größe ist!

SAGREDO Ich sehe nur drei. Zwei sind ziemlich gleich groß, aber der dritte steht dem Jupiter näher und er ist viel kleiner. Meinst du das?

GALILEI Und Dienstag waren sie gleich groß! Und ihre Entfernungen waren dieselben! Jetzt ist es bewiesen, du!

SAGREDO Was ist bewiesen?

GALILEI Es sind Planeten. Um den Jupiter drehen sich Monde. Hier ist das Gestirn außer der Erde, um das sich andere Sterne drehen! Und in der Höhe der Fixsterne! Wo ist jetzt die Kristallschale, an der der Jupiter festgeheftet ist? Um ihn drehen sich andere Sterne. Sie sind nicht festgeheftet und auch er kann es nicht sein. Da ist keine Stütze im Himmel, da ist kein Halt im Weltall. Da ist eine andere Sonne!

SAGREDO Beruhige dich. Du denkst zu schnell.

GALILEI Was, schnell! Mensch, reg dich auf! Was du siehst, hat noch keiner gesehen. Sie hatten recht!

SAGREDO Wer? Kopernikus?

GALILEI Und der andere! Die ganze Welt war gegen sie und sie hatten recht! Das ist was für Andrea! *Er läuft außer sich zur Tür und ruft hinaus.* Frau Sarti! Frau Sarti!

SAGREDO Galilei, du sollst dich beruhigen!

GALILEI Sagredo, du sollst dich aufregen!

SAGREDO *dreht das Fernrohr weg:* Willst du aufhören, wie ein Narr herumzubrüllen?

GALILEI Willst du aufhören, wie ein Stockfisch dazustehen, wenn die Wahrheit entdeckt ist?

SAGREDO Ich stehe nicht wie ein Stockfisch, sondern ich zittere, es könnte die Wahrheit sein.

GALILEI Was?

SAGREDO Hast du allen Verstand verloren? Weißt du wirklich nicht mehr, in was für eine Sache du kommst, wenn das wahr ist, was du da siehst? Und du es auf allen Märkten herumschreist? Daß da ein Stern ist, um den etwas sich dreht, und er ist nicht die Erde! Also auch die Erde sich wohl um die Sonne drehen kann, nicht?

GALILEI Ja, und daß nicht das ganze riesige Weltall mit allen Gestirnen sich um diese winzige Erde dreht, sondern es umgekehrt ist, wie jeder sich denken konnte.

SAGREDO Daß da also nur Gestirne sind und kein Unterschied ist zwischen Erde und Himmel! Und überhaupt kein Himmel! Und wo ist dann Gott?

GALILEI Was meinst du damit?

SAGREDO Gott! Wo ist Gott?

GALILEI *zornig:* Dort nicht! Sowenig wie er hier auf der Erde zu finden ist, wenn dort Wesen sind und ihn hier suchen sollten!

SAGREDO Und wo ist also Gott?

GALILEI Bin ich Theologe? Ich bin Mathematiker.

SAGREDO Vor allem bist du ein Mensch. Und ich frage dich, wo ist Gott in deinem Weltsystem?

GALILEI In uns oder nirgends!

SAGREDO *schreiend:* Wie der Verbrannte gesagt hat?

GALILEI Wie der Verbrannte gesagt hat!

SAGREDO Darum ist er verbrannt worden! Vor noch nicht zehn Jahren!

GALILEI Weil er es nicht beweisen konnte! Weil er es nur behauptet hat!

SAGREDO Galilei, ich habe dich immer als einen schlauen Mann gekannt. Siebzehn Jahre in Padua und drei Jahre in Pisa hast du Hunderten von Schülern geduldig das ptolemäische System gelehrt, das die Kirche verkündet und die Schrift bestätigt, auf der die Kirche beruht. Du hast es für falsch gehalten mit dem Kopernikus, aber du hast es gelehrt.

GALILEI Weil ich nichts beweisen konnte.

SAGREDO *ungläubig:* Und du glaubst, das macht einen Unterschied?

GALILEI Allen Unterschied! Sieh her, Sagredo! Ich glaube an den Menschen und das heißt, ich glaube an seine Vernunft. Ohne diesen Glauben würde ich nicht die Kraft haben, am Morgen aus meinem Bett aufzustehen.

SAGREDO Dann will ich dir etwas sagen: ich glaube nicht an sie. Vierzig Jahre unter den Menschen haben mich ständig gelehrt, daß sie der Vernunft nicht zugänglich sind. Zeige ihnen einen roten Kometenschweif, jage ihnen eine dumpfe Angst ein, und sie werden aus ihren Häusern laufen und sich die Beine brechen. Aber sage ihnen einen vernünftigen Satz und beweise ihn mit sieben Gründen und sie werden dich einfach auslachen.

GALILEI Das ist ganz falsch und eine Verleumdung. Ich begreife nicht, wie du, so etwas glaubend, die Wissenschaft lieben kannst! Nur die Toten lassen sich nicht mehr von Gründen bewegen!

SAGREDO Wie kannst du ihre erbärmliche Schlauheit mit Vernunft verwechseln!

GALILEI Ich rede nicht von ihrer Schlauheit. Ich weiß, sie nennen den Esel ein Pferd, wenn sie ihn verkaufen und das Pferd einen Esel, wenn sie es einkaufen wollen. Das ist ihre Schlauheit. Aber ich glaube auch an ihre Vernunft. Die Alte, die am Abend vor der Reise dem Maulesel mit der harten Hand ein Extrabüschel Heu vorlegt, der Schiffer, der beim Einkauf der Vorräte des Sturms und der Windstille gedenkt, das Kind, das die Mütze aufstülpt, wenn ihm bewiesen wurde, daß es regnen kann, sie alle sind meine Hoffnung, sie alle lassen Gründe gelten. Ja, ich glaube an die sanfte Gewalt der Vernunft über die Menschen. Sie können ihr auf die Dauer nicht widerstehen. Kein Mensch kann lange zusehen, wie ich *er läßt aus der Hand einen Stein auf den Boden fallen* einen Stein fallen lasse und dazu sage: er fällt nicht. Dazu ist kein Mensch imstande. Die Verführung, die von einem Beweis ausgeht, ist so groß. Ihr erliegen die meisten, auf die Dauer alle.

FRAU SARTI *in Nachtkleidung, tritt ein:* Brauchen Sie etwas, Herr Galilei?

GALILEI *der wieder an seinem Fernrohr ist und Notizen macht, sehr freundlich:* Ja, ich brauche den Andrea.

FRAU SARTI Andrea? Er liegt im Bett und schläft.

GALILEI Können Sie ihn nicht wecken?

FRAU SARTI Wozu brauchen Sie ihn denn?

GALILEI Ich will ihm etwas zeigen, was ihn freuen wird. Er soll etwas sehen, was noch wenige Menschen gesehen haben, seit die Erde besteht.

FRAU SARTI Etwa wieder etwas durch Ihr Rohr?

GALILEI Etwas durch mein Rohr, Frau Sarti.

FRAU SARTI Und darum soll ich ihn mitten in der Nacht aufwecken? Sind Sie denn bei Trost? Er braucht seinen Nachtschlaf. Ich denke nicht daran, ihn aufzuwecken.

GALILEI Bestimmt nicht?

FRAU SARTI Bestimmt nicht.

GALILEI Frau Sarti, vielleicht können dann Sie mir helfen. Sehen Sie, es ist eine Frage entstanden, über die wir uns nicht einig werden können, wahrscheinlich weil wir zu viele Bücher gelesen haben. Es ist eine Frage über den Himmel, eine Frage, die Gestirne betreffend. Sie lautet: ist es anzunehmen, daß das Große sich um das Kleine dreht, oder dreht wohl das Kleine sich um das Große?

FRAU SARTI *mißtrauisch:* Mit Ihnen kennt man sich nicht leicht aus, Herr Galilei. Ist das eine ernsthafte Frage, oder wollen Sie mich wieder einmal zum besten haben?

GALILEI Eine ernste Frage.

FRAU SARTI Dann können Sie schnell Auskunft haben. Stelle ich Ihnen das Essen hin oder stellen Sie es mir hin?

GALILEI Sie stellen es mir hin. Gestern war es angebrannt.

FRAU SARTI Und warum war es angebrannt? Weil ich Ihnen die Schuhe bringen mußte, mitten im Kochen. Habe ich Ihnen nicht die Schuhe gebracht?

GALILEI Vermutlich.

FRAU SARTI Und warum bringe ich Ihnen Ihre Schuhe und bringen nicht Sie mir die meinen?

GALILEI *aufmerksam:* Warum, meinen Sie?

FRAU SARTI Weil sich das Kleine um das Große dreht, wenn Sie mich fragen, Herr Galilei. Sie sind es nämlich, der studiert hat und der bezahlen kann.

GALILEI Ich sehe. Ich sehe, da ist keine Schwierigkeit. Gute Nacht, Frau Sarti.

Frau Sarti belustigt ab.

GALILEI Und solche Leute sollen nicht die Wahrheit begreifen können? Sie schnappen danach! Und darum werde ich meinen Brief an den florentinischen Hof abschicken, Sagredo, in dem ich mich um das Amt als Hofmathematiker bewerbe. Ich werde die neuen Sterne nach dem Großherzog die Mediceischen Sterne nennen. Und in diesem Amt werde ich keinen Studenten das ptolemäische System einpauken müssen, sondern die Zeit haben, Zeit, Zeit, Zeit, Zeit! meine Beweise auszuarbeiten, denn es genügt nicht, was ich jetzt habe. Das ist nichts, kümmerliches Stückwerk! Damit kann ich mich nicht vor die ganze Welt stellen. Da ist noch kein einziger Beweis, daß sich irgendein Himmelskörper um die Sonne dreht. Aber ich werde Beweise dafür bringen, Beweise für jedermann, von Frau Sarti bis hinauf zum Papst.

SAGREDO Und das willst du in Florenz machen?

GALILEI Ja, dort werde ich die Zeit zum Arbeiten haben. Zeit ist alles!

SAGREDO Geh nicht nach Florenz, Galileo!

GALILEI Warum nicht?

SAGREDO Weil die Mönche dort herrschen!

GALILEI Auch die Mönche sind Menschen, Sagredo. Auch sie erliegen der Verführung der Beweise. Der Kopernikus, vergiß das nicht, hat verlangt, daß sie seinen Zahlen glauben, aber ich verlange nur, daß sie ihren Augen glauben. Wenn die Wahrheit zu schwach ist, sich zu verteidigen, muß sie zum Angriff übergehen. Ich werde sie bei den Köpfen nehmen und sie zwingen, durch dieses Rohr zu schauen!

SAGREDO Galilei, ich sehe dich auf einer furchtbaren Straße. Das ist eine Nacht des Unglücks, wo der Mensch die Wahrheit sieht. Und eine Stunde der Verblendung, wo er an die Vernunft des Menschengeschlechts glaubt. Von wem sagt man, daß er sehenden Auges geht? Von dem, der ins Verderben geht. Wie könnten die Mächtigen einen frei herumlaufen lassen, der die Wahrheit weiß, und sei es eine über die entferntesten Gestirne! Wie soll nicht beseitigt werden, wer die Irrtümer beseitigen will? Meinst du, der Papst hört deine Wahrheit, wenn du sagst, er irrt, und hört nicht, daß er irrt? Und wie kannst du aus der Republik gehen wollen, die Wahrheit in der Tasche, in die Fallen der Fürsten und Mönche mit deinem Rohr in der Hand? So mißtrauisch in deiner Wissenschaft, bist du leichtgläubig wie ein Kind in allem, was dir ihr Betreiben zu erleichtern scheint. Du glaubst nicht an den Aristoteles, aber an den Großherzog von Florenz. Niemals, Galileo, würdest du zugeben, daß irgendein Körper, abhängig von einem stärkeren, sich von einem schwachen aus der Bahn bringen ließe! Als ich dich vorhin am Rohr sah und du sahst diese neuen Planeten, da war es mir, als sähe ich dich auf brennenden Scheitern stehen, und als du sagtest, du glaubst an die Beweise, roch ich verbranntes Fleisch. Ich liebe die Wissenschaft, aber mehr dich, meinen Freund. Geh nicht nach Florenz, Galileo!

GALILEI Hilf mir lieber den Brief schreiben an die Florentiner.

SAGREDO Du willst also nach Florenz?

GALILEI Sicher. Und mit dem Rohr. Und mit der Wahrheit. Und mit dem Glauben an die menschliche Vernunft.

SAGREDO Dann ist nichts mehr zu sagen. *Er geht schweigend und in Hast.*

Galilei setzt sich lachend an sein Fernrohr und beginnt, Notizen zu machen.

Es wird dunkel.

Wenn es wieder hell wird, ist es Morgen geworden. Galilei sitzt noch immer schreibend am Tisch bei zwei Kerzen. Er hat einen Mantel an, da das Feuer im Kamin ausgegangen zu sein scheint. Eine Frühmettenglocke bimmelt.

Herein Virginia, Galileis sehr junge Tochter, warm angezogen.

VIRGINIA Ich dachte doch, ich sah Licht von unten. Es ist fünf Uhr, Vater.

GALILEI Warum bist du schon auf?

VIRGINIA Ich gehe mit Frau Sarti zur Frühmette. Du hast doch versprochen, daß du heute nacht zu Bett gehen willst.

GALILEI *steht auf:* Ich habe nur sehr wenige Notierungen gemacht. Die meiste Zeit hat es mich gekostet, einen Brief zu schreiben.

VIRGINIA Frau Sarti sagt, du wolltest Andrea mitten in der Nacht geweckt haben. Hast du etwas Neues entdeckt?

GALILEI Nur ein paar kleine, trübe Fleckchen an der linken Seite eines großen Sterns, die niemand wird sehen können. Aber, das wird dich interessieren, ich habe einen Brief an den Großherzog von Florenz geschrieben, in dem ich ihm die neuen Sterne widme. Vielleicht nimmt er mich dann als Mathematiker.

VIRGINIA Die trüben Fleckchen?

GALILEI Ja. Man sieht sie so schlecht. Aber, weißt du, wenn sie überall die Mediceischen Sterne heißen, dann gibt man sich weit mehr Mühe, sie zu sehen.

VIRGINIA Warum läßt du mich nie durchs Rohr schauen? Alle sagen, es ist so wunderbar.

GALILEI Oh, das Rohr ist eine Enttäuschung, hat es dir niemand gesagt? Es wird für drei Skudi auf der Gasse verkauft und ist in Holland schon erfunden gewesen. Aber dafür sollst du den Brief an den Großherzog von Florenz lesen, in dem ich anfrage, ob er mich nehmen würde, da ich hier nicht weiterkomme.

VIRGINIA Sicher nimmt er dich.

GALILEI Nicht so sicher. Ich bin kein so sehr leicht zu habender Mann, ein wenig unbeliebt. Ich muß sehr buckeln, wenn ich genommen werden will. Vielleicht liest du nach, ob der Brief demütig genug ist, wie es sich für deinen Vater gehört, da er nicht sehr leicht zu haben ist und Schwierigkeiten verursachen kann.

VIRGINIA *liest, während Galilei sich auf das Bett legt:* »Wenn ich den neuen Sternen, die ich entdeckt habe, den erhabenen Namen des Mediceischen Geschlechts zuteile, so bin ich mir bewußt, daß den Göttern und den Heroen die Erhebung in den Sternenhimmel zur Verherrlichung gedient hat, daß aber in diesem Fall umgekehrt der erhabene Name der Medici den Sternen unsterbliches Gedächtnis sichern wird. Ich aber bringe mich Euch in Erinnerung als einen aus der Zahl der treuesten und ergebensten Diener.«

GALILEI Halt! Das klingt zu kalt, wie? So könnte ein Mann schreiben, der sich das Verdienst erworben hat, den Ptolemäus zu beweisen. Für einen Menschen aber, der nur Schwierigkeiten und Ärger bringen muß, klingt das doch allzu selbstbewußt. Ich werde noch hinzufügen: der sich zur höchsten Ehre anrechnet, als Euer Untertan geboren zu sein.

VIRGINIA Dann ist es aber höflich genug. *Sie liest weiter.* »Sehne ich mich doch nach nichts so sehr, als Euch näher zu sein, der aufgehenden Sonne, welche dieses Zeitalter erhellen wird.«

GALILEI *schläfrig:* Ich habe vier Stunden daran gehängt, aber ich habe die größte Besorgnis, der Brief klingt zu frostig. Heute abend erst hat mein Freund Sagredo mich ermahnt, klug zu sein. Ist der Brief klug? Nur auf dem Bauch kriechend kann ein unbeliebter und Schwierigkeiten bereitender Mann in eine Stellung kommen, wo er freie Zeit genug hat.

VIRGINIA *umarmt ihn:* Werden wir dort ein großes Haus haben?

GALILEI Vor allem Zeit, meine Liebe, Zeit!

4

GALILEI HAT DIE REPUBLIK VENEDIG MIT DEM FLORENTINER HOF VERTAUSCHT. SEINE ENTDECKUNGEN DURCH DAS FERNROHR STOSSEN IN DER DORTIGEN GELEHRTENWELT AUF UNGLAUBEN.

Haus des Galilei in Florenz. Frau Sarti trifft in Galileis Studierzimmer Vorbereitungen zum Empfang von Gästen. Ihr Sohn Andrea sitzt und räumt Karten auf.

FRAU SARTI Seit wir glücklich in diesem gepriesenen Florenz sind, hört das Buckeln und Speichellecken nicht mehr auf. Die ganze Stadt zieht an diesem Rohr vorbei und ich kann dann den Fußboden aufwischen! Und nichts wird es helfen! Wenn was dran wäre an diesen Entdeckungen, würden das doch die geistlichen Herren am ehesten wissen. Ich war vier Jahre bei Monsignore Philippo im Dienst und habe seine Bibliothek nie ganz abstauben können. Lederbände bis zur Decke und keine Gedichtchen! Und der gute Monsignore hatte zwei Pfund Geschwüre im Hintern vom vielen Sitzen über all der Wissenschaft, und ein solcher Mann soll nicht Bescheid wissen? Und die große Besichtigung heute wird eine Blamage, daß ich morgen wieder nicht dem Milchmann ins Gesicht schauen kann. Ich wußte, was ich sagte, als ich ihm riet, den Herren zuerst ein gutes Abendessen vorzusetzen, ein ordentliches Stück Lammfleisch, bevor sie über sein Rohr gehen. Aber nein! *Sie macht Galilei nach.* »Ich habe etwas anderes für sie.«

Es klopft unten.

FRAU SARTI *schaut in den Spion am Fenster:* Um Gottes willen, da ist schon der Großherzog. Und er ist noch in der Universität! *Sie läuft die Treppe hinunter und läßt den Großherzog von Toscana, den fünfzehnjährigen Cosmo de Medici, mit dem Hofmarschall ein.*

COSMO Ich will das Rohr sehen.

DER HOFMARSCHALL Vielleicht gedulden sich Eure Hoheit, bis Herr Galilei und die anderen Herren von der Universität gekommen sind. *Zu Frau Sarti:* Herr Galilei wollte die von ihm neu entdeckten und die Mediceischen genannten Sterne von den Herren Astronomen prüfen lassen.

COSMO Sie glauben nicht an das Rohr, gar nicht. Wo ist es denn?

FRAU SARTI Oben, im Arbeitszimmer.

Der Knabe nickt, zeigt die Treppe hinauf, und auf ein Nicken Frau Sartis läuft er hoch.

DER HOFMARSCHALL *ein sehr alter Mann:* Eure Hoheit! *Zu Frau Sarti:* Muß man da hinauf? Ich bin nur mitgekommen, weil der Erzieher erkrankt ist.

FRAU SARTI Dem jungen Herrn kann nichts passieren. Mein Junge ist droben.

COSMO *oben eintretend:* Guten Abend.

Die Knaben verbeugen sich zeremoniell voreinander. Pause. Dann wendet sich Andrea wieder seiner Arbeit zu.

ANDREA *sehr ähnlich seinem Lehrer:* Hier geht es zu wie in einem Taubenschlag.

COSMO Viele Besucher?

ANDREA Stolpern hier herum, gaffen und verstehen nicht die Bohne.

COSMO Verstehe. Ist das ...? *Zeigt auf das Rohr.*

ANDREA Ja, das ist es. Aber da heißt es Finger weg.

COSMO Und was ist das? *Er deutet auf das Holzmodell des ptolemäischen Systems.*

ANDREA Das ist das ptolemäische.

COSMO Das zeigt, wie die Sonne sich dreht, nicht?

ANDREA Ja, das sagt man.

COSMO *sich auf einen Stuhl setzend, nimmt es auf den Schoß:* Mein Lehrer ist erkältet. Da konnte ich früher weg. Angenehm hier.

ANDREA *unruhig, geht schlendernd und unschlüssig, den fremden Jungen mißtrauisch anschauend, herum und fischt endlich, unfähig, der Versuchung länger zu widerstehen, ein zweites Holzmodell hinter Karten vor, eine Darstellung des kopernikanischen Systems:* Aber in Wirklichkeit ist es natürlich so.

COSMO Was ist so?

ANDREA *auf Cosmos Modell deutend:* So meint man, daß es ist, und so *auf seines deutend* ist es. Die Erde dreht sich um die Sonne, verstehen Sie?

COSMO Meinst du wirklich?

ANDREA Allerdings. Das ist bewiesen.

COSMO Tatsächlich? Ich möchte wissen, warum sie mich zum Alten überhaupt nicht mehr hineinließen. Gestern war er noch bei der Abendtafel.

ANDREA Sie scheinen es nicht zu glauben, was?

COSMO Doch, natürlich.

ANDREA *plötzlich, auf das Modell in Cosmos Schoß zeigend:* Gib das her, du verstehst ja nicht einmal das!

COSMO Du brauchst doch nicht zwei.

ANDREA Du sollst es hergeben. Das ist kein Spielzeug für Jungens.

COSMO Ich habe nichts dagegen, es dir zu geben, aber du müßtest ein wenig höflicher sein, weißt du.

ANDREA Du bist ein Dummkopf und höflich hin oder her. Raus damit, sonst setzt's was.

COSMO Laß die Finger weg, hörst du.

Sie beginnen zu raufen und kugeln sich bald auf dem Boden.

ANDREA Ich werde dir schon zeigen, wie man ein Modell behandelt! Ergib dich!

COSMO Jetzt ist es entzweigegangen. Du drehst mir die Hand um.

ANDREA Wir werden schon sehen, wer recht hat und wer nicht. Sag, sie dreht sich, sonst gibt's Kopfnüsse.

COSMO Niemals. Au! Du Rohling. Ich werde dir Höflichkeit beibringen.

ANDREA Rotkopf? Bin ich ein Rotkopf?

Sie raufen schweigend weiter.

Unten treten Galilei und einige Professoren der Universität ein.

DER HOFMARSCHALL Meine Herren, eine leichte Erkrankung hält den Erzieher Seiner Hoheit, Herrn Suri, ab, Seine Hoheit hierher zu begleiten.

DER THEOLOGE Hoffentlich nichts Schlimmes.

DER HOFMARSCHALL Ganz und gar nicht.

GALILEI Seine Hoheit nicht hier? Das ist eine Katastrophe.

DER HOFMARSCHALL Seine Hoheit ist oben. Bitte die Herren, sich nicht aufhalten zu wollen. Der Hof ist so überaus begierig, die Meinung der erlauchten Universität über das außerordentliche Instrument Herrn Galileis und die wunderbaren neuen Gestirne kennenzulernen.

Sie gehen nach oben.

Die Knaben liegen jetzt still. Sie haben unten Lärm gehört.

COSMO Sie sind da. Laß mich auf.

Sie stehen schnell auf.

DIE HERREN *im Hinaufgehen:* Nein, nein, es ist alles in schönster Ordnung. – Die medizinische Fakultät erklärt es für ausgeschlossen, daß es sich bei den Erkrankungen in der Altstadt um Pestfälle handeln könnte. Die Miasmen müßten bei der jetzt herrschenden Temperatur erfrieren. – Das schlimmste in solchen Fällen ist immer Panik. – Nichts als die in dieser Jahreszeit üblichen Erkältungswellen. – Jeder Verdacht ist ausgeschlossen. – Alles in schönster Ordnung.

Begrüßung oben.

GALILEI Eure Hoheit, ich bin glücklich, in Ihrer Gegenwart die Herren mit den Neuerungen bekannt machen zu dürfen.

Cosmo verbeugt sich sehr formell nach allen Seiten, auch vor Andrea.

DER THEOLOGE *das zerbrochene ptolemäische Modell am Boden sehend:* Hier scheint etwas entzweigegangen.

Cosmo bückt sich rasch und übergibt Andrea höflich das Modell. Inzwischen räumt Galilei verstohlen das andere Modell beiseite.

GALILEI *faßt Andrea um die Schulter und führt ihn hinaus, ihn dabei unauffällig bei den Ohren nehmend:* Geh zu deiner Mutter, mein Junge. *Zu Cosmo, während Andrea lauschend an der Tür stehenbleibt:* Eure Hoheit wissen, daß wir Astronomen seit einiger Zeit mit unseren Berechnungen in große Schwierigkeiten gekommen sind. Wir benützen dafür ein sehr altes System, das sich in Übereinstimmung mit der Philosophie, aber leider nicht mit den Fakten zu befinden scheint. Nach diesem alten System, dem ptolemäischen, werden die Bewegungen der Gestirne als äußerst verwickelt angenommen. Der Planet Venus zum Beispiel soll eine Bewegung von dieser Art vollführen. *Er zeichnet auf eine Tafel die epizyklische Bahn der Venus nach der ptolemäischen Annahme.* Aber solche schwierigen Bewegungen annehmend, sind wir doch nicht in der Lage, die Stellung der Gestirne richtig vorauszuberechnen. Wir finden sie nicht an den Orten, wo sie eigentlich sein müßten. Dazu kommen solche Gestirnbewegungen, für welche das ptolemäische System überhaupt keine Erklärung hat. Bewegungen dieser Art scheinen mir einige von mir neu entdeckte kleine Sterne um den Planeten Jupiter zu vollführen. Ist es den Herren angenehm, mit einer Besichtigung des Jupiter zu beginnen?

DER PHILOSOPH Aha, da ist ja das berühmte Rohr. Nun, Herr Galilei, vielleicht nennen Sie uns vor allem andern die Gründe, die Sie bewegen, Gestirnbewegungen für möglich zu halten, die nach der Meinung des großen Aristoteles und aller Mathematiker und Philosophen seit ihm nicht gut möglich sind.

GALILEI Meine Beobachtungen – die Notizen darüber stehen zu Ihrer Verfügung – zeigen, daß sie möglich sind. Sie werden vier Sterne in unmittelbarer Nähe des Jupiter sehen, und da ich die Stellungen dieser Himmelskörper Nacht für Nacht kontrolliert und hier notiert habe, werden Sie die Kreisbewegung, die sie um den Stern Jupiter beschreiben, feststellen können.

DER MATHEMATIKER Aber solche Bewegungen sind doch nicht möglich, Herr Galilei.

Galilei weist lächelnd stumm auf sein Rohr.

DER THEOLOGE Abgesehen davon, daß sie nach Ansicht der Mathematiker *er verbeugt sich gegen den Mathematiker* nicht möglich zu sein scheinen, bliebe noch die Frage, ob sie nötig sind. Warum sollten Sterne um andere Mittelpunkte als die Erde Kreise beschreiben? Gott läßt die Sonne um die Erde kreisen, damit der Mensch, sein geliebtes Geschöpf, Licht empfange. So ist diese Kreisbewegung höchst sinnvoll, wie alles, was Gott geschaffen hat. Wie das Wachsen der Pflanzen sinnvoll ist, die uns zur Nahrung dienen. Können Sie wirklich etwas Sinnloses entdekken in dieser Welt, Herr Galilei? Aber die Kreise der Sterne, von denen Sie reden, scheinen ein wenig sinnlos zu sein, wie?

DER PHILOSOPH Wenn es solche Sterne überhaupt geben sollte, von denen niemand außer Herrn Galilei redet!

COSMO *enttäuscht:* Meinen Sie, es gibt sie gar nicht?

Die Herren zögern mit der Antwort.

COSMO *mit Würde:* Vergessen Sie nicht, daß es meine Sterne sind.

Die Herren verbeugen sich tief.

DER THEOLOGE Sie verstehen, Herr Galilei, rein menschlich sind wir überzeugt, daß weder Sie noch sonst jemand es wagen würde, Sterne mit dem erlauchten Namen des Herrscherhauses zu schmücken, deren Existenz nicht über allen Zweifel erhaben ist. Aber als Männer der Wissenschaft fühlen wir, daß es Ihnen ein Bedürfnis sein wird, die Existenz dieser bisher niemals und nirgends gesehenen Sterne zu beweisen.

GALILEI *erstaunt:* Ich dachte mir, Sie sehen einfach durch das Teleskop und überzeugen sich?

Die Herren lachen.

DER MATHEMATIKER Da der Jupiter, Herr Kollege, an die Sphäre der Fixsterne geheftet ist, wie jedermann weiß, der je ein Handbuch der Astronomie aufgeschlagen hat, kann Ihr Rohr, so tüchtig es sein mag, kaum zeigen, daß um diesen Fixstern herum frei Planeten laufen. Sie würden zweifellos die Sphärenschale durchstoßen, nicht?

GALILEI Wie aber, wenn Sie, hier durchblickend, vier Planeten solche Bewegungen um den Fixstern Jupiter ausführen sehen würden? Vielleicht sehen Sie doch hindurch?

DER THEOLOGE Man könnte versucht sein, zu antworten, daß Ihr Rohr, etwas zeigend, was nicht sein kann, ein nicht sehr verläßliches Rohr sein müßte, nicht?

DER PHILOSOPH Das ist nicht höflicher auszudrücken.

GALILEI *mühsam:* Meine Herren, seit drei Monaten zeichne ich Nacht für Nacht die Stellungen der vier Planeten auf. Hier sind die Aufzeichnungen. Sie sind nicht vollständig, ich brauche noch ein paar Messungen, jedoch geben sie ein Bild der Bewegungen dieser Himmelskörper. Ich denke, daß eine Beobachtung von fünf Minuten und ein kurzer Blick auf meine Aufzeichnungen von den Herren nicht zuviel verlangt ist.

DER PHILOSOPH Es wäre doch so viel förderlicher, wenn Sie uns zuerst sagten, wie denn in der höchsten Sphäre des unveränderlichen Himmels Körper überhaupt sich freihängend bewegen können.

DER MATHEMATIKER Die Gründe, Herr Galilei! Wo sind die Gründe?

GALILEI *deutet auf die Gestirne:* Hier! Das ist ja abgeschmackt. Wozu erst fragen, ob etwas sein kann, wenn ein Blick genügt, zu sehen, daß es ist?

DER MATHEMATIKER Wenn man sicher wäre, daß Sie sich nicht erregten, könnte man sagen, daß, was in Ihrem Rohr ist und was am Himmel ist, zweierlei sein kann.

GALILEI *grob:* Wollen Sie mir Betrug vorwerfen?

DER THEOLOGE *lächelnd:* Aber wie könnten wir das? Und in Anwesenheit Seiner Hoheit!

DER MATHEMATIKER Niemals. Wer sagt etwas gegen Ihr berühmtes Instrument? Ihr Instrument, mag man es nun Ihr Kind, mag man es Ihren Zögling nennen, ist sicher sehr geschickt gemacht, kein Zweifel.

GALILEI Wollen Sie also durchschauen oder nicht?

DER PHILOSOPH Sicher, sicher. *Zu Cosmo:* Nach dem Aristoteles ist es, wie Eure Hoheit wissen, ganz ausgeschlossen, daß es Himmelskörper geben könnte, die einen andern Himmelskörper umkreisen und gleichzeitig, mit ihm fortschreitend, eine größere Bahn um einen zweiten durchmessen.

GALILEI Ja, nach dem Aristoteles.

DER THEOLOGE Oh!

Betretene Pause.

Andrea wendet sich plötzlich um und geht die Treppe hinunter.

FRAU SARTI *an der er, sie nicht anschauend, vorbeigeht:* Was ist los?

ANDREA Sie sind so dumm.

Frau Sarti sieht ihn hinter einem Schrank stehenbleiben und geht ihm nach.

ANDREA *als sie ihn umarmt, weil er Tränen in den Augen hat:* Sie wollen nicht einmal durchsehen.

GALILEI *fast unterwürfig:* Meine Herren, der Glaube an die Autorität des Aristoteles ist eine Sache, Fakten, die mit Händen zu greifen sind, eine andere. Sie sagen, nach dem Aristoteles gibt es dort oben Kristallschalen, und so können gewisse Bewegungen von Gestirnen nicht stattfinden, weil die Gestirne diese Schalen durchstoßen müßten. Aber wie, wenn Sie diese Bewegungen konstatieren könnten? Vielleicht sagte Ihnen das, daß es diese Kristallschalen gar nicht gibt? Meine Herren, ich ersuche Sie in aller Demut, Ihren Augen zu trauen.

DER MATHEMATIKER Lieber Herr Galilei, ich pflege mitunter, so altmodisch es Ihnen erscheinen mag, den Aristoteles zu lesen und kann Sie dessen versichern, daß ich da meinen Augen traue.

GALILEI Ich bin es gewohnt, die Herren aller Fakultäten sämtlichen Fakten und Entdeckungen gegenüber die Augen schließen zu sehen und so tun, als sei nichts geschehen. Ich zeige meine Notierungen und man lächelt; ich stelle ein Fernrohr zur Verfügung, daß man sich überzeugen kann, und man zitiert den Aristoteles. Der Mann hatte kein Fernrohr!

DER THEOLOGE Allerdings nicht ...

DER PHILOSOPH *grob:* Wenn hier Aristoteles in den Kot gezogen werden soll, eine Autorität, welche nicht nur die gesamte Wissenschaft der Antike, sondern auch die Hohen Kirchenväter selber anerkannten, so scheint jedenfalls mir eine Fortsetzung der Diskussion überflüssig. Unsachliche Diskussion lehne ich ab. Basta.

GALILEI Die Autorität! Die Wahrheit ist das Kind der Zeit, nicht der

Autorität. Ich schlage euch vor: schaut hindurch! Was sind alle Spekulationen über Himmel und Erde, laßt sie fahren, wenn ihr ein Zipfelchen der Welt wirklich sehen könnt! Unsere Unwissenheit ist unendlich, die Unendlichkeit unseres Systems beweist das, tragen wir einen Kubikmillimeter ab! Wozu jetzt noch so klug sein wollen, wenn wir endlich ein klein wenig weniger dumm sein können! Laßt alles Fragen, wo euch die Wahrheit hinführt, stellt die Schlüsse zurück, setzt nichts fest, fragt euch, glaubt nichts, schaut hindurch! Wie kann verstanden werden, was nicht vorher nicht verstanden wurde!

DER PHILOSOPH Da Sie sich beharrlich weigern, in eine Diskussion einzutreten, wie sie in wissenschaftlichen Kreisen üblich ist . . .

GALILEI Bedenkt, daß es an euch liegt, ein Beispiel zu geben und eurer Vernunft zu trauen. Daß der letzte Roßknecht darauf wartet, aufgefordert und ermuntert zu werden, er solle seiner Vernunft trauen! Es sind nicht die Bewegungen einiger entfernter Gestirne, welche jetzt ganz Italien aufhorchen machen, sondern die Kunde, daß für unumstößlich gehaltene Meinungen ins Wanken gekommen sind, denn alle wissen, daß es zu viele davon gibt! Die Monde des Jupiter verbilligen nicht die Milch, aber sie wurden nie je gesehen, und es gibt sie doch. Daraus zieht der Mann auf der Straße den Schluß, daß es noch vieles geben könnte, wenn er nur seine Augen aufmachte! Ihr seid ihm eine Bestätigung schuldig!

Unten im Flur hat auf ein Klopfen Frau Sarti einen Höfling hereingelassen, der von ihr geführt in das Studierzimmer geht und dem Hofmarschall etwas ins Ohr flüstert.

DER HOFMARSCHALL *erregt aufstehend:* Herr Galilei, meine Herren, eine dringende Meldung zwingt Seine Hoheit, die so sehr interessante Diskussion zu verlassen. Seine Hoheit dankt Ihnen und bittet Sie, sich nicht stören zu lassen.

Der Großherzog, der Hofmarschall und der Höfling gehen, von Galilei bis zur Haustür begleitet.

COSMO *auf der Treppe:* Geht es Herrn Suri schlechter?

DER HOFMARSCHALL Nein, nein.

COSMO *an der Tür, vertraulich zu Galilei:* Ich möchte sehr gern einmal durch Ihr Rohr schauen.

GALILEI Dazu habe ich es gebaut, Eure Hoheit.

FRAU SARTI *die Tür hinter ihnen schließend:* Es ist eine große Reisekalesche.

DER THEOLOGE Mitten in der Sitzung weggegangen, was sagen Sie?

DER PHILOSOPH Schämt sich seines großen Astronomen.

DER MATHEMATIKER Ich würde es für mein Leben gern einmal untersuchen. *Er geht hastig zu dem Fernrohr.*

DER THEOLOGE Wollen Sie wissen, wie es gemacht wird? Ich werde es Ihnen sagen.

GALILEI *ist zurückgekehrt. Der Mathematiker ist schnell vom Rohr zurückgetreten:* Wollen Sie also die Sterne sehen oder nicht?

DER THEOLOGE *zum Mathematiker:* Sind Sie bereit, durchzuschauen?

DER MATHEMATIKER *schüttelt den Kopf:* Sie?

DER THEOLOGE Kaum.

DER PHILOSOPH Humbug. Gehen wir.

GALILEI Geht zum Teufel!

Die Herren gehen empört hinaus. Der Theologe bleibt jedoch etwas zurück.

DER THEOLOGE An den glauben Sie und Herr Kopernikus doch nicht. *Am Fernrohr.* Ein hübsches Ding. Hoffentlich ist es gut geputzt, sonst sieht man ja nicht durch, nicht?

Lächelnd zieht er ein Taschentuch heraus und wischt, mit bedeutsamem Blick auf Galilei, die obere Linse ab. Dann folgt er seinen Kollegen hinab. Galilei, erst verblüfft, beginnt zu lachen.

DIE HERREN *im Hinabsteigen:* Völlig ausgeschlossen, vier Monde um den Jupiter! – Wie viele Sonnen die noch entdecken werden? – Ebenso ausgeschlossen, wie alles, was er über den Mond faselt! – Ich möchte wissen, was Seine Hoheit für eine Meldung bekommen hat? Diese Krankheitsfälle in der Altstadt gefallen mir nicht. – Ausgeschlossen, daß die Meldung damit zusammenhängt! Die medizinische Fakultät sagt mit absoluter Sicherheit ...

Es wird unten ans Tor geklopft. Frau Sarti öffnet. Virginia mit einer Reisetasche herein.

FRAU SARTI Virginia! Ist etwas passiert?

VIRGINIA In der Altstadt ist die Pest. In der Marktgasse sollen zwei Tote sein und drei liegen sterbend im Spital. Die Marktgasse wird schon abgeriegelt. Das Stift ist geschlossen, wir mußten alle heimgehen.

DIE HERREN Was? – Ausgeschloss ... *Sie stürzen weg.*

Ein großherzoglicher Lakai erscheint.

DER LAKAI Seine Hoheit hat der grassierenden Krankheit wegen die Stadt in Richtung auf Bologna verlassen. Er bestand jedoch darauf, daß Herrn

Galilei und dem jungen Herrn die Möglichkeit geboten wird, sich ebenfalls in Sicherheit zu bringen. Der Wagen ist in zwei Minuten vor der Tür. Seine Hoheit läßt dem jungen Herrn seine besten Grüße übermitteln. *Ab.*

GALILEI *erscheint oben an der Treppe, immer noch lachend:* Andrea! *Zu Frau Sarti:* Wissen Sie, was diese Esel glauben? Sie glauben, daß ich die sämtlichen Mediceischen Sterne auf die Linse meines Rohrs geklebt habe! – Was ist denn los? *Zu Virginia:* Was machst du hier?

FRAU SARTI Die Pest! Sie haben wieder alles bis zum letzten Augenblick verheimlicht! Wir müssen gleich weg. Der Großherzog schickt einen Wagen, Andrea! Ich muß packen. *Setzt sich.*

GALILEI Packen Sie nichts. Nehmen Sie Virginia und Andrea, und wir gehen. Ich hole nur noch meine Aufzeichnungen. *Er läuft eilig zurück in sein Studierzimmer und klaubt in größter Hast Papiere zusammen.*

Frau Sarti zieht Andrea, der gelaufen kommt, einen Mantel an und holt etwas Bettzeug und Essen herbei.

FRAU SARTI Geht ihr sogleich hinaus und setzt euch in den Wagen.

ANDREA Aber warum? Wenn du mir nicht sagst, warum, gehe ich nicht.

FRAU SARTI Es ist die Pest, Kind.

ANDREA Dann tragen Virginia und ich die Sachen hinaus.

VIRGINIA Nein. Wir warten, bis Vater herunten ist! Sicher will er wieder alle seine Papiere mitnehmen.

FRAU SARTI *schreit:* Herr Galilei! Sind Sie fertig?

GALILEI *in der Tür:* Setzen Sie erst Virginia und Andrea in den Wagen. Ich komme.

VIRGINIA Nein, wir gehen nicht ohne dich! Du wirst nie fertig werden, wenn du erst deine Bücher einpackst.

GALILEI Sei vernünftig, Virginia! Wenn ihr euch nicht hineinsetzt, fährt der Kutscher weg. Die Pest, das ist keine Kleinigkeit. *Zurück in sein Studierzimmer.*

VIRGINIA *protestierend, während Frau Sarti sie und Andrea hinausführt:* Helfen Sie ihm mit den Büchern, sonst kommt er nicht!

Galilei wickelt sein Fernrohr in ein Tischtuch. Mit dem Fuß schleudert er die beiden Modelle beiseite. Plötzlich bleibt er stehen. Dann geht er zögernd zur Treppe.

GALILEI Meinen Sie, daß es einen Zweck hat? *Er merkt, daß niemand mehr da ist. Geht langsam zurück. Setzt sich auf den Stuhl, vor dem das Rohr gestanden hat. Schiebt den Vorhang von dem Fenster zurück, wirft einen Blick hinaus. Steht auf.*

FRAU SARTI *unten:* Herr Galilei! Der Wagen fährt! Der Kutscher weigert sich, zu warten!

GALILEI *auf der Treppe:* Frau Sarti, ich glaube nicht, daß ich wegsollte. Da ist alles in Unordnung, wissen Sie, Aufzeichnungen von drei Monaten, die ich wegschmeißen kann, wenn ich sie nicht noch ein paar Nächte fortführe. Und diese Seuche ist ja überall.

FRAU SARTI Herr Galilei! Kommen Sie sofort herunter! Sie sind wahnsinnig!

GALILEI Gehen Sie nur mit Virginia und Andrea! Ich kann mich wirklich nicht entschließen. Aber ich komme nach.

FRAU SARTI Aber in einer Stunde kommt niemand mehr weg von hier! Sie müssen! *Horcht.* Er fährt! Ich muß ihn aufhalten! *Ab.*

Galilei geht mit schwerem Schritt zurück.

GALILEI Die Pest, das war auch so was, was ausgeschlossen war.

Frau Sarti kehrt zurück, sehr bleich, ohne ihr Bündel.

GALILEI Was stehen Sie immer noch herum? Der Wagen mit den Kindern fährt Ihnen noch weg.

FRAU SARTI Sie sind weg. Virginia mußten sie festhalten. Man wird für die Kinder sorgen in Bologna. Aber wer soll Ihnen Ihr Essen hinstellen?

GALILEI Sie sind wahnsinnig! Wegen dem Kochen in der Stadt zu bleiben!

FRAU SARTI Wenn sie nur noch wegkommen!

GALILEI *seine Aufzeichnungen in der Hand:* Glauben Sie von mir nicht, Frau Sarti, daß ich ein Narr bin. Ich kann diese Beobachtungen nicht im Stich lassen. Ich habe mächtige Feinde und muß Beweise für gewisse Behauptungen sammeln.

FRAU SARTI Sie brauchen sich nicht zu entschuldigen. Aber vernünftig ist es nicht.

GALILEI Und da ist noch ein Grund: keiner weiß, wie lange er in dieser Zeit am Leben ist. *Er lächelt.* Fahren wir also fort, auf die Linsen Sterne zu zeichnen! *Geht in sein Studierzimmer.*

5
Uneingeschüchtert durch die Pest setzt Galilei seine Forschungen fort

Vor Galileis Haus in Florenz. Heraus tritt Galilei und blickt die Straße hinunter. Zwei Nonnen kommen vorüber.

GALILEI *spricht sie an:* Können Sie mir sagen, Schwestern, wo ich Milch zu kaufen bekomme? Heute früh ist die Milchfrau nicht gekommen, und meine Haushälterin ist weg.

DIE EINE NONNE Die Läden sind nur noch in der unteren Stadt offen.

DIE ANDERE NONNE Sind Sie hier herausgekommen? *Galilei nickt.* Das ist diese Gasse!

Die beiden Nonnen bekreuzigen sich, murmeln den Englischen Gruß und laufen weg. Ein Mann kommt vorbei.

GALILEI *spricht ihn an:* Sind Sie nicht der Bäcker, der uns das Weißbrot bringt? *Der Mann nickt.* Haben Sie meine Haushälterin gesehen? Sie muß gestern abend weggegangen sein. Seit heute früh ist sie nicht mehr im Haus.

DER MANN Da wird sie wohl wiederkommen, Herr Galilei.

Ein Fenster gegenüber geht auf und eine Frau schaut heraus.

DIE FRAU *schreiend:* Laufen Sie! Bei denen da drüben ist die Pest!

Der Mann läuft erschrocken weg.

GALILEI Wissen Sie etwas über meine Haushälterin?

DIE FRAU Ihre Haushälterin ist oben an der Straße niedergebrochen. Sie muß es gewußt haben. Darum ist sie weg. Solche Rücksichtslosigkeit! *Sie schlägt das Fenster zu.*

Kinder kommen die Straße herunter. Sie sehen Galilei und rennen schreiend weg. Galilei wendet sich, da kommen zwei Soldaten gelaufen, ganz in Eisen.

DIE SOLDATEN Geh sofort ins Haus zurück! *Mit ihren langen Spießen schieben sie Galilei in sein Haus zurück. Hinter ihm verrammeln sie das Tor.*

GALILEI *am Fenster:* Könnt ihr mir sagen, was mit der Frau geschehen ist?

DIE SOLDATEN Sie werden auf den Anger geschafft.

DIE FRAU *erscheint wieder im Fenster:* Die ganze Gasse da hinten ist ja verseucht. Warum sperrt ihr nicht ab?

Die Soldaten ziehen einen Strick über die Straße.

DIE FRAU Aber so kann ja auch in unser Haus keiner mehr! Hier braucht ihr doch nicht abzusperren. Hier ist doch alles gesund. Halt, halt! So hört doch! Mein Mann ist doch in der Stadt, er kann ja nicht mehr zu uns! Ihr Tiere, ihr Tiere!

Man hört von innen her ihr Schluchzen und Schreien. Die Soldaten gehen ab. An einem andern Fenster erscheint eine alte Frau.

GALILEI Dort hinten muß es brennen.

DIE ALTE FRAU Sie löschen nicht mehr, wenn Pestverdacht ist. Jeder denkt nur noch an die Pest.

GALILEI Wie ihnen das gleichsieht! Das ist ihr ganzes Regierungssystem. Sie hauen uns ab wie den kranken Ast eines Feigenbaumes, der keine Frucht mehr bringen kann.

DIE ALTE FRAU Das dürfen Sie nicht sagen. Sie sind nur hilflos.

GALILEI Sind Sie allein im Haus?

DIE ALTE FRAU Ja. Mein Sohn hat mir einen Zettel geschickt. Er hat Gott sei Dank gestern abend schon erfahren, daß dort hinten wer gestorben ist, und ist nicht mehr heimgekommen. Es sind elf Fälle gewesen in der Nacht hier im Viertel.

GALILEI Ich mache mir Vorwürfe, daß ich meine Haushälterin nicht rechtzeitig weggeschickt habe. Ich hatte eine dringende Arbeit, aber sie hatte keinen Grund zu bleiben.

DIE ALTE FRAU Wir können ja auch nicht weg. Wer soll uns aufnehmen? Sie müssen sich keine Vorwürfe machen. Ich habe sie gesehen. Sie ging heute früh weg, gegen sieben Uhr. Sie war krank, denn als sie mich aus der Tür treten und die Brote hereinholen sah, machte sie einen Bogen um mich. Sie wollte wohl nicht, daß man Ihnen das Haus zuschließt. Aber sie bringen alles heraus.

Ein klapperndes Geräusch wird hörbar.

GALILEI Was ist das?

DIE ALTE FRAU Sie versuchen mit Geräuschen die Wolken zu vertreiben, in denen die Pestkeime sind.

Galilei lacht schallend.

DIE ALTE FRAU Daß Sie noch lachen können!

Ein Mann kommt die Straße herunter und findet sie versperrt durch den Strick.

GALILEI Heda, Sie! Hier ist abgeriegelt, und im Haus ist nichts zu essen.

Der Mann ist schon weggelaufen.

GALILEI Aber ihr könnt einen doch nicht hier verhungern lassen! Heda! Heda!

DIE ALTE FRAU Vielleicht bringen sie was. Sonst kann ich Ihnen, aber erst nachts, einen Krug Milch vor die Tür stellen, wenn Sie sich nicht fürchten.

GALILEI Heda! Heda! Man muß uns doch hören!

Am Strick steht plötzlich Andrea. Er hat ein verweintes Gesicht.

GALILEI Andrea! Wie kommst du her?

ANDREA Ich war schon früh hier. Ich habe geklopft, aber Sie haben nicht aufgemacht. Die Leute haben mir gesagt, daß ...

GALILEI Bist du denn nicht weggefahren?

ANDREA Doch. Aber unterwegs konnte ich abspringen. Virginia ist weitergefahren. Kann ich nicht hinein?

DIE ALTE FRAU Nein, das kannst du nicht. Du mußt zu den Ursulinerinnen. Deine Mutter ist vielleicht auch dort.

ANDREA Ich war da. Aber man hat mich nicht zu ihr hineingelassen. Sie ist so krank.

GALILEI Bist du so weit hergelaufen? Das sind doch drei Tage, daß du wegfuhrst.

ANDREA So lang brauchte ich, seien Sie nicht böse. Sie haben mich einmal eingefangen.

GALILEI *hilflos:* Weine jetzt nicht mehr. Siehst du, ich habe allerhand gefunden in der Zwischenzeit. Soll ich dir erzählen? *Andrea nickt schluchzend.* Gib genau acht, sonst verstehst du nicht. Erinnerst du dich, daß ich dir den Planeten Venus gezeigt habe? Horch nicht auf das Geräusch, das ist nichts. Kannst du dich erinnern? Weißt du, was ich gesehen habe? Er ist wie der Mond! Ich habe ihn als halbe Kugel und ich habe ihn als Sichel gesehen. Was sagst du dazu? Ich kann dir alles zeigen mit einer kleinen Kugel und einem Licht. Es beweist, daß auch dieser Planet kein eigenes Licht hat. Und er dreht sich um die Sonne, in einem einfachen Kreis, ist das nicht wunderbar?

ANDREA *schluchzend:* Sicher, und das ist ein Fakt.

GALILEI *leise:* Ich habe sie nicht zurückgehalten.

Andrea schweigt.

GALILEI Aber natürlich, wenn ich nicht geblieben wäre, wäre das nicht geschehen.

ANDREA Müssen sie es Ihnen jetzt glauben?

GALILEI Ich habe jetzt alle Beweise zusammen. Weißt du, wenn das hier vorüber ist, gehe ich nach Rom und zeige es ihnen.

Die Straße herunter kommen zwei vermummte Männer mit langen Stangen und Kübeln. An den Stangen reichen sie Galilei und dann der alten Frau Brote in die Fenster.

DIE ALTE FRAU Und dort drüben ist eine Frau mit drei Kindern. Legt da auch was hin.

GALILEI Aber ich habe nichts zu trinken. Im Haus ist kein Wasser. *Die beiden zucken die Achseln.* Kommt ihr auch morgen?

DER EINE MANN *mit erstickter Stimme, da er ein Tuch vor dem Mund hat:* Wer weiß heut, was morgen ist?

GALILEI Könntet ihr, wenn ihr kommt, auch ein Büchlein heraufreichen, das ich für meine Arbeit brauche?

DER MANN *lacht dumpf:* Sei froh, wenn du Brot bekommst.

GALILEI Aber der Junge dort, mein Schüler, wird da sein und es euch geben für mich. Es ist die Karte mit der Umlaufszeit des Merkur, Andrea, ich habe sie verlegt. Willst du sie beschaffen in der Schule?

Die Männer sind schon weitergegangen.

ANDREA Bestimmt. Ich hol sie, Herr Galilei. *Ab.*

Auch Galilei zieht sich zurück. Gegenüber aus dem Haus tritt die alte Frau und stellt einen Krug vor Galileis Tür.

6

1616: Das Collegium Romanum, Forschungsinstitut des Vatikans, bestätigt Galileis Entdeckungen.

Saal des Collegium Romanum in Rom. Es ist Nacht. Hohe Geistliche, Mönche, Gelehrte in Gruppen. An der Seite allein Galilei.
Es herrscht große Ausgelassenheit. Bevor die Szene beginnt, hört man gewaltiges Gelächter.

EIN DICKER PRÄLAT *hält sich den Bauch vor Lachen:* O Dummheit! O Dummheit! Ich möchte, daß mir einer einen Satz nennt, der nicht geglaubt wurde!

EIN GELEHRTER Zum Beispiel, daß Sie unüberwindliche Abneigung gegen Mahlzeiten verspüren, Monsignore!

DER DICKE PRÄLAT Wird geglaubt, wird geglaubt. Nur das Vernünftige wird nicht geglaubt. Daß es einen Teufel gibt, das wird bezweifelt. Aber daß die Erde sich dreht wie ein Schusser in der Gosse, das wird geglaubt. O Dummheit!

EIN MÖNCH *spielt Komödie:* Mir schwindelt. Sie dreht sich zu schnell. Gestatten Sie, daß ich mich an Ihnen einhalte, Professor. *Er tut, als schwanke er und hält sich an einem Gelehrten ein.*

DER GELEHRTE *mitmachend:* Ja, sie ist heute wieder ganz besoffen, die Alte. *Er hält sich an einem anderen ein.*

DER MÖNCH Halt, halt! Wir rutschen ab! Halt, sag ich!

EIN ZWEITER GELEHRTER Die Venus steht schon ganz schief. Ich sehe nur noch ihren halben Hintern, Hilfe!

Es bildet sich ein Klumpen von Menschen, die vor Gelächter tun, als wehrten sie sich, von einem Schiff im Sturm abgeschüttelt zu werden.

EIN ZWEITER MÖNCH Wenn wir nur nicht auf den Mond geschmissen werden! Brüder, der hat scheußlich scharfe Bergspitzen!

DER ERSTE GELEHRTE Stemm dich mit dem Fuß dagegen.

DER ERSTE MÖNCH Und schaut nicht hinab. Ich leide unter Schwindel.

DER DICKE PRÄLAT *absichtlich laut in Galileis Richtung:* Unmöglich, *Schwindel im Collegium Romanum!*

Großes Gelächter.

Aus einer Tür hinten kommen zwei Astronomen des Collegiums. Stille tritt ein.

EIN MÖNCH Untersucht ihr immer noch? Das ist ein Skandal!

DER EINE ASTRONOM *zornig:* Wir nicht!

DER ZWEITE ASTRONOM Wohin soll das führen? Ich verstehe den Clavius nicht. Wenn man alles für bare Münze nimmt, was in den letzten fünfzig Jahren behauptet wurde! Im Jahre 1572 leuchtet in der höchsten Sphäre, der achten, der Sphäre der Fixsterne, ein neuer Stern auf, eher strahlender und größer als alle seine Nachbarsterne, und noch bevor anderthalb Jahre um waren, verschwindet er wieder und fällt der Vernichtung anheim. Soll man fragen: was ist also mit der ewigen Dauer und der Unveränderlichkeit des Himmels?

DER PHILOSOPH Wenn man es ihnen erlaubt, zertrümmern sie uns noch den ganzen Sternenhimmel.

DER ERSTE ASTRONOM Ja, wohin kommt man! Fünf Jahre später bestimmt der Däne Tycho Brahe die Bahn eines Kometen. Sie begann oberhalb des Mondes und durchbrach eine nach der andern alle Kugelschalen der Sphären, der materiellen Träger der bewegten Himmelskörper! Er trifft keinen Widerstand, er erfährt keine Ablenkung seines Lichts. Soll man also fragen: wo sind die Sphären?

EIN PHILOSOPH Das ist doch ausgeschlossen! Wie kann Christoph Clavius, der größte Astronom Italiens und der Kirche, so etwas überhaupt untersuchen!

DER DICKE PRÄLAT Skandal!

DER ERSTE ASTRONOM Er untersucht aber! Er sitzt drinnen und glotzt durch dieses Teufelsrohr!

DER ZWEITE ASTRONOM Alles fing damit an, daß wir so vieles, die Länge des Sonnenjahres, die Daten der Sonn- und Mondfinsternis, die Stellungen der Himmelskörper seit Jahr und Tag nach den Tafeln dieses Kopernikus berechnen, der ein Ketzer ist.

EIN MÖNCH Ich frage: was ist besser, eine Mondfinsternis drei Tage später als im Kalender steht zu erleben, oder die ewige Seligkeit niemals?

EIN SEHR DÜNNER MÖNCH *mit einer aufgeschlagenen Bibel nach vorn, fanatisch den Finger auf eine Stelle stoßend:* Was steht hier in der Schrift? »Sonne, stehe still zu Gibeon und Mond im Tale Ajalon!« Wie kann die Sonne stillstehen, wenn sie sich überhaupt nicht dreht, wie diese Ketzer behaupten? Lügt die Schrift?

DER ERSTE ASTRONOM Nein, und darum gehen wir.

DER ZWEITE ASTRONOM Es gibt Erscheinungen, die uns Astronomen Schwierigkeiten bereiten, aber muß der Mensch alles verstehen? *Beide ab.*

DER MÖNCH Die Heimat des Menschengeschlechts setzen sie einem Wandelstern gleich. Mensch, Tier, Pflanze und Erdreich verpacken sie auf einen Karren und treiben ihn im Kreis durch einen leeren Himmel. Erde und Himmel gibt es nicht mehr nach diesen. Die Erde nicht, weil sie ein Gestirn des Himmels ist, und den Himmel nicht, weil er aus Erden besteht. Da ist kein Unterschied mehr zwischen Oben und Unten, zwischen dem Ewigen und dem Vergänglichen. Daß wir vergehen, das wissen wir. Daß auch der Himmel vergeht, das sagen sie uns jetzt. Sonne, Mond und Sterne und wir leben auf der Erde, hat es geheißen und steht es geschrieben; aber jetzt ist auch die Erde ein Stern nach diesen da. Es gibt nur Sterne! Wir werden den Tag erleben, wo sie sagen: es gibt auch nicht Mensch und Tier, der Mensch selber ist ein Tier, es gibt nur Tiere!

DER ERSTE GELEHRTE *zu Galilei:* Herr Galilei, Ihnen ist etwas hinabgefallen.

GALILEI *der seinen Stein während des Vorigen aus der Tasche gezogen, damit gespielt und ihn am Ende auf den Boden hat fallen lassen, indem er sich bückt, ihn aufzuheben:* Hinauf, Monsignore, er ist mir hinaufgefallen.

DER DICKE PRÄLAT *kehrt sich um:* Unverschämter Mensch.

Eintritt ein sehr alter Kardinal, von einem Mönch gestützt. Man macht ihm ehrerbietig Platz.

DER SEHR ALTE KARDINAL Sind sie immer noch drinnen? Können sie mit dieser Kleinigkeit wirklich nicht schneller fertig werden? Dieser Clavius sollte doch seine Astronomie verstehen! Ich höre, dieser Herr Galilei versetzt den Menschen aus dem Mittelpunkt des Weltalls irgendwohin an den Rand. Er ist folglich deutlich ein Feind des Menschengeschlechts! Als solcher muß er behandelt werden. Der Mensch ist die Krone der Schöpfung, das weiß jedes Kind. Gottes höchstes und geliebtestes Geschöpf. Wie könnte er es, ein solches Wunderwerk, eine solche Anstrengung, auf ein kleines, abseitiges und immerfort weglaufendes Gestirnlein setzen? Würde er sowohin seinen Sohn schicken? Wie kann es Leute geben, so pervers, daß sie diesen Sklaven ihrer Rechentafeln Glauben schenken! Welches Geschöpf Gottes wird sich so etwas gefallen lassen?

DER DICKE PRÄLAT *halblaut:* Der Herr ist anwesend.

DER SEHR ALTE KARDINAL *zu Galilei:* So, sind Sie das? Wissen Sie, ich sehe nicht mehr allzu gut, aber das sehe ich doch, daß Sie diesem Menschen, den wir seinerzeit hier verbrannt haben, wie hieß er doch? auffallend ähnlich sehen.

DER MÖNCH Eure Eminenz sollten sich nicht aufregen. Der Arzt ...

DER SEHR ALTE KARDINAL *schüttelt ihn ab, zu Galilei:* Sie wollten die Erde erniedrigen, obwohl Sie auf ihr leben und alles von ihr empfangen. Sie beschmutzen Ihr eigenes Nest! Aber ich jedenfalls lasse es mir nicht gefallen. *Er stößt den Mönch zurück und beginnt stolz auf und ab zu schreiten.* Ich bin nicht irgendein Wesen auf irgendeinem Gestirnchen, das für kurze Zeit irgendwo kreist. Ich gehe auf einer festen Erde, in sicherem Schritt, sie ruht, sie ist der Mittelpunkt des Alls, ich bin im Mittelpunkt und das Auge des Schöpfers ruht auf mir und auf mir allein. Um mich kreisen, fixiert an acht kristallene Schalen, die Fixsterne und die gewaltige Sonne, die geschaffen ist, meine Umgebung zu beleuchten. Und auch mich, damit Gott mich sieht. So kommt sichtbar und unwiderleglich alles an auf mich, den Menschen, die Anstrengung Gottes, das Geschöpf in der Mitte, das Ebenbild Gottes, unvergänglich und ... *Er sinkt zusammen.*

DER MÖNCH Eure Eminenz haben sich zu viel zugemutet!

In diesem Augenblick öffnet sich die Tür hinten, und an der Spitze seiner

Astronomen kommt der große Clavius herein. Er durchschreitet schweigend und schnell, ohne zur Seite zu blicken, den Saal und spricht, schon am Ausgang, zu einem Mönch hin.

CLAVIUS Es stimmt. *Er geht ab, gefolgt von den Astronomen.*

Die Tür hinten bleibt offen stehen. Totenstille. Der sehr alte Kardinal kommt zu sich.

DER KARDINAL Was ist? Die Entscheidung gefallen?

Niemand wagt, es ihm zu sagen.

DER MÖNCH Eure Eminenz müssen nach Hause gebracht werden.

Man hilft dem alten Mann hinaus. Alle verlassen verstört den Saal.

Ein kleiner Mönch aus der Untersuchungskommission des Clavius bleibt bei Galilei stehen.

DER KLEINE MÖNCH *verstohlen:* Sie haben gesiegt. Herr Clavius sagte, bevor er wegging: jetzt können die Theologen sehen, wie sie die Himmelskreise wieder einrenken! *Ab.*

GALILEI *sucht ihn zurückzuhalten:* Sie! Sie! Nicht ich habe gesiegt, sondern die Vernunft!

Der kleine Mönch ist schon weg.

Auch Galilei geht. Unter der Tür begegnet er einem hochgewachsenen Geistlichen, dem Kardinal Inquisitor. Ein Astronom begleitet ihn. Galilei verbeugt sich. Bevor er hinausgeht, stellt er einem Türhüter flüsternd eine Frage.

DER TÜRHÜTER *zurückflüsternd:* Seine Eminenz, der Kardinal Inquisitor.

DER ASTRONOM Das war er, Eure Eminenz.

DER INQUISITOR *sehr höflich:* Ich bin sehr interessiert an diesem Rohr.

Der Astronom geleitet ihn hinein.

7

Aber die Inquisition setzt die kopernikanische Lehre auf den Index (19. Februar 1616)

Im Haus des Kardinals Bellarmin in Rom. Das Gemach hat hinten einen Durchblick auf den anscheinend tiefer gelegenen Festsaal. Musik von dort.

Zwei geistliche Schreiber sitzen und spielen Schach. Galilei, seine Tochter und ihr Verlobter Ludovico Sitti sind eben angekommen. Sie nehmen Getränke.

VIRGINIA *stürmisch:* O Vater, daß alles so gut gegangen ist! Wenn ich nur immer das Richtige sage! Ich tanze nur mit dir, Ludovico.

GALILEI *zu den Schreibern:* Ich sollte den Herrn Kardinal hier erwarten.

VIRGINIA Sehe ich so gut aus?

LUDOVICO Das Stirnband noch ein wenig höher.

VIRGINIA Ich habe Herzklopfen. Ich möchte schön aussehen.

GALILEI Ja, sieh schön aus! Sonst zweifeln sie sofort wieder, daß sie sich dreht.

LUDOVICO Sie dreht sich ja gar nicht!

Galilei lacht.

LUDOVICO *hitzig:* Ganz Rom spricht nur noch von Ihnen. Es soll jetzt von Ihrer Tochter sprechen. Gib das Band noch ein bißchen höher, Virginia, Liebe.

GALILEI Er hat recht. Die Frauen, die nicht schöner aussehen, wenn man die Schläfen sieht, sind nicht schön. Diesem römischen Frühling kommt nichts gleich: in ihm ist alles schön. Aber geht jetzt, geht jetzt! *Er schiebt sie hinaus. In strahlender Laune zu den Schachspielern:* Wie könnt ihr noch immer das alte Schach spielen? Eng, eng. Jetzt spielt man doch überall so, daß die großen Figuren über alle Felder gehen. Der Turm so und der Läufer so und die Dame so und so! Da hat man Platz und kann Pläne machen.

DER EINE SCHREIBER *seinen kleinen Zug machend:* Schach ist doch nicht Gymnastik, Herr Galilei.

DER ZWEITE SCHREIBER Das entspricht nicht unsern kleinen Gehältern, wissen Sie. Wir können nur solche Sprünge machen. *Er zieht einen kleinen Zug.*

GALILEI Umgekehrt, mein Guter, umgekehrt! Wer auf großem Fuß lebt, dem zahlen sie auch den großen Stiefel! Man muß mit der Zeit gehen. Man muß nicht nur an den Küsten entlang, man muß einmal hinausfahren. – Ein großes Fest!

DER ERSTE SCHREIBER Zweihundertfünfzig Gäste. Der erste Karneval nach den Pestjahren!

Herein Doppone, im Maskenkostüm.

DOPPONE Hier sind Sie ja, Herr Galilei. Glückwunsch, Glückwunsch! Haben die guten Leute jetzt so, wie? *Er macht eine Faust, mit dem Daumen nach unten.*

GALILEI Was sind Sie hier?

DOPPONE Päpstlicher Kammerherr.

Galilei lacht.

DOPPONE Wundert Sie, was? Ich bin übrigens scheußlich beschäftigt. Gestern nacht eine Sitzung der Heiligen Kongregation. Habe die Präsenzliste vereselt. Kann jetzt jeden einzelnen Teilnehmer hier herausfischen. Sind aber jetzt Fischersleute, Esel, Bramarbasse, weiß der Himmel, was. Bleiben noch länger in Rom?

GALILEI Nein. Meine Geschäfte hier sind abgeschlossen.

DOPPONE Ja, weiß. Wissen alle. Glänzender Triumph. Habe ja auch zu Ihren Füßen gesessen. Epizirkel et cetera.

DER ERSTE SCHREIBER Der Herr Kardinal.

Kardinal Bellarmin in einer Fuchsmaske und Kardinal Barberini als Esel kommen herein. Doppone entfernt sich.

BELLARMIN Herr Galilei, Herr Kardinal Barberini.

BARBERINI Ach, das ist der Vater?

BELLARMIN Ihre Tochter ist entzückend, Herr Galilei. Ich muß aber dennoch aufrecht erhalten, daß sie die Tochter ist.

Die Herren lachen.

BARBERINI *Galilei mit ausgestrecktem Zeigefinger ins Gesicht zeigend:* Sie geht auf und unter und kehrt an ihren Ort zurück. Das sagt Salomo und was sagt Galilei?

GALILEI Als Knirps, Eure Eminenz, stand ich auf einem Schiff. Als es sich vom Ufer entfernte, sagte ich: das Ufer bewegt sich fort. Aber das Ufer stand fest und das Schiff bewegte sich fort.

BELLARMIN *lachend:* Und als Sie erwachsen waren, Herr Galilei, da wußten Sie, daß das Schiff sich bewegte, nicht? Sie meinen, in ihrer Kindheit sah die Menschheit den Gestirnhimmel sich nur über sich wegbewegen, aber jetzt, wo sie erwachsen ist, weiß sie, daß es die Erde ist, die sich bewegt. Aber mein Freund, woher wissen wir, daß sie sich bewegt? Wir fühlen vielmehr, daß sie stillsteht, meine ich.

GALILEI Sechs Jahre lang habe ich wie ein Holzknecht geschuftet und Beweise herbeigeschleppt dafür, daß sie sich bewegt.

BELLARMIN Aber würden wir es nicht von selber, ohne Beweise, merken, wenn sie sich bewegte?

GALILEI Nein. Eine Bewegung der Erde, wenn sie in Wahrheit stattfände, könnte ja nicht an ihr selber wahrgenommen werden, sondern nur an dem, was an ihrer Bewegung keinen Anteil hat, wie ich leicht beweisen kann.

BARBERINI *der an die Brüstung getreten war und hinunterwinkte, ist zurückgekehrt:* Er ist schlau. Was man sieht, nämlich daß der Gestirnhimmel sich dreht, braucht nicht zu stimmen, siehe Schiff und Ufer. Aber was stimmt, nämlich daß die Erde sich dreht, kann man nicht wahrnehmen, wie? Schlau.

BELLARMIN Unsere Astronomen weisen darauf hin, daß die Annahme des Kopernikus eine ungeheure Entfernung der Fixsterne von der Erde voraussetzt.

GALILEI Sie erschreckt mich nicht. Weniger als die ganz ungeheure Schnelligkeit, mit der sich nach der Annahme des Ptolemäus der Fixsternhimmel drehen müßte.

BARBERINI *abwesend:* Das ist richtig. Die Annahme einer solchen Schnelligkeit ist schlimmer. Und seine Jupitermonde sind harte Brocken für unsere Astronomen. *Entschuldigend.* Ich habe leider auch einmal etwas Astronomie gelesen, Bellarmin. Das hängt einem an wie Krätze.

BELLARMIN Leider wird unsere gute Erde, die uns der Allmächtige zum Wohnsitz angewiesen hat, durch die neuen Theorien nicht nur aus dem Mittelpunkt des Weltalls beinahe verächtlich entfernt, sondern sie wird auch, indem nun plötzlich ganz unvorstellbare Dimensionen des Weltalls angenommen werden, so winzig, daß man das Interesse, das der Allmächtige dem Menschengeschlecht so deutlich bezeigt hat, kaum mehr verstehen kann.

GALILEI Wie das Collegium Romanum ja nun endlich anerkannt hat ...

BELLARMIN *schnell:* Wir meinen, wenn man sagt, daß unter der Voraussetzung einer Erdbewegung und eines Stillstands der Sonne alle Erscheinungen sich besser erklären lassen, als wenn man die ptolemäischen Kreise und Epizykeln annimmt, so ist das vortrefflich gesagt, hat keine Gefahr und genügt für den Mathematiker. Wenn man aber behaupten wollte, daß die Sonne wirklich im Mittelpunkt der Welt steht und sich nur um sich selbst dreht, ohne von Osten nach Westen zu laufen und daß die Erde mit größter Geschwindigkeit um die Sonne kreist, so wäre das eine gefährliche Sache, nicht, denn da reizte man die Philosophen und die Theologen, schwierige Leute, und was mehr wäre, eine solche Behauptung machte die Schrift falsch.

BARBERINI Aber versteh doch, Bellarmin, die Schrift befriedigt nicht seine Vernunft. Während der Kopernikus sie befriedigt. Allerdings, es gibt Befriedigungen, die unsittlich sind, meist die allertiefsten, leider. Sieh dir diese Chrysantheme an! *Er führt Bellarmin für einen Augenblick an die Brüstung. Zu Galilei:* Kommen Sie, kommen Sie. Seien Sie kein Heuchler. Aber er besteht auf einer ernsten Unterhaltung. Ihr Astronomen denkt in Kreisen oder Ellipsen und in gleichmäßigen Schnelligkeiten, haltet diese Erscheinungen für die einfachsten und seht darin Gesetze. Aber wie, wenn Gott es anders konstruiert hätte? Warum soll er nicht seine Gestirne so laufen lassen? *Er zeichnet mit dem Finger in der Luft eine sehr verworrene Bahn mit verschiedener Geschwindigkeit.* Was wäre dann mit eurem Rechnen?

GALILEI *aus der Rolle fallend:* Lieber Mann, hätte Gott die Welt so konstruiert, so wäre sie doch auch gesetzmäßig. Er hätte dann wohl auch unsere Gehirne so konstruiert, daß sie eben diese Bahnen als die einfachen erkennen würden.

BARBERINI Ich halte die Vernunft für unzulänglich. Er schweigt. Er ist zu höflich, jetzt zu sagen, er hält die meine ebenfalls für unzulänglich. *Lacht und geht zur Brüstung zurück.*

BELLARMIN Die Vernunft, mein Freund, reicht nicht sehr weit. Ringsum sehen wir nichts als Schiefheit, Verbrechen und Schwäche. Wo ist die Wahrheit?

GALILEI *zornig:* Ich glaube an die Vernunft.

BELLARMIN Bedenken Sie einen Augenblick, was es die Kirchenväter und so viele nach ihnen Mühe und Nachdenken gekostet hat, in eine solche Welt (ist sie etwa nicht abscheulich?) etwas Sinn zu bringen. Bedenken Sie die Roheit derer, die ihre Bauern in der Campagna halbnackt über ihre Güter peitschen lassen, und die Dummheit dieser Leute, die ihnen dafür die Füße küssen.

GALILEI Schandbar! Auf meiner Fahrt hierher sah ich ...

BELLARMIN Wir haben die Verantwortung für den Sinn solcher Vorgänge (das Leben besteht daraus), die wir nicht begreifen können, einem höheren Wesen zugeschoben, davon gesprochen, daß mit derlei gewisse Absichten verfolgt werden, daß dies alles einem großen Plan zufolge geschieht. Nicht als ob dadurch absolute Beruhigung eingetreten wäre, aber jetzt beschuldigen Sie dieses höchste Wesen, es sei sich im unklaren darüber, wie die Welt der Gestirne sich bewegt, worüber Sie sich im klaren sind. Ist das weise?

GALILEI *zu einer Erklärung ausholend:* Ich bin ein gläubiger Sohn der Kirche ...

BARBERINI Es ist entsetzlich mit ihm. Er will in aller Unschuld Gott die dicksten Schnitzer in der Astronomie nachweisen! Wie, Gott hat nicht sorgfältig genug Astronomie studiert, bevor er die Heilige Schrift verfaßte? Lieber Freund! *Zu den Schreibern:* Ihr sollt nicht mitschreiben, das ist eine wissenschaftliche Unterhaltung unter Freunden.

BELLARMIN Ist es nicht auch für Sie wahrscheinlicher, daß der Schöpfer über das von ihm Geschaffene besser Bescheid weiß, als das Geschaffene selber?

GALILEI Aber, meine Herren, schließlich kann der Mensch nicht nur die Bewegungen der Gestirne falsch auffassen, sondern auch die Bibel!

BELLARMIN Aber wie die Bibel aufzufassen ist, darüber haben schließlich die Theologen der Heiligen Kirche zu befinden, nicht?

Galilei schweigt.

BELLARMIN Sehen Sie, jetzt schweigen Sie. Herr Galilei, das Heilige Offizium hat heute nacht beschlossen, daß die Lehre des Kopernikus, nach der die Sonne Zentrum der Welt und unbeweglich, die Erde aber nicht Zentrum der Welt und beweglich ist, töricht, absurd und ketzerisch im Glauben ist. Ich habe den Auftrag, Sie zu ermahnen, diese Meinung aufzugeben.

GALILEI Aber das kann doch nicht sein. Die Gründe und Beweise ...

BELLARMIN Überlassen Sie den Theologen des Heiligen Offiziums.

GALILEI Aber ich verstand, daß die Astronomen des Collegium Romanum meine Fakten und Notierungen anerkannt haben.

BELLARMIN Mit den Ausdrücken der tiefsten Genugtuung, in der für Sie ehrendsten Weise.

GALILEI Aber ...

BELLARMIN Die Heilige Kongregation hat ihren Beschluß gefaßt, ohne diese Einzelheiten zur Kenntnis zu nehmen.

GALILEI Ich verstehe. Damit ist jede weitere wissenschaftliche Forschung ...

BELLARMIN Durchaus gesichert, Herr Galilei. Es steht Ihnen frei, in Form der mathematischen Hypothese auch diese Lehre zu behandeln. Die Wissenschaft ist die legitime und höchst geliebte Tochter der Kirche, Herr Galilei. Niemand von uns nimmt im Ernst an, daß Sie das Vertrauen der Kirche untergraben wollen.

GALILEI Vertrauen wird dadurch erschöpft, daß es in Anspruch genommen wird.

BARBERINI Ja? *Er klopft ihm, schallend lachend, auf die Schulter. Dann sieht er ihn scharf an und sagt nicht unfreundlich:* Schütten Sie nicht das Kind mit dem Bade aus, Freund Galilei. Wir tun es auch nicht. Wir brauchen Sie. Mehr als Sie uns.

BELLARMIN Ich brenne darauf, den größten Mathematiker Roms dem Kommissar des Heiligen Offiziums vorzustellen, der Ihnen die allergrößte Wertschätzung entgegenbringt. *Er drängt ihn zum Ausgang. Zu den Schreibern:* Protokolliert, daß ich mit dem heutigen Herrn Galilei vom Dekret des Heiligen Offiziums, die kopernikanische Lehre betreffend, unterrichtet habe.

BARBERINI *den andern Arm Galileis fassend:* Worauf er sich wieder in einen Fuchs verwandelt. Auch Sie wären besser als braver Doktor der Schulmeinung kostümiert hier erschienen, lieber Freund. Es ist mein Kostüm, das mir heute ein wenig Freiheit gestattet. In einem solchen Aufzug können Sie mich murmeln hören: wenn es keinen Gott gäbe, müßte man ihn erfinden. Sie wissen, wir Distelfresser sind genügsam.

Sie gehen mit Galilei ab.

DER ERSTE SCHREIBER Hast du den letzten Satz?

DER ZWEITE SCHREIBER Bin dabei. *Sie schreiben eifrig.* Hast du das, wo er sagt, daß er an die Vernunft glaubt?

Herein der Kardinal Inquisitor mit zwei Damen. Die Schreiber springen auf.

DER INQUISITOR Oh, ich weiß in Wirklichkeit nicht halb so viel als Sie. Sie sind ja so viel grausamer, als ich es sein könnte. Ist der Herr Kardinal nicht hier?

DER ERSTE SCHREIBER Er ist mit Herrn Kardinal Barberini und Herrn Galilei weggegangen.

Der Inquisitor macht den Damen eine bedauernde Bewegung. Sie ziehen sich zurück.

DIE EINE DAME Wir werden ihn schon finden, diesen Fuchs. Wir brauchen nur zu sehen, wo die Gänse sich aufhalten. *Beide ab.*

DER INQUISITOR Die Unterredung hat stattgefunden?

DER ERSTE SCHREIBER *mechanisch:* Zuerst kam Herr Galilei mit seiner Tochter. Sie hat sich heute verlobt mit Herrn ... *Der Inquisitor winkt ab.* Herr Galilei unterrichtete uns sodann von der neuen Art des Schachspielens, bei der die Figuren entgegen allen Spielregeln über alle Felder hinweg bewegt werden.

DER INQUISITOR *winkt wieder ab:* Hast du das Protokoll?

Der erste Schreiber übergibt es ihm. Auf einen Wink des Inquisitors gehen die beiden Schreiber ab. Der Inquisitor setzt sich in eine Nische und studiert durch eine Brille das Protokoll.

Virginia herein, erhitzt vom Tanzen.

DER INQUISITOR *aus seiner Ecke:* Nun, meine Tochter?

VIRGINIA *erschrickt ein wenig, da sie ihn nicht gesehen hat:* Oh, Eure Eminenz!

Der Inquisitor streckt ihr, ohne aufzustehen, die Rechte hin. Sie nähert sich und küßt seinen Ring.

DER INQUISITOR Eine superbe Nacht! Gestatten Sie mir, Sie zu Ihrer Verlobung zu beglückwünschen. Sie bleiben uns in Rom?

VIRGINIA Zunächst nicht, Eure Eminenz. Es gibt so viel vorzubereiten für eine Heirat.

DER INQUISITOR So, Sie folgen Ihrem Vater nach Florenz. Ich freue mich darüber. Ich kann mir denken, daß Ihr Vater Sie braucht. Mathematik ist eine kalte Hausgefährtin, nicht? Ein Geschöpf aus Fleisch und Blut in solcher Umgebung macht da allen Unterschied. Man verliert sich so leicht in den Gestirnwelten, welche so sehr ausgedehnt sind, wenn man ein großer Mann ist.

VIRGINIA *atemlos:* Sie sind sehr gütig, Eminenz. Ich verstehe wirklich fast gar nichts von diesen Dingen.

DER INQUISITOR Nein? *Er lacht.* Im Haus des Fischers ißt man ja nicht Fisch, wie? Es wird Ihren Herrn Vater amüsieren, wenn er hört, daß Sie schließlich von mir gehört haben, was Sie über die Gestirnwelten wissen, mein Kind. *Im Protokoll blätternd.* Ich lese hier, daß unsere Neuerer, deren in der ganzen Welt anerkannter Führer Ihr Herr Vater ist, ein großer Mann, einer der größten, unsere gegenwärtigen Vorstellungen von der Bedeutung unserer lieben Erde für etwas übertrieben ansehen. Nun, von den Zeiten des Ptolemäus, einem Weisen des Altertums, bis zum heutigen Tag maß man für die ganze Schöpfung, also für die gesamte Kristallkugel, in deren Mitte die Erde ruht, etwa zwanzigtausend Erddurchmesser. Eine schöne Geräumigkeit, aber zu klein, weit zu klein für die Neuerer. Nach diesen ist sie, wie wir hören, ganz unvorstellbar weit ausgedehnt, ist der Abstand der Erde von der Sonne, ein durchaus bedeutender Abstand, wie es uns immer geschienen hat, so verschwindend klein gegen den Abstand unserer armen Erde von den Fixsternen, die auf der alleräußersten Schale befestigt sind, daß man ihn bei den Berechnungen überhaupt nicht einzukalkulieren braucht! Da soll man noch sagen, daß die Neuerer nicht auf großem Fuße leben!

Virginia lacht. Auch der Inquisitor lacht.

DER INQUISITOR In der Tat, einige Herren des Heiligen Offiziums haben kürzlich an einem solchen Weltbild, gegen das unser bisheriges nur ein Bildchen ist, das man um einen so entzückenden Hals wie den gewisser junger Mädchen legen könnte, beinahe Anstoß genommen. Sie sagen besorgt, auf so ungeheuren Strecken könnte ein Prälat und sogar ein Kardinal leicht verlorengehen. Selbst ein Papst könnte vom Allmächtigen da aus den Augen verloren werden. Ja, das ist lustig, aber ich bin doch froh, Sie auch weiterhin in der Nähe Ihres großen Vaters zu wissen, den wir alle so schätzen, liebes Kind. Ich frage mich, ob ich nicht Ihren Beichtvater kenne . . .

VIRGINIA Pater Christophorus von Sankt Ursula.

DER INQUISITOR Ja, ich freue mich, daß Sie Ihren Herrn Vater also begleiten. Er wird Sie brauchen. Sie mögen es sich nicht vorstellen können, aber es wird so kommen. Sie sind so jung und wirklich, so sehr Fleisch und Blut, und Größe ist nicht immer leicht zu tragen für diejenigen, denen Gott sie verliehen hat, nicht immer. Niemand unter den Sterblichen ist ja so groß, daß er nicht in ein Gebet eingeschlossen werden könnte. Aber nun halte ich Sie auf, liebes Kind, und mache Ihren Verlobten eifersüchtig und vielleicht auch Ihren lieben Vater, weil ich Ihnen etwas über die Gestirne erzählt habe, was möglicherweise sogar veraltet ist. Gehen Sie schnell zum Tanzen, nur vergessen Sie nicht, Pater Christophorus von mir zu grüßen.

Virginia nach einer tiefen Verbeugung schnell ab.

VERWANDLUNG

Im Palast des florentinischen Gesandten in Rom. Galilei unterhält sich mit dem kleinen Mönch, der ihm nach der Sitzung des Collegium Romanum den Ausspruch des päpstlichen Astronomen zugeflüstert hat.

DER KLEINE MÖNCH Sie haben recht.

GALILEI Haben Sie das Dekret der Indexkongregation nicht gelesen?

DER KLEINE MÖNCH Ich habe es gelesen.

GALILEI Das Gewand tragend, das Sie tragen, können Sie danach nicht mehr sagen, ich habe recht.

DER KLEINE MÖNCH Seit vier Nächten kann ich keinen Schlaf mehr finden. Ich wußte nicht, wie ich das Dekret, das ich gelesen habe, und die Phasen der Venus, die ich gesehen habe, in Einklang bringen sollte. Ich beschloß, heute früh die Messe zu lesen und zu Ihnen zu gehen.

GALILEI Um mir mitzuteilen, daß die Venus keine Phasen hat?

DER KLEINE MÖNCH Nein. Mir selbst ist es gelungen, in die Weisheit des

Dekrets einzudringen. Es hat mir die Gefahren aufgedeckt, die ein allzu hemmungsloses Forschen für die Menschheit in sich birgt, und ich habe beschlossen, der Astronomie zu entsagen. Jedoch ist es mir noch daran gelegen, Ihnen die Beweggründe zu unterbreiten, die auch einen Astronomen dazu bringen können, von einem weiteren Ausbau der gewissen Lehre abzustehen.

GALILEI Ich darf sagen, daß mir solche Beweggründe bekannt sind.

DER KLEINE MÖNCH Ich verstehe Ihre Bitterkeit. Sie denken an die außerordentlichen Machtmittel der Kirche. Aber ich möchte andere nennen. Erlauben Sie, daß ich von mir rede. Ich bin als Sohn von Bauern in der Campagna aufgewachsen. Es sind einfache Leute. Sie wissen alles über den Ölbaum, aber sonst recht wenig. Die Phasen der Venus beobachtend, kann ich nun meine Eltern vor mir sehen, wie sie mit meiner Schwester am Herd sitzen und ihre Käsespeise essen. Ich sehe die Balken über ihnen, die der Rauch von Jahrhunderten geschwärzt hat, und ich sehe genau ihre alten abgearbeiteten Hände und den kleinen Löffel darin. Es geht ihnen nicht gut, aber selbst in ihrem Unglück liegt eine gewisse Ordnung verborgen. Da sind diese verschiedenen Kreisläufe, von dem des Staubwischens über den der Jahreszeiten im Ölfeld zu dem der Steuerzahlung. Es ist regelmäßig, was auf sie herabstößt an Unfällen. Der Rücken meines Vaters wird zusammengedrückt nicht auf einmal, sondern mit jedem Frühjahr im Ölfeld mehr, so wie auch die Geburten, die meine Mutter immer geschlechtsloser gemacht haben, in ganz bestimmten Abständen erfolgten. Sie schöpfen die Kraft, ihre Körbe schweißtriefend den steinigen Pfad hinaufzuschleppen, Kinder zu gebären, ja zu essen, aus dem Gefühl der Stetigkeit und Notwendigkeit, das der Anblick des Bodens, der jedes Jahr von neuem grünenden Bäume, der kleinen Kirche und das Anhören der sonntäglichen Bibeltexte ihnen verleihen können. Es ist ihnen versichert worden, daß das Auge der Gottheit auf ihnen liegt, forschend, ja beinahe angstvoll, daß das ganze Welttheater um sie aufgebaut ist, damit sie, die Agierenden, in ihren großen oder kleinen Rollen sich bewähren können. Was würden sie sagen, wenn sie von mir erführen, daß sie sich auf einem kleinen Steinklumpen befinden, der sich unaufhörlich drehend im leeren Raum um ein anderes Gestirn bewegt, einer unter sehr vielen, ein ziemlich unbedeutender. Wozu ist jetzt noch solche Geduld, solches Einverständnis in ihr Elend nötig oder gut? Wozu sind die heiligen Schriften noch gut, die alles erklärt und als notwendig begründet haben, den Schweiß, die

Geduld, den Hunger, die Unterwerfung, und die jetzt voll von Irrtümern befunden wurden? Nein, ich sehe ihre Blicke scheu werden, ich sehe sie die Löffel auf die Herdplatte senken, ich sehe, wie sie sich verraten und betrogen fühlen. Es liegt also kein Auge auf uns, sagen sie. Wir müssen nach uns selber sehen, ungelehrt, alt und verbraucht wie wir sind? Niemand hat uns eine Rolle zugedacht außer dieser irdischen, jämmerlichen auf einem winzigen Gestirn, das ganz unselbständig ist, um das sich nichts dreht. Kein Sinn liegt in unserm Elend, Hunger ist eben Nichtgegessenhaben, keine Kraftprobe; Anstrengung ist eben Sichbücken und Schleppen, kein Verdienst. Verstehen Sie da, daß ich aus dem Dekret der Heiligen Kongregation ein edles mütterliches Mitleid, eine große Seelengüte herauslese?

GALILEI Seelengüte! Wahrscheinlich meinen Sie nur, es ist nichts da, der Wein ist weggetrunken, ihre Lippen vertrocknen, mögen sie die Soutane küssen! Warum ist denn nichts da? Warum ist die Ordnung in diesem Land nur die Ordnung einer leeren Lade und die Notwendigkeit nur die, sich zu Tod zu arbeiten? Zwischen strotzenden Weinbergen, am Rand der Weizenfelder! Ihre Campagnabauern bezahlen die Kriege, die der Stellvertreter des milden Jesus in Spanien und Deutschland führt. Warum stellt er die Erde in den Mittelpunkt des Universums? Damit der Stuhl Petri im Mittelpunkt der Erde stehen kann! Um das letztere handelt es sich. Sie haben recht, es handelt sich nicht um die Planeten, sondern um die Campagnabauern.

DER KLEINE MÖNCH Herr Galilei, ich bin Priester.

GALILEI Aber Sie sind auch Mathematiker, Astronom und Sie sehen, die Venus hat Phasen. Welche furchtbare Wahrheit schließt Ihre Schilderung der überwältigenden Mehrheit der Menschen ein! *Laut.* Mensch, soll ich lügen? Soll ich deine Leute anlügen? Da sieh hinaus! *Er zeigt durch das Fenster.* Siehst du dort den kleinen Priap an der Quelle neben dem Lorbeer? Der Gott der Gärten, der Vögel und der Diebe, der bäurische obszöne Zweitausendjährige! Er hat weniger gelogen. Nichts davon, schön, ich bin ebenfalls ein Sohn der Kirche. Aber kennen Sie die achte Satire des Horaz? Ich lese ihn eben wieder in diesen Tagen, er verleiht einiges Gleichgewicht. *Er greift nach einem kleinen Buch.* Er läßt eben diesen Priap sprechen, eine kleine Statue, die in den Esquilinischen Gärten aufgestellt war. Folgendermaßen beginnt es:

»Ein Feigenklotz, ein wenig nützes Holz
War ich, als einst der Zimmermann, unschlüssig

Ob einen Priap machen oder einen Schemel
Sich für den Gott entschied ...«
Meinen Sie, Horaz hätte sich etwa den Schemel verbieten und einen Tisch in das Gedicht setzen lassen? Herr, mein Schönheitssinn wird verletzt, wenn die Phasen der Venus nicht an der Stelle im Bild unserer Welt stehen, wo sie hingehören!

DER KLEINE MÖNCH Das verstehe ich. Aber ...

GALILEI Ich kann nicht Maschinen für das Hochpumpen von Flußwasser erfinden, wenn ich die größte Maschinerie, die mir vor Augen liegt, die der Himmelskörper, nicht studieren soll! Die Winkelsumme im Dreieck kann nicht nach den Bedürfnissen der Kurie abgeändert werden. Die Bahnen fliegender Körper kann ich nicht so berechnen, daß auch die Ritte der Hexen auf Besenstielen erklärt werden!

DER KLEINE MÖNCH Und Sie meinen nicht, daß die Wahrheit – wenn es Wahrheit ist – sich durchsetzt, auch ohne uns?

GALILEI Nein, nein, nein. Es setzt sich nur so viel Wahrheit durch, als wir durchsetzen. Der Sieg der Vernunft kann nur der Sieg der Vernünftigen sein. Eure Campagnabauern schildert ihr ja schon wie das Moos auf ihren Hütten. Wie können Sie annehmen, daß die Winkelsumme im Dreieck je ihren Bedürfnissen widersprechen könnte! Aber wenn sie nicht in Bewegung kommen, werden ihnen auch die schönsten Bewässerungsanlagen nichts nützen. Der Mensch hält Bewegung aus und Trägheit, aber nicht zugleich: weiter als bis hierher! und: bis hierher und nicht weiter! *Er wirft ihm einen Packen Manuskripte hin.* Bist du ein Mathematiker, mein Sohn? Nun, hier stehen die Gründe, warum das Weltmeer sich in Ebbe und Flut bewegt. Aber du sollst es nicht lesen, hörst du? Ach, du liest schon? Du bist also ein Mathematiker?
Der kleine Mönch hat sich in die Papiere vertieft.

GALILEI Ein Apfel vom Baum der Erkenntnis! Er stopft ihn schon hinein. Er ist ewig verdammt, aber er muß ihn hineinstopfen, ein unglücklicher Fresser! Ich denke manchmal, ich ließe mich zehn Klafter unter der Erde in einem Kerker einsperren, zu dem kein Licht mehr dringt, wenn ich dafür erführe, was das ist: Licht. Und das Schlimmste: was ich weiß, muß ich weitersagen. Wie ein Liebender, wie ein Betrunkener, wie ein Verräter. Es ist ganz und gar ein Laster und führt ins Unglück. Wie lang kann ich es in den Ofen hineinschreien, das ist die einzige Frage.

DER KLEINE MÖNCH *zeigt auf eine Stelle in den Papieren:* Diesen Satz verstehe ich nicht.

GALILEI Ich erkläre ihn dir. Ich erkläre ihn dir.

8
Die Inthronisation eines neuen Papstes, der selber Mathematiker ist, ermuntert Galilei zu neuen Forschungen. Die Sonnenflecken.

Haus des Galilei in Florenz. Im Studierzimmer ist das Fernrohr, ein größeres nunmehr, mit einem Tuch bedeckt. Galilei spricht zu seinen Schülern, dem kleinen Mönch, einem älteren Gelehrten und Andrea, der jetzt ein junger Mann geworden ist, über das Schwimmen von Körpern. Auf einem Tisch steht ein Gefäß mit Wasser. Daneben liegen ein Eisklotz und eine Eisennadel.
Unten nähen Virginia und Frau Sarti Brautwäsche.

GALILEI Es ist nicht das Ziel der Wissenschaft, der unendlichen Weisheit eine Tür zu öffnen, sondern eine Grenze zu setzen dem unendlichen Irrtum. Eine Hauptursache der Armut in den Wissenschaften ist eingebildeter Reichtum. Die Philosophie ist meist grenzenlos, wüst und unbestimmt, aber die Wahrheit ist beschränkt und im Kleinen enthalten. Die Natur besiegen wir nur, indem wir ihr gehorchen. Was bei der Betrachtung als Ursache gilt, das gilt bei der Ausführung als Regel. Bei einer Betrachtung der kleinen Irrtümer, auf die sich die großen Philosophien aufbauen, kamen wir diesen Sommer auf allerlei Begriffe, die seit den Zeiten des Aristoteles den Fortgang der Wissenschaften hemmen. Da ist das Kalte und das Dünne, das Feuchte und das Längliche, von dem gewisse Leute meinen, wenn sie die Wörter zusammengestellt haben, haben sie eine Welt gebaut. Unser Freund Andrea wird uns eine Unterhaltung wiedergeben, die wir durch eine einfache Demonstration ergänzen werden.

ANDREA Die Unterredung fand statt zwischen Herrn Papazzoni und Herrn Galilei. Herr Papazzoni sagte: das Kalte verdichtet, und verwies auf das Eis, das verdichtetes Wasser sei. Warum nennst du es nicht verdünntes Wasser? fragte Herr Galilei. Verdichtung macht doch schwerer. Aber das Eis ist leichter als das Wasser, denn es schwimmt auf dem Wasser. Herr Papazzoni sagte ...

GALILEI Nachdem er einen Augenblick darüber nachgedacht hatte, was der Aristoteles darüber gesagt hatte ...

ANDREA Nein, das Eis ist schwerer. Es schwimmt, das ist richtig, aber es schwimmt nicht, weil es leichter als Wasser ist, sondern weil es breit und flach ist, so daß es das Wasser nicht zu zerteilen vermag. Aber das stimmt nicht, sagte Herr Galilei, daß eine breite und flache Eisscheibe das Wasser nicht zu zerteilen vermag. Drücke eine solche Scheibe gewaltsam auf den Boden des Gefäßes, und sie steigt sofort wieder in die Höhe, also überwindet sie beim Emporsteigen den Widerstand, den das Wasser der Zerteilung entgegensetzt.

GALILEI *der einiges davon mit dem Eisstück demonstriert hat:* Und ich entwickelte ihm, daß es auf die Form eines Körpers nicht ankommt, sondern darauf, ob er leichter oder schwerer ist als das Wasser. So weit waren wir, als er im Triumph ausrief: woher kommt es dann, daß ein breites und flaches Eisenstück auf dem Wasser zu schwimmen vermag, eine Nadel aber untersinkt? Ihr wißt, das ist das Argument des Aristoteles. Was sagt ihr dazu?

DER KLEINE MÖNCH Vielleicht sinkt sie, weil an ihr weniger Luft Platz hat, als an einer breiten Scheibe?

GALILEI Warum soll an ihr weniger Luft Platz haben?

DER ÄLTERE GELEHRTE Die Schicht Wasser unter ihr ist sehr dünn, sie kann sie weniger leicht tragen.

GALILEI Aber sie selber ist ebenso dünn, da hat sie weniger Gewicht.

ANDREA Haben Sie denn gefunden, warum sie sinkt?

Galilei schüttelt den Kopf.

DER KLEINE MÖNCH *enttäuscht:* So hat der Aristoteles recht?

GALILEI Ich denke nicht. Ich will jetzt etwas machen, was seit langer Zeit nicht gemacht worden zu sein scheint. Ich will die Nadel auf das Wasser legen. *Er tut es.*

ANDREA Aber sie sinkt ja nicht?

GALILEI Nein, sie sinkt nicht.

Gelächter.

ANDREA Sie sinkt nicht und das ist ein Fakt.

VIRGINIA *unten:* Brautwäschenähen ist lustiges Nähen. Das ist für einen langen Gästetisch. Ludovico liebt Gäste. Aber es muß gut sein. Seine Mutter sieht jeden Faden. Sie ist mit Vaters Büchern nicht einverstanden, sowenig wie Pater Christophorus.

FRAU SARTI Immer wenn sie oben lachen, kriege ich einen kleinen Schreck. Worüber lachen sie, denke ich dann.

VIRGINIA Vater sagt: die Theologen haben ihr Glockenläuten und die Physiker haben ihr Lachen.

FRAU SARTI Aber ich bin froh, daß er wenigstens nicht mehr so oft durch sein Rohr schaut. Das war noch schlimmer.

VIRGINIA Jetzt legt er doch nur Eisstücke aufs Wasser, da kann nicht viel Schlimmes dabei herauskommen.

FRAU SARTI Ich weiß nicht.

Eintritt Philippo Mucius, ein Gelehrter in mittleren Jahren. Er zeigt ein etwas verstörtes Wesen.

MUCIUS Könnten Sie Herrn Galilei sagen, daß er mich empfangen muß? Er verdammt mich, ohne mich zu hören.

FRAU SARTI Aber er will Sie doch nicht empfangen.

MUCIUS Gott wird es Ihnen lohnen, wenn Sie ihn darum bitten. Ich muß ihn sprechen.

VIRGINIA *geht zur Treppe:* Vater!

GALILEI Was gibt es?

VIRGINIA Herr Mucius!

GALILEI *brüsk aufstehend, geht zur Treppe, seine Schüler hinter sich:* Was wünschen Sie?

MUCIUS Herr Galilei, ich bitte Sie um die Erlaubnis, Ihnen die Stellen in meinem Buch zu erklären, wo eine Verdammung der kopernikanischen Lehre von der Drehung der Erde vorzuliegen scheint. Ich habe ...

GALILEI Was wollen Sie da erklären? Sie befinden sich in Übereinstimmung mit dem Dekret der Kongregation. Sie sind vollständig in Ihrem Recht. Sie haben zwar hier Mathematik studiert, aber das gibt uns kein Recht, von Ihnen zu hören, daß zwei mal zwei vier ist. Sie haben das volle Recht, zu sagen, daß dieser Stein *er zieht einen kleinen Stein aus der Tasche und wirft ihn in den Flur hinab* soeben nach oben geflogen ist, ins Dach. Sagen Sie nichts von Schwierigkeiten! Ich habe mich von der Pest nicht abhalten lassen, meine Notierungen fortzusetzen. Und ich sage Ihnen: wer die Wahrheit nicht weiß, der ist bloß ein Dummkopf. Aber wer sie weiß und sie eine Lüge nennt, der ist ein Verbrecher! Gehen Sie hinaus aus meinem Haus!

MUCIUS *tonlos:* Sie haben recht. *Er geht hinaus.*

Galilei geht wieder in sein Studierzimmer.

DER ÄLTERE GELEHRTE Das ist leider so. Er ist kein großer Mann und gälte wohl gar nichts, wenn er nicht Ihr Schüler wäre. Aber jetzt sagen sie natürlich: er hat alles gehört, was Galilei zu lehren hatte, und er muß zugeben, es ist alles falsch.

FRAU SARTI Der Herr tut mir leid.

VIRGINIA Vater mochte ihn zu gern.

FRAU SARTI Ich wollte dir gern etwas sagen vor deiner Heirat, Virginia. Du bist noch ein so junges Ding, und eine Mutter hast du nicht, und dein Vater legt diese Eisstückchen aufs Wasser. Jedenfalls würde ich dir nicht raten, ihn irgend etwas in bezug auf deine Ehe zu fragen. Er würde eine Woche lang, und zwar beim Essen und wenn die jungen Leute dabei sind, die schrecklichsten Sachen sagen, da er nicht für einen halben Skudo Schamgefühl hat, nie hatte. Ich meine auch nicht solche Sachen, sondern einfach, wie die Zukunft sein wird. Ich kann auch nichts wissen, ich bin eine ungebildete Person. In eine so ernste Angelegenheit geht man aber nicht blind hinein. Ich meine wirklich, du solltest zu einem richtigen Astronomen an der Universität gehen, damit er dir das Horoskop stellt, dann weißt du, woran du bist. Warum lachst du?

VIRGINIA Weil ich doch dort war.

FRAU SARTI *sehr begierig:* Was sagte er?

VIRGINIA Drei Monate lang muß ich achtgeben, weil da die Sonne im Steinbock steht, aber dann bekomme ich einen äußerst günstigen Aszendenten, und die Wolken zerteilen sich. Wenn ich den Uranus nicht aus den Augen lasse, kann ich jede Reise unternehmen, da ich ein Skorpion bin.

FRAU SARTI Und Ludovico?

VIRGINIA Er ist ein Löwe. *Nach einer kleinen Pause.* Er soll sinnlich sein.

Oben haben die Gelehrten begonnen, Gegenstände abzuwiegen.

ANDREA Ich habe das Buch dieses Fabrizius aus Osteel über die Sonnenflecken gelesen.

GALILEI *mißtrauisch:* So, hast du?

ANDREA Ich glaube nicht, daß es Scharen von Sternen sind, die zwischen der Erde und der Sonne vorüberziehen.

GALILEI Nein?

DER ÄLTERE GELEHRTE In den Briefen des Apelles an Welser in Augsburg steht, sie erscheinen alle fünfzehn Tage. Er hält sie ebenfalls für Sterne.

ANDREA Nein, das sind sie nicht. Ich bin seit zwei Wochen an jedem sonnigen Tag auf den Hausboden geklettert, unter das Schindeldach. Durch die feinen Risse der Schindeln fällt nur ein dünner Strahl. Da kann man das umgekehrte Sonnenbild auf einem Blatt Papier auffangen. Ich habe einen Flecken gesehen, groß wie eine Fliege, verwischt wie ein Wölkchen. Er wanderte. Warum untersuchen Sie die Sache nicht?

GALILEI Weil ich über das Schwimmen von Körpern arbeite. Habt ihr eure Messungen?

ANDREA Wer sich da jetzt draußen hält, dem werden andere zuvorkommen. Denn wenn es Flecken sind, dann kann man damit beweisen, daß auch die Sonne rotiert.

GALILEI Und sein Augenlicht kann man auch verlieren.

ANDREA *böse:* Ja, vielleicht ist es zu gefährlich.

Pause.

DER ÄLTERE GELEHRTE Der Schaden des päpstlichen Dekrets, das den Kopernikus auf den Index gesetzt hat, ist riesig. Die Wissenschaften in den katholischen Ländern gehen zurück. Soll man wirklich schweigen?

GALILEI *mit der Waage arbeitend:* Ich erinnere mich einer kleinen Geschichte. In die Wohnung des kretischen Philosophen Keunos, der wegen seiner freiheitlichen Gesinnung bei den Kretern sehr beliebt war, kam eines Tages während der Gewaltherrschaft ein gewisser Agent, der einen Schein vorzeigte, der von denen ausgestellt war, welche die Stadt beherrschten. Darauf stand, ihm sollte jede Wohnung gehören, in die er seinen Fuß setze; ebenso sollte ihm auch jedes Essen gehören, das er verlange; ebenso sollte ihm auch jeder Mann dienen, den er sähe. Der Agent setzte sich auf einen Stuhl, verlangte Essen, wusch sich, legte sich nieder und fragte, mit dem Gesicht zur Wand, vor dem Einschlafen: wirst du mir dienen? Keunos deckte ihn mit einer Decke zu, vertrieb die Fliegen, bewachte seinen Schlaf und wie an diesem Tage gehorchte er ihm sieben Jahre lang. Aber was immer er für ihn tat: vor einem hütete er sich wohl, das war: auch nur ein Wort zu sagen. Als nun die sieben Jahre um waren und der Agent dick geworden war vom vielen Essen, Schlafen und Befehlen, starb der Agent. Da wickelte ihn Keunos in die verdorbene Decke, schleppte ihn aus dem Haus, wusch das Lager, tünchte die Wände, atmete auf und antwortete: nein.

Die Schüler lachen. Nur Andrea schüttelt den Kopf.

ANDREA Mir gefällt die Geschichte nicht, Herr Galilei.

GALILEI Ich habe es nicht verstanden in Rom, wißt ihr. Ich habe in allen Fingerspitzen diesen Wupp, mit dem man sich überall einschlängeln kann. Aber macht das einmal mit meinen zwei Zentnern!

Lachen.

VIRGINIA Diesen Schritt kenne ich. Das ist der Rektor, Herr Gaffone.

Eintritt Herr Gaffone, der Rektor der Universität.

GAFFONE Ich bringe nur ein Buch zurück. Bitte um des Himmels willen,

Herrn Galilei nicht zu stören. Ich kann mir nicht helfen, ich habe immer den Eindruck, daß man jede Minute, die man diesem großen Mann stiehlt, Italien stiehlt. Ich lege das Buch fein säuberlich hierher und gehe weg, auf Fußspitzen. *Ohne den Protest Virginias zu beachten, geht er schnell weg.*

VIRGINIA Sie nehmen alle so sehr Rücksicht auf ihn. In Padua hatte er keine freie Stunde und konnte nicht arbeiten. Wenn er nur nicht wieder mit diesen gefährlichen Entdeckungen anfängt, geht alles gut.

FRAU SARTI Gott sei Lob und Dank, daß unsereins von diesen Sternengeschichten nichts versteht.

VIRGINIA Im Haus des Fischers ißt man nicht Fisch. In Rom hat mir ein sehr hoher geistlicher Herr aber vieles aus der Astronomie erklärt. Die Entfernungen sind zu weit. Vater meint immer, sie wissen dort nichts. Aber sie wissen natürlich alles. *Da Andrea vorbeigeht, eine Kanne Wasser zu holen:* Wie geht es Jessica? Streitet ihr noch immer?

ANDREA *lachend:* Nein, ich habe jetzt herausgebracht, warum sie mich nicht heiraten wollte. Gewissensbisse. Weil die Astronomen unheilige Leute sind, weißt du. Nun, das war natürlich kein schlimmer Abhaltungsgrund. Wir haben wieder zusammengefunden. *Ab nach oben.*

FRAU SARTI Sie weiß, daß sie eine gute Partie macht. Als einfache Handwerkertochter. Die Briefe waren gestern wieder geöffnet. Einer aus Prag war darunter. Ich habe es Andrea gesagt, aber er ist so leichtsinnig und lacht nur. Wenn es nur nicht ist, daß wir von der Behörde beobachtet werden!

VIRGINIA Dazu ist Vater zu berühmt jetzt, denke ich. Sogar Kardinäle schreiben ihm. Da ist die Haustür gegangen.

Herein tritt, im Reisekostüm, Ludovico. Ein Diener trägt ihm Koffer nach.

VIRGINIA *läuft ihm entgegen und fällt ihm um den Hals:* Ludovico! Warum hast du mir nicht geschrieben, daß du kommen willst?

LUDOVICO Ich habe mich ganz schnell entschlossen. Ich muß mit deinem Vater reden!

VIRGINIA Aber es ist nichts Schlimmes?

LUDOVICO Sicher nicht. Ich muß nur mit ihm reden.

FRAU SARTI Ich will ihn gleich holen. Das ist eine große Freude. *Sie läuft hinauf.* Herr Galilei!

GALILEI *herauskommend:* Was ist los? Sind die Hosen wieder zu kurz geraten? *Er sieht unten Virginia in den Armen eines Mannes.* Wer ist das? *Die Hand über den Augen, sieht er scharf hin.*

ANDREA *hinter ihm:* Ludovico. Sehen Sie denn nicht?

GALILEI O ja, Ludovico. Richtig. *Er geht die Treppe hinunter.* Was treibt dich her? Wie ich höre, ist noch nichts fertig.

LUDOVICO Ich wollte mit Ihnen reden. Nein, Virginia, du sollst hierbleiben.

ANDREA *oben zu den andern:* Er sieht jämmerlich schlecht. Seinen Schwiegersohn hat er oben von der Stiege aus nicht erkannt.

GALILEI Was ist also los?

LUDOVICO *unsicher:* Ich bin ganz schnell weggefahren, und unterwegs erschien es mir eigentlich ziemlich dumm. Es war nur ein Gerücht. Sicher ist nicht das Geringste daran.

GALILEI Was für ein Gerücht?

LUDOVICO Schreiben Sie ein Buch über die Sonnenflecken?

GALILEI Ich? Unsinn. Heißt es das? *Ludovico nickt.* Und deshalb hast du die weite Reise gemacht? Das verstehe ich nicht. Und wenn ich ein Buch darüber schriebe?

LUDOVICO Sie schreiben es also nicht? Du, ich bin so froh.

Er küßt Virginia.

ANDREA *plötzlich an der Treppe erscheinend, strahlend:* Sie sollen wissen, daß ich Sie ausgefunden habe, Herr Galilei. Raten Sie, woran.

GALILEI Halt den Mund! *Ärgerlich zu Ludovico:* Warum bist du da froh? Das ist ja hirnverbrannter Unsinn.

LUDOVICO Das müssen Sie doch verstehen. Man redet doch wieder fortgesetzt von Kopernikus wegen dieser Sonnenflecken. Und ich dachte, Sie werden hoffentlich nicht da hineinverwickelt. Man hat mir gegenüber schon Andeutungen auf der Universität gemacht.

GALILEI Ach so. Du hast Angst?

LUDOVICO Das müssen Sie doch verstehen.

GALILEI Ja, vielleicht. *Grob.* Also, ich schreibe gar nichts. Siehst du den Tisch mit den Briefen? *Er zeigt auf einen großen Tisch voll von Papieren.* Sie schicken mir aus allen Himmelsgegenden Waschkörbe von Briefen mit Anfragen, diese Sonnenflecken betreffend. Es ist eine schöne Schande, daß ich sie nicht beantworte. Aber ich arbeite an etwas anderem. Du kannst also ruhig sein.

LUDOVICO Entschuldigen Sie, wenn ich Sie geärgert habe. *Zu Virginia:* Können wir nicht die Hochzeit schon etwas früher ansetzen?

GALILEI Wann ihr wollt. *Will wieder hinauf.*

LUDOVICO *erleichtert, fängt an, Klatsch zu berichten:* Wißt ihr, daß der

Heilige Vater im Sterben liegt? Ich habe es erfahren, kurz bevor ich in die Kutsche stieg. Die größten Aussichten, Papst zu werden, hat der Kardinal Barberini.

GALILEI *ist mitten auf der Treppe stehengeblieben:* Was ist das? Und das sagst du erst jetzt? Weißt du, daß ich den Barberini kenne und er mein Freund ist? Andrea! Rotschädel!

Andrea erscheint oben.

GALILEI Der Barberini wird Papst!

DER KLEINE MÖNCH Ist Seine Heiligkeit gestorben?

GALILEI Beinahe! Beinahe! Und der Barberini zieht in den Vatikan! Die Zeit des Schweigens ist vorbei! Nehmt das Tuch vom Rohr und richtet es auf die Sonne!

FRAU SARTI Und dabei ist der alte Papst noch nicht tot! *Sie macht Galilei nach.* »Alles Unheil kommt von der Ungenauigkeit, Frau Sarti.« Fünfzigmal wiegt er seine Eisstückchen ab! Aber was in seinen Kram paßt, das glaubt er blind! Ist Seine Heiligkeit gestorben? Beinahe! Wenn das nicht ein Narr ist!

ANDREA Wollen Sie wirklich mit der Sonnenbeobachtung beginnen?

GALILEI Sofort! Sofort! *Ruhiger.* Und das Bild werfen wir auf einen Schirm, der Augen wegen; das ist deine Methode, Rotschädel.

Sie beginnen die Vorbereitungen dazu.

ANDREA Diesem Fabrizius werden wir es zeigen.

VIRGINIA Vater!

GALILEI Was ist denn?

LUDOVICO Sie sagten doch, Sie wollten in diesen Streit nicht eingreifen!

GALILEI Ach das? Aber das ist doch kein Grund mehr jetzt, sich zurückzuhalten. Barberini ist mein Freund, sei ganz ruhig.

LUDOVICO Wenn er gewählt wird!

GALILEI *ohne darauf einzugehen:* Er hat mir damals recht gegeben in der Jupitersache. Er hat recht, sagte er, seine Jupitermonde sind ein harter Brocken für die Theologen. Wir brauchen Sie, sagte er. Er hat etwas Mathematik gelesen. Jetzt beginnt eine echte Wiedergeburt der Künste und der Wissenschaften, nicht weniger. Es wird keine Furcht mehr geben. Das Wissen wird eine Leidenschaft sein und die Forschung eine Wollust. Was ist das für eine Zeit, wo zu sagen was ist als eine Untat erachtet wird! Ja, das wird man jetzt sagen: was war das für eine Zeit! Wer fürchtet noch die Entdeckungen? wird man fragen. Wer hat Entdeckungen zu fürchten? *Halblaut, schon bei der Arbeit.* Wir werden ein Netz von Meridianen und Parallelkreisen über das Sonnenbild legen und methodisch vorgehen. Und dann werden wir ihnen ihre Briefe beantworten können, wie Andrea?

ANDREA *glücklich:* Ich wußte vorhin, daß Sie mit der Beobachtung schon angefangen haben. Als Sie Ludovico nicht sahen. Das kommt, weil Sie direkt in die Sonne geschaut haben.

GALILEI Ja, ich bin zu ungeduldig. *Er ruft hinunter:* Steh nicht so herum wie ein Grabstein, Ludovico, Mensch, bist du nicht auch jung?

LUDOVICO Herr Galilei, ich teile Ihre Zuversicht nicht. Ich bitte Sie, mir mitzuteilen, ob Sie die Absicht haben, sich an der Diskussion über die neuen Erscheinungen öffentlich zu beteiligen.

GALILEI Aber wie sollte ich denn schweigen können? Sieh dir die Briefe an. Sie wollen in Holland wissen, was ich denke.

ANDREA Auch ich will es wissen, auch ich!

GALILEI Da wird wieder von Sonnendünsten geschwatzt und von Planeten, die die Flecken machen sollen, lauter Unsinn, und ich soll schweigen? Sollen sie sagen, Galilei wagt nicht, den Mund aufzutun? Nach mir sieht man hin, Mensch. Die Erde dreht sich, das bin ich, der das sagt, verstanden? Wenn ich schweige, bleibt sie wieder stehen!

LUDOVICO Virginia, ich liebe dich, ich weiß es. Aber ich kann dich nicht heiraten, wenn es so kommt. Ich besitze kein Vermögen.

ANDREA Vielleicht sollten Sie den jungen Leuten ein wenig helfen, Herr Galilei. Meine Jessica hat ihre Gewissensbisse gut überwunden, aber sie nimmt schließlich nur die Hölle auf sich. Ich weiß nicht, was sie täte, wenn zum Beispiel die Stadtpfarrei bei ihrem Vater, der Silberschmied ist, die Meßgeräte abbestellen würde, solange sie mit mir verkehrt. Solch eine Drohung ist doch weit schlimmer.

GALILEI *geht zu den beiden hinunter, ruhig:* Ludovico, ich weiß nicht, was du von mir willst.

LUDOVICO Sie wissen es. Warum sehen Sie Virginia nicht in die Augen?

GALILEI *lacht ein wenig verlegen, kehrt dann unschlüssig wieder um:* Habt ihr den Schirm?

ANDREA Ja! Kommen Sie?

LUDOVICO Virginia, ich liebe dich und ich liebe deinen Vater, so wie er ist. Aber seine Sache ist nicht die meine, ich verstehe nichts davon und ich habe nicht seinen Mut.

VIRGINIA Du kannst ihm wohl nichts sagen, Vater?

GALILEI *nach oben rufend:* Aber der Spiegel steht ja falsch! *Er rennt hinauf.*

Virginia zieht den Ring von ihrem Finger und gibt ihn Ludovico.

ANDREA Wenn wir eine Rotation der Sonne ...

GALILEI Wenn! Wenn! Wenn! Du sprichst wie ein Dummkopf, Andrea. Ich habe Ochsen zu Schülern. Ochsen, die voller Gier statt der Gräser ihre eigenen Hufe anfressen! Sie haben noch nichts gesehen und schon ziehen sie Folgerungen! *Zornig.* Ich habe nicht vor, zu beweisen, daß ich bisher recht gehabt habe, sondern herauszufinden, ob. Ich sage: laßt alle Hoffnung fahren, ihr, die ihr in die Beobachtung eintretet! Vielleicht sind es Flecken, vielleicht sind es Sterne, aber bevor wir Flecken annehmen, welche uns am meisten gelegen kämen, wollen wir lieber annehmen, daß es Fischschwänze sind! Ja, wir werden alles, ja, alles noch einmal in Frage stellen. Und wir werden nicht mit Siebenmeilenstiefeln vorwärtsgehen, sondern millimeterweise. Und was wir heute finden, werden wir morgen von der Tafel streichen und erst wieder anschreiben, wenn wir es noch einmal gefunden haben. Und was wir zu finden wünschen, das werden wir, gefunden, mit besonderem Mißtrauen ansehen. Also werden wir an die Beobachtung der Sonne herangehen mit dem unerbittlichen Entschluß, den Stillstand der Erde nachzuweisen! Und erst wenn wir gescheitert sind, vollständig und hoffnungslos geschlagen und unsere Wunden leckend, in traurigster Verfassung, werden wir zu fragen anfangen, ob wir nicht doch recht gehabt haben und die Erde sich dreht! *Mit einem Zwinkern.* Sollte uns aber dann jede andere Annahme als diese unter den Händen zerronnen sein, dann keine Gnade mehr mit denen, die nicht geforscht haben und doch reden. *Und während Ludovico Virginia umarmt und schnell weggeht, legt Galilei Andrea den Arm um die Schulter.* Dann werden wir die Dummheit niedertrampeln, wie, mein Junge? Wir werden ihr die Haut abziehen und sie vor uns hertragen. Wir werden mit Blut darauf schreiben: Hütet euch! Das heißt, mit Tinte! Mit Tinte! Welche gefährlicher ist! Endlich wird man diese engstirnigen Köpfe zusammenstoßen, daß sie zerknallen wie Eierschalen. Ja, wir werden grausam sein mit unseren Argumenten. Das wird vielleicht das erste Mal in der Geschichte sein, daß Grausamkeit gegen die Unwissenheit gerichtet wird. Ein historisches Datum!

ANDREA Und werden Sie das Buch über die Weltsysteme schreiben?

GALILEI Ja, und nicht in lateinisch für die wenigen, sondern in florentinisch für die vielen. Denn dieses Buch sollen alle verstehen. Dafür brauche ich Leute, die mit den Händen arbeiten. Denn wer sollte sonst wissen wollen, was die Ursachen der Dinge sind? Die das Brot nur auf dem Tisch sehen, wollen nicht wissen, wie es gebacken wurde. Das Pack dankt Gott, statt dem Bäcker. Aber sie, die das Brot machen, werden verstehen, daß sich nichts bewegt, was nicht bewegt wird. Deine Schwester an der Olivenpresse, Fulganzio, wird sich nicht groß wundern und wahrscheinlich lachen. Und die Bauern, die den Pflug in die Erde drükken und die Weber am Webstuhl, das Volk, das sich jetzt in allen Gassen rührt, alles wird auf die Sonne zeigen und sagen: das ist kein goldenes Adelsschild, sondern ein Hebel. Die Erde bewegt sich, weil die Sonne sie bewegt.

Virginia packt langsam die Wäsche vom Tisch in die Truhe.

ANDREA Ich habe ein Gedicht gemacht, Herr Galilei. Es heißt so:

Die Schrift sagt, sie steht still, und die Doktoren
Beweisen, daß sie stillsteht, noch und noch.
Der Heilige Vater nimmt sie bei den Ohren
Und hält sie fest. Und sie bewegt sich doch.

9
Die kopernikanische Lehre findet Verbreitung im Volk

Gasse in einer italienischen Stadt. Ein Straßensänger und seine Frau singen ein Lied zur Drehorgel. In den Fenstern hören Leute zu und lachen.

DER STRASSENSÄNGER Meine Damen und Herren, wir bringen Ihnen jetzt das neueste Florentiner Lied, das man allenthalben in ganz Oberitalien hört und das wir mit großen Kosten hier importiert haben. Es betitelt sich: »Das Lied von der erschröcklichen Lehre und Meinung des Herrn Hofphysikers Galileo Galilei.«

Sie singen:

Zur Sonne sagte der Herr Galileh
Der große Physikus
Daß sie sich jetzt nicht mehr um die Erd
Als Lampe drehen muß.
Oh je, oh je
Die Sonne fing an, sich um sich selber zu drehn
Statt um Herrn Galileh.

Und von der Stund an, wo die Sonne nicht mehr
Mußt unsere Lampe sein
Ging der Mesner nicht hinterm Pfarrer mehr her
Noch der Lehrling hinterm Meister drein.
Je nun, je nun
Jetzt will sich eben jeder um sich selber drehn
Und sich selber gütlich tun.

Der Maurer, der da ein Haus gebaut
Der zieht nun selber ein.
Und der Holzhacker, der die Bäume haut
Schiebt das Holz in seinen eigenen Ofen rein.
Oh je, oh je
Der Holzhacker hat seiner Frau gesagt
Es friert auch ihn an der Zeh.

Zwei Hausfrauen sah ich am Fischmarkt stehn
Konnt denn das wirklich sein:
Das Fischweib zog einen Brotkipf heraus
Und fraß seinen Fisch allein.
Oh je, oh je
Das Fischweib wollte einmal selber Fisch haben
Das tut ihr gar nicht weh.

Die Mägde bleiben bei den Knechten sitzen
Wenn der Herr vorübergeht.
Der Herr, er sieht mit bassem Erstaunen
Daß sich nichts mehr um ihn dreht.
Je nun, je nun
Die Mägde und die Knechte sind mit sich beschäftigt
Sie haben viel zu tun.

Die Frau: Auch ich bin neulich aus der Reihe getanzt
Ich sagte zu meinem Mann:
Vielleicht, lieber Mann, daß was du kannst
Auch ein anderer Fixstern kann.
Der Mann: Oh je, oh je
Und ich wollte doch immer, daß meine Frau
Sich ausschließlich um mich dreh!

Die Fürsten müssen sich die Stiefel schmieren
Der Kaiser backt sich selber sein Brot.
Die Soldaten gehen auf der Straße spazieren
Und horchen auf kein Gebot.
Je nun, je nun
Viele Hände waren zu viel beschäftigt
Jetzt wollen sie einmal ruhn.

Vertraulich leise.
Die Herren Kardinäle vor der Peterskirche standen
Als der Papst am Fenster erschien
Für die Herren Kardinäle war er nicht vorhanden
Sie hatten keinen Gruß für ihn.
Oh je, oh je
Die Herren küssen sich jetzt die eigenen Füße
Schuld ist Herr Galileh.

Drei Erzengel kamen zu der Erde mit Beschwerden
Sie soll lauter Hosiannah schrein.
Die Erde aber sprach: es gibt ja viele Erden
Warum soll es da ich grad sein?
Je nun, je nun
Wenn es mehr als nur eine Erde gibt
Dann muß eine nicht alles tun.

Während der letzten Strophe ist ein Jesuit über den Platz gekommen. Das Lied hörend, hat er sich geduckt und ist wie ein begossener Pudel weggegangen. Die Leute haben gelacht und jetzt werfen sie Münzen herunter.

Diese Szene kann in eine Ballettszene aufgelöst werden. Im Stil von Brueghels Streit des Karnevals mit den Fasten *kann ein Volksfastnachtstreiben gezeigt werden. Nach der ersten Strophe der Moritat kann sich ein Fastnachtszug auf den Platz bewegen, in dem eine* Bibel *schreitet, die ein Loch bekommen hat, ein Wagen mit einem Globus gezogen wird, auf dem ein Mönch ausgestreckt mit beiden Armen einen abrutschenden* Stuhl Petri *zu halten sucht usw. Dann, vor der letzten Strophe, können der* Mond, *die* Sonne, *die* Erde *und die Planeten auftre-*

ten, die das alte und neue Bewegungssystem im Tanz, zu einer strengen Musik, vorführen.

10

1633: Die Inquisition beordert den weltbekannten Forscher nach Rom.

Vorzimmer und Treppe im Palast der Medici in Florenz. Galilei und seine Tochter warten, vom Großherzog vorgelassen zu werden. Galilei trägt ein Buch unter dem Arm.

VIRGINIA Es dauert lang.

GALILEI Ja.

VIRGINIA Da ist dieser Mensch wieder, der uns hierher folgte. *Sie weist auf ein Individuum, das vorbeigeht, ohne sie zu beachten, und sich niedersetzt.*

GALILEI Ich kenne ihn nicht.

VIRGINIA Aber ich habe ihn öfter gesehen in den letzten Tagen. Er ist mir unheimlich.

GALILEI Ich fürchte mehr diesen Dummkopf Gaffone, der da kommt. Er wird mich wieder in ein stundenlanges Gespräch verwickeln.
Die Treppe herab kommt Herr Gaffone, der Rektor der Universität. Er erschrickt deutlich, als er Galilei sieht, und geht, den Kopf krampfhaft weggedreht, steif an den beiden vorüber, kaum nickend.

GALILEI Was ist in den gefahren? Meine Augen sind heute wieder schlecht. Hat er überhaupt gegrüßt?

VIRGINIA Kaum. Es ist unverständlich.

GALILEI Er ist sonst einer der schlimmsten Speichellecker.

VIRGINIA Ich weiß nicht, was in deinem Buch steht. Ist es möglich, daß man es für ketzerisch hält?

GALILEI Unsinn. Du hängst zu viel in den Kirchen herum. Das Frühaufstehen und Indiemesselaufen verdirbt deinen Teint. Du betest für mich, wie? *Zu einem Mann, der vorübergeht:* Sie! Galliordo! Galliordo! *Da der Mann hastig weitergeht.* Das ist der Artilleriefeldzeugmeister. Er muß mich gesehen haben. Sonst löchert er mich mit seinen Schmeicheleien. Heut läuft er, als habe er Furcht vor Ansteckung.

VIRGINIA Hat dich der Großherzog überhaupt für heute bestellt?

GALILEI Nein, aber ich habe mich ansagen lassen. Er war außerordentlich eifrig, das Buch zu bekommen. Gib mir deine Schulter! Dieser Galliordo hat mich mit seinem komischen Zirkel, den er um uns machte, zum Teufel, warum eigentlich? auf einen nützlichen Gedanken gebracht. *Er schreibt auf ihrer Schulter etwas auf.* Ich muß einfach eine Hyperbel annehmen, wenn ich ... Da arbeitet man und arbeitet man. Für die Katz. In der letzten Zeit frage ich mich, wie die Gründe sein müssen, mit denen man ihnen beikommen könnte. Vielleicht könnte ich ebensogut Strauchdieben, Wucherern und Meuchelmördern zehn Gründe aufzählen, die ihre Sünden schlechtmachen, und dann hoffen, sie ließen ihr Handwerk. Als ob sie ihr Handwerk nur betrieben, weil sie es für ehrenvoll halten!

EIN JUNGER MANN *der hinter einem Alten die Treppe hoch will:* Oh, Herr Galilei! *Er verbeugt sich tief.*

GALILEI *ihn eifrig ins Gespräch ziehend:* Was machen die Studien, Geronimo? Wie ging es mit den Osterprüfungen?

DER JUNGE MANN In der Geometrie war ich ein wenig schwach, aber in Philosophie ging es. Ich würde Sie so gern einmal wieder ...

Der Alte ist halb oben stehengeblieben, hat sich nach ihm umgedreht und mit dem Stock auf den Stein gestoßen.

DER ALTE Komm sofort her, auf der Stelle!

Der junge Mann geht, sich verwirrt verbeugend, die Treppe hinauf.

GALILEI Verdammte Unhöflichkeit. Es dauert auch zu lang. Wir sind vor all diesen gekommen. Fang einen Beamten ab und beschwer dich.

VIRGINIA *von dem Individuum gefolgt, geht, einen Beamten anzusprechen:* Herr Mincio, ist Seine Hoheit verständigt, daß mein Vater ihn zu sprechen wünscht?

DER BEAMTE Wie soll ich das wissen?

VIRGINIA Das ist keine Antwort.

DER BEAMTE Nein?

VIRGINIA Sie haben höflich zu sein!

Der Beamte wendet ihr halb die Schulter zu und gähnt, das Individuum ansehend.

VIRGINIA *zurück:* Er sagt, der Großherzog ist noch beschäftigt.

GALILEI Ich hörte dich etwas von »höflich« sagen. Was war das?

VIRGINIA Ich dankte ihm für seine höfliche Auskunft, nichts sonst. Kannst du das Buch nicht hier zurücklassen? Du verlierst soviel Zeit.

GALILEI Ich fange an, mich zu fragen, was diese Zeit wert ist.

Der florentinische Inquisitor kommt die Treppe herab. Er erwidert die Verbeugung Galileis tief.

GALILEI Der Inquisitor scheint der einzige Mensch zu sein, der seine Höflichkeit bewahrt hat. Aber schließlich sind wir nicht hier, um Höflichkeit in Empfang zu nehmen. Ich bin hier, in diese Stellung, vor Jahren auf allen Vieren hereingekrochen, da man sowo nur durch das niedrigste Einlaßloch, das für die Hunde, hereinkommt, wenn man die Wahrheit oder auch nur einen Brocken davon einschleppen will. Aber es war wohlüberlegt von mir, denn jetzt müssen sie mir Schutz leihen. Irgend etwas ist in der Luft. Wenn ich nicht das Imprimatur der päpstlichen Zensur für mein Buch hätte, würde ich tatsächlich glauben, es ist das Buch. Aber ganz Florenz weiß, daß das Buch von der Zensur genehmigt ist. Der Papst würde jedem Versuch, mir daraus einen Strick zu drehen, ein geharnischtes Nein entgegensetzen. Und der Großherzog ist schließlich mein Schüler. Er würde mich niemals ausliefern.

DER BEAMTE *ruft aus:* Seine Hoheit, der Großherzog!

Cosmo Medici kommt die Treppe herab. Galilei geht auf ihn zu. Cosmo hält ein wenig verlegen an.

GALILEI Ich wollte Eurer Hoheit meine Dialoge über die beiden größten Weltsysteme . . .

COSMO Aha. Wie steht es mit Ihren Augen?

GALILEI Nicht zum besten, Eure Hoheit. Wenn Eure Hoheit gestatten, ich habe das Buch . . .

COSMO Der Zustand Ihrer Augen beunruhigt mich, wirklich. Er beunruhigt mich. Er zeigt mir, daß Sie Ihr vortreffliches Rohr vielleicht ein wenig zu eifrig benützen, nicht? *Er geht weiter, ohne das Buch entgegenzunehmen.*

VIRGINIA *in großer Aufregung:* Vater, ich fürchte mich. Sie tun dir was!

GALILEI Er hat das Buch nicht genommen. Sie behandeln mich hier schlimmer, als wenn ich die Pest hätte.

EIN HOHER BEAMTER *kommt die Treppe herab:* Herr Galilei, ich habe den Auftrag, Ihnen mitzuteilen, daß der florentinische Hof nicht länger imstande ist, dem Wunsch der Heiligen Inquisition, Sie in Rom zu verhören, Widerstand entgegenzusetzen.

11
Galilei will den Papst bitten, vor einer Entscheidung seine Gründe und Beweise vorbringen zu dürfen

Gemach des Vatikans. Der Papst (Urban VIII.) hat den Kardinal Inquisitor empfangen. Von außen das Trampeln und Schlürfen vieler Füße.

DER PAPST *sehr laut:* Nein! Nein! Nein!

DER INQUISITOR So wollen Eure Heiligkeit Ihren sich nun versammelnden Doktoren aller Fakultäten, Vertreter aller Heiligen Orden und der gesamten Geistlichkeit, welche alle in kindlichem Glauben an das Wort Gottes, niedergelegt in der Schrift, gekommen sind, Eurer Heiligkeit Bestätigung ihres Glaubens zu vernehmen, mitteilen, daß die Schrift nicht länger für wahr gelten könne?

DER PAPST Ich lasse nicht die Rechentafel zerbrechen. Nein!

DER INQUISITOR Daß es die Rechentafel ist und nicht der Geist der Auflehnung und des Zweifels, das sagen diese Leute. Aber es ist nicht die Rechentafel. Sondern eine entsetzliche Unruhe ist in die Welt gekommen. Es ist die Unruhe ihres eigenen Gehirns, die diese auf die unbewegte Erde übertragen. Sie schreien: die Zahlen zwingen uns! Aber woher kommen ihre Zahlen? Jedermann weiß, daß sie vom Zweifel kommen. Diese Menschen zweifeln an allem. Sollen wir die menschliche Gesellschaft auf den Zweifel begründen und nicht mehr auf den Glauben? »Du bist mein Herr, aber ich zweifle, ob das gut ist. Das ist dein Haus und deine Frau, aber ich zweifle, ob es nicht mein sein soll.« Es hat Gott gefallen, den Heiligen Stuhl schweren Prüfungen zu unterwerfen. Eurer Heiligkeit spanische Politik wird von Menschen, denen die Einsicht mangelt, nicht verstanden, das Zerwürfnis mit dem Kaiser bedauert. Seit eineinhalb Jahrzehnten ist Deutschland eine Fleischbank und man zerfleischt sich mit Bibelzitaten auf den Lippen. Und jetzt, wo unter der Pest, dem Krieg und der Reformation die Christenheit zu einigen Häuflein zusammenschmilzt, geht das Gerücht über Europa, daß Sie mit den lutherischen Schweden in geheimem Bündnis stehen, um die katholische Kirche zu schwächen. Und da richten diese Würmer von Mathematikern ihre Rohre auf den Himmel und teilen der Welt mit, daß Sie auch hier, in dem einzigen Raum, den man Ihnen noch nicht bestreitet, schlecht beschlagen sind. Man könnte sich fragen: welch ein Interesse plötzlich an einer so abliegenden Wissenschaft wie der Astronomie! Ist es nicht gleichgültig, wie diese Kugeln sich drehen? Aber niemand in ganz Italien, das bis auf die Pferdeknechte hinab durch das böse Beispiel dieses Florentiners von den Phasen der Venus schwatzt, denkt nicht zugleich an so vieles, was in den Schulen und an anderen Orten für unumstößlich erklärt wird und so sehr lästig ist. Was käme heraus, wenn diese alle, schwach im Fleisch und zu jedem Exzeß geneigt, nur noch an die eigene Vernunft glaubten, die dieser Wahnsinnige für die einzige Instanz erklärt! Sie möchten, erst einmal zweifelnd, ob die Sonne still stand zu Gibeon, ihren schmutzigen Zweifel an den Kollekten üben! Seit sie über das Meer fahren – ich habe nichts dagegen –, setzen sie ihr Vertrauen auf eine Messingkugel, die sie den Kompaß nennen, nicht mehr auf Gott. Dieser Galilei hat schon als junger Mensch über die Maschinen geschrieben. Mit den Maschinen wollen sie Wunder tun. Was für welche? Gott brauchen sie jedenfalls nicht mehr, aber was sollen es für Wunder sein? Zum Beispiel soll es nicht mehr Oben und Unten geben. Sie brauchen es nicht mehr. Der Aristoteles, der für sie sonst ein toter Hund ist, hat gesagt (und das zitieren sie mitunter): Wenn das Weberschifflein von selber webte und der Zitherschläger von selber spielte, dann brauchten allerdings die Meister keine Gesellen und die Herren keine Knechte. Und so weit sind sie jetzt, denken sie. Dieser Mensch weiß, was er tut, wenn er seine astronomischen Arbeiten statt in Latein in der Sprache des Volkes, im Idiom der Fischweiber und Wollhändler verfaßt.

DER PAPST Dieses Geschlurfe macht mich nervös. Entschuldigen Sie, wenn ich immer horche.

DER INQUISITOR Es wird Ihnen vielleicht mehr sagen, als ich es kann, Eure Heiligkeit. Sollen diese alle von hier weggehen, den Zweifel im Herzen?

DER PAPST Schließlich ist der Mann der größte Physiker dieser Zeit, das Licht Italiens. Und nicht irgendein Wirrkopf.

DER INQUISITOR Das ist das einzige Schlimme, Eure Heiligkeit. Wie sollten wir ihm sonst solche Beachtung schenken? Jedermann in Italien muß zugeben, daß wir der Wissenschaft die allergrößte Beachtung schenken.

DER PAPST Aber ich will keine Verurteilung physikalischer Fakten, ich will nicht solche Schlachtrufe wie »Hie Kirche!« und »Hie Vernunft!« Ich habe dem Mann sein Buch erlaubt, wenn er am Schluß die Meinung wiedergibt, daß das letzte Wort nicht die Wissenschaft, sondern der Glaube spricht. Das hat er getan.

DER INQUISITOR Aber wie? In seinem Buch streiten ein dummer Mensch, der natürlich die Ansichten des Aristoteles vertritt, und ein kluger Mensch, der ebenso natürlich die des Kopernikus und Galilei selber vertritt, und die von Ihnen geforderte Schlußbemerkung spricht wer?

DER PAPST Was ist das jetzt wieder? Wer spricht sie also?

DER INQUISITOR Nicht der Kluge.

DER PAPST Das wäre eine Unverschämtheit. Das werde ich ihm sagen. Dieses Getrampel ist unerträglich. Kommt denn die ganze Welt?

DER INQUISITOR Nicht die ganze, aber ihr bester Teil.

VERWANDLUNG

Ein anderes Gemach. Am Fenster Galilei, wartend. Auch hier hört man das Trampeln und Schlürfen unzähliger Füße, der sich versammelnden Kongregation. Im Vordergrund zwei Beamte der Inquisition.

DER ERSTE BEAMTE *halblaut zum zweiten:* Er hat gute Nerven. Er schaut sich alle seine Feinde an.

GALILEI Ich hoffe, daß die Unterredung mit Seiner Heiligkeit noch vor der Sitzung zustande kommt. Sie ist mir deshalb wichtig, weil ich bitten möchte, daß meine Gründe und Beweise untersucht werden, bevor eine Entscheidung getroffen wird. Es ist mir natürlich ganz unmöglich, in einer Frage von solcher Bedeutung für die wissenschaftliche Welt irgendeine Erklärung abzugeben, bevor meine Gründe und Beweise aufs allersorgfältigste gehört und geprüft worden sind. Ich möchte gern einen Schluck Wasser haben.
Der erste Beamte schenkt ihm aus einer Karaffe vom Tisch Wasser ein. Galilei verschüttet es, unsicher danach greifend.

DER ZWEITE BEAMTE *als der erste wieder zurück ist:* Schaut sich seine Feinde an! Sonst nichts! Hast du vergessen, daß er halb blind ist?

GALILEI Es ist doch richtig, daß Seine Heiligkeit mich zu sehen wünscht?

DER ERSTE BEAMTE Sicher.

GALILEI Es ist keine Prüfung?

DER ERSTE BEAMTE Nein.

GALILEI Dann würde ich gern in einem anderen Zimmer warten, wenn es möglich ist.

DER ZWEITE BEAMTE Das ist nicht möglich. Sie werden nicht wollen, daß Seine Heiligkeit kommt, und Sie sind nicht da, weil Sie das Getrampel nicht aushalten können.

Galilei schaut ihn stumpf an.

DER ZWEITE BEAMTE Ja, jetzt dämmert es Ihnen wohl. Was sich da versammelt und was sich da gegen Sie ausspricht, das sind nicht ein paar Leute. Das sind die erleuchtetsten Geister Italiens, die gelehrtesten Gelehrten, die Leuchten aller Universitäten, kurz das sind ALLE.

GALILEI Ja. *Er wendet sich wieder zu seinem Fenster.*

DER ERSTE BEAMTE Es muß für ihn sein, wie es für einen Mann war, der vor der Sintflut einen Frühjahrsschauer erwartete, und dann kam ein Schnürlregen und dann kam ein unendlicher Guß und daraus wurde die Sintflut, nicht?

Ein hoher Beamter erscheint. Galilei dreht sich nach ihm um und verbeugt sich tief. Er denkt, es ist der Papst.

DER HOHE BEAMTE Hat der Mensch gespeist?

DER ERSTE BEAMTE Es ist ihm eine reichliche Mahlzeit vorgelegt worden.

DER HOHE BEAMTE Die Sitzung nachher kann lange dauern. *Ab. Galilei hat sich verwirrt aufgerichtet.*

GALILEI Meine Herren, ich kenne Seine Heiligkeit persönlich, da ich ihm einmal beim Kardinal Bellarmin begegnet bin. Aber da mein Augenlicht zu wünschen übrigläßt, muß ich Sie bitten, wenn er kommen sollte, mich zu unterrichten.

DER ERSTE BEAMTE Soll geschehen, obgleich Sie uns auch keinen Gefallen erweisen und nicht anständig essen.

GALILEI Da der Herr, der eben da war, das Wort »nachher« gebrauchte, als er von der heutigen Sitzung der Inquisition sprach, scheint es ja gewiß zu sein, daß Seine Heiligkeit mich vorher zu sprechen wünscht?

Der erste Beamte zuckt die Achseln.

GALILEI Sagten Sie etwas?

DER ERSTE BEAMTE Ich zuckte die Achseln.

12
Galileo Galilei widerruft vor der Inquisition am 22. Juni 1633 seine Lehre von der Bewegung der Erde

Im Palast des florentinischen Gesandten in Rom. Galileis Schüler warten auf Nachrichten. Der kleine Mönch und der ältere Gelehrte spielen mit weiten Bewegungen das neue Schach. In einer Ecke kniet Virginia und betet den Englischen Gruß.

DER KLEINE MÖNCH Der Papst hat ihn nicht empfangen. Es ist alles aus.

DER ÄLTERE GELEHRTE Er war seine letzte Hoffnung. Es war wahr, was er ihm damals vor Jahren in Rom sagte, als er noch der Kardinal Barberini war: wir brauchen ihn.

ANDREA Sie werden ihn töten.

DER ÄLTERE GELEHRTE *sieht ihn verstohlen an:* Meinst du?

ANDREA Da er niemals widerruft.

Pause.

DER KLEINE MÖNCH Man verbeißt sich immer in einen ganz nebensächlichen Gedanken, wenn man nachts wach liegt. Heute nacht zum Beispiel dachte ich immerfort: er hätte nie aus der Republik Venedig weggehen dürfen.

ANDREA Da konnte er sein Buch nicht schreiben.

DER ÄLTERE GELEHRTE Und in Florenz konnte er es nicht veröffentlichen.

Pause.

DER KLEINE MÖNCH Ich dachte auch, ob sie ihm wohl seinen kleinen Stein ließen, den er immer in der Tasche mit sich herumträgt. Seinen Beweisstein.

DER ÄLTERE GELEHRTE Dahin, wo sie ihn hinführen werden, geht man ohne Taschen.

ANDREA *aufschreiend:* Das werden sie nicht wagen. Und selbst wenn sie es ihm antun, wird er nicht widerrufen. »Wer die Wahrheit nicht weiß, ist bloß ein Dummkopf. Aber der sie weiß und sie eine Lüge nennt, ist ein Verbrecher.«

DER ÄLTERE GELEHRTE Ich glaube es auch nicht, und ich möchte nicht mehr leben, wenn er es täte. Aber sie haben die Gewalt.

ANDREA Man kann nicht alles mit Gewalt.

DER ÄLTERE GELEHRTE *leise:* Er ist gestern zum großen Verhör gewesen. Und heute ist die Sitzung.

DER KLEINE MÖNCH *da Andrea herhört, laut:* Als ich ihn zwei Tage nach dem Dekret hier besuchte, saßen wir dort drüben, und er zeigte mir den kleinen Priapgott draußen im Garten, ihr könnt ihn sehen von hier, und er verglich sein Werk mit einem Gedicht des Horaz, in dem man auch nichts ändern kann. Er sprach von seinem Schönheitssinn, der ihn zwinge, die Wahrheit zu suchen. Und er erwähnte das Motto: hieme et aestate, et prope et procul, usque dum vivam et ultra. Und er meinte die Wahrheit.

DER ÄLTERE GELEHRTE Wieviel Uhr ist es?

DER KLEINE MÖNCH *geht zum Fenster, um auf die Uhr im Garten zu schauen:* Es ist gleich fünf Uhr.

ANDREA *bei dem älteren Gelehrten stehenbleibend:* Er ist ja wie ein Berg, unverrückbar. *Zu dem kleinen Mönch:* Hast du ihm erzählt, wie er im Collegium Romanum stand, während sie sein Rohr prüften? Erzähl es! *Der kleine Mönch schüttelt den Kopf.* Er benahm sich ganz wie gewöhnlich. Er hatte beide Hände auf seinen Schinken, streckte den Bauch heraus und sagte: ich bitte um Vernunft, meine Herren! *Er macht lachend Galilei nach.*

Pause.

ANDREA *über Virginia:* Sie betet, daß er widerrufen möge.

DER ÄLTERE GELEHRTE Laß sie. Sie ist ganz verwirrt, seit sie mit ihr gesprochen haben. Sie haben ihren Beichtvater von Florenz hierherkommen lassen.

Pause.

ANDREA *plötzlich laut:* Was er mit seinen Augen gesehen hat, können sie ihm nicht ausreden. Der Mond ist eine Erde und hat kein eigenes Licht. Und so hat die Venus kein eigenes Licht und ist wie die Erde und läuft um die Sonne. Und es drehen sich vier Monde um das Gestirn Jupiter, das sich in der Höhe der Fixsterne befindet und an keiner Schale befestigt ist. Und die Sonne ist das Zentrum der Welt und unbeweglich an ihrem Ort und die Erde ist nicht Zentrum und nicht unbeweglich. Und er ist es, der es uns gezeigt hat.

Pause.

ANDREA Denn die alte Zeit ist herum und es ist eine neue Zeit. Die Dichter sagen: O Frühe des Beginnens! O Hauch des Windes, der von neuen Küsten kommt! Und mit Gewalt kann man nicht ungesehen machen, was gesehen wurde.

Ein Diener der Gesandtschaft, ein alter Mann, ist eingetreten.

DER ÄLTERE GELEHRTE Weiß man etwas Neues?

DER DIENER *leise und aufgeregt:* Es heißt oben, man erwartet, daß Herr Galilei um fünf Uhr in einer Sitzung der Inquisition widerrufen wird. Es wird die große Glocke von Sankt Markus geläutet und der Wortlaut dann öffentlich verkündet werden. *Ab.*

ANDREA *wild:* Ich glaube es nicht!

DER ÄLTERE GELEHRTE *geht zum Fenster:* Fünf Uhr, das ist in zwei Minuten.

Virginia betet lauter.

ANDREA Ich kann nicht mehr warten, ihr! Sie enthaupten die Wahrheit! *Er hält sich die Ohren zu.*

Auch die beiden andern verstopfen sich die Ohren. Der ältere Gelehrte tritt zu dem kleinen Mönch. Dann stehen alle vollkommen still, in verkrampften Haltungen.

Aber es geschieht nichts. Keine Glocke ertönt. Nach einer Pause, ausgefüllt durch das murmelnde Beten Virginias, läuft der ältere Gelehrte zum Fenster, nach der Uhr zu sehen. Er wendet sich mit merkwürdig verändertem Gesicht um. Er schüttelt den Kopf verneinend. Die andern lassen die Hände sinken.

DER ÄLTERE GELEHRTE *heiser:* Nein. Keine Glocke. Es ist drei Minuten über fünf.

DER KLEINE MÖNCH Er hat nicht ...?

ANDREA Er widersteht! O wir Glücklichen!

DER KLEINE MÖNCH Er widerruft nicht!

DER ÄLTERE GELEHRTE Nein.

Sie umarmen sich. Sie sind überglücklich.

ANDREA Also: es geht nicht mit Gewalt! Sie kann nicht alles! Also: was gesehen ist, kann man nicht ungesehen machen! Also: die Torheit wird besiegt, sie ist nicht unverletzlich! Also: der Mensch fürchtet den Tod nicht!

DER ÄLTERE GELEHRTE Jetzt beginnt wirklich die Zeit des Wissens. Dies ist ihre Geburtsstunde. Bedenkt, wenn er widerrufen hätte!

DER KLEINE MÖNCH Ich sagte es nicht, aber ich war voll Sorge. Ich Kleingläubiger!

ANDREA Ich aber wußte es.

DER ÄLTERE GELEHRTE Als ob es am Morgen wieder Nacht würde, wäre es gewesen.

ANDREA Als ob der Berg gesagt hätte: ich bin ein Wasser.

DER KLEINE MÖNCH *kniet nieder, weinend:* Herr, ich danke dir!

ANDREA Aber es ist alles verändert heute! Der Mensch hebt den Kopf, der gepeinigte, und sagt: ich kann leben. So viel ist gewonnen, wenn einer ein Nein sagt!

In diesem Augenblick beginnt die Glocke von Sankt Markus zu dröhnen. Alle stehen erstarrt.

VIRGINIA *steht auf:* Die Glocke von Sankt Markus! Er ist nicht verdammt!

Von der Straße herauf hört man den Ansager den Widerruf Galileis verlesen.

STIMME DES ANSAGERS »Ich, Galileo Galilei, Lehrer der Mathematik und der Physik in Florenz, schwöre ab, was ich gelehrt habe, daß die Sonne das Zentrum der Welt ist und an ihrem Ort unbeweglich, und die Erde ist nicht Zentrum und nicht unbeweglich. Ich schwöre ab, verwünsche und verfluche mit redlichem Herzen und nicht erheucheltem Glauben alle diese Irrtümer und Ketzereien, sowie überhaupt jeden anderen Irrtum und jede andere Meinung, welche der Heiligen Kirche entgegen ist.«

Es wird dunkel.

Wenn es wieder hell wird, dröhnt die Glocke noch, hört dann aber auf. Virginia ist hinausgegangen. Galileis Schüler sind noch da.

ANDREA *laut:* Unglücklich das Land, das keine Helden hat!

Eingetreten ist Galilei, völlig, beinahe bis zur Unkenntlichkeit, verändert durch den Prozeß. Er hat den Satz Andreas gehört. Einige Augenblicke wartet er an der Tür auf eine Begrüßung. Da keine erfolgt, denn die Schüler weichen vor ihm zurück, geht er, langsam und seines schlechten Augenlichts wegen unsicher, nach vorn, wo er einen Stuhl findet und sich niedersetzt.

ANDREA Ich kann ihn nicht ansehen. Er soll weg.

DER ÄLTERE GELEHRTE Beruhige dich.

GALILEI *ruhig:* So gebt ihm doch ein Glas Wasser!

Der kleine Mönch holt Andrea von draußen ein Glas Wasser. Niemand beschäftigt sich mit Galilei, der stumm und horchend auf seinem Stuhl sitzt. Von weitem hört man wieder die Stimme des Ansagers.

ANDREA Ich kann schon wieder gehen, wenn ihr mir ein wenig helft.

Sie führen ihn zur Tür. In diesem Augenblick beginnt Galilei zu sprechen.

GALILEI Nein. Unglücklich das Land, das Helden nötig hat.

13

1633-1642: Als Gefangener der Inquisition setzt Galilei bis zu seinem Tode seine wissenschaftlichen Arbeiten fort. Es gelingt ihm, seine Hauptwerke aus Italien herauszuschmuggeln.

Landhaus in der Nähe von Florenz, wo Galilei als Gefangener der Inquisition lebt. Ein riesiger Tisch, ein Lederstuhl, ein kleines Bett.
Galilei ist nun alt und krank und bewegt sich wie ein Blinder.

VIRGINIA *kommt mit einem Teller, bindet Galilei eine Serviette um und füttert ihn:* So, jetzt essen wir unsere gute Suppe und verschütten nicht den kleinsten Löffel. Denn wir sollen ja ärztliche Visite haben, den guten Doktor Busciate aus Florenz. Und dann dürfen wir nicht vergessen, den Brief zu schreiben und uns beim Pater Inquisitor zu bedanken, daß er uns, ist die Suppe auch nicht zu heiß? den lieben Doktor haben läßt.
Galilei ißt schweigend und folgsam. Virginia nimmt den Teller und geht zur Tür. Sie öffnet die Tür, aber dann macht sie sie in einem Laut zu und wieder auf, ohne hinauszugehen. Vielmehr bleibt sie stehen und beobachtet ihren Vater.
Galilei ist aufgestanden und zum Schreibtisch gegangen. Er hat sich gesetzt und will zu kritzeln beginnen, als er plötzlich unruhig den Kopf hebt und mißtrauisch nach der Tür blickt. Er hat die Zugluft gemerkt.

GALILEI Hast du den Hafner bestellt, Virginia? Der Kamin ist immer noch nicht in Ordnung.
Virginia antwortet nicht. Lautlos schlüpft sie hinaus und schließt lautlos hinter sich die Tür. Galilei kritzelt weiter.

DER BEAMTE *im Vorraum:* Nun?

VIRGINIA Es ist, wie ich Ihnen sagte und wie ich auch Pater Anselmo sagte. Er kritzelt, aber das bekomme ich alles zu Gesicht. *Sie reicht ihm ein Blatt, das sie im Vorbeigehen vom Tisch genommen hat.*

DER BEAMTE *studiert es:* Was soll das? Es ist ja übereinandergekritzelt.

VIRGINIA Weil ich ihm ein schon beschriebenes hingelegt habe. Er sieht doch nichts mehr. Seine Unterredungen über zwei Wissenschaften diktiert er mir. Wir sind auf Seite 134, Sie haben Seite 131 und 132 bekommen.

DER BEAMTE Aber es ist nahezu sicher, daß von hier Manuskripte herausgeschmuggelt werden. Schon die DIALOGE ÜBER DIE ZWEI GRÖSSTEN WELTSYSTEME sind von hier nach Holland geschmuggelt worden, vergessen Sie das nicht. Und jetzt ist wieder ein Brief nach Straßburg abgefangen worden, in dem ein Manuskript angemeldet wird. Es muß schon draußen sein. Wer hat es hinausgebracht?

Herein ein großer, breiter Mann, der Hafner. Er trägt Werkzeug.

DER HAFNER Hier ist der Passierschein. Wenn ich zum Abendessen in Florenz sein will, muß ich Druck hintersetzen.

VIRGINIA *läßt ihn hinein:* Der Hafner, Vater. *Wieder hinaus.*

DER HAFNER Besser mit den Augen, Herr Galilei? *Leise.* Sie sind hinter uns her. Villagio ist verhaftet.

GALILEI Nicht sehr viel besser. *Leise.* Hatte er das Buch bei sich?

DER HAFNER *leise:* Nein. Ich habe es zurückgebracht. *Laut.* Es wird langsam Winter. Da sollte der Kamin in Ordnung sein.

GALILEI Ja, es zieht sehr. *Leise.* Warum zurück?

DER HAFNER *leise:* Sie wissen, es ist draußen, suchen es also hier nicht. *Laut.* Wir hätten doch, wie ich sagte, nicht nur die paar eingesunkenen Steine, sondern den ganzen oberen Schacht neu mauern sollen, Herr Galilei. *Leise.* Wohin soll ich es legen?

GALILEI Machen Sie, was Sie für nötig halten. Ich kann keine Zugluft aushalten. *Leise.* Geben Sie es mir.

DER HAFNER *gibt ihm ein Buch in blauem Umschlag. Leise:* Das ist das dritte Mal, daß ich es Ihnen zurückbringen muß. Ist es sehr schlimm?

Es klopft draußen.

GALILEI *steht, gehetzt, mit den Blättern:* Wohin lege ich es jetzt?

DER HAFNER *leise:* Wo hatten Sie es früher?

Galilei legt es in einen großen Globus, der auf einem Holzfuß steht und halbiert ist.

Draußen wird der Arzt, Herr Busciate, eingelassen.

DER BEAMTE Wir müssen feststellen, ob er nicht doch noch sieht. Er muß wieder geschrieben haben.

DER ARZT Unmöglich. *Er geht hinein mit Virginia.*

VIRGINIA Der Doktor Busciate, Vater. *Zum Hafner:* Was fehlt dem Kamin noch?

DER HAFNER Es ist alles faul oben, wie ich gleich sagte. Ich kann gar nichts machen ohne neue Ziegel. Ich komme Donnerstag wieder, wenn ich einen Einlaßschein bekomme. Guten Abend, Herr Galilei, wie gesagt, es liegt nicht an mir.

GALILEI Sicher nicht. Sicher nicht.

DER ARZT Da wollen wir also wieder einmal nach den Augen sehen, Herr Galilei.

GALILEI Sie sind sehr schlecht.

DER ARZT *untersucht, während der Beamte den Hafner hinausläßt:* Haben Sie in der letzten Zeit viel geschrieben?

GALILEI Ich schreibe ab und zu ein paar Notizen auf, die mir meine Tochter vorliest. Meine wissenschaftlichen Arbeiten diktiere ich ihr.

DER ARZT *nimmt ein Blatt vom Tisch und hält es ihm vor:* Können Sie das sehen?

GALILEI Nein. Ich sehe nichts.

DER ARZT Dann sind Ihre Augen noch schlechter geworden.

VIRGINIA Den Umriß hast du doch das letzte Mal noch gesehen.

GALILEI Vielleicht war es heller im Zimmer. Es wird Winter.

DER ARZT Haben Sie nicht doch geschrieben?

GALILEI Nein. Dazu sind sie zu schlecht. Werde ich ganz blind?

VIRGINIA Gott ist barmherzig, Vater.

DER ARZT *das Blatt zurücklegend:* Sie dürfen nicht mehr schreiben. Guten Abend. *Er geht mit Virginia hinaus.*

Galilei geht schnell an den Globus. Man sieht, daß er nicht gut sehen kann, aber besser als er vorgibt. Er prüft mit einem Ausdruck der Furcht die Blätter und untersucht, ob der Globus gut schließt.

DER BEAMTE Sieht er oder sieht er nicht?

DER ARZT *zuckt die Achseln:* Ich weiß nicht, ich denke: sehr wenig, aber er ist sehr klug. Ich schicke meinen Rapport ein.

VIRGINIA Man tut ihm unrecht. Ich weiß, daß seine Reue echt ist. Und daß er nichts tut gegen die Vorschriften. Ich beobachte ihn.

Der Arzt geht. In der Tür trifft er auf einen Bauern, der zwei gerupfte Gänse bringt.

DER BAUER Ich soll die abgeben.

VIRGINIA Von wem? Ich habe keine Gänse bestellt.

DER BAUER Ich soll sagen: von einem Durchreisenden. *Ab.*

Virginia betrachtet sie erstaunt. Der Beamte nimmt sie ihr aus der Hand und untersucht sie mißtrauisch, gibt sie dann beruhigt zurück, worauf Virginia sie Galilei hineinbringt, sie an den Hälsen fassend.

VIRGINIA Was ist?

GALILEI *der hastig vom Globus weggetreten ist:* Nichts.

VIRGINIA Ein Durchreisender hat ein Geschenk abgeben lassen.

GALILEI Was ist es?

VIRGINIA Zwei Gänse.

GALILEI Ist der Name dabei?

VIRGINIA Nein.

GALILEI Verstehe ich nicht.

VIRGINIA Warum sollte dir niemand mehr Geschenke schicken? Es kommen doch auch Bücher.

GALILEI *nimmt ihr eine aus der Hand:* Schwer. Wir werden morgen eine essen. Gib Thymian zu und Äpfel.

Sie nimmt sie wieder und trägt sie hinaus, worauf sie zurückkehrt.

VIRGINIA Was denkst du?

GALILEI Nichts Besonderes. Wer mir die Gänse geschickt haben kann.

VIRGINIA Irgend jemand, der dich schätzt. Willst du noch an den Korrekturen arbeiten?

GALILEI Ja. Ich will die Stelle aus der Einleitung hören. Die kleine Erörterung, die der Untersuchung der Frage vorausgeht, warum zu große Maschinen leicht zerbrechen.

VIRGINIA Diese Stelle hast du schon mehrmals gehört.

GALILEI Ich frage mich, ob sie verstehbar ist.

VIRGINIA Sie ist sehr leicht. *Sie liest.* »Nach einiger Überlegung fällt der die Wahrheit verhüllende Schleier, und einfach und nackt erblicken wir ihre schöne Gestalt. Ist es nicht klar, daß ein Pferd, welches drei oder vier Ellen hoch herabfällt, sich die Beine brechen kann, während ein Hund keinen Schaden erlitte, desgleichen eine Katze selbst von acht oder zehn Ellen Höhe, ja eine Grille von einer Turmspitze und eine Ameise, wenn sie vom Monde herabfiele? Und wie kleinere Tiere verhältnismäßig kräftiger und stärker sind als die großen, so halten sich die kleinen Pflanzen besser: und nun glaube ich, verstehen Sie, meine Herren, daß eine zweihundert Ellen hohe Eiche ihre Äste in voller Proportion mit einer kleinen Eiche nicht halten könnte und daß die Natur ein Pferd nicht so groß wie zwanzig Pferde werden lassen kann, noch einen Riesen von zehnfacher Größe, außer durch Veränderungen der Proportionen aller Glieder, besonders der Knochen, die weit über das Maß einer proportionellen Größe verstärkt werden müssen. – Die gemeine Annahme, daß große und kleine Maschinen gleich ausdauernd seien, ist offenbar irrig.«

Pause.

GALILEI Ich frage mich, ob diese Stelle wirklich verstanden wird.

VIRGINIA *wieder wie zu einem Kind:* Sicher, man versteht es. Alles ist ganz klar, auch der Pater Ludovico sagt, es ist alles ganz klar.

Pause. Dann klopft es und der Beamte läßt Andrea in den Vorraum ein. Er ist jetzt ein Mann in mittleren Jahren.

VIRGINIA Die Tür ist gegangen.

Sie geht hinaus und gibt Andrea fremd die Hand.

ANDREA Ich verlasse Florenz, um in Holland wissenschaftlich zu arbeiten, und bin gebeten worden, ihn aufzusuchen, damit ich von ihm berichten kann.

VIRGINIA Ich weiß nicht, ob er dich sehen will. Du bist nie gekommen.

ANDREA Frag ihn.

GALILEI *hat Andreas Stimme gehört und ist herausgelaufen:* Bist du das, Andrea?

ANDREA Ja.

GALILEI Du bist willkommen! Du bist willkommen! Laßt mich allein mit ihm!

VIRGINIA *geht mit hinein:* Ich will auch hören, was er erzählt.

ANDREA *kühl:* Wie geht es Ihnen?

GALILEI Setz dich. Was machst du? Erzähle von deiner Arbeit!

ANDREA *setzt sich:* Ich gehe nach Holland. Aber Bernegger in Straßburg hat mir aufgetragen, mich nach Ihrem Befinden zu erkundigen.

Pause.

GALILEI Ich befinde mich gut. Man schenkt mir große Aufmerksamkeit. Und das nicht nur von seiten der Behörden. *Er klopft auf den Busch.* Durchreisende geben Gänse ab.

ANDREA *steif:* Es freut mich, berichten zu können, daß Sie sich wohl befinden.

GALILEI Ja, man schenkt mir große Aufmerksamkeit. – Durch die Tiefe meiner Reue habe ich mir die Gunst meiner Oberen so weit erhalten können, daß mir in bescheidenem Umfang wissenschaftliche Arbeiten unter geistlicher Kontrolle gestattet werden konnten.

ANDREA *verbissen:* Auch wir hörten, daß die heilige Kirche mit Ihnen zufrieden ist. Ihre völlige Unterwerfung hat die allzu eifrigen und ohne Rücksicht auf die kirchlichen Dogmen der Wissenschaft dienenden Geister darüber belehrt, daß man nicht forschen soll, wenn es von den Oberen nicht gewünscht wird. Es wird versichert, daß die Oberen mit Genugtuung festgestellt haben, daß kein Werk mit neuen Behauptungen mehr veröffentlicht wurde, seit Sie sich unterwarfen.

GALILEI *mühsam:* Leider gibt es Länder, die sich der Obhut der Kirche entziehen. Ich fürchte, daß die irrtümlichen und verurteilten Lehren dort wenigstens weiter gefördert werden.

ANDREA Auch dort trat infolge Ihres Widerrufs ein für die Kirche erfreulicher Rückschlag ein. Ihr Name ist auf den Lippen aller derer, die in dem ungehemmten Fortschritt der Naturwissenschaften eine Bedrohung der allgemeinen Ordnung sehen.

GALILEI Ich verstehe. *Pause.* Ich bin in Sorge einiger wissenschaftlicher Freunde wegen, die ich auf die Bahn des Irrtums geleitet habe. Sind sie durch meinen Widerruf belehrt worden?

ANDREA Ihre Person betreffend wurde eine Zeitlang viel disputiert. Einige Ihrer früheren Freunde bestanden darauf, Sie hätten widerrufen der Dienste wegen, die Sie der Physik, am Leben bleibend, noch erweisen zu können hofften. Solcher Werke wegen, die nur Sie schreiben konnten.

GALILEI *barsch:* Solche Werke gibt es nicht.

ANDREA So war dies nicht Ihr Beweggrund?

GALILEI Kurz nach meinem Prozeß haben mich einige Leute, die mich von früher kannten, mit einer gewissen Nachsicht behandelt, indem sie mir allerlei hochgesinnte Absichten unterschoben. Ich habe das abgelehnt. Ich sah darin lediglich vermindertes Urteilsvermögen, hervorgerufen dadurch, daß sie mich physisch stark verändert fanden. Nach sorgfältiger Erwägung aller Umstände, der entschuldigenden wie der andern, kann man nicht der Meinung sein, daß jemand aus irgendeinem andern Grunde zu einem solchen – Gehorsam finden könnte, als aus einer zu großen Furcht vor dem Tode. *Pause.* Damit leugne ich nicht *zu Virginia hin* die tiefe Reue, die ich als Sohn der Kirche verspürte, als die Oberen mich durch die gewichtigsten aller Argumente von meinem Irrweg überzeugten. Nicht weniger als die Bedrohung mit dem Tode ist für gewöhnlich nötig, einen Menschen von dem abzubringen, zu was ihn sein Verstand gebracht hat, diese gefährlichste aller Gaben des Allmächtigen. Ich begriff übrigens durchaus, daß nur noch die Hölle auf mich wartete, die ja, wie der Dichter berichtet, von jenem Volk bewohnt wird, das die Gabe des Intellekts verspielt hat und das also ohne Hoffnung ist.

ANDREA Viele erinnern sich auch jetzt noch, daß Sie damals, einiger Notierungen wegen, zur Pestzeit in der Stadt geblieben sind.

GALILEI Oh, die Pest ist nicht so tödlich. Die Lebewesen, die sie verursachen, begehen Fehlgriffe. Aber sprechen wir von anderem. Sicher, die Physik und die Astronomie vermögen über meinen Fall zur Tagesordnung überzugehen.

ANDREA Bestimmt, nach einer Weile.

GALILEI Freilich, bis dahin, wer sollte noch für diese kühnen neuen Lehren sprechen, nachdem ich, eine ihrer Autoritäten, sie der Lüge geziehen habe? Sie scheinen ganz aus der Welt. Nichts mehr spricht für sie, ausgenommen einige Fakten. *Er hat angefangen, mit einem kleinen, aus der Tasche gezogenen Stein zu spielen.* Ich kann ihn nicht mehr sehen. *Er läßt ihn auf den Boden fallen und bückt sich danach.* Jedoch höre ich ihn noch beim Niederfallen. Das Phänomen der Autorität ist ein schwieriges. Ich frage mich, wann die Wissenschaft ohne Autorität auskommen wird können. In der Frage der schwimmenden Körper dauerte die Autorität des Archimedes zum Beispiel sehr kurz, obwohl er die Wahrheit gelehrt hat. Aber die des Aristoteles, der die Unwahrheit lehrte, dauerte zweitausend Jahre. Autorität und keine Wahrheit gehören wohl zusammen und ebenso gehören zusammen: Wahrheit und keine Autorität.

ANDREA Wie Sie andeuteten, mag die Physik sich weiter behelfen. Aber viele sahen auf Ihre astronomischen Bemühungen, die ihren täglichen Geschäften so fern lagen, mit Eifer, weil man glaubte, Sie kämpften dafür, daß die Autorität von Menschen auf Meinungen und von Meinungen auf Fakten übertragen würde. Sie sagten, daß es Ihnen lange, während Sie dies und das lehrten, weniger darauf angekommen sei, wie nun gerade diese Weltkugeln und welche von ihnen sich drehten ...

VIRGINIA Davon darf nicht gesprochen werden.

ANDREA ... sondern darauf, daß davon gesprochen werden durfte. Auch, ob nicht Zweifel gut sei und ob nicht verfochten werden sollte, was Gründe und Beweise für sich hat. So daß viele Ihnen allenthalben mit Auge und Ohr folgten, in dieser Meinung, Sie ständen nicht nur für eine bestimmte Lehre von der Bewegung der Gestirne, sondern, und mehr noch, für die Freiheit des Lehrens und für diese auf allen Gebieten. Nicht also nur für irgendwelche Gedanken, sondern für das Recht zu denken überhaupt. Welches bestritten wird. Als diese Sie nun widerrufen hörten, was Sie gesagt hatten, schienen ihnen nicht nur bestimmte Gedanken über Gestirnbewegungen in Verruf gebracht, sondern das Denken selber, welches für unheilig angesehen wird, da es mit Gründen und Beweisen operiert.

VIRGINIA Aber es ist nicht wahr, daß die Oberen die Wissenschaften verboten haben, wie man jetzt sagt. Pater Philippo sagt, daß die Kirche die großen Erfindungen und Entdeckungen meines Vaters sogar in die Lehrbücher aufnehmen wird. Nur die Theologie, welche eine ganz andere Wissenschaft ist, soll er nicht in ihren Meinungen angreifen.

GALILEI Ich habe mir in freien Stunden, deren ich viele habe, überlegt, wie in den Augen der wissenschaftlichen Welt, der ich ja nicht mehr angehöre, wenn ich auch noch einige ihrer Gedankengänge kenne, mein Verhalten erscheinen muß. *Akademisch sprechend, die Hände über dem Bauch gefaltet.* Sie wird zu erwägen haben, ob sie sich damit begnügen kann, daß ihre Mitglieder an sie eine bestimmte Anzahl von Sätzen abliefern, sagen wir über die Tendenzen fallender Körper oder die Bewegungen gewisser Gestirne. Ich habe mich, wie erwähnt, von der Denkweise der Wissenschaft ausgeschlossen, jedoch nehme ich an, daß sie bei Gefahr der Vernichtung nicht imstande sein wird, ihren Mitgliedern alle weitergehenden Verpflichtungen zu erlassen. Zum Beispiel die Verpflichtung, an der Aufrechterhaltung ihrer selbst als Wissenschaft mitzuarbeiten. Selbst ein Wollhändler muß, außer billig einzukaufen und solide Wolle zu liefern, auch noch darum besorgt sein, daß der Handel mit Wolle überhaupt erlaubt ist und vor sich gehen kann. Demzufolge kann ein Mitglied der wissenschaftlichen Welt logischerweise nicht auf seine etwaigen Verdienste als Forscher verweisen, wenn er versäumt hat, seinen Beruf als solchen zu ehren und zu verteidigen gegen alle Gewalt. Dies ist aber ein umfangreiches Geschäft. Denn die Wissenschaft beruht darauf, daß man die Fakten nicht den Meinungen unterwerfen darf, sondern die Meinungen den Fakten unterwerfen muß. Sie ist nicht in der Lage, diese Sätze einschränken zu lassen und sie nur für »einige Meinungen« und »die und die Fakten« aufzustellen. Um sicher zu sein, daß diese Sätze allzeit uneingeschränkt von ihr vollzogen werden können, muß die Wissenschaft dafür kämpfen, daß sie auf allen Gebieten geachtet werden. Die Wissenschaft befindet sich nämlich mit der gesamten Menschheit in einem Boot. So kann sie nicht etwa sagen: was geht es mich an, wenn am andern Ende des Bootes ein Leck ist! Die Wissenschaft kann Menschen, die es versäumen, für die Vernunft einzutreten, nicht brauchen. Sie muß sie mit Schande davonjagen. Denn sie mag so viele Wahrheiten wie immer wissen, in einer Welt der Lüge hätte sie keinen Bestand. Wenn die Hand, die sie füttert, ihr gelegentlich und ohne Warnung an die Gurgel greift, wird die Menschheit sie abhauen müssen.

Das ist der Grund, warum die Wissenschaft einen Menschen wie mich nicht in ihren Reihen dulden kann.

VIRGINIA *leidenschaftlich:* Aber in die Reihen der Gläubigen bist du aufgenommen!

GALILEI So ist es. Ich bin der Meinung, daß ich alles zerstört habe – was es an Versuchen gab, die dem blinden Glauben schädlich sind. Nur meine eingefleischte Gewohnheit, auch das Unwahrscheinliche einzukalkulieren, könnte mich veranlassen, zu sagen: fast alles. Es ist klar, daß nur die unwiderstehlichsten Argumente der Inquisition mich von der Verderblichkeit meines Forschens überzeugen konnten.

ANDREA *mit erstickter Stimme:* Ja.

Virginia geht hinaus.

VIRGINIA *zu dem Beamten:* Er war sein Schüler und ist jetzt sein Feind geworden.

GALILEI *der gewartet hat, bis er die Tür hinter ihr hat zufallen hören:* Leider muß ich gestehen, daß ich Rückfälle erlitten habe.

ANDREA Was meinen Sie damit?

GALILEI Als ich die erwähnten gewichtigen Argumente der Inquisition kennenlernte, war ich in der Mathematik und Astronomie eine alte Hand, und es war schwer für mich, alle Irrtümer auf einmal aus mir auszureißen. Ich geriet bei dem Versuch, die absolute Richtigkeit der kirchlichen Meinungen mit unumstößlichen Beweisen und Gründen zu versehen, wieder ins Forschen, denn mein Fleisch ist schwach. Ich gestehe, daß ich noch ein Buch geschrieben habe.

ANDREA *immer aufmerksamer:* Die Welt weiß aber nichts davon.

GALILEI Nein. Aber ich habe es also geschrieben.

ANDREA *mit ungeheurer Aufregung:* Nicht die DISKUSSIONEN ÜBER ZWEI NEUE WISSENSCHAFTEN, die Sie vor Jahren begonnen haben?

GALILEI *nickt:* Es wird allerdings niemals in einem Buchladen liegen. Ich schreibe es für mich. Auch was ich darüber dachte, daß es nötig sei, nicht nur in seinem eigenen Kopf, sondern auch in den Köpfen anderer zu denken, war ja, wie ich höre, ein völliger Irrtum, ungefähr diesem kopernikanischen Irrtum vergleichbar, den die Kirche widerlegt hat. Ein gefährlicher Irrtum! Gott sei Dank kann ich sicher sein, daß meine Schreibübungen, an sich vielleicht verzeihliche Abirrungen eines Menschen, der zu alt ist, noch anderes zu tun, als sein Gewerbe weiterzutreiben, von meinen Oberen, deren Interesse für mich ich nicht genug hervorheben kann, den Augen der

Menschen verborgen werden. Jedes Blatt geht an die Behörde; es geht an mich zurück, aber nur, solange ich es zum Arbeiten brauche. Danach, wenn alles fertig ist, wird es bestimmt an einem sicheren Ort verwahrt werden, als ein Beispiel für die Torheit der Menschen. Leider habe ich aber da auch noch die vollständigen Notizen zu diesem Werk, die ich während der Arbeit, um das Diktat vorzubereiten, niedergekritzelt habe. Sie liegen in meinem Globus, niemand beachtet ihn.

ANDREA *unsicher:* Es muß schwierig sein, unter solchen Umständen zu arbeiten.

GALILEI Ich erliege immerfort der Versuchung. Ich sollte es nicht, aber ich tue es. Ich bin ein Sklave meiner Gewohnheiten und meine Strafe wird einmal hart sein.

Andrea weint.

GALILEI Sagtest du etwas?

Pause.

GALILEI Ich lebe nun in ständiger Furcht, in ständiger Furcht, daß diese Schrift irgendwie in unrechte Hände kommen und im Ausland gelesen werden könnte, wo man die außerordentlich gewichtigen Argumente der Inquisition nicht so kennt wie ich und also aus meinen Ausführungen völlig irrige Schlußfolgerungen ziehen könnte.

ANDREA Aber sicher wäre so etwas nicht möglich ohne Sie.

GALILEI Gegen meinen Willen, mein Lieber, gegen meinen Willen. Ich bin ein alter Mann, und es ist leicht, mir alles wegzunehmen, in der Tat, ich sehe kaum dich, der mir doch nahe genug gegenübersitzt.

ANDREA Aber man bewacht Sie doch wohl genügend, so daß Sie sich nicht solche Sorgen machen müßten? *Er ist aufgestanden und zum Globus getreten. Er hat versucht, seiner Stimme Festigkeit zu verleihen. Aber die Art, wie er nach dem Manuskript greift, zeigt die Begierde nach der neuen Arbeit seines Lehrers, des größten Physikers der Zeit.*

GALILEI Das ist leider nicht der Fall. Man weiß an höherer Stelle, daß hier nichts mehr ist. Man ist sicher. Nur noch einige Außenstehende wie du könnten auf den Gedanken kommen, in einem solchen Schutthaufen nachzugraben, ob sie nicht doch etwas Brauchbares herausfischen könnten. Warum sollte übrigens sonst noch hier und da einer zu mir kommen? Denn an mir selber ist nichts mehr, da ich mich selber zerstört habe. Tatsächlich würde mich solch ein Mann enteignen. Diese Anfänge einer neuen Physik, würde er sagen, aus trüber Quelle stammend, habe ich irgendwo gefunden. Der Name des Verfassers hatte einmal einige Bedeutung in der wissenschaftlichen Welt. Aber er hat sich als Lügner entpuppt. So müssen diese Blätter mit äußerster Vorsicht geprüft werden, denn sie stehen auf nichts als sich selber.

Andrea steht in das Manuskript vertieft.

GALILEI Ich muß allerdings etwas sagen: solch ein Mann möchte eine große Gefahr laufen.

ANDREA Er möchte sie nicht allzusehr fürchten.

GALILEI Nein. Er möchte sich nicht mich zum Vorbild nehmen. *Pause.* Aber vielleicht willst du nun gehen? *Er steht auf.*

ANDREA *der das Manuskript eingesteckt hat:* Ja, nun gehe ich. Ich sehe, es ist, als ob ein Turm einstürzte, von ungeheurer Höhe und für unerschütterlich gehalten. Der Lärm des Einsturzes war weit lauter als das Lärmen der Bauleute und der Maschinen während der ganzen Zeit seines Aufbaus und die Staubsäule, die sein Einsturz erzeugte, höher als er selber gewesen war. Aber möglicherweise zeigt es sich, wenn sich der Staub verzieht, daß die zwölf oberen Stockwerke gefallen sind, aber die dreißig unteren noch stehen. Der Bau könnte dann weitergeführt werden. Ist es das, was Sie meinen? Dafür spräche, daß ja die Unstimmigkeiten in unserer Wissenschaft alle noch vorhanden sind, und sie wurden gesichtet. Die Schwierigkeit scheint gewachsen, aber die Notwendigkeit ist ebenfalls größer geworden. Ich bin froh, daß ich hergekommen bin. *Er streckt Galilei die Hand hin.*

GALILEI *nimmt sie nicht, unsicher:* Mein Augenlicht ist schlecht, Andrea. Ich sehe nicht mehr, ich glotze nur noch. Geh jetzt. *Er geht langsam zum Globus und untersucht ihn, ob er geschlossen ist.*

GALILEI Ich bin nicht unempfindlich gegen die Freundlichkeiten, die mir immer noch erwiesen werden. Durchreisende erinnern sich meiner und so weiter. Ich mißverstehe solche Dinge nicht. Ich bin froh, daß ich dich so gefunden habe, wie du bist. Einige Erlebnisse hätten dich zu einer ganz falschen Ansicht bringen können über das, was wir immer die Zukunft der Vernunft genannt haben. Aber natürlich, ein einzelner Mann kann sie weder zur Geltung noch in Verruf bringen. Sie ist eine zu große Sache. Die Vernunft ist eine Sache, in welche die Menschen sich teilen. Sie ist nämlich die Selbstsucht der gesamten Menschheit. Diese Selbstsucht ist zu schwach, aber selbst ein Mensch wie ich kann ja noch sehen, daß die Vernunft nicht am Ende ist, sondern am Anfang. Ich bleibe auch dabei, daß dies eine neue Zeit ist. Sollte sie aussehen wie eine blutbeschmierte alte Vettel, dann sähe eben eine neue Zeit so aus! Der Einbruch des Lichts erfolgt in die allertiefste Dunkelheit. Während an einigen Orten die größten Entdeckungen gemacht werden, welche die Glücksgüter der Menschen unermeßlich vermehren müssen, liegen sehr große Teile dieser Welt ganz im Dunkel. Die Finsternis hat dort sogar noch zugenommen! Nimm dich in acht, wenn du durch Deutschland fährst und die Wahrheit unter dem Rock trägst! *Andrea geht hinaus.*

VIRGINIA Ich sehe nicht gern Besuche von früher. Sie regen ihn auf. *Sie läßt ihn hinaus. Dann geht sie mit dem Beamten ins Zimmer.*

DER BEAMTE Es wird schon sehr kalt. Sie müssen ja frieren, Herr Galilei. *Er geht nach kurzer Inspektion hinaus.*

VIRGINIA *das Bett bereitend:* Ich hoffe, du fühlst dich nicht allzusehr geschwächt. Diese Gespräche sind nichts für dich und sie führen zu nichts.

GALILEI Vielleicht nicht.

VIRGINIA So, und jetzt legen wir uns nieder und schlafen recht tief.

GALILEI *fängt an, sich zu entkleiden:* Ich frage mich, wer die Gänse geschickt hat.

VIRGINIA Andrea nicht.

GALILEI Ja, vielleicht nicht. Übrigens, ich fühle mich heute sogar etwas besser. Den Rotschädel sehe ich immer noch als Jungen. Seinen ersten Unterricht bekam er an einem Apfel. Als er mir die Hand reichte, dachte ich daran, daß er jetzt ja selber lehrt. Wie ist die Nacht?

VIRGINIA Hell.

GALILEI Das ist gut. Da kann er seinen Weg sehen.

14

1637. Galileis Buch »Discorsi« überschreitet die italienische Grenze.

Kleine italienische Grenzstadt früh am Morgen. Am Schlagbaum der Grenzwache spielen Kinder. Andrea wartet neben einem Kutscher die Prüfung seiner Papiere durch die Grenzwächter ab. Er sitzt auf einer kleinen Kiste und liest in Galileis Manuskript. Jenseits des Schlagbaums steht die Reisekutsche.

DIE KINDER *singen:*

Maria saß auf einem Stein
Sie hatt' ein rosa Hemdelein
Das Hemdelein war verschissen.
Doch als der kalte Winter kam
Das Hemdelein sie über nahm
Verschissen ist nicht zerrissen.

DER GRENZWÄCHTER Warum verlassen Sie Italien?

ANDREA Ich bin Gelehrter.

DER GRENZWÄCHTER *zum Schreiber:* Schreib unter »Ausreisegrund«: Gelehrter. Ich muß Ihr Gepäck durchsuchen. *Er tut es.*

ERSTER JUNGE *zu Andrea:* Hier sollten Sie nicht sitzen. *Er zeigt auf die Hütte, vor der Andrea sitzt.* Da wohnt eine Hexe drin.

ZWEITER JUNGE Die alte Marina ist gar keine Hexe.

DER ERSTE JUNGE Soll ich dir die Hand ausrenken?

DER DRITTE JUNGE Sie ist doch eine. Sie fliegt nachts durch die Luft.

DER ERSTE JUNGE Und warum kriegt sie nirgends in der Stadt auch nur einen Topf Milch, wenn sie keine Hexe ist?

DER ZWEITE JUNGE Wie soll sie denn durch die Luft fliegen? Das kann niemand. *Zu Andrea:* Kann man es?

DER ERSTE JUNGE *über den zweiten:* Das ist Giuseppe. Er weiß rein gar nichts, weil er nicht in die Schule geht, weil er keine ganze Hose hat.

DER GRENZWÄCHTER Was ist das für ein Buch?

ANDREA *ohne aufzusehen:* Das ist von dem großen Philosophen Aristoteles.

DER GRENZWÄCHTER *mißtrauisch:* Was ist das für einer?

ANDREA Er ist schon tot.

Die Jungens gehen, um den lesenden Andrea zu verspotten, so herum, als läsen auch sie in Büchern beim Gehen.

DER GRENZWÄCHTER *zum Schreiber:* Sieh nach, ob etwas über die Religion drinsteht.

DER SCHREIBER *blättert:* Ich kann nichts finden.

DER GRENZWÄCHTER Die ganze Sucherei hat ja auch wenig Zweck. So offen würde uns ja keiner hinlegen, was er zu verbergen hätte. *Zu Andrea:* Sie müssen unterschreiben, daß wir alles untersucht haben.

Andrea steht zögernd auf und geht, immerfort lesend, mit dem Grenzwächter ins Haus.

DER DRITTE JUNGE *zum Schreiber, auf die Kiste zeigend:* Da ist noch was, sehen Sie!

DER SCHREIBER War das vorhin noch nicht da?

DER DRITTE JUNGE Das hat der Teufel ihr hingestellt. Es ist eine Kiste.

DER ZWEITE JUNGE Nein, die gehört dem Fremden.

DER DRITTE JUNGE Ich ginge nicht hin. Sie hat dem Kutscher Passi die Gäule verhext. Ich habe selber durch das Loch im Dach, das der Schneesturm gerissen hat, hineingeschaut und gehört, wie sie gehustet haben.

DER SCHREIBER *der schon beinahe an der Kiste war, zögert und kehrt zurück:* Teufelszeug, wie? Nun, wir können nicht alles kontrollieren. Wo kämen wir da hin?

Zurück kommt Andrea mit einem Krug Milch. Er setzt sich wieder auf die Kiste und liest weiter.

DER GRENZWÄCHTER *hinter ihm drein mit Papieren:* Pack die Koffer wieder zu. Haben wir alles?

DER SCHREIBER Alles.

DER ZWEITE JUNGE *zu Andrea:* Sie sind ja Gelehrter. Sagen Sie selber: kann man durch die Luft fliegen?

ANDREA Wart einen Augenblick.

DER GRENZWÄCHTER Sie können passieren.

Das Gepäck ist vom Kutscher aufgenommen worden. Andrea nimmt die Kiste und will gehen.

DER GRENZWÄCHTER Halt! Was ist das für eine Kiste?

ANDREA *wieder sein Buch vornehmend:* Es sind Bücher.

DER ERSTE JUNGE Das ist von der Hexe.

DER GRENZWÄCHTER Unsinn. Wie soll die eine Kiste herzaubern können?

DER DRITTE JUNGE Wenn ihr doch der Teufel hilft!

DER GRENZWÄCHTER *lacht:* Das gilt hier nicht. *Zum Schreiber:* Mach auf.

Die Kiste wird geöffnet.

DER GRENZWÄCHTER *unlustig:* Wie viele sind das?

ANDREA Vierunddreißig.

DER GRENZWÄCHTER *zum Schreiber:* Wie lang brauchst du damit?

DER SCHREIBER *der angefangen hat, oberflächlich in der Kiste zu wühlen:* Alles schon gedruckt. Aus Ihrem Frühstück wird dann jedenfalls nichts, und wann soll ich zum Kutscher Passi hinüberlaufen, um den rückständigen Wegzoll einzukassieren bei der Verauktionierung seines Hauses, wenn ich all die Bücher durchblättern soll?

DER GRENZWÄCHTER Ja, das Geld müssen wir haben. *Er stößt mit dem Fuß nach den Büchern.* Na, was kann schon viel drinstehen! *Zum Kutscher:* Ab!

Andrea geht mit dem Kutscher, der die Kiste trägt, über die Grenze.

DER DRITTE JUNGE *deutet auf den Krug, den Andrea hat stehenlassen:* Da!

DER ERSTE JUNGE Und die Kiste ist weg! Seht ihr, daß es der Teufel war?

ANDREA *sich umwendend:* Nein, ich war es. Die Milch ist bezahlt und der Krug. Die Alte soll ihn haben. Ja, und ich habe dir noch nicht auf deine Frage geantwortet, Giuseppe. Auf einem Stock kann man nicht durch die Luft fliegen. Er müßte zumindest eine Maschine dran haben. Aber eine solche Maschine gibt es nicht. Vielleicht wird es sie nie geben, da der Mensch zu schwer ist. Aber natürlich, man kann es nicht wissen. Wir wissen bei weitem nicht genug, Giuseppe. Wir stehen wirklich erst am Beginn.

Frühes Szenenfragment

3

Das Arsenal von Venedig. Ein grosser Werftbetrieb. Galilei, umgeben von Ingenieuren und Schülern, betrachtet, wie eine grosse Kanone auf ein Schiff verfrachtet wird. Die Kanone wird eben an einem Holzkran befestigt.

GALILEI Die unerschöpfliche Tätigkeit eures berühmten Arsenals, Ihr meine Herren Venezianer, scheint mir den Denkern ein weites Feld der Spekulation zu eröffnen, besonders im Gebiet der Mechanik. Könntet Ihr eure Doktoren der Philosophie und der Theologie hierher bringen, so würden sie mancherlei wunderbare Erscheinungen beobachten können, die zuvor für unerklärbar und unglaublich gehalten wurden, bis die Erfahrung selber sie für möglich erfand. Viele Sätze aber, die durchaus sicher erschienen, sind hier elend zusammengefallen. Das könnte manchem eine Lehre sein.

DER MEISTER DES ARSENALS Gerade heute erproben wir etwas Neues. Sehen Sie diesen Hebekran, meine Herren, mit dem wir die Kanone auf das Schiff heben wollen. Es ist der größte Kran, den wir je gebaut haben. Wir benutzten dazu die Regeln der Geometrie. Der neue Kran ist genau in den Proportionen der kleineren, tausendfach erprobten gebaut worden. Ich hatte einen Streit darüber mit den Werkmeistern, welche den wissenschaftlichen Sätzen nicht trauen, ungebildet wie sie sind. Sie bestanden darauf, daß der Kran sehr viel stärker als nach der Proportion gebaut würde, und sagen noch jetzt, er werde brechen.

GALILEI Wo sind die Zeichnungen?

Er bekommt sie.

DER MEISTER DES ARSENALS He, Paolo! Komm her und laß dir von Herrn Galilei, welcher die Wissenschaft der Physik im kleinen Finger hat, erzählen, daß Maschinen gut sein müssen, wenn sie genau nach den Berechnungen ausgeführt sind!

DER WERKMEISTER *kommt heran:* Und warum haben wir immer die Gerüste für die großen Schiffe so viel stärker gebaut als die für die kleinen, und nicht in der Proportion?

DER MEISTER DES ARSENALS Aus Aberglauben, mein Lieber!

GALILEI Können Sie die Arbeit unterbrechen lassen, bis wir das Gespräch zu Ende geführt haben?

DER MEISTER DES ARSENALS Ich verstehe Sie nicht? Halten Sie die Zeichnungen für irrig?

Szene zum Stückplan »Leben des Galilei (Fassung für Arbeiter)«

5

BÜRO DES HEILIGEN OFFIZIUMS IN ROM. DER KARDINAL INQUISITOR HAT DEN ASTRONOMEN PATER CLAVIUS KOMMEN LASSEN. EIN KLEINER MÖNCH IM HINTERGRUND HÄLT EIN FERNROHR.

DER KARDINAL Betreffend die erstaunlichen Behauptungen des Florentiner Mathematikers Galileo Galilei, der am Himmel vermittels eines Fernrohrs Beobachtungen gemacht zu haben vorgibt, die den Tatsachen widersprechen, welche in der Schöpfungsgeschichte der heiligen Bibel gelehrt werden. Was weiß man hier darüber?

PATER CLAVIUS Der Herr Galilei gilt als vortrefflicher Astronom und Physiker, aber ....

DER KARDINAL Ich kann mir denken, daß seine Angaben von den Ihrer Leitung unterstellten Astronomen des päpstlichen Collegs ihres anrüchigen Charakters wegen nicht untersucht wurden. Nun, ich habe Ihnen die Eröffnung zu machen, daß man höheren Ortes wünscht, daß diese gefährlichen Dinge keineswegs ohne strenge wissenschaftliche Untersuchung verworfen werden. Der Mensch könnte sonst behaupten, wir scheuten hier vor einer wissenschaftlichen Diskussion zurück.

CLAVIUS In Anbetracht meines Alters, Eminenz, bitte ich, mich von diesem Auftrag gnädigst zu entbinden.

DER KARDINAL Ich fürchte, das wird nicht möglich sein. Es ist vielleicht in Zeiten wie den unsrigen, wo ein möglicherweise allzu geschäftiger Handel bis in die fernsten Gegenden der Welt, eine Forschung, die mehr Talent als Sinn für Verantwortung zeigt, der Kampf der Städte miteinander und der Kampf in ihrem Innern um Machtpositionen, die Autorität der Behörden immer mehr bedroht, doch nötig, daß ein Gelehrter allerersten Ranges hier ein HALT! ausruft. Das können nur Sie sein.

CLAVIUS Dem Colleg fehlen aber selbst die neuen Instrumente ...

DER KARDINAL Nicht länger, mein Lieber. *Er winkt dem Mönch.* Wir stellen Ihnen hiemit dieses so viel besprochene Instrument zur Verfügung, Pater Clavius. Natürlich nicht, ohne zu versichern, daß wir von seiner Güte keineswegs überzeugt sind.

CLAVIUS *betrachtet es flüchtig, ohne es anzurühren:* Sie könnten nicht eine jüngere Kraft mit diesem so ehrenden Auftrag betrauen, zum Beispiel ...

DER KARDINAL Kein Wort mehr. Wir kennen niemand, wem wir größeres Vertrauen entgegenbrächten, als Ihnen. *Er erhebt sich und reicht ihm die Hand.* Lassen Sie uns bald das Ergebnis Ihrer Untersuchung wissen, Herr Clavius. *Zum Sekretär, der auf ein Klingelzeichen erschienen ist:* Betreffend die Anzeige gegen den Frater Commodius wegen unheiliger Äußerungen in betrunkenem Zustand ...

IN V (NEUE FASSUNG) muß Clavius Bedenken äußern.

CLAVIUS Ich möchte zu bedenken geben, daß die Arbeiten des Herrn Galilei in Kreisen des Handels und der Schiffahrt mit dem größten Interesse verfolgt werden. Sollten seine Beobachtungen stimmen, dann hätte man tatsächlich eine Aussicht, jene geographischen Längenbestimmungen vorzunehmen, ohne welche die Schiffahrt unsicher und teuer ist. Nach diesen Längenbestimmungen herrscht in den Seestädten eine solche Gier, daß niemand mehr an die Bibel denkt. Ich meine, die Heilige Kirche muß sich darüber Rechenschaft ablegen, daß sie, gegen Herrn Galilei vorgehend, zugleich gegen die Interessen sehr einflußreicher Kreise vorgeht.

DER KARDINAL Ist das so? Um so dringender scheint eine ernsthafte Behandlung dieser anstößigen Angelegenheit. *Pause.* Sie sind Gelehrter und Sie sind Geistlicher, Pater Clavius. Es sind nicht die Geschäfte der Seestädte, die Sie im Auge haben müssen.

Variante zur 5. Szene »Leben des Galilei«

EIN GESPRÄCH IN VENEDIG. DIE OBERITALIENISCHEN SEESTÄDTE INTERESSIEREN SICH FÜR GALILEIS FORSCHUNGEN.

Der Hafen von Venedig. Der Doge im Gespräch mit dem Kardinal Bellarmin und einigen Klerikern.

DER KARDINAL Ich werde dem Heiligen Vater mit Entzücken die Eindrücke vermitteln, welche diese Besichtigung des weltberühmten Arsenals der Stadt Venedig in mir hinterließ. Was für prächtige Fregatten!

DER DOGE Die da geht nach Ostindien! Ein langer Weg.

DER KARDINAL Gott geleite sie.

DER DOGE Darf ich mir eine Bemerkung erlauben, Eure Eminenz? Das Schiff benötigt Gottes Segen. Die Handels- und Reederkreise dieser Stadt und anderer Städte verfolgen im Augenblick mit Begierde die Forschungen des Mathematikers und Astronomen Galilei in Florenz, die Bewegungen gewisser Gestirne vermittels eines Fernrohrs betreffend.

DER KARDINAL Was erwartet man sich davon?

DER DOGE Sehr viel. Alle diese Untersuchungen der zu neuem Leben erwachten Astronomie gehen ja darauf aus, unserer aufblühenden Schiffahrt Mittel der Orientierung auf hoher See in die Hand zu geben. Die Seewege sind unsicher, lang und teuer, solange wir die geographischen Längen nicht bestimmen können. Dazu fehlt uns eine Art zuverlässiger Uhr am Himmel. Herr Galilei nun scheint eine solche gefunden zu haben. Er behauptet, wie mir Fachleute mitteilen, gewisse Gestirne entdeckt zu haben, die sehr regelmäßige, überall wahrnehmbare Bewegungen vollführen.

DER KARDINAL Interessant. Ich muß gestehen, ich habe bisher nur von anderer Seite von diesen Forschungen gehört. Unter uns: weniger Günstiges.

DER DOGE Das ist aber bedauerlich! Ich versichere Ihnen, die Forschungen sind von der größten Bedeutung für die Schiffahrt! Natürlich sind das nur sehr niedrige, rein materielle Interessen, ich verstehe nichts von den Einwänden der Herren Philosophen.

DER KARDINAL *höflich:* Oh, materielle Interessen müssen nicht niedrige sein. *Die Herren gehen weiter.* Ich denke, wir alle sehen dem Frühstück mit Freude entgegen und das ist wohl auch eine materielle Sache. *Allgemeines Gelächter.*

Episode aus der 13. Szene der ersten Niederschrift

VIRGINIA *wieder herein:* Soll ich dir vorlesen?

GALILEI *der die Blätter wieder schnell auf den Tisch gelegt hat:* Ja, von dem Franzosen, der nicht an das Denken glaubt. Aber nur, was ich aussuchte.

VIRGINIA *holt ein Buch und liest vor:* 54. Inschrift an der Decke der Bibliothek des Herrn Montaigne: Ohne Schwanken.

GALILEI Nichts sonst?

VIRGINIA Nein.

GALILEI Aber das hängt zumindest von drei Dingen ab: der Kraft des Stoßes, den man empfangen hat, der Sichtbarkeit des Zieles und der Solidität der Unterlage. Schöner Rat! Weiter!

VIRGINIA 52. Inschrift: Ich begreife nicht.

GALILEI Das ist gut. Das ist ein Anfang.

VIRGINIA 13. Das kann sein und nicht sein.

GALILEI Gut, wenn Gründe gegeben werden.

VIRGINIA 5. Es ist nicht so und nicht so; vielmehr auf keine Weise von beiden.

GALILEI Wenn weiter gesucht wird.

VIRGINIA 21. Wer da weiß, daß er weiß, weiß noch nicht, wie man weiß.

GALILEI Das ist sehr gut, wieder. Aber es schmeckt alles nach Kapitulation.

VIRGINIA 10. Was ist Himmel und Erde und Meer, mit all ihrem Umfang, gegen die Summe der Summen des nie zu ermessenden Ganzen?

GALILEI Man muß aber anfangen. Schreib's dazu.

VIRGINIA 2. Die Neugierde hat er ihnen verliehen, damit er sie quäle.

GALILEI Unsinn.

VIRGINIA 15. Der Mensch ist zu brüchig.

GALILEI Nicht brüchig genug.

VIRGINIA 20. Sei weise mit Maß, daß du nicht verderbest.

GALILEI Weiter.

VIRGINIA 42. Nicht die Dinge verwirren die Menschen, sondern die Meinungen über die Dinge.

GALILEI Das ist vielleicht auch falsch. Wer verwirrt die Meinungen?

VIRGINIA Soll ich das aufschreiben?

GALILEI Nein.

VIRGINIA 19. Ich bin ein Mensch: mir ist nichts Menschliches fremd.

GALILEI Gut.

VIRGINIA 37. Wie einen Schatten hat Gott den Menschen erschaffen. Wer kann ihn richten, wenn die Sonne untergegangen ist?

Galilei schweigt.

VIRGINIA 17. Den letzten Tag sollst du nicht fürchten und nicht ersehnen.

GALILEI Erst war das erste schwer, jetzt ist es das zweite.

VIRGINIA 14. Bewundernswert ist das Gute.

GALILEI Lauter!

VIRGINIA *lauter:* Bewundernswert ist das Gute!

ZU »LEBEN DES GALILEI«

»Galileo / Die Erde bewegt sich«

Galileo ist Astronom in einer der oberitalienischen Stadtrepubliken. Die Forschung ist frei, der Papst hat nichts zu sagen, die Inquisition ist machtlos, aber das Gehalt ist klein. Wie soll er forschen, wenn er ständig Privatstunden geben muß für wohlhabende und unfähige Schüler? Er strebt nach Florenz, wo die Medicis herrschen und die Gehälter groß sind, besonders wenn man ein Fernrohr mitbringt, durch das man sieht, was in den benachbarten Gärten vorgeht.

Galileo wird nach Florenz berufen und darf forschen. Er arbeitet Tag und Nacht und richtet als erster sein Fernrohr auf die Gestirne. Die Pest kommt, er weigert sich, Florenz zu verlassen, der Ring des Saturn wartet nicht, bis die Pest vorbeigezogen ist. Als seine Entdeckung fertig ist, tritt er freudestrahlend in das von der Pest verwüstete Florenz heraus. Seine Haushälterin ist gestorben, er wird gemieden als ein Ansteckender. Nur sein Schüler hat keine Angst und nähert sich ihm.

Aber der wahre Kampf beginnt erst.

Sein Fernrohr erweckt Heiterkeit, auch ein wenig Verdacht. Sicher sind es nur Flecken auf dem Glas, was er sieht, und nicht der Saturn. Aber dann beweist er, daß es der Saturn ist, und jetzt werden die Mienen bedenklich. Auch die Entdeckung, daß die Erde nicht stillsteht, sondern sich bewegt, erweckt noch einmal Heiterkeit unter den Gelehrten. Aber mit sich häufenden Beweisen legt sie sich schnell, und die Inquisition beginnt sich für seine Forschungen zu interessieren. Sie widersprechen leider der Bibel.

Der Papst ist nicht unfreundlich, er ist selber ein Wissenschaftler und hält seine Hand über den Forscher. Leider läßt sich Galileo in einen Disput mit ihm ein und will recht behalten. Der Papst ärgert sich. Er gibt der Inquisition freie Bahn gegen Galileo, verlangt nur, daß ihm nichts wirklich passiere. So wird er nur mit den Folterwerkzeugen konfrontiert, nicht gefoltert.

Seine Schüler sitzen beisammen. Es ist angekündigt worden, daß ihr Lehrer widerrufen wird, dann werden die Domglocken läuten. Aber sie läuten nicht. Sie sind außer sich vor Freude, fallen sich in die Arme. Die Wahrheit ist stärker als die Tyrannei, ihr Lehrer verrät die Wissenschaft nicht. Da beginnen die Glocken zu läuten.

Ihr Lehrer ist schwach geworden. Auf den Tafeln stehen seine Berechnungen, schriftliche Hinzufügungen Galileos. Galileo verweist darauf: Er hat weiter gearbeitet, nur vor den Menschen hat er widerrufen, nur angesichts der Folter. Er lobt den Schüler, daß er ihn gemieden hat, ja, daß er ihn verachtet des Widerrufs wegen. Er spricht noch, er lobt noch den Eifer für die Wahrheit, den Mut und die Verachtung der Schwachen im Fleische, seiner selber, als er entdeckt, daß der Schüler weg ist. Er ist nur gekommen, das Buch zu stehlen. Er geht scheu weg, durch die Nacht, sich umblickend nach Verfolgern, er trägt die Wahrheit, das ist gefährlich. Über ihm, die Gestirne beginnen zu laufen: Die Erde bewegt sich.

Zur Regie

In der vierten Szene kann man die Phasen der Venus zeigen und zugleich den Unterschied zwischen der Annahme des ptolemäischen und der des kopernikanischen Systems, die Bewegung dieses Sterns betreffend. Man kann dazu Galilei hören. Er kann, was gezeigt wird, in der Art beschreiben, wie Sagredo zu Beginn der dritten Szene, was er sieht, beschreibt. In der siebenten Szene können auf dem Schirm, den Galileis Schüler aufgebaut haben, die Sonnenflecken wandernd gezeigt werden, und zwar bevor Andrea sagt: »Wenn wir eine Rotation der Sonne nachweisen können . . . «Auch hier kann, am besten durch Andrea, beschrieben werden, was gesehen wird.

Anmerkungen zum »Leben des Galilei«

Es ist bekannt, wie vorteilhaft die Überzeugung, an der Schwelle einer neuen Zeit zu stehen, die Menschen beeinflussen kann. Ihre Umgebung erscheint ihnen da als noch ganz unfertig, erfreulichster Verbesserungen fähig, voll von ungeahnten und geahnten Möglichkeiten, als fügsamer Rohstoff in ihrer Hand. Sie selbst kommen sich vor wie am Morgen, ausgeruht, kräftig, erfindungsreich. Bisheriger Glaube wird als Aberglaube behandelt, was gestern noch als selbstverständlich erschien, wird neuem Studium unterworfen. Wir sind beherrscht worden, sagen die Menschen, aber nun werden wir herrschen.

Keine andere Zeile eines Liedes begeisterte die Arbeiter um die Jahrhundertwende stärker als die Zeile »Mit uns zieht die neue Zeit« die Alten und Jungen marschierten unter ihr, die Ärmsten und Ausgemergeltsten und die sich schon etwas von der Zivilisation erkämpft hatten; sie schienen sich alle jung. Unter dem Anstreicher wurde die unerhörte Verführungskraft dieser Worte ebenfalls e»probt, auch er verhieß eine neue Zeit. Die Worte zeigten da ihre Vagheit und Leere. Ihre Unbestimmtheit, die nun von den Verführern der Massen ausgenutzt wurde, hatte lange die Stärke ausgemacht. Die neue Zeit, das war etwas und ist etwas, was alles betrifft, nichts unverändert läßt, aber doch eben ihren Charakter erst entfalten wird, etwas, in dem alle Phantasie Raum hat, was durch allzu bestimmte Aussagen nur eingeschränkt werden kann. Geliebt wird das Anfangsgefühl, die Pioniersituation, begeisternd wirkt die Haltung des Beginners. Geliebt wird das Glücksgefühl derer, die eine neue Maschine ölen, bevor sie ihre Kraft zeigen soll, derer, die in eine alte Landkarte einen weißen Fleck ausfüllen, derer, die den Grund eines neuen Hauses ausheben, ihres Hauses. Dieses Gefühl kennt der Forscher, der eine Entdeckung macht, die alles verändern, der Redner, der eine Rede vorbereitet, die eine neue Situation schaffen wird. Furchtbar die Enttäuschung, wenn die Menschen erkennen oder zu erkennen glauben, daß sie einer Illusion zum Opfer gefallen sind, daß das Alte stärker ist als das Neue, daß die »Tatsachen«gegen sie und nicht für sie sind, daß ihre Zeit, die neue, noch nicht gekommen ist. Es ist dann nicht nur so schlecht wie vorher, sondern viel schlechter; denn sie haben allerhand geopfert für ihre Pläne, was ihnen jetzt fehlt, sie haben sich vorgewagt ud werden jetzt überfallen, das Alte rächt sich an ihnen. Der Forscher oder Entdecker, ein unbekannter, aber auch unverfolgter Mann, bevor er seine Entdeckung veröffentlicht hat, ist nun, wo sie widerlegt oder diffamiert ist, ein Schwindler und Scharlatan, ach, allzusehr bekannt, der Unterdrückte und Ausgebeutete nun, nachdem sein Aufstand niedergeschlagen wurde, ein Aufrührer, der besonderer Unterdrückung und Bestrafung unterzogen wird. Der Anstrengung folgt die Erschöpfung, der vielleicht übertriebenen Hoffnung die vielleicht übertriebene Hoffnungslosigkeit. Die nicht in Stumpfheit und Teilnahmslosigkeit zurückfallen, fallen in Schlimmeres; die die Aktivität für ihre Ideale nicht eingebüßt haben, verwenden sie nun gegen dieselben! Kein Reaktionär ist unerbittlicher als der gescheiterte Neuerer, kein Elefant ein grausamerer Feind der wilden Elefanten als der gezähmte Elefant.

Und doch mögen diese Enttäuschten immer noch in einer neuen Zeit,

Zeit des großen Umsturzes, leben. Sie wissen nur nichts von neuen Zeiten.

»Galilei«-Vorwort I

In diesen Zeiten wird der Begriff des Neuen selber verfälscht. Das Alte und Uralte, neuerdings auf den Plan tretend, proklamiert sich als neu, oder es wird als neu verkündet, wenn das Alte oder Uralte auf eine neue Art durchgesetzt wird. Das wirklich Neue aber wird, da heute abgesetzt, als das Gestrige erklärt, zu einer flüchtigen Mode heruntergemacht, deren Zeit vorbei ist. Das Neue ist z.B. die Art, wie Kriege geführt werden, und alt soll sein eine Art der Wirtschaft, angedeutet, noch niemals ganz ausgeführt, welche Kriege überflüssig machen will. Auf eine neue Art wird die Gesellschaftsordnung in Klassen befestigt, und alt soll sein, die Klassen beseitigen zu wollen. Die Hoffnungen der Menschen werden nicht etwa entmutigt in solchen Zeiten. Jedoch werden sie umgelenkt. Man hat gehofft, da würde einmal Brot sein zu essen. Nun darf man hoffen, da würden einmal Steine sein zu essen.

Inmitten der schnell wachsenden Finsternis über einer fiebernden Welt, umgeben von blutigen Taten und nicht weniger blutigen Gedanken, der zunehmenden Barbarei, die unhemmbar in den vielleicht größten und furchtbarsten Krieg aller Zeiten zu führen scheint, ist es schwer, eine Haltung einzunehmen, die sich für Leute an der Schwelle einer neuen und glücklichen Zeit schicken mag. Deutet nicht alles darauf hin, daß es Nacht wird, und nichts, daß eine neue Zeit beginnt? Soll man also nicht eine Haltung einnehmen, die sich für Leute schickt, die der Nacht entgegengehen? Was ist das für ein Gerede: *neue Zeit?* Ist nicht selbst dieser Ausdruck veraltet? Wo es uns entgegengerufen wird, wird es aus heiseren Kehlen gebrüllt. Es ist eben jetzt die Barbarei, die sich als die neue Zeit gebärdet. Sie sagt von sich, sie hoffe, 1000 Jahre zu dauern.

Soll man sich also an die alte Zeit halten? Soll man von dem versunkenen Atlantis reden?

Liege ich schon auf meinem Nachtlager und denke, an den Morgen denkend, an den, der vergangen ist, um nicht an den zu denken, der kommt? Beschäftige ich mich darum mit jener Epoche der Blüte der Künste und Wissenschaften vor 300 Jahren? Ich hoffe nicht.

Die Bilder vom Morgen und von der Nacht sind irreführend. Die glücklichen Zeiten kommen nicht, wie der Morgen nach durchschlafener Nacht kommt.

»Das Leben des Galilei« ist keine Tragödie

Es wird sich so für die Theater die Frage erheben, ob sie »Das Leben des Galilei«als eine Tragödie oder als ein optimistisches Stück aufführen sollen. Sollen sie sich, was den Grundton betrifft, an die Begrüßung der neuen Zeit«durch Galilei in der ersten Szene oder an gewisse Partien der dreizehnten Szene halten? Nach den herrschenden Regeln des Stückebaus muß der Schluß eines Stückes schwerer gewogen werden. Aber das Stück ist nicht nach diesen Regeln gebaut. Das Stück zeigt en Anbruch einer neuen Zeit und versucht, einige Vorurteile über den Anbruch einer neuen Zeit zu revidieren.

Darstellung der Kirche

Es ist für die Theater wichtig, zu wissen, daß dieses Stück einen großen Teil seiner Wirkung verlieren muß, wenn seine Aufführung hauptsächlich gegen die *katholische Kirche* gerichtet ist.

Von den auftretenden Personen tragen viele das Kleid der Kirche. Schauspieler, welche sie deshalb gehässig darstellen wollten, täten unrecht. Andrerseits hat natürlich auch die Kirche kein Recht, die menschlichen Schwächen ihrer Mitglieder überschminkt zu bekommen. Sie hat allzuoft diese Schwächen ermutigt und ihre Aufdeckung unterdrückt. Aber es handelt sich auch nicht darum in diesem Stück, daß der Kirche zugerufen werden soll: *Hände weg von der Wissenschaft!* Die moderne Wissenschaft ist eine legitime Tochter der Kirche, sie hat sich emanzipiert und gegen ihre Mutter gewandt.

In dem vorliegenden Stück fungiert die Kirche, auch wo sie der freien Forschung entgegentritt, einfach als Obrigkeit.

Da die Wissenschaft ein Zweig der Theologie war, ist sie geistliche Obrigkeit, letzte wissenschaftliche Instanz. Aber sie ist auch weltliche Obrigkeit, letzte politische Instanz. Das Stück zeigt den vorläufigen Sieg der Obrigkeit, nicht den der Geistlichkeit. Es entspricht der historischen

Wahrheit, wenn der *Galilei* des Stückes sich niemals direkt gegen die Kirche wendet. Es gibt keinen Satz Galileis in dieser Richtung. Hätte es einen gegeben, so hätte eine so gründliche Untersuchungskommission wie die Inquisition ihn zweifellos zutage gefördert. Und es entspricht ebenfalls der historischen Wahrheit, daß der größte Astronom des päpstlichen römischen Kollegs, Christoph Clavius, Galileis Entdeckungen bestätigte (4. Szene). Ebenso stimmt es, daß unter seinen Schülern Geistliche waren (7., 11. und 12. Szene).

Die weltlichen Interessen hoher Würdenträger satirisch aufs Korn zu nehmen, scheint mir billig (es wäre in der 7. Szene möglich). Aber die beiläufige Art, in der diese hohen Beamten den Forscher behandeln, soll hier nur zeigen, daß sie auf Grund ihrer bisherigen Erfahrungen mit einer schnellen Willfährigkeit auch Galileis rechnen zu können glauben. Sie täuschen sich nicht.

An unsere bürgerlichen Politiker denkend, müßte man die geistlichen (und wissenschaftlichen) Interessen dieser damaligen Politiker rühmen.

Das Stück verzichtet denn auch darauf, die von der neueren Geschichtswissenschaft unter Führung des deutschen Gelehrten Emil Wohlwill festgestellten Fälschungen in dem Protokoll von 1616 durch die Inquisitionsbehörde von 1633 zu berücksichtigen. Der Urteilsspruch von 1633 wurde zweifellos durch sie juristisch ermöglicht. Wer den oben skizzierten Standpunkt versteht, wird begreifen, daß es dem Verfasser auf diese juristische Seite des Prozesses nicht ankam.

Es besteht kein Zweifel darüber, daß Urban der Achte dem Galilei gegenüber persönlich verärgert war und in gehässigster Weise die Aktion gegen ihn zu seiner eigenen Sache gemacht hat. Das Stück geht daran vorüber.

Wer den Standpunkt des Verfassers versteht, wird begreifen, daß diese Haltung keine Verbeugung vor der Kirche des 17. oder gar des 20. Jahrhunderts bedeutet.

Die Behandlung der Kirche als Obrigkeit verhilft der Kirche in dem theatralischen Prozeß, den das Stück der Verfolgung der Verfechter der freien Forschung macht, allerdings zu keinem Freispruch. Es wäre nur höchst bedenklich, gerade heute eine Angelegenheit wie die des Kampfes Galileis um die Freiheit der Forschung zu einer religiösen zu stempeln. Dadurch würde das Augenmerk in unglücklichster Weise von heutigen reaktionären Obrigkeiten ganz und gar unkirchlicher Art abgelenkt.

Amerikanische Fassung
1947

Wer will der Verstandeskraft und
der Erfindungsgabe des Menschen
Grenzen vorschreiben? Wer will
behaupten, daß alles, was in der Welt
wahrnehmbar und erkennbar ist,
bereits entdeckt und erkannt sei?
Galileo Galilei

ZUR ENTSTEHUNG DER AMERIKANISCHEN FASSUNG 1947

Knapp drei Wochen vor dem Einmarsch der deutschen Armee in die Sowjetunion flieht Brecht Ende Mai 1941 mit seiner Familie, Margarete Steffin und Ruth Berlau von der finnischen Hauptstadt Helsinki aus in die USA. Da wegen der Besetzung Dänemarks und Norwegens eine Fahrt über den Atlantik nicht mehr möglich ist, reisen die Emigranten über Moskau (wo Steffin am 4. Juni stirbt), Wladiwostok und Yokohama an die kalifornische Westküste, nach Santa Monica. Im Oktober besucht Brecht den Physiker und Einstein-Schüler Hans Reichenbach, der an der Universität von Kalifornien Vorlesungen über Philosophie hält, und spricht mit ihm über *Leben des Galilei.* Im Dezember zeigt der emigrierte deutsche Schauspieler Oskar Homolka großes Interesse an der Titelrolle, doch trotz Desmond I. Veseys bereits vorhandener, genauer englischer Übersetzung des Dramas glaubt Brecht nicht, daß eine Aufführung eine nachhaltige Wirkung auf das amerikanische Publikum ausüben würde. »Hier handelt es sich lediglich um den Verkauf von Abendunterhaltung«, beschreibt er seinen Eindruck vom Theater in den Vereinigten Staaten. Erst als im April 1944 der Produzent und Regisseur Jed Harris sich für eine Aufführung von *Leben des Galilei* interessiert, sieht Brecht im kalifornischen Exil das Stück mit dem Abstand von fünf Jahren seit Fertigstellung der ersten Fassung durch. Erneut setzt er sich mit der Bewertung von Galileis Widerruf auseinander, einer Frage, die bereits 1938 im Gespräch mit Christian Möller in Dänemark eine Rolle gespielt hatte. Möller verteidigte Galileis Haltung mit dem Argument, dieser habe nur widerrufen, um sein Lebenswerk als Physiker vollenden zu können. Bereits damals hatte sich Brecht gegen diese vereinfachende Sicht gewehrt und auf die Schädigung des gesellschaftlichen Fortschritts durch Galileis falsche Entscheidung hingewiesen. Er hatte in der dänischen Fassung versucht, die Vielschichtigkeit des Widerrufs, der zwischen Verrat und kluger Taktik laviert, deutlich zu machen.

Nun untersucht er noch einmal die Motive und unterschiedlichen gesellschaftlichen Interessen an Galileis wissenschaftlichen Entdeckungen, die für die kirchliche Obrigkeit, für das Volk und für Galilei selbst in Betracht gezogen werden müssen. Einige Monate später beginnt er mit der Arbeit an der zweiten Fassung, für die die Begegnung mit dem britischen Schauspieler Charles Laughton ausschlaggebend wird. Laughton liest die dänische Fassung in Elisabeth Hauptmanns fast wörtlicher Übertragung ins Englische und ist begeistert. Er beauftragt zwei junge Autoren, Brainerd Duffield und Emerson Crocker, auf seine Kosten einen spielbaren englischen Text herzustellen. Ende November 1944 liegt die mehrfach veränderte Übersetzung vervielfältigt vor, die Brecht aber noch nicht zufriedenstellt. Er betrachtet sie zunächst als Material zur Weiterarbeit. Im Dezember beginnt auf der Grundlage der dänischen Fassung von 1938/39 die gemeinsame Arbeit mit Laughton. Da der Schauspieler kein Deutsch versteht, spielt Brecht ihm jede Szene – in Bruchstücke unterteilt – teils mit englischen, teils mit deutschen Worten vor, bis dieser, das von Brecht Gezeigte nachspielend, eine Textvariante gefunden hat, die dem Gestus des jeweiligen Szenenabschnitts entspricht. »Das Resultat schrieb er [Laughton] Satz für Satz handschriftlich nieder. Einige Sätze, viele, trug er tagelang mit sich herum, sie immerfort ändernd. Die Methode des Vor- und Nachspielens hatte einen unschätzbaren Vorzug darin, daß psychologische Diskussionen nahezu gänzlich vermieden wurden«, berichtet Brecht in *Aufbau einer Rolle. Laughtons Galilei.* Neben Synonymwörterbüchern werden zum Auffinden besonderer Sprachformen Werke von Äsop, Molière, Shakespeare sowie die Bibel herangezogen.

Diese Vorgehensweise hat für Brecht den großen Vorteil, daß er noch einmal von Grund auf mit dem Drama experimentieren darf und dabei neue inhaltliche Gesichtspunkte einfließen lassen kann. Bei jener englischsprachigen Fassung handelt es sich um den in Literatur und Theatergeschichte äußerst seltenen Fall, daß der Autor in einer ihm fremden Sprache mit seinem Hauptdarsteller auf der Grundlage einer vorhandenen Fabel und eines bereits geschriebenen Stückes einen neuen Text erarbeitet. Fabel und Szenen entstehen in diesem Prozeß noch einmal neu. Nicht der Text wird auf seine Spielbarkeit überprüft, sondern das gemeinsam Geprüfte wird als Text fixiert. Es entsteht eine englische Bühnensprache, die die Griffigkeit und Präzision des Einfachen der dänischen Fassung beibehält und eine eigene ausgeprägte Charakteristik gewinnt, ohne sich von der englischen Alltagssprache auffallend zu entfernen. Sie enthält sich alles Überflüssigen, ist poetisch, kraftvoll, jedermann zugänglich, auf Aktion und auf geistige Auseinandersetzung bezogen. Wegen der Bedingungen des amerikanischen Theaters bezüglich der Spieldauer wird das Stück um mehrere Szenen gekürzt und im gesamten Ablauf verknappt. Galileis Verrat und Versagen wird entschieden betont; unter dem Eindruck der Kriegsereignisse zielt die neue Fassung weniger auf die Bedeutung der Wissenschaft für den gesellschaftlichen Fortschritt ab als die erste, sondern mehr auf die individuelle Verantwortung des Wissenschaftlers für die gesellschaftlichen Folgen seiner Entdeckung. Darüber hinaus fließen Brechts eigene Erfahrungen als Emigrant in die Gestaltung der Figur ein: Das Problem eines Begründers neuer Ideen, dessen Werk nur von eingeweihten Freunden hochgeschätzt wird; die Situation eines Mannes, der von der Obrigkeit nur geduldet wird und aus Furcht vor der Vernichtung seiner Existenz kaum öffentliche Wirkung erreichen darf; der Umstand, äußerste Selbstdisziplin zur Weiterarbeit aufbringen zu müssen, obgleich der Zugang zu jenen versperrt ist, für die die Arbeit bestimmt ist.

Als im Spätsommer 1945 der erste gemeinsame Stücktext vorliegt, hat sich Brechts Grundeinstellung zu seiner bisherigen *Galilei*-Überarbeitung erneut verändert. Der Abwurf der Atombomben auf Hiroshima und Nagasaki rückt das Stück in einen neuen, politisch aktuellen Zusammenhang, so daß Laughton und Brecht im September 1945 mit Hans Reichenbach und dem Physikstudenten Morton Wurtele, einem Freund von Sohn Stefan Brecht, an dem Stück weiterarbeiten. Alle Momente einer Rechtfertigung von Galileis Widerruf in der letzten Szene werden getilgt, die Selbstanalyse Galileis wird zur Selbstanklage. Im Zentrum des Dramas stehen nun die Warnung vor der tödlichen Konsequenz einer Trennung von Wissenschaft und Politik. Anlaß dazu gibt nicht zuletzt der von Brecht hoch geschätzte Albert Einstein. Am 28. Oktober 1945 vermerkt Brecht in seinem *Journal*, Einstein habe nach dem Abwurf der Atombombe die Forderung erhoben, sie »dürfe nicht andern Mächten ausgeliefert werden, besonders nicht Rußland«. Eine solche Forderung hieße nichts anderes, als »die neue Kraft als Monopol der Militärs« zu behandeln.

Nachdem Laughton Orson Welles für eine Inszenierung interessieren konnte, unterzeichnen Brecht und Laughton am 7. Januar 1946 einen Vertrag über das gemeinsam erarbeitete Stück mit dem Titel »*Galileo* by Bertolt Brecht. English Version by Charles Laughton«. Für eine Buchausgabe sieht Brecht im Mai das Manuskript mit Ferdinand Reyher durch, der Laughtons Englisch zurücknimmt und einen dem amerikanischen Sprachgebrauch näherkommenden Text herstellt. Ende Mai nimmt Brecht Abstand von einer Inszenierung durch Welles; er und Laughton gehen das Stück auf der Grundlage der Reyherschen Bearbeitung erneut durch und verwerfen viele Ideen und Änderungen Reyhers. Im Sommer 1946 führen sie mit zahlreichen Regisseuren und Produzenten Verhandlungen für eine Aufführung in New York, die jedoch sämtlich scheitern. Währenddessen arbeiten die beiden am Text weiter; gemeinsam mit Albert Brush, Eric Bentley, Ferdinand Reyher, Abe Burrows, Naomi Replansky, Joseph Losey, George Tabori und Tochter Barbara Brecht entstehen zu einzelnen Szenen Eingangsverse, die Eisler bis Juni 1947 vertont. Für die Möglichkeit zur Aufführung sorgt schließlich der Regisseur Joseph Losey, der einen Produzenten findet. Losey und Brecht inszenieren gemeinsam. Für eine zweite Inszenierung wird ein Typoskript hergestellt, das den genauen Text der Erstaufführung wiedergibt und detaillierte Regieanweisungen enthält. Ruth Berlau photographiert im Auftrag Brechts die gesamte Probenarbeit, so daß diese Dokumentation von Brechts eigener Inszenierung als Modell für die Neueinstudierung in New York dienen kann (von der Berlau wiederum Photos anfertigt sowie einen Schmalfilm).

Die Uraufführung findet am 30. Juli 1947 im 260 Plätze fassenden Coronet Theatre in Beverly Hills statt. Die jungen Ensemblemitglieder der Pelican Productions sind zumeist gerade erst von der Schauspielschule gekommen und werden deshalb als geeignet empfunden, sich auf das Experiment von Brechts epischem Theater einzulassen. Im Vordergrund steht jedoch eindeutig das schauspielerische Können Charles Laughtons, der – außergewöhnlich – Prominenz zur Premiere anlockt: Charles Chaplin, Charles Boyer, Ingrid Bergman, Anthony Quinn, Lewis Milestone und Frank Lloyd Wright. Auch in den folgenden 17 Aufführungen hält die Exklusivität des Publikums an. Nach anfänglich lobender Kritik mehren sich Stimmen, die Ratlosigkeit und Langeweile zum Ausdruck bringen oder denen das ganze politisch suspekt ist. Dem Stück wird Kirchenfeindlichkeit, Geschichtsverfälschung und Propaganda vorgeworfen. Immerhin beginnen einige Kritiker sich ernsthaft mit Brechts Konzeption auseinanderzusetzen und erkennen – auch wenn Hiroshima nicht genannt wird – die aktuelle Bedeutung des Stücks wie z. B. Virginia Wright in der *Daily News* (Los Angeles) vom 31. Juli 1947: »Die inhärente Kritik an den Mächtigen, die den wissenschaftlichen Fortschritt hemmen, ist heute besonders wichtig, da Atomwissenschaftler zusehen müssen, wie ihre Entdeckungen von der Obrigkeit mißbraucht werden. Die Parallele wird um so deutlicher gezogen, weil das Stück es vermeidet, die historische Ausstattung zu betonen.« Neben prinzipieller Ablehnung bei einigen Rezensenten überwiegt diese Tendenz auch nach der Premiere vom 7. Dezember 1947 am New Yorker Maxine Elliot's Theatre. Die *New York Herald Tribune* nennt *Galileo* eine »dramatische Biographie« und ein »Ideendrama«. Deutlich ist das Bemühen zu verspüren, einen Zugang zu Brechts epischem Theater zu finden, mit dessen andersartiger Qualität man in den USA nicht vertraut ist.

Galileo

"It is my opinion that the earth is very noble and admirable by reason of so many and so different alterations and generations which are incessantly made therein."

Galilei

English Adaptation by Charles Laughton

Persons

Singers · Curtain Boy · Galileo · Andrea · Mrs. Sarti · Ludovico Marsili · Priuli · Sagredo · Four Senators · Virginia · Duke Cosmo de Medici · Philosopher · Mathematician · Federzoni · Elderly Lady · Young Lady · Fat Prelate · Scholar · Monk · Second Monk · Infuriated Monk · Old Cardinal · Supporting Monk · Father Clavius · Little Monk · Two Secretaries · Cardinal Bellarmin · Cardinal Barberini · Cardinal Inquisitor · Two Girls · Rector · Servant · Ballad-Singer · Ballad-Singer's Wife · Ballad-Singer's Child · Two Wretched Extras · Dwarf · Four Masked Men · Informer · Matti · Four Sacristans · Town-Crier · Peasant · Official of the Inquisition · Guests · Carnival Spectators

1

1609, Galileo Galilei, a Teacher of Physics at the University of Padua, Hears of a New Invention

SINGERS

In the year sixteen hundred and nine
Science's light began to shine.
At Padua City, in a modest house
Galileo Galilei set out to prove
The sun is still, the earth is on the move.
Exeunt R 2. Curtain opens L to R. Curtain Boy exits R 2.

Galileo's scantily furnished study. It is morning and Galileo is washing himself upstage R. Andrea, son of his housekeeper, Angelica Sarti, enters L carrying a big astronomical model. Comes to bottom of steps, puts model down on floor and stands looking at it.

GALILEO Where did you get that thing?
ANDREA A coachman brought it.
GALILEO Who sent it?
ANDREA It said "From the Court of Naples" on the box.
GALILEO I don't want their stupid presents. Illuminated manuscripts, a statue of Hercules, the size of an elephant – they never send money.

1. THE BOY, ANDREA SARTI, WHEEDLES A FREE LESSON FROM THE GREAT GALILEO BY BEING INTERESTED.

ANDREA But isn't this an astronomical instrument, Mr. Galilei?
GALILEO That is an antique too. An expensive toy.
ANDREA What's it for?
GALILEO It is a map of the sky, according to the wise men of ancient Greece. We will try and sell it to the university. They still teach it there.
ANDREA How does it work, Mr. Galilei?
GALILEO It's complicated.
ANDREA *walks around the astrolabe before speaking:* I think I could understand it.
GALILEO *interested:* Maybe. Let's begin at the beginning. Description!

ANDREA *inspecting it:* There are metal rings a lot of them.

GALILEO How many?

ANDREA Eight.

GALILEO Correct. And?

ANDREA There are words painted on the bands.

GALILEO What words?

ANDREA The names of the stars.

GALILEO Such as?

ANDREA Here is a band with the sun on it and the inside band is the moon.

GALILEO Those metal bands represent crystal balls, eight of them. *Demonstrating with his hands.* Like huge glass globes one inside the other and the stars are supposed to be tacked on to them. Spin the band with the sun on it. *Going to table as Andrea spins the band.* You see the fixed ball in the middle?

ANDREA Yes.

GALILEO That's the earth. For two thousand years man has chosen to believe that the sun and all the host of stars revolve about him. The Pope, the cardinals, the princes, the scholars, merchants, housewives, have pictured themselves as squatting in the middle of an affair like that.

ANDREA Locked up inside?

GALILEO *triumphant:* Ah!

ANDREA It is like a cage.

GALILEO So you sense that. *Coming downstage C he throws towel to Andrea.* But, we are pulling out of the contraption now.

ANDREA *going to Galileo and rubbing his back with the towel:* How?

2. WHILE HAVING HIS BACK RUBBED, GALILEO ANNOUNCES A NEW AGE.

GALILEO I choose to think the ships began it. The ships used to creep round the coasts and all of a sudden they left the coasts and tried the seven seas. They brought back new kinds of merchandise and word that great Neptune's fearful ocean was just more water. So all sorts of things were set in motion, even the minds of men. Some were jubilant, many afraid; a new age was coming. In Siena, once, when I was a young man, I saw a group of masons round the block of granite they had to raise, junk a thousand year old method for a new and easier arrangement of ropes, after just talking it over for a few minutes, and I remember thinking then: a millennium of faith is ending, this will be a millennium of doubt. Everything is doubted today, everybody, at last, is getting nosey. Why is this? How is that? The sayings of the wise men won't wash any more. I cannot find their crystal walls in the sky, there are rolling rocks. For the stars must now positively be regarded as large bodies which are unattached; they move through darkness and at remarkable speeds. This star we live on, evidently moves at an inconceivable speed. Are we frightened? We are for it. What does the poet say?

ANDREA
"Oh early morning of beginnings
Oh breath of winds which cometh from new shores."

GALILEO Correct. I predict that in our time astronomy will become the gossip of the market-places and the sons of fishwives will go to school.

ANDREA You are off again, Mr. Galilei.

GALILEO By that time, with any luck, they will be learning that the earth rolls around the sun, and that their mothers, the captains, the scholars, the princes and the Pope are rolling with it.

ANDREA That turning-around business is no good. I can see with my own eyes that the sun comes up in one place in the morning and goes down in a different place in the evening. It doesn't stand still, I can see it.

GALILEO You see nothing, all you do is gawk. Gawking is not seeing. *Goes upstage, picks up a washstand, brings it downstage R.* That's the sun. *Brings chair from table C and places it L of washstand facing upstage.* Sit down. *Andrea sits on chair facing upstage, Galileo goes upstage R to finish dressing.* Where is the sun? On your right or on your left?

ANDREA Left.

GALILEO And how will it get to the right?

ANDREA By your putting it there, of course.

GALILEO Of course? *He picks up Andrea, chair and all and turns him round, then goes back upstage, and puts his coat and belt on.* Now where is the sun?

ANDREA On the right.

GALILEO And did it move?

ANDREA I did.

GALILEO Wrong. Stupid! The chair moved.

ANDREA I was on it.

GALILEO Of course. The chair is the earth, you are sitting on it.

Mrs. Sarti, who has entered L 2 carrying a glass of milk, crosses to table. Galileo joins her.

MRS. SARTI What are you doing with my son, Mr. Galilei?

ANDREA Now, mother, you don't understand.

MRS. SARTI You understand, don't you? Last night he tried to tell me a feather falls as fast as a cannon ball.

GALILEO Apparently we are on the threshold of a new era, Sarti.

MRS. SARTI *crossing to exit L 2:* Well, I hope we can pay the milkman in this new era. A young gentleman is here to take private lessons and he is well dressed and don't you frighten him away like you did the others. Wasting your time with Andrea. *To Andrea:* How many times have I told you not to wheedle free lessons out of Mr. Galilei? He can't afford it.

GALILEO Could I finish my milk even if it is not paid for? *Mrs. Sarti exits L 2.* Andrea, I would not talk about our ideas outside.

ANDREA Why not?

GALILEO Certain of the authorities won't like it.

ANDREA Why not if it's the truth?

GALILEO Because as to the stars we are like the worms who are little and have dim eyes and can hardly see at all. The universe of the new astronomers is a framework of guesses or very little more yet.

ANDREA I want to be an astronomer.

3. IN STRAITENED CIRCUMSTANCES THE GREAT PHYSICIST HAS TO TAKE A WEALTHY PUPIL INSTEAD OF AN INTELLIGENT ONE.

Ludovico Marsili, a presentable young man, enters L 2 and comes to the bottom of the steps. He bows to Galileo. Andrea takes washstand upstage R and stands by it.

GALILEO This house is like a market-place.

LUDOVICO Good morning, Sir. My name is Ludovico Marsili.

Galileo goes to Ludovico who hands him a letter of recommendation. Galileo moves down C reading letter.

GALILEO You came by way of Holland and your family lives in the Campagna? Private lessons ten scudi a month.

LUDOVICO That's all right, of course, Sir.

GALILEO What is your subject?

LUDOVICO Horses.

GALILEO Aha! – out-of-door men fifteen scudi a month.

LUDOVICO That's all right.

GALILEO Andrea!

Andrea exits L 2.

LUDOVICO You will have to be patient with me, Sir. Nothing in science makes sense to me. There was a tube affair I saw in Holland. I inspected it. It was covered with green leather and had two lenses, one at each end; one lense bulged and the other was like that. *He indicates with his hands.* Any normal person would think that different lenses cancel each other out. They did not. You saw things five times as large as life. So much for science!

GALILEO What does one see enlarged?

LUDOVICO Church steeples, pigeons, boats. Anything at a distance.

GALILEO Did you yourself see things enlarged?

LUDOVICO Yes, Sir.

GALILEO *crosses to table and starts sketching:* And the tube had two lenses, was it like this? *Showing sketch to Ludovico.*

LUDOVICO Yes, but – *He illustrates with his hands what he means.*

Galileo changes his sketch. Ludovico nods.

GALILEO A recent invention?

LUDOVICO It must be. They only started peddling it on the streets a few days before I left Holland.

GALILEO *continuing to sketch:* Why do you bother your head with science? Why don't you just breed horses?

LUDOVICO My mother is determined that science is necessary nowadays for conversation.

Mrs. Sarti enters L 2 and stands listening.

GALILEO You will find Latin or philosophy easier. *Noticing Mrs. Sarti.* I'll see you on Tuesday afternoon.

LUDOVICO I shall look forward to it, Sir.

GALILEO Good morning. *Ludovico bows and exits L 2.* Don't look at me like that. I took him, didn't I?

MRS. SARTI I came in in time. The treasurer of the University is here to see you.

Priuli, the treasurer, enters L 2 and comes to bottom of steps.

PRIULI Good morning, Mr. Galilei.

GALILEO Good morning. Lend me a scudo. *He holds out his hand. Priuli takes a scudo from his purse and gives it to him.* Sarti! Give this to Andrea, tell him to run to the spectacle-maker and bring me two lenses, one thick and one thin; here are the measurements. *He gives the piece of paper and the scudo to Mrs. Sarti, who exits L 2.*

4. GALILEO PLEADS FOR LEISURE TO PROVE HIS HYPOTHESES; THE UNIVERSITY AUTHORITIES DEMAND COMMERCIAL INVENTIONS.

PRIULI Mr. Galilei, I have come to return your petition for an honorarium. Unfortunately, I am unable to recommend your request.

GALILEO My good man, how can I make ends meet on five hundred scudi?

PRIULI What about your private students?

GALILEO If I spend all my time with students, when am I to study? *Going downstage side of table.* My particular science is on the threshold of important discoveries. *Handing manuscript to Priuli.* Here are my findings on the paths of falling bodies. That should be worth two hundred scudi.

PRIULI I am sure that any paper of yours is of infinite worth, Mr. Galilei . . .

GALILEO *taking manuscript back from Priuli and putting it on table:* I was limiting it to two hundred scudi.

PRIULI *going downstage L:* Mr. Galilei, if you want money and leisure, go to Florence. I have no doubt that the Duke de Medici will be glad to subsidise you, but eventually you will be forbidden to think in the name of the Inquisition. *Galileo says nothing. Priuli goes back to table.* Now let's not make a mountain out of a molehill. You are happy here in the Republic of Venice but you need money. Well that's human. Mr. Galilei, may I suggest a simple solution. Our city elders are business men. Why don't you invent something useful that will bring them in a little profit? You remember that chart you made for the army? Even General Stefano Grovio could extract cube roots with it. Now that was a practical thing.

GALILEO It was nothing.

PRIULI It astounded the Military Council.

GALILEO *playing with sketch:* I see. Priuli, I may have something for you.

PRIULI You don't say so.

GALILEO It's not quite there yet . . .

PRIULI You have not disappointed us yet, Galilei.

GALILEO You are always an inspiration to me, Priuli.

PRIULI You are a great man, a discontented man, but I've always said you were a great man.

GALILEO *tartly:* My discontent, Priuli, is for the most part with myself. I am forty-six years of age and have achieved nothing which satisfies me.

PRIULI I won't disturb you any further.

GALILEO Thank you. Good morning.

PRIULI *crossing to steps L:* Good morning. And thank you. *He exits L 2. Galileo picks up book and starts to read. After a minute Andrea runs on stage L 2, stands at bottom of steps waiting for Galileo to notice him. As Galileo looks up Andrea moves to table.*

5. HAVING HEARD OF A NEW DUTCH INSTRUMENT, GALILEO TO GET MONEY BUILDS A TELESCOPE.

ANDREA One scudo was not enough. I had to leave my cap with him before he'd let me take them away.

GALILEO We'll get it back some day. Give them to me. *He takes lenses and sketch downstage R.*

ANDREA What are those glasses for?

GALILEO Something for the city elders. With any luck they will rake in two hundred scudi. Come here, you take a look.

Andrea goes to Galileo and looks through the lenses as Galileo holds them for him.

ANDREA *looking through the lenses:* My! Things come close! I can read the copper letters on the bell in the Campanile.

GALILEO You hold that. *Andrea holds lenses as Galileo changes places with him.* Aha! This should rake in two hundred scudi.

Blackout.

2
The Telescope. August 24, 1609. Galileo Presents a New Invention to the Republic of Venice.

Enter Singers R2.

SINGERS

No one's virtue is complete:
Great Galileo liked to eat.
You will not resent, we hope,
The truth about his telescope.

Exeunt R 2. Curtain opens L to R. Curtain Boy sits on platform by curtain.

The Great Arsenal of Venice overlooking the harbour full of ships. Four Senators downstage R. Galileo on platform C. Sagredo downstage L. Virginia, Galileo's daughter, L, she is fifteen. She is holding a brand new telescope. Ludovico stands on platform R. Federzoni by telescope stands on platform C. Priuli L of Galileo on platform. They are all dressed in formal festive clothes.

1. GALILEO FRAUDULENTLY PRESENTS THE TELESCOPE AS HIS OWN INVENTION.

GALILEO Gentlemen of the Arsenal of Venice: I have great pleasure, as director of this institute, in presenting for your approval and acceptance an entirely new instrument originating from this our Great Arsenal of the Republic of Venice. As professor of mathematics at your University of Padua, your obedient servant has always counted it his privilege to offer you such discoveries and inventions as might prove lucrative to the manufacturers and merchants of our Venetian Republic. Thus, in all humility, I tender you this my optical tube, or telescope, constructed I assure you, on the most scientific and Christian principles, the product of seventeen years patient research at your University of Padua. *There is applause from the Senators as Galileo crosses to Sagredo. Aside to Sagredo:* A waste of time.

SAGREDO *aside to Galileo:* You will be able to pay your bills.

GALILEO Yes. It will make money for them.

The Senators are still applauding. Galileo bows to them.

PRIULI Gentlemen: Our Republic is to be congratulated not only because this new acquisition will be one more feather in the cap of Venetian culture *polite applause* not only because our own Mr. Galilei has so generously handed this fresh product of his teeming brain entirely over to you, allowing you to manufacture as many of this highly saleable article as you please. *Solid applause.* But Gentlemen of the Arsenal, has it occurred to you that with the help of this remarkable new instrument the battle-fleet of the enemy will be visible to us a full two hours before we are visible to him? *Real applause which Priuli stops.* And now, Gentlemen, Mr. Galilei entreats you to accept the instrument from the hands of his charming daughter, Virginia.
Polite applause and music. Priuli beckons to Virginia, who comes forward carrying telescope. She curtsies and gives the telescope to Priuli. He shows it to the Senators, then gives it to Federzoni who focuses it. Priuli beckons to the Senators.

2. DURING A CEREMONY IN WHICH THE VENETIAN SENATE WELCOMES THE TELESCOPE FOR ITS COMMERCIAL AND MILITARY ASPECTS, GALILEO CONFIDES TO A FRIEND THAT HE HAS PUT THE INVENTION TO ANOTHER USE; HE ANNOUNCES ASTRONOMICAL DISCOVERIES.

GALILEO *aside to Sagredo as the Senators gather around the telescope, examining and looking through it, Virginia crosses to Ludovico:* You realise that it is more than a money-making gadget? I turned it on the moon last night ... Astronomy has been stopped for three generations for lack of a thing like this.
SAGREDO What about the moon?
FIRST SENATOR *interrupting:* Mr. Galilei! *Galileo turns toward him.* It's extraordinary. One can see the fortress at Santa Rosita.
GALILEO *turning back to Sagredo:* Well, for one thing, it doesn't give off its own light.
SECOND SENATOR *interrupting:* Good Heavens, look at her! I must tell my wife to stop bathing on the roof. *Turning to Galileo:* These will sell at ten scudi apiece.
VIRGINIA *pulling Ludovico toward Galileo:* Here's Ludovico to congratulate you, father.
LUDOVICO *embarrassed:* Congratulations, Sir.
GALILEO I improved it.

LUDOVICO Yes, Sir. I see you had it covered in red.

GALILEO *turns to Sagredo:* Do you know what the Milky Way is made up of?

SAGREDO No.

GALILEO I do.

PRIULI *coming down to Galileo and drawing him aside:* Congratulations, Mr. Galilei. Your extra five hundred scudi a year are safe.

GALILEO Pardon? Of course, the five hundred scudi!

SAGREDO It is a pity that a great republic always seems to have to find an excuse to pay its great men their right and proper dues.

PRIULI On the other hand what incentive would they have? *He turns toward Senators, who have moved forward.* Mr. Galilei.

Galileo turns and is surrounded by the Senators as the curtain draws L to R. Virginia and Ludovico, left alone, cross to platform R.

VIRGINIA Didn't I do it nicely?

LUDOVICO I thought so.

VIRGINIA What was red?

LUDOVICO Nothing. Where I saw it first, it was covered in green.

VIRGINIA What was?

LUDOVICO Never mind. I am beginning to understand science.

They exeunt R 3.

Blackout.

3
JANUARY 10, 1610

Enter Singers.

SINGERS

January ten, sixteen ten:
Galileo Galilei abolishes heaven.

Exeunt R 2. Curtain opens L to R. Curtain Boy exits R 2.

Galileo's study at Padua. It is night. Galileo is seated in chair L of telescope. Sagredo on stool in front of telescope.

SAGREDO The edge of the crescent is jagged. All along the dark part near the shiny crescent bright particles of light keep emerging one after the other and growing larger, and merging with the bright crescent.

GALILEO How do you explain those spots of light?

SAGREDO It can't be true . . .

GALILEO It is true. Those are high mountains.

SAGREDO On a star?

GALILEO Yes. The shining particles are mountain peaks catching the first rays of the rising sun while the slopes of the mountains are still dark, and what you see is the sunlight moving down from the peaks into the valleys.

SAGREDO *turning to Galileo:* But this gives the lie to all astronomy that's been taught for the last two thousand years.

GALILEO Yes. What you are seeing now has been seen by no other man beside myself.

SAGREDO *turning back to telescope:* But the moon can't be an earth with mountains and valleys like our own, anymore than the earth can be a moon.

1. GALILEO DEMONSTRATES THE MOON IS A BODY SIMILAR TO THE EARTH.

GALILEO The moon Is an earth with mountains and valleys – and the earth Is a moon. As the moon appears to us, so we appear to the moon. From the moon, the earth looks something like a crescent, sometimes like a half-globe, sometimes a full-globe, and sometimes it is not visible at all.

SAGREDO *rising and turning to Galileo:* Galileo, this is frightening.

GALILEO I've discovered something else, something even more astonishing.

Priuli enters L 2 and goes toward Galileo. Galileo goes quickly to telescope, kneels and looks through it. Sagredo moves R.

2. THE BURSAR OF THE UNIVERSITY INTERRUPTS AN IMPORTANT OBSERVATION TO TELL THE SCIENTIST THAT THE AUTHORITIES ARE DISAPPOINTED IN HIS MORAL CHARACTER.

PRIULI There it is – your "miraculous optical tube". Do you know that this invention he so picturesquely termed "the fruit of seventeen years research" will be on sale tomorrow for two scudi apiece, at every street corner in Venice? Down at the harbour at this moment, a Dutch ship is unloading a full cargo of telescopes. What have you to say? *Galileo remains silent.* When I think of the poor gentlemen of Venice who believed they were getting an invention they could keep secret for defence . . . Why, when they took their first look through the glass, it was only by the merest chance that they didn't see a peddler, seven times enlarged, selling tubes exactly like it at the corner of the street.

SAGREDO Mr. Priuli, with the help of this instrument, Mr. Galilei has made discoveries that will revolutionise our concept of the universe.

PRIULI Mr. Galilei provided the city with a first-rate water pump. *Turning to Galileo:* And the irrigation works you designed functioned splendidly. How was I to expect this?

GALILEO *sits on stool facing Priuli:* Not so fast, Priuli. I may be on the track of a very large gadget. Certain of the stars appear to have regular movements. If there were a "clock" in the sky, it could be seen from anywhere. That might be useful to your ship-owners.

PRIULI No, I won't listen to you. I listened to you before and as a reward for my friendship you have made me the laughing stock of the town. You can laugh – you've got your money. But let me tell you this, you've destroyed my faith in a lot of things, Mr. Galilei. *He exits R 2.*

GALILEO *turning to Sagredo:* He is almost human when he is angry. Did you see the frightened look in his eyes when he caught sight of a world not created solely for the purpose of doing business?

SAGREDO Did you know the telescopes had been made in Holland?

GALILEO I'd heard about it. But the one I made for the Arsenal was twice as good as any Dutchman's. Besides I needed the money. How can I work with the tax collector on the doorstep and my poor daughter, who's not too bright, will never acquire a husband unless she has a dowry. And I like to buy books – all kinds of books. And you know my appetite? I don't think well unless I eat well. I get my best ideas over a good meal and a bottle of wine. They don't pay me as much as they pay the butcher's boy. If I could have five years to do nothing but research.

SAGREDO What about the theory that the earth revolves around the sun? Have you run across anything about that?

3. GALILEO IS LED TO BOLD CONCLUSIONS BY THE STRANGE BEHAVIOUR OF FOUR MOONS OF JUPITER. A FRIENDLY COLLEAGUE BEWAILS THIS DISCOVERY, AS HERALDS OF NEW TRUTHS ARE OFTEN PERSECUTED.

GALILEO *turning back to telescope:* No. But I noticed something on Tuesday that might prove a step toward even that. Where's Jupiter? There are four lesser stars near Jupiter. I happened on them on Monday, but did not take any particular note of their position. On Tuesday I looked again. I could have sworn they had moved. They have changed again. *Rises and moves L of telescope.* Tell me what you see.

SAGREDO *looking through telescope:* I only see three.

GALILEO Where's the fourth? Let's get the charts and settle down to work. *He pulls his chair over to the table as the lights fade. He and Sagredo move table downstage.*
As lights fade in Galileo is seated L of table, Sagredo standing at end R. It is near dawn and they are both working.

4. GALILEO ATTESTS HIS BELIEF IN THE EFFICACY OF PROOF, AND HIS DAUGHTER ON HER WAY TO MORNING MASS LEARNS THAT THE FAMILY MAY BETTER ITSELF.

GALILEO The only place the fourth can be is round at the back of the larger star where we cannot see it. This means there are small stars revolving round a big star. Where are the crystal shells now, to which the stars are supposed to be fixed?

SAGREDO Jupiter can't be attached because of the other stars revolving around it.

GALILEO There is no support in the heavens. *Sagredo laughs awkwardly.* Don't stand there looking at me as if it weren't true.

SAGREDO I suppose it is true and I'm afraid.

GALILEO Why?

SAGREDO *sitting down:* What do you think is going to happen to you for saying that there is another sun around which other earths revolve, and there are only stars and no difference between earth and heaven? No heaven at all? Where is God then?

GALILEO What do you mean?

SAGREDO God? Where is God?

GALILEO *pointing upwards:* Not there! Any more than he'd be here – if creatures from the moon came down to look for him.

SAGREDO Then where is God?

GALILEO I'm not a theologian. I'm a mathematician.

SAGREDO You are a human being. *Rising he leans over the table almost shouting:* Where is God in your system of the universe?

GALILEO Within ourselves – or nowhere.

SAGREDO *still fighting:* Oh! Ten years ago a man was burned at the stake for saying just that.

GALILEO Giordano Bruno, he was an idiot. He published too soon. He would never have been condemned if he could have backed up what he said with proof.

SAGREDO Do you really believe proof will make any difference?

GALILEO Yes, I do. Proof is a great temptation. *Taking a pebble from his pocket, he drops it from hand to hand.* If I drop a stone who will say it did not fall? I believe in the human race. I know they call a donkey a horse when they want to sell it, and a horse a donkey when they want to buy it, but watch the crowd in the alley. When one steps out and demonstrates that the donkey is a donkey. All the women want to sleep with him. *Virginia enters L 2, stands at top of steps.* Why are you up at this hour?

VIRGINIA I am going to mass with Mrs. Sarti. Ludovico is going too. How is the night, father?

GALILEO Bright.

VIRGINIA *crossing to telescope:* May I look, father?

GALILEO Why? It is not a toy.

VIRGINIA No, father. What did you find through the tube?

GALILEO Some specks by the side of a star. I must draw attention to them somehow. I think I'll name them after the Duke of Florence. Why not call them the Medicean planets? By the way, we may move to Florence. I've written to His Highness, asking if he can use me as Court Mathematician.

VIRGINIA Oh, father, we'll be at court!

SAGREDO *looking up from his work:* Galileo!

GALILEO My dear Sagredo, I must have time for research. And at my time of life I want the fleshpots. My worry is the Duke after all may not take me.

VIRGINIA He will take you, father. With your new stars and everything!

GALILEO I am not accustomed to writing letters to great personages. *He takes letter out of a box and hands it to Sagredo.* Do you think this is suitable?

SAGREDO *reading:* "I recommend myself to you as one of your most faithful and devoted servants, whose sole desire is to bask in Your Highness' presence, the rising sun of our great age!" The Duke of Florence is a boy of nine.

GALILEO He is. You seem to think my letter is over-obsequious. I wonder if it is obsequious enough! Is it too formal? Has it enough heart? I have learnt the only way a difficult man can land a job of any dignity is by crawling on his belly. *To Virginia:* Run along to mass now.

Mass bell starts to ring as Virginia exits L 2.

5. FRIENDS, HEARING THAT GALILEO HAS APPLIED TO BE MATHEMATICIAN AT THE COURT OF FLORENCE, WARN HIM OF LEAVING A REPUBLIC FOR A PRINCIPALITY UNDER THE INFLUENCE OF THE MONKS.

SAGREDO Galileo, do not go to Florence.

GALILEO Why not?

SAGREDO The monks are in power there.

GALILEO There are scholars at the Court of Florence, too.

SAGREDO Lackeys!

GALILEO I will take them by the scruff of the neck and make them look through the telescope.

SAGREDO *crossing to L of telescope:* Galileo, you are travelling the road to disaster. You are suspicious and sceptical in science, but in politics you are as naive as your daughter! How can people in power allow a man to be on the loose who tells the truth, even if it be the truth about the distant stars? Can you see the Pope scribbling a note in his diary, "10th of January, 1610, Heaven abolished"? A moment ago, when you were at the telescope, I saw you tied to the stake, and when you said you believed in proof, I smelled burning flesh!

GALILEO I'm going to Florence.

Blackout.

4
Galileo Has Moved from the Republic of Venice to the Florentine Court

Curtain opens L to R. Curtain Boy exits R 2.
Galileo's well appointed house at Florence. Galileo, Federzoni, Andrea, by telescope, stage R. Galileo is demonstrating telescope to Duke Cosmo de Medici, a boy of nine, who is sitting on a stool downstage L, accompanied by his Lord Chamberlain and two Ladies of the Court. Philosopher and Mathematician stage C. Mrs. Sarti stands upstage of Galileo holding a plate of cookies.

GALILEO *bows to the Prince:* Your Highness, shall we begin with an observation of the moons of Jupiter?
ANDREA *placing stool in front of telescope as Federzoni re-checks its direction:* Sit down here please.

I. THE COURT SCHOLARS OF FLORENCE ARE PASSING UP THE TELESCOPE BECAUSE IT IS CONTRARY TO CLASSICAL TRADITION.

PHILOSOPHER Thank you, my boy. I am afraid it is not as simple as that. Before we use your celebrated instrument, Mr. Galilei, we beg the favour of a discussion – subject: can these moons exist?
MATHEMATICIAN Of a formal discussion.
GALILEO I strongly suggest you take a look first. You will find that a discussion would have wasted your time.
ANDREA *indicating stool:* Here please.
MATHEMATICIAN Surely! You know your proposition that there is no support in the heavens is in contradiction to the wisdom of the ages?
GALILEO Yes.
PHILOSOPHER Apart from my mathematical friend's reservations, I as a philosopher ask you are these moons necessary? Quaedam miracula universi. Orbes mystice canorae . . .
GALILEO *interrupting:* Shall we speak in everyday language? My colleague Mr. Federzoni does not understand Latin.
PHILOSOPHER Is it important that he should?
GALILEO Yes.
PHILOSOPHER Forgive me. I thought he was your mechanic.

ANDREA Mr. Federzoni is a mechanic and a scholar.

PHILOSOPHER Thank you, my boy. If Mr. Federzoni insists . . .

GALILEO *interrupting:* I insist.

PHILOSOPHER The quotation will lose its flavour, but it is your house. "Oh mystically musical spheres, oh crystal arches, oh enraptured architecture of the celestial globes." May I pose the question: why should we go out of our way to look for things that can only strike a discord in the ineffable harmony of the divine classics?

GALILEO Your Highness, one can see the unnecessary and impossible stars as large as life, you know.

MATHEMATICIAN Nobody doubts that your brain child – or shall we say your adopted brain child – is brilliantly contrived. But it might occur to Your Highness that an eyeglass through which one sees improbabilities might not be a too reliable eyeglass?

GALILEO How is that?

MATHEMATICIAN With the utmost deference, Mr. Galilei, I suggest that what one sees in the eyeglass and what is in the heavens are two entirely different things.

PHILOSOPHER Admirably put. Great restraint.

FEDERZONI *to Galileo:* They think you painted the Medician stars on the lens.

GALILEO *to Professors:* You are suggesting fraud?

MATHEMATICIAN No! How could I, in the presence of His Highness.

Everybody bows to the Prince.

ELDERLY LADY Thank you Professor. *To Prince:* There is nothing the matter with Your Highness' stars. The gentlemen are just wondering if they are really there.

A pause.

YOUNG LADY *trying to be helpful:* Can one see the claws on the Great Bear?

GALILEO Yes. And everything on Taurus the Bull.

FEDERZONI Are you going to look or not?

PHILOSOPHER Surely, surely.

MATHEMATICIAN Surely.

A pause. Nobody goes near the telescope. All of a sudden Andrea turns and marches upstage. He is stopped by Mrs. Sarti.

MRS. SARTI What is the matter with you?

2. THE BOY, ANDREA SARTI, LEAVES THE DISCUSSION OF THE COURT IN PROTEST.

ANDREA They are wicked. *He exits R 4 running.*

PHILOSOPHER Poor child.

LORD CHAMBERLAIN May I remind Your Highness, that the State Ball begins in three quarters of an hour.

MATHEMATICIAN Why beat about the bush? Mr. Galilei has to face facts sooner or later. His moons of Jupiter would perforate the outer crystal walls. It is as simple as that.

FEDERZONI There are no crystal walls; you'd be surprised.

PHILOSOPHER Any school book will tell you that there are.

FEDERZONI Let's have new school books.

PHILOSOPHER My good man, my colleague and myself speak on the authority of Aristotle.

FEDERZONI Aristotle had no telescope.

MATHEMATICIAN Quite.

GALILEO "Truth is the daughter of Time, not of Authority." Gentlemen, the sum of our knowledge is pitiful. It has been my singular good fortune to get hold of a new instrument which brings a small patch of the universe a little bit closer. It is at your disposal.

PHILOSOPHER *He and Mathematician step in between the Prince and Galileo:* Your Highness, Ladies and Gentlemen, where is all this leading?

GALILEO Are we as scholars concerned with where the truth might lead us?

PHILOSOPHER *half turning to Galileo:* Mr. Galilei, the truth might lead us anywhere!

GALILEO These nights, all over Italy, cheap telescopes are turned upon the sky, ordinary people have heard of new uses for old heavens. Our ships sail by the stars. The advance in astronomy has already meant profits from fabrics, metals and spices. This will in the end explode Aristotle.

FEDERZONI That is right.

GALILEO Let us not defend shaky teachings.

FEDERZONI You as teachers should be helping with the shaking.

PHILOSOPHER I wish your man would not offer contribution to a discussion on high matters.

3. GALILEO IMPRUDENTLY USING CRAFTSMEN OF THE DOCKYARDS AS AN ILLUSTRATION OF OPEN-MINDEDNESS, THE COURT LEAVES ABRUPTLY.

GALILEO Your Highness! My work in the Great Arsenal of Venice brought me in daily contact with draughtsmen, mechanics and so on. Much less talented men than Mr. Federzoni here, have taught me many new ways of doing things. I have no difficulty with such men. They are unread, they go by the evidence of their senses regardless of where this evidence might lead them.

PHILOSOPHER Oh!

GALILEO Much as our sailors, a hundred years ago, left our coasts not knowing what coasts they would reach, if any. It seems, to find that high curiosity which was the true glory of Ancient Greece, one has today to go to the dockyards.

PHILOSOPHER I am sure Mr. Galilei has admirers down at the dockyard.

LORD CHAMBERLAIN *bowing to Prince:* Your Highness, I find that this highly informative discussion has exceeded the time we had allowed for it.

MRS. SARTI *crossing to Prince, curtsies and offers him cookies:* A piece of home-made candy, Your Highness?

Ignoring her, Prince and Court go toward exit L 3.

GALILEO *hurries toward them:* All anyone has to do is look through the telescope, Your Highness.

The Court taking no notice exeunt L 3. Lord Chamberlain turns to Galileo.

LORD CHAMBERLAIN His Highness will of course seek the opinion of the greatest living mathematician, Christopher Clavius, Chief Astronomer to the Papal College in Rome. *He exits L 3 as Galileo comes downstage and sits on the Prince's stool.*

Blackout.

5
The Papal Astronomer Upholds Galileo's Discoveries

Enter Singers R 2.

SINGERS

Things take indeed a wondrous turn
When learned men do stoop to learn.
Clavius, we are pleased to say,
Upheld Galileo Galilei.
Exeunt R 2. Curtain opens L to R. Curtain Boy exits R 2.

A hall in the Collegium Romanum. Monks and scholars are standing downstage R talking and laughing. Galileo is by himself downstage L.

FAT PRELATE *shaking with laughter:* Hopeless! Hopeless! Hopeless! Will you tell me anything people will not believe?

A SCHOLAR Yes, that you don't love your belly, Professor.

FAT PRELATE They'd believe that. They only do not believe what's good for them. They doubt the devil but fill them up with some fiddle-de-dee about the earth rolling like a marble in the gutter and they swallow it hook, line and sinker. Sancta Simplicitas! *He laughs until the tears run down his cheeks.*
The others laugh with him.

1. OUTRAGED CLERICS SHOW GALILEO THE STUPIDITY OF HIS THEORIES BY DEMONSTRATING THE DIFFICULTIES OF STANDING ON A ROLLING BALL

A MONK *indicates an imaginary rolling globe and jumps on it:* It's rolling very fast, I'm dizzy. May I hold on to you, Professor. *He falls off and clings to the Scholar for support.*

FAT PRELATE Old Mother Earth's been at the bottle again.

MONK *as he and the Scholar both jump on the globe:* Don't, don't hurl me off on to the moon. There are nasty sharp mountain peaks on the moon.

SCHOLAR *pointing up:* Look! There's Venus!

SECOND MONK *jumping on the First Monk's back:* Hold me lads!

VARIOUSLY Hold tight! – Don't look down! – Hold tight! – It'll make you giddy!

FAT PRELATE And we cannot have giddy people in Holy Rome.

Both Monks and the Scholar laugh so hard they fall down on the ground. An Infuriated Monk enters L 4 holding a Bible in his hand. He comes down C pointing out a page with his finger.

INFURIATED MONK What does the Bible say – "Sun, stand thou still on Gibeon and thou, moon, in the valley of Ajalon." Can the sun come to a standstill if it doesn't ever move? Does the Bible lie?

They have all risen and are no longer laughing.

SCHOLAR How did Christopher Clavius, the greatest astronomer we have, get mixed up in an investigation of this kind?

INFURIATED MONK He's in there with his eye glued to that diabolical instrument.

A very Old Cardinal leaning on a monk for support enters R 4. The Monks and Scholars move aside and bow as the Old Cardinal comes down C.

2. A PRINCE OF THE CHURCH DENOUNCES THE GREAT PHYSICIST AS AN ENEMY OF MANKIND.

OLD CARDINAL Aren't they out yet? Can't they reach a decision on that paltry matter. Christopher Clavius ought to know his astronomy after all these years. I am informed that Mr. Galilei transfers mankind from the centre of the universe to somewhere on the outskirts. Mr. Galilei is therefore an enemy of mankind and must be dealt with as such. Is it conceivable that God would trust the most precious fruit of his labour to a minor frolicking star? Would he have sent his Son to such a place? How can there be a people with such twisted minds that they believe what they're told by the slave of a multiplication table?

FAT PRELATE *quietly to Old Cardinal:* The gentleman is over there.

OLD CARDINAL *going toward Galileo:* So you are the man. You know my eyes are not what they were, but I can see you bear a striking resemblance to the man we burned in his time. What was his name?

SUPPORTING MONK *to whom he has turned:* Your Eminence must avoid excitement the physician ordered ...

OLD CARDINAL *disregarding him:* So you have degraded the earth in spite of the fact that you live by her and receive everything from her. I won't have it. *He stamps his foot on the ground.* I won't be a nobody on an inconsequential star briefly twirling hither and thither. I tread the earth and the earth is firm beneath my feet and there is no motion to the earth and the earth is the centre of all things and I am the centre of the earth and the eye of the Creator is upon me. About me revolve, affixed to their crystal shells, the lesser lights of the stars and the great light of the sun, created to give light upon me that God might see me – Man, God's greatest effort, the central figure, "in the image of God created He Him," immortal . . . *His strength fails him and he catches to the Monk for support.*

SUPPORTING MONK You mustn't overtax your strength, Your Eminence.

Enter L 4 a Little Monk followed by Father Clavius.

SCHOLAR Father Clavius, your Eminence.

3. GALILEO'S TORMENTORS ARE CONFOUNDED AND ONE MONK CONGRATULATES HIM.

FATHER CLAVIUS *crosses down R and then turns and bows to the Old Cardinal:* He is right.

There is dead silence as Father Clavius exits R 2.

OLD CARDINAL What is it? Have they reached a decision?

SUPPORTING MONK It is time Your Eminence went home.

They exeunt R 4 followed by the Monks and Scholars. Curtain Boy enters R 2 and closes curtain R to L as Little Monk goes down to Galileo.

LITTLE MONK Mr. Galilei, I just heard Father Clavius say it is now up to the theologians to set the heavens right again. You have won. *He crosses R and exits R 3.*

Blackout.

6
The Authorities – February 19, 1616 – Cardinal Bellarmin Entertains

Enter Singer R 2.

SINGER

When Galileo was in Rome
A Cardinal asked him to his home

And dined and wined him as his guest
And only made one small request.
Singer exits R 2.

Galileo, Virginia and Ludovico enter L 2 and cross to centre. Virginia is now twenty-one and engaged to Ludovico.

VIRGINIA I won't dance with anyone but you, Ludovico. Do I look proper?
LUDOVICO You are showing some lace.

I. A SUCCESSFUL GALILEO BRINGS OUT HIS DAUGHTER AT A HIGH SOCIAL FUNCTION.

GALILEO *putting his arms round their shoulders:*
"Fret not, Chloe, if perchance
You attract a wanton glance
Whose eyes do catch a trembling lace
Will guess the heartbeats quickened pace,
Lovely woman still may be
Careless with felicity."
VIRGINIA *to Galileo:* Feel my heart.
GALILEO *to Ludovico:* It's thumping.
VIRGINIA I hope I always say the right thing.
LUDOVICO She's frightened she is going to disgrace the family.
VIRGINIA Oh, I want to look beautiful.
GALILEO You'd better. If you don't they'll start saying all over again that the earth doesn't turn.
LUDOVICO It DOESN'T turn, Sir.
Curtain opens L to R as they all three laugh and turn upstage. Curtain Boy exits R 2.

Cardinal Bellarmin's house in Rome. Music is heard and the chatter of many guests. Two Secretaries downstage L, upstage R several Guests wearing masks.

SONG *offstage, continuing through scene:*
As I beheld the roses dawn and die

And as I watched the languid petals lie
Colourless on cold earth, the knowledge came to me:
How vain a thing is youthful bravery.

GALILEO *going to Secretaries:* I was to wait here for His Eminence.

FIRST SECRETARY His Eminence will be with you in a few minutes.

Guests applaud Galileo, he bows to them and turns back to Virginia and Ludovico.

GALILEO Run along and enjoy yourselves.

Guests exeunt R 4. Ludovico and Virginia start to follow them, then Virginia turns and crosses toward her father.

VIRGINIA Father, I didn't tell you, you're very famous. The hairdresser in the Via del Vittorio kept four other ladies waiting and took me first.

Virginia goes back to Ludovico, they both bow to the Old Cardinal as he enters R 2 with his supporting Monk, then exit R 4. The Old Cardinal continues across stage, bows to Galileo and exits L 2. Galileo goes up to bench C and sits. The Song ends.

GALILEO Rome! *To the Secretaries:* Large fête?

FIRST SECRETARY Two hundred and fifty guests, Mr. Galilei. We have represented here this evening most of the great families of Italy, the Orsinis, the Villanis, the Nuccolis, the Soldaneris, the Canes, the Lecchis, the Estensis, the Colombinis, the ...

The other Secretary nudges him as Cardinal Bellarmin and Cardinal Barberini enter R 4, they both carry masks, Barberini a dove and Bellarmin a lamb.

2. IN THE COURSE OF A SPIRITED EXCHANGE OF IDEAS WITH TWO CARDINALS GALILEO IS INFORMED OF AN EDICT AGAINST HIS TEACHINGS.

FIRST SECRETARY Their Eminences, Cardinals Bellarmin and Barberini.

Both Secretaries bow and back downstage.

GALILEO *rising. To Bellarmin:* Your Eminence.

BELLARMIN *He and Barberini have come downstage:* Mr. Galilei, Cardinal Barberini.

GALILEO Your Eminence.

BARBERINI *pointing his finger at Galileo:* "The sun riseth and it sets and returneth to its old place," saith the Bible. What saith Galilei?

GALILEO Your Eminence, when I was "so high" I remember standing on a ship and when the ship pulled away from the shore I shouted, "The shore is moving away," but I know now that it was the ship which was moving away from the shore.

BARBERINI *laughs:* You can't catch that man. Unfortunately for me I happened to glance at a few papers on astronomy once and it is harder to get rid of than the itch.

BELLARMIN Let's move with the times. If it makes navigation easier for the sailors on our ships to use new charts based on a new hypothesis let them have them. We only have to scotch doctrines that contradict Holy Writ. *He goes upstage C bowing to guests off R.*

GALILEO Holy Writ! "He that withholdeth corn, the people shall curse him." Book of Proverbs.

BARBERINI "A prudent man concealeth knowledge." Book of Proverbs.

GALILEO "Where no oxen are, the stable is clean, but much increase is by the strength of the ox."

BARBERINI "He that rules his spirit is better than he that taketh a city."

GALILEO "But a broken spirit dryeth up the bones." *Pause.* "Does not wisdom cry?"

BARBERINI "Can one walk on hot coals, and his feet not be scorched?" *He crosses to Galileo.* Welcome to Rome, friend Galilei. You will recall the legend of our city's origin. Two small boys found sustenance and refuge with a she-wolf, and from that day we have paid the price for the she-wolf's milk. But the place is not bad. We have everything for your pleasure, from a scholarly dispute with my friend Bellarmin to ladies of high degree. *He leads Galileo up R and points offstage.* Look at that woman flaunting herself. *Galileo turns away.* No? He wants a weighty discussion. All right. *They both go down R. Bellarmin goes to Secretaries and motions them to make notes.* You scientists speak in terms of circles and ellipses and regular speeds – simple movements that the human mind can grasp – very convenient – suppose Almighty God had taken it into his head to make the stars move like that *he illustrates an irregular motion* then where would you be?

GALILEO My good man – the Almighty would have endowed us with brains like that *copies Barberini's motion* so we could understand the movements *copies motion again* like that. I believe in the brain.

BARBERINI I consider the brain inadequate. – He does not answer. He is too polite to tell me he considers my brain inadequate. What is one to do with him? Butter would not melt in his mouth. All he wants is to prove that God made a few mistakes in astronomy. God did not study His astronomy hard enough before He composed Holy Writ! My friend! *To Secretaries:* Do not put anything down. This is a scientific discussion among friends.

BELLARMIN *coming downstage:* Does it not appear probable – even to you – that the Creator knows more about his work than the created?

GALILEO In his blindness man is not only liable to misread the sky but also the Bible.

BELLARMIN The interpretation of the Bible is a matter for the Ministers of God. *Galileo doesn't answer and turns upstage.* At last you are quiet. *He motions to Secretaries who start taking notes.* Tonight the Holy Office has decided that the theory according to which the earth goes around the sun, is foolish, absurd and a heresy. I am charged, Mr. Galilei, with cautioning you to abandon these teachings. *To Secretaries:* Would you repeat that.

SONG *offstage continuing through scene:*
Spoke I then: the glad season will not stay,
Pluck the rose, therefore, while 'tis May.

FIRST SECRETARY *stepping forward. Reading:* "His Eminence, Cardinal Bellarmin, to the aforesaid Galilei: 'The Holy Office has resolved that the theory according to which the earth goes around the sun, is foolish, absurd and a heresy. I am charged, Mr. Galilei, with cautioning you to abandon these teachings.'"

GALILEO What does this mean? *Barberini motions him to wait for end of Song. Song ends.* But the facts . . .

BELLARMIN *interrupting:* The Holy Office formulated the decree without going into details.

GALILEO *to Barberini:* Do you realise, the future of all scientific research is completely . . .

BELLARMIN *interrupting:* Completely assured, Mr. Galilei. You may conduct research to your heart's content but be careful of your conclusions! It is not given man to know the truth but it is granted him to seek after the truth. Science is the legitimate and beloved daughter of the Church and she must have confidence in the Church.

GALILEO I would not try confidence by whistling her too often.

BARBERINI Be realistic, friend Galilei. We need you more than you need us.

BELLARMIN *coming to them:* Barberini, it is time we introduced Italy's most discussed scientist to our guests.

BARBERINI Let us replace our masks, Bellarmin. *As they start upstage:* Poor Galilei hasn't got one.

Exeunt R 4. Cardinal Inquisitor enters L 3 and comes downstage.

FIRST SECRETARY Did you get his last sentence?

SECOND SECRETARY Yes. Do you have what he said about believing in the brain?

INQUISITOR Did the conversation take place?

The Secretaries bow. Inquisitor sits on bench. Secretary hands him papers. He starts to read transcription. Two Girls enter R 4, curtsy to Inquisitor as they cross to top of steps L.

YOUNG GIRL Who was that?

HER FRIEND The Cardinal Inquisitor. *Exeunt L 2.*

Virginia enters R 4, comes downstage, curtsies to Inquisitor.

INQUISITOR Good evening, Miss Galilei. Beautiful night. May I congratulate you on your betrothal. Your young man comes from a fine family. Are you remaining with us here in Rome?

VIRGINIA Not now, Your Eminence. I must go home to prepare for the wedding.

INQUISITOR Ah. You are accompanying your father back to Florence. That should please your father. Science must be cold comfort in a household. Your youth and warmth will keep him down to earth. It is easy to get lost up there.

VIRGINIA He doesn't talk to me about the stars, Your Eminence.

INQUISITOR No. They don't eat fish in the fisherman's house. I can tell you something about astronomy. *Virginia kneels beside him.* My child, it seems that God has blessed our modern astronomers with imagination. It is getting quite alarming! The new universe has grown so vast that prelates and even cardinals look like ants. Why, God Almighty might even lose sight of a Pope, and the greater the astronomer the greater his universe. I wonder if I know your Father Confessor.

VIRGINIA Father Christopherus, from Saint Ursula's at Florence, Your Eminence.

INQUISITOR *motions to Secretaries to take it down:* My dear child, your father will need you. Not so much now, perhaps, but one of these days. *Motions to Secretaries, they exeunt L 2.* You are pure, and there is strength in purity. Greatness is sometimes, indeed often, too heavy a burden for those to whom God has granted it. What man is so great that he has no place in a prayer. But I am keeping you, my dear. Your fiancé is going to be jealous of me and I am afraid your father will never forgive me for holding forth on astronomy. Go to your dancing. *Virginia rises, kisses his ring, crosses upstage.* And remember me to Father Christopherus.

Virginia exits R 4. Inquisitor resumes his reading.

Blackout.

7
The People

Enter Singers R 2.

SINGERS

Galileo, feeling grim,
A young monk came to visit him.
One born of simple, common folk.
It was of science that they spoke.

Exeunt R 2.

Garden of the Florentine Ambassador in Rome. Galileo, Little Monk enter L 2, cross centre, Galileo sits chair, Little Monk bench.

GALILEO Let's hear it. That robe you're wearing gives you the right to say whatever you want to say. But let's hear it.

LITTLE MONK I have studied physics, Mr. Galilei.

GALILEO That might help us if it enabled you to admit that two and two are sometimes four.

1. A SCHOLARLY MONK TELLS GALILEO THAT HE WILL ABANDON SCIENCE FOR THE SAKE OF HIS SIMPLE PARENTS' PEACE OF MIND – BUT HE SUCCUMBS TO THE THIRST FOR KNOWLEDGE.

LITTLE MONK Mr. Galilei, I have spent four sleepless nights trying to reconcile the decree that I have read with the moons of Jupiter that I have seen. This morning I decided to say my mass and then see you.

GALILEO To tell me Jupiter has no moons?

LITTLE MONK No, I have found out I think the decree is a wise decree. It has shocked me into realising that free research has its dangers. I have had to decide to give up astronomy. However, I felt the impulse to confide in you some of the motives which have impelled even a passionate physicist to abandon his work.

GALILEO Your motives are familiar to me.

LITTLE MONK You mean, of course, the special power invested in a certain commission of the Holy Office, but there is something else. I would like to talk to you about my family. I do not come from the great city. My parents are peasants in the Fucino, who know about the cultivation of the olive tree, and not much about anything else. Too often these days when I am trying to concentrate on tracking down the moons of Jupiter, I see my parents. They live almost like animals, but underlying their poverty, there is a sort of order, there are routines. The routine of scrubbing the floor, the routine of the seasons in the olive orchard, the routine of paying taxes. The troubles that come to them are recurrent troubles. My father did not get his bent back all at once, but little by little each year in the olive orchard; just as year after year, with unfailing regularity, childbirth has made my mother more and more sexless. They draw the strength necessary to labour sweating with their loaded baskets up the stony paths, to bear children, even to eat, from the sight of the trees greening each year anew, from the reproachful face of the soil, which is never satisfied, and from the little church and the hearing of the Sunday Bible texts. They have been told that God relies upon them and that the pageant of the world has been written around them that they may be tested. How could they take it, were I to tell them that they are on a lump of stone spinning in empty space, circling around a second-rate star? What, then, would be the use of such patience with their misery? What comfort, then, the Holy Scriptures, which have mercifully explained their crucifixion, for the Holy Scriptures would then be proved full of mistakes. No, they would feel they had been cheated. "Hunger is just not having eaten instead of a test of strength," they would say: "Effort is just stooping and carrying, instead of a virtue." Can you understand that I read into the decree of the Holy Office a noble motherly pity and a great goodness of soul.

GALILEO Hm, well at least you have found out that it is not a question of the satellites of Jupiter, but of the peasants of the Fucino, and don't try to break me down by the halo of beauty that radiates from all old age. Do you know how a pearl develops in an oyster? A jagged grain of sand makes its way into the oyster's shell and makes its life unbearable. The oyster exudes slime to cover the grain of sand and that eventually hardens into a pearl. The oyster nearly dies in the process. To hell with the pearl, give me the healthy oyster; and virtues are not exclusive to misery. If your parents were prosperous and happy, they might develop the virtues of happiness and prosperity. And today these virtues of exhaustion are caused by the exhausted land, and for that my new water pumps could work more wonders than their ridiculous super-human efforts. Be fruitful and multiply for the wars depopulate, and our fields are barren. Shall I lie to your people?

LITTLE MONK You must be silent from the highest of motives, the inward peace of less fortunate souls.

GALILEO Would you like to see a Cellini watch, Cardinal Bellarmin's coachman delivered here, this morning? My dear man, as a bonus for not meddling with your parents' peace the authorities are offering me, on a silver platter, persecution-free, my share of the fat sweated from your parents, who, as you know, were made in God's image. If I should condone this decree, my motives might not be altogether disinterested: easy life, no persecution and so on.

LITTLE MONK Mr. Galilei, I am a priest.

GALILEO You are also a physicist. How can new machinery be evolved to domesticate the river water if we physicists are forbidden to study, discuss and pool our findings about the greatest machinery before us, the machinery of the stars! Can I reconcile my findings on the path of falling bodies with the tracks of witches riding on broomsticks?

LITTLE MONK You don't think that truth, if it is truth, would make its way without us?

GALILEO No! As much of the truth gets through as we push through. You talk about the Fucino peasants as if they were moss on their huts. Naturally, if they do not get a move on and learn to think for themselves, the most efficient of irrigation systems cannot help them. I can see their divine patience, but where is their divine fury?

LITTLE MONK They are tired!

2. GALILEO DOUBTS HIS OWN PATIENCE WITH THE EDICT.

GALILEO *throws his manuscript to the ground:* Here is writ, what draws the ocean when it ebbs and flows. Let it lie there. Thou shalt not read. *Little Monk cannot resist picking it up. He starts to read.* Already! An apple of the tree of knowledge, he can't wait, he wolfs it down. He will rot in hell for all eternity. Look at him, where are his manners? You know, sometimes I think I would let them imprison me in a place a thousand feet beneath the earth where no light could reach me, if in exchange I could find out what that stuff is – "light", and the bad thing is that when I find something I have to boast about it like a lover or a drunkard or a traitor, and that is a hopeless vice and leads to the abyss. I wonder how long I shall be content to discuss it with my dog.

LITTLE MONK *immersed in manuscript:* I don't understand this sentence.

GALILEO *sitting beside him:* I'll explain it to you, I'll explain it to you.

Blackout.

Act curtain.

8

1623. THE LONG SILENCE.

Enter Singers C in front of act curtain.

SINGERS

For eight long years with tongue in cheek
Of what he knew he did not speak.
Then temptation grew too great
And Galileo challenged fate.

Exeunt C as curtain opens.

Galileo's house in Florence again. Galileo down L reading. Andrea, Federzoni, Little Monk preparing experiment on platform. Mrs. Sarti, Virginia down R at table, sewing. Upstage telescope covered with cloth.

GALILEO Andrea!

ANDREA Yes?

GALILEO Are we ready?

ANDREA *looking at chart:* Thursday, afternoon. Floating bodies again. Ice, bowl of water, scales, and iron needle. Aristotle.

Andrea, Little Monk continue reading books. Federzoni checks equipment.

1. IT IS EIGHT YEARS THAT GALILEO HAS BEEN ENGAGED IN ROUTINE EXPERIMENTS. HIS NOW AFFLUENT HOUSEHOLD MAKES PREPARATIONS FOR THE MARRIAGE OF HIS DAUGHTER INTO A GREAT FAMILY.

VIRGINIA Ludovico likes to entertain. We must be careful to be neat. His mother notices every stitch. She doesn't approve of father's books.

MRS. SARTI He has not published a book for years.

VIRGINIA That's true. Oh Sarti, it's fun sewing a trousseau.

MRS. SARTI Virginia, I want to talk to you. You are very young, and your father is putting those pieces of ice on water, and marriage is too serious a business to go into blind. Now you should go to see a real astronomer from the University and have him cast your horoscope so you know where you stand. *Virginia giggles.* What's the matter with you?

VIRGINIA I've been already.

MRS. SARTI Tell!

VIRGINIA I have to be careful for three months now because the sun is in Capricorn, but after that I get a favourable ascendant, and I can undertake a journey if I am careful of Uranus, as I'm a Scorpion.

MRS. SARTI A journey?

VIRGINIA A journey.

MRS. SARTI What about Ludovico?

VIRGINIA He's a Leo the Astronomer said. Leos are sensual.

Enter Rector of University, the Philosopher of scene 4, carrying book.

RECTOR Miss Galilei – *Virginia goes to him* this is about the burning issue of the moment. He may want to glance over it. My faculty would appreciate his comments. *Virginia starts toward Galileo.* No, don't disturb him, now, my dear. Every minute one takes of your father's time is stolen from Italy. *He exits R4.*

2. THE NEW INTEREST OF THE SCIENTIFIC WORLD IN THE SUN-SPOTS MAKES IT MORE DIFFICULT FOR GALILEO TO HOLD HIS PUPILS TO THE EDICT.

Virginia hands book to Federzoni and goes back to table.

GALILEO What's that about?

FEDERZONI I don't know. "De maculis in sole."

ANDREA Oh, it's on the sun-spots! *He takes book. Little Monk looks at it with him. Federzoni gets scales from platform L.* A new one! Listen to this dedication. "To the greatest living authority on physics, Galileo Galilei." I read Fabrizius' paper the other day. He thinks the spots are clusters of planets between us and the sun.

LITTLE MONK Isn't it doubtful Mr. Galilei.

Galileo doesn't answer.

ANDREA Paris and Prague think they are vapours from the sun.

FEDERZONI Hm.

ANDREA Federzoni doubts that.

3. GALILEO NOTES THE DISTRESS OF ONE OF HIS ASSISTANTS WHO IS UNABLE TO READ LATIN PAPERS ABOUT THE SUN-SPOTS.

FEDERZONI You leave me out. I said "hm" that was all. I cannot doubt anything. I am the lens-grinder. I grind lenses, you use them. You observe the heavens and what you see is evidently not sun-spots but maculis. Do not discuss these new things in front of me . . . How many times have I to say: I cannot read the books, they are in Latin. *He drops scales.*

Galileo crosses to him, picks them up and then goes on to platform.

LITTLE MONK There is happiness in doubting, I wonder why.

ANDREA Aren't we going to take this up?

GALILEO At the moment we are investigating floating bodies.

ANDREA Mother has baskets full of letters from all over Europe asking his opinion. *To Galileo:* Your reputation has grown.

GALILEO My reputation has been permitted to grow because I kept quiet.

FEDERZONI I do not see how you can afford to keep quiet for long.

GALILEO I cannot afford to be smoked on a wood fire like a ham.

ANDREA Ah. You think the sun-spots may have something to do with that again?

Galileo does not answer. Andrea goes to platform L, throws book down and returns with ice.

ANDREA Well, we stick to fiddling about with bits of ice on water. That can't hurt you.

GALILEO Correct. Our thesis!

ANDREA All things that are lighter than water float, and all things that are heavier sink.

GALILEO Aristotle says –

LITTLE MONK "Discus latus platusque . . ."

GALILEO *interrupting:* Translate.

LITTLE MONK "A broad and flat disc of ice, although heavier than water, still floats, because it is unable to divide the water."

GALILEO *demonstrating:* Well. Now I push the ice below the surface. I take away the pressure of my hands. What happens?

LITTLE MONK It rises to the surface.

GALILEO Correct. It seems to be able to divide the water as it's coming up, doesn't it? Fulganzio?

LITTLE MONK Could it be lighter than water after all?

GALILEO Aha!

ANDREA Then all things that are lighter than water float, and all things that are heavier sink. *Writing.* Q. e. d.

GALILEO *puts his pencil through Andrea's note:* No Andrea. *Takes ice from bowl.* Hand me that iron needle. *Federzoni hands it to him.* Is this iron needle heavier than water?

ANDREA Yes.

GALILEO Andrea, you must stop being hasty with your conclusions. *Floats needle on top of water.* What happens?

FEDERZONI *laughs:* The needle is floating. Holy Aristotle they never checked up on him.

GALILEO Make notes.

They do so. Federzoni takes scale to platform L.

VIRGINIA What's the matter?

MRS. SARTI Every time I hear them laugh it sends shivers up and down my spine.

4. LEARNING FROM HIS FUTURE SON-IN-LAW THAT HIS FRIEND, CARDINAL BARBERINI, MAY BECOME POPE, GALILEO RESUMES HIS WORK IN THE FORBIDDEN FIELD.

Ludovico, Servant enter R4. Ludovico comes downstage C. Servant goes platform R.

MRS. SARTI Well!

Virginia goes to Ludovico, embraces him.

VIRGINIA Why didn't you write that you were coming?

LUDOVICO I was nearby inspecting our vineyards at Bucciole. I could not keep away.

GALILEO Who's that?

ANDREA Ludovico!

LITTLE MONK What's the matter with your eyes?

GALILEO *crossing to Ludovico:* How are the horses?

LUDOVICO The horses are fine.

GALILEO Fine. We celebrate. Sarti, get a jug of that Sicilian wine, the old one.

Andrea, Sarti exeunt R2. Galileo sits L of table downstage. Ludovico upstage C. Federzoni, Little Monk above table.

LUDOVICO *to Virginia:* You look pale. Country life is going to suit you. Mother's planning on September.

VIRGINIA I suppose I ought not, but stay here, I have something to show you.

LUDOVICO What?

VIRGINIA *going upstage:* Never mind. I shall not be long. *Exit L4.*

GALILEO Sit down Ludovico.

LUDOVICO *sits R of table upstage:* I hear you have as many as a thousand students come to hear you lecture at the university, Sir. What are you working on these days?

GALILEO Dull. How was the journey?

LUDOVICO Dull. Before I forget mother sends her congratulations on your admirable tact about the latest rumblings from science.

Mrs. Sarti, Andrea enter R2 with wine and glasses. Mrs. Sarti pours wine. Andrea upstage of table.

GALILEO Thank her from me.

LUDOVICO Christopher Clavius had all Rome on its ears. He said he was afraid the turning-around business might crop up again on account of these spots on the sun.

ANDREA Clavius is on the same track!

GALILEO *glass in hand:* What news from the Holy City apart from the prospect of my sins?

LUDOVICO The Pope is on his death bed. Hadn't you heard?

LITTLE MONK My goodness! What about the succession?

LUDOVICO All the talk is of Barberini.

GALILEO Barberini.

ANDREA Mr. Galilei knows Barberini.

LITTLE MONK Cardinal Barberini is a mathematician.

FEDERZONI A scientist in the chair of Peter!

Pause.

GALILEO So they need men like Barberini now. Things are on the move. We might live to see the day, Federzoni, when we don't have to whisper that two and two are four. *Drinks.* I like this wine. You, Ludovico?

LUDOVICO *drinking:* I like it.

GALILEO I know the hill where it is grown. The slope is steep and stoney, the grape almost blue. I am fond of this wine.

LUDOVICO Yes, Sir.

GALILEO There are shadows in this wine. It is almost actually sweet but just stops there. *Rises, crosses L.* Andrea, clear that stuff away, ice, bowl and needle. I cherish the consolations of the flesh, I have no patience with cowards who call them weaknesses. I say there is a certain achievement in enjoying things.

LITTLE MONK What are we to do?

FEDERZONI He is starting on the sun.

Andrea puts his arms round Little Monk's and Federzoni's shoulders, all three go to platform.

ANDREA

"The Bible proves the earth stands still,
The monk, he swears with tears,
The earth stands still. To prove it so
He grabs it by the ears."

We might find out that the sun turns too. How would you like that, Marsili? *Exeunt L4 with some of the equipment.*

LUDOVICO What's the excitement?

MRS. SARTI You're not going to start those hellish goings-on again, Mr. Galilei?

GALILEO *sits next to Ludovico:* Barberini in the ascendant, your mother is uneasy and you've been sent to investigate. Correct me if I'm wrong, Ludovico. Clavius is right: these spots on the sun interest me. Do you like my wine, Ludovico?

LUDOVICO I told you, I did, Sir.

GALILEO Do you really like it?

LUDOVICO I like it.

GALILEO Would you consider going so far as to accept a man's wine or his daughter without insisting that he may drop his profession? I have no wish to intrude, but have the moons of Jupiter affected Virginia's bottom?

MRS. SARTI That isn't funny, it's just vulgar. I'm going for Virginia. *She starts to go but is stopped by Ludovico.*

LUDOVICO Mrs. Sarti. *Stops her.* Marriages in families such as mine are not arranged on a basis of sexual attraction alone.

GALILEO Did they keep you back from marrying my daughter for eight years while I was on probation?

LUDOVICO My future wife will have to take her place in the family pew in church.

GALILEO You mean, if the daughter of a bad man sat in your family pew, your peasants might discontinue paying the rent.

Andrea enters L4 goes to platform L.

LUDOVICO In a sort of way.

GALILEO Andrea, get out the reflector and our screen. We will throw the image of the sun on our screen to save our eyes.

Andrea exits L4.

LUDOVICO My mother was assured positively that you had undertaken in Rome not to get mixed up in this turning-around business again, Sir.

GALILEO We had a conservative Pope then.

MRS. SARTI Had! His Holiness is not dead yet!

GALILEO Pretty nearly.

MRS. SARTI "Pretty nearly."

Enter Little Monk, Federzoni with screen, stand upstage C.

MRS. SARTI That man will weigh a chip of ice fifty times, but when it comes to something that's convenient, he believes it blindly. Is His Holiness dead? Pretty nearly!

LUDOVICO *rising:* If His Holiness dies the new Pope, whoever he turns out to be, will respect the convictions held by the solid families of the country.

LITTLE MONK God made the physical world, God made the human brain. God will allow physics.

MRS. SARTI Galileo, you listen to me. I have watched your experiments and observations and conclusions swallow up my Andrea and I could do nothing. *Ludovico goes upstage.* You have set yourself up against the authorities, and they have already warned you once. The very highest cardinals have taken the trouble to try with you as though you were a horse lying down in the public road. You behaved for a time but then, two months ago, shortly after Epiphany, I caught you making observations on the sly. I did not say anything, I lit a candle to Saint Joseph. Galileo, it is getting too much. When you are alone with me you swear it is only because you want to be sure there is nothing to it. And now today here you all are at it again. If I have to go to hell for sticking to a heretic, that is my affair, but you have no right to trample on your daughter's happiness with your big feet.

GALILEO Get the telescope.

Little Monk, Federzoni put telescope on platform.

LUDOVICO *to his Servant:* Giuseppe, take my baggage back to the coach, will you?

Servant exits R4.

MRS. SARTI This will kill her. You can break it to her. *She exits R2 carrying jug.*

Andrea enters L4 carrying reflector and board, goes to platform.

LUDOVICO Mr. Galilei, if we Marsilis were to countenance teachings that are frowned upon by the church, it could unsettle our peasants. Bear in mind, these poor people in their brute state get everything upside down. They are nothing but animals, you know. It is almost unbelievable. They will never get the fine points of astronomy. Why, two months ago a rumour went around, an apple had been found growing on a pear tree and they left their work in the fields to discuss it.

GALILEO Did they?

LUDOVICO Do you know, I have seen the day when my poor mother has had to have a dog whipped in front of them to remind them to keep their place. You may have occasionally seen the waving corn from the window of your comfortable coach. You have, no doubt, nibbled our olives, or absent-mindedly eaten our cheese, but you can have no idea how much responsibility that sort of thing is.

GALILEO What has led you to believe I eat my cheese absent-mindedly? *Rises and goes upstage to screen.* Are we ready?

ANDREA *joining Galileo:* Yes, Sir.

GALILEO *to Ludovico:* You do not confine your whippings to dogs to remind your peasants to keep their places, do you, Marsili?

LUDOVICO Mr. Galilei, you have a wonderful brain, it is a pity.

LITTLE MONK He threatened you.

GALILEO Yes. I might unsettle his peasants. And his housekeeper and his agent.

FEDERZONI None of them speak Latin.

5. GALILEO DEFIES THE INTIMIDATIONS OF LUDOVICO MARSILI, SCION OF A GREAT FAMILY, AND DECIDES TO WRITE HIS NEXT PAPER IN EVERYDAY LANGUAGE THAT IT MAY BE MORE WIDELY UNDERSTOOD.

GALILEO I might write in plain language. For the love of God the work we do is exacting. Who would go through the strain for less than the population at large!

Andrea, Federzoni place screen on platform R. Little Monk goes down L with reflector. Andrea crosses to telescope. Federzoni moves back C.

LUDOVICO You have made your decision. You will always be the slave of your passions. Excuse me to Virginia, I think it's as well I don't see her now.

GALILEO The dowry is at your disposal at any time.

LUDOVICO Good afternoon. *Bows and exits R4.*

FEDERZONI *shouting:* And our regards to the Marsilis, who order the earth to stand still because their castles might be shaken loose if it turns.

ANDREA *also shouting:* And to all the Cenzis, and the Villanis!

FEDERZONI And the Cervellis!

ANDREA And the Lecchis!

FEDERZONI And the Pierleonis!

ANDREA And the Capoccios who press the Pope to trample on the people.

Galileo goes to telescope, adjusts it, then goes to reflector.

LITTLE MONK The new Pope will be an enlightened man.

GALILEO *going to platform:* Thus we start the observation of these spots on the sun in which we are interested, at our own risk, not counting too much on protection from a problematical new Pope.

ANDREA But with every likelihood of dispelling Fabrizius' shadows and the vapours of Paris and Prague, and of establishing the rotation of the sun.

GALILEO And with some likelihood of establishing the rotation of the sun. My intention is not to prove that I was right but to find out w h e t h e r I was right. "Abandon hope all ye who enter an observation." Before assuming these phenomena are spots, which would suit us, let us first set about proving that they are not fried fish. We crawl by inches. What we find today we wipe from the blackboard tomorrow and not keep it – unless it shows up again the day after tomorrow. And if we find anything which would suit us, that thing we will eye with particular distrust. In fact, we will approach this observation of the sun with the implacable determination to prove that the earth stands still and only if hopelessly defeated in this pious undertaking, can we allow ourselves to wonder if we may not have been right all the time; that the earth turns. Take the cloth off the telescope and turn it on the sun.

Andrea removes cloth, throws it to Federzoni who goes to screen. Galileo goes to reflector.

LITTLE MONK I thought you'd been working at it. *Virginia enters L4.* Do you know when I guessed it? When you didn't recognise Mr. Marsili.

6. GALILEO'S YOUNG DAUGHTER IS THE FIRST VICTIM OF HIS DECISION.

VIRGINIA *looks for Ludovico, then comes on the platform. To Galileo:* Did you send him away?

No one answers. Virginia faints. Andrea and Little Monk rush to her. Galileo, Federzoni continue to work.

GALILEO I have to know.

Blackout.

9
Ten Years Later, the Street

Enter Ludovico R2.

LUDOVICO In the next ten years Galileo's teaching had spread. Pamphleteers and ballad-singers, all over the country, pick up the new ideas. On All Fools' Day, 1632, many towns in Italy choose astronomy as the theme for their carnival processions. *Ludovico exits R2.*

The market-place of a small town in Italy. All Fools' Day, 1632. The characters in this scene were borrowed from Peter Brueghel, the Elder. Ballad-Singer, Wife and Child enter L3, come down steps downstage L, cross to R of stage and back. Ballad-Singer is carrying a drum, his Wife a baby and other bundles.

BALLAD-SINGER *puts down drum and comes to C downstage. Singing:*
When the Almighty made the universe

He made the earth and next he made the sun
Then round the earth he bade the sun to turn.
His Wife puts down bundles and sits on them.
That's in the Bible, – Genesis Book One.
And since that time all beings here below
Were in obedient circles meant to go.
His Wife rises and starts beating the drum.
Around the Pope the cardinals,
Around the cardinals the bishops,
Around the bishops the secretaries,
Around the secretaries the aldermen,
Around the aldermen the craftsmen,
Around the craftsmen the servants,
Around the servants the dogs, the chickens and the beggars.
His Wife stops drumming, sits and feeds the baby.
Up stood the learned Galileo,
Glanced briefly at the sun
And said, Almighty God was wrong in Genesis Book One.
And that is bold, my friends, this is no matter small
For heresies could spread at once like bad diseases
Change Holy Writ, forsooth, what will be left at all?
His Wife rises and beats drum. Child dances back and forth.
Why each of us would say and do just as he pleases,
as he pleases,
as he pleases.
His Wife stops drumming. Child stands still.

I. PAMPHLETEERS AND BALLAD-SINGERS IN ITALY SEIZE UPON THE SOCIAL CONCLUSIONS TO BE DRAWN FROM THE NEW TEACHINGS.

Good people what will come to pass
If Galileo's teaching spreads?
No altar boy will serve the mass
No servant girl will make the beds.
Now that is grave, my friends, this is no matter small
An independent spirit spreads like bad diseases.
For life is sweet, and man is weak and after all –
His Wife beats drum. Child dances back and forth.

How good is it, just for a change, to do just as one pleases,
as one pleases,
as one pleases.
His Wife stops drumming. Child stands still.

The carpenters take wood and build
Their houses not the church's pews.
The members of the cobblers' guild,
Now boldly walk the streets in shoes.
The tenant kicks the noble lord
Right off his land – like that!
He demonstrates the kick.
The milk, the wife once fed the priest
Now makes, at last, her children fat.
Now that is grave, my friends, this is no matter small
An independent spirit spreads like bad diseases
For life is sweet, and man is weak and after all –
His Wife beats drum. Child dances back and forth.
How good it is, just for a change, to do just as one pleases,
as one pleases,
as one pleases.
His wife stops drumming. Child stands still.

The duchess washes her chemise,
The emperor has to fetch his beer,
His troops make love behind the trees,
Commands they do not hear.
His Wife gives baby to Child and comes forward.

BALLAD-SINGER'S WIFE

Now that I think of it, I feel
That I could also use a change;
You know, for me you have appeal . . .
Maybe tonight we could arrange . . .

BALLAD-SINGER

No, no, no, no, no, no, stop, Galileo, stop!
An independent spirit spreads as do diseases!
People must keep their place, some down and some on top!
Still it feels good, just for a change to do just as one pleases!

Wife and Child join him and all stand stage C facing front.

BALLAD-SINGER AND WIFE

Good creatures who have trouble here below
In serving cruel lords and gentle Jesus –
Who bids you turn the other cheek – just so!
While they get set to strike the second blow!
Obedience will never cure your woe:
Let each of us get wise and do for once just as he pleases!

Curtain opens L to R. Standing and sitting on the stairs stage R are several carnival spectators, they turn to watch as the Ballad-Singer, Wife and Child come up stage L.

BALLAD-SINGER *shouting and beating a drum:* Hurry, hurry, hurry. Presenting Galileo's great phenomena, the earth turning around the sun.
He picks up the Child shows her to the audience and places her beside his Wife who is holding a cardboard sun, the Child starts slowly walking around her in time to the drum beat, holding a cardboard pumpkin.

BALLAD-SINGER *interrupting the demonstration:* The procession.
The procession enters from R4. Two wretched extras, employed by the chamber of commerce, pull in a throne on which is "The King of Hungary." Next comes a dwarf followed by four masked men carrying a blanket in which is an effigy of a cardinal. They come downstage C and start tossing the effigy up and catching it.

2. AT CARNIVALS AND FAIRS, THE COUNTRY WIDE, FIGURES IN EFFIGY REPRESENT GALILEO AS "THE BIBLE KILLER".

A LOUD VOICE *interrupting the tossers:* Galileo, the Bible killer!
A large figure of Galileo, holding a Bible with the pages crossed out, enters and comes downstage. The laughter from the crowd becomes uproarious.
Blackout.

10
Patronage or Popular Support

Enter Singers R2.

SINGERS

The depths are hot, the heights are chill.
The streets are loud, the court is still.
Exeunt R2 as curtain opens L to R. Curtain Boy exits R2.

Antechamber and staircase in the Medicean Palace in Florence. Galileo, Virginia seated L of stage await to be admitted to the presence of the Grand Duke. Virginia is holding a book. Informer stands on platform L.

VIRGINIA They are a long time.

GALILEO Yes.

VIRGINIA *indicating Informer:* Who is that funny looking man, father?

GALILEO I don't know.

VIRGINIA It's not the first time I have seen him around. He gives me the creeps.

GALILEO Nonsense. We're in Florence, not among robbers in the mountains of Corsica.

Enter Rector R3.

VIRGINIA Here comes the Rector.

GALILEO Gaffone is a bore. He attaches himself to you.

Rector has come down the steps. He passes Galileo and Virginia scarcely acknowledging them, and exits L3.

GALILEO *who has been bending down tying his shoe:* My eyes are bad today. Did he acknowledge us?

VIRGINIA Barely. *Pause.* What is in your book? Will they say it is heretical.

GALILEO You hang around church too much. And getting up at dawn and scurrying to mass is ruining your complexion. *He touches her cheek.* You pray for me, don't you?

I. GALILEO REFUSES THE SUPPORT OF THE RISING BOURGEOISIE, HE RELIES ON THE FRIENDSHIP OF THE PRINCE AND THE POPE.

A Man enters R3 and comes down the stairs.

VIRGINIA Here's Mr. Matti, the iron-founder. Don't forget to thank him for the squabs he sent us.

MATTI *crossing to Galileo:* How were the squabs, Mr. Galilei?

GALILEO The squabs, Matti, were wonderful.

MATTI They were talking about you back there. They hold your teachings responsible for the new crop of pamphlets against the Bible.

GALILEO *rises and he and Matti move downstage:* Pamphlets I know nothing about, the Bible and Homer are my favourite reading.

MATTI That is as may be. I am glad to have the opportunity to tell you that the manufacturers are on your side. Now I am not a man who knows about the motions of the stars, but you have championed the freedom to teach new things. Take that mechanical cultivator they have in Germany, which you described. I can tell you, it will never be used in this country. The same circles that are hampering you won't allow the physicians at Bologna to cut up corpses for research.

GALILEO Your voice carries.

MATTI I hope so. Do you know they have such things as money markets in Amsterdam and London? Schools for business, too. Regular papers with news. Here we are not even free to make money. I have a stake in your career. They are against iron-foundries because they say the gathering of so many workers in one place fosters immorality! If they ever try anything, Mr. Galilei, remember you have friends in all walks of life.

GALILEO As far as I know there is nothing against me.

MATTI No?

GALILEO No.

MATTI In my opinion you would be better off in Venice. You could put up a fight from there. I have a coach and horses.

GALILEO I do not see myself as a fugitive, I like my comfort.

MATTI Yes, but from what I hear there is an element of time involved. I imagine they would be relieved if you were out of Florence just now.

GALILEO That is plain nonsense, the Duke is my pupil and if there is any monkey business in Rome, the new Pope will meet them with an iron No.

MATTI You don't seem to know your friends from your enemies, Mr. Galilei.

GALILEO I know who is in power. *He brusquely leaves Matti, crosses to bench L and sits.*

MATTI Well – good luck to you. *Exits L3.*

GALILEO Anyone with a grievance nominates me as his spiritual leader, particularly in places where it doesn't help me. I have written a book about the mechanics of the firmament, that is all. What they do or don't do with it is not my concern.

VIRGINIA *loudly:* If people only knew how you disagreed with those goings-on all over the country last All Fools' Day.

GALILEO Yes, yes, yes. Offer honey to a bear, and lose your arm if the bear is hungry.

VIRGINIA *low:* Did the Prince ask you to come here today?

GALILEO I sent word I was coming. He will want the book, he has paid for it.

The Cardinal Inquisitor enters R3. Crosses stage bowing deeply to Galileo, Virginia, and exits L3. Galileo, Virginia both rise and acknowledge him.

VIRGINIA *as both sit:* What is he doing in Florence?

GALILEO I don't know. He was not disrespectful.

VIRGINIA Psst. The Lord Chamberlain.

Lord Chamberlain enters R3 and comes down the stairs. Virginia, Galileo both rise. She hands him book, he crosses to Chamberlain.

LORD CHAMBERLAIN His Highness has hoped to find time for you, Mr. Galilei. Unfortunately he has to leave immediately to judge the parade at the Riding Academy. On what business did you wish to see His Highness?

GALILEO I wanted to present my book to His Highness.

LORD CHAMBERLAIN *ignoring the book Galileo offers to him:* How are your eyes today?

GALILEO So, so. With His Highness' permission I am dedicating the book ...

LORD CHAMBERLAIN *interrupting:* Your eyes are a matter of great concern to His Highness. Could it be that you have been looking too long and too often through your marvellous tube? *Lord Chamberlain exits R3 without accepting the book.*

Virginia crosses to Galileo and takes his arm.

VIRGINIA *greatly agitated:* Father, I'm afraid.

GALILEO He didn't take the book, did he? *Low and resolute.* Keep a straight face. We are not going home, but to the house of the iron-founder. There is a coach and horses in his backyard. Keep your eyes to the front, don't look back at that man.

They go up steps L and along platform past the Informer as Lord Chamberlain re-entering stops them.

2. THE PRINCE HANDS GALILEO OVER TO THE INQUISITION.

LORD CHAMBERLAIN Oh, Mr. Galilei, His Highness has just charged me to inform you that the Florentine Court is no longer in a position to oppose the request of the Holy Inquisition to interrogate you in Rome.

The Informer moves up behind Galileo.

Blackout.

11

1633. THE POPE.

Chamber in the Vatican. The Pope Urban VIII – formerly Cardinal Barberini – is giving audience to Cardinal Inquisitor. The trampling and shuffling of many feet is heard throughout the scene from the adjoining corridors. During the scene the Pope is being robed for the conclave he is about to attend. At the beginning of the scene he is plainly Barberini, but as the scene proceeds he gets more and more obscured by grandiose vestments. Pope is seated downstage LC. Inquisitor stands on his left. Four Sacristans stand stage R by straw clothes-horse.

1. POPE URBAN VIII, HAVING REFUSED AT FIRST TO SET HIMSELF UP AGAINST THE NEW SCIENCE, YIELDS TO THE CLERICAL MACHINE.

THE POPE No! No! No! *Sacristan goes to Pope puts his shoes on and goes back.* These shuffling feet.

INQUISITOR *referring to the owners of the shuffling feet:* Doctors of all chairs from universities, representatives of the special orders of the Church, representatives of the whole clergy who have come believing with childlike faith in the word of God as set forth in the Scriptures, who have come to hear Your Holiness, confirm their faith, and Your Holiness is really going to tell them that the Bible can no longer be regarded as the alphabet of truth?

Two Sacristans go to Pope, wash and dry his hands and go back.

THE POPE I will not set myself up against the multiplication table. No!

INQUISITOR Ah, that is what these people say, that it is the multiplication table. Their cry is: "The figures compel us", but where do these figures come from? Plainly they come from doubt. These men question everything. *Two Sacristans carrying surplice come toward the Pope. They are stopped by the Inquisitor.* Can society stand on doubt and not on faith? "Thou art my master, but I doubt whether it is for the best." "This is my neighbour's house and my neighbour's wife, but why shouldn't they belong to me?" After the plague, after the new war, and after the unparalleled disaster of the Reformation, your dwindling flock is looking to its shepherd, and now these worms of mathematicians turn their tubes upon the sky and announce that Your Holiness has not the best advice about the heavens either, up to now your only uncontested sphere of influence. Now that men in ships are venturing on the great oceans, I'm not against that of course, they are putting their faith in a brass bowl they call a compass and not in Almighty God.

Pope rises as two Sacristans put on his surplice and retire.

THE POPE This man is the greatest physicist of our time, he is the life of Italy, and not just any muddle-head.

INQUISITOR Would we otherwise have had to arrest him? *Two Sacristans put on Pope's cassock and retire.* This bad man knows what he is doing, not writing his books in Latin, but in the jargon of the market-place.

THE POPE That was not in the best of taste. *The shuffling feet worry him.* These shuffling feet are making me nervous.

INQUISITOR May they be more telling than my words, Your Holiness. Shall all these go from you with doubt in their hearts?

Two Sacristans put on the Pope's stole and retire.

2. CONSIDERING THE SCIENTIST'S EUROPEAN ADMIRERS, THE POPE WARNS THE CARDINAL INQUISITOR NOT TO TORTURE GALILEO SHOULD HE RESIST.

THE POPE This man has friends. *Sits.* What about Versailles? What about the Viennese court? They will call Holy Church a cesspool for defunct matters. Keep your hands off him.

INQUISITOR In practice it will never get far. He is a man of the flesh. He would soften at once.

THE POPE He has more enjoyment in himself than any man I ever saw. Loves eating and drinking and thinking to excess. He indulges in thinking-bouts. He cannot say no to an old wine or a new thought. I do not want a condemnation of physical facts. I do not want to hear battle cries, "Church, CHURCH, CHURCH – Reason, REASON, REASON." *Sacristan places ring on Pope's finger and retires.* These shuffling feet are intolerable. Has the whole world come to me?

INQUISITOR Not the whole world, Your Holiness. A gathering of the faithful.

Pope rises as two Sacristans put on his cope and retire.

THE POPE It is clearly understood, he is not to be tortured. *Pause.* At the very most, he may be shown the instruments.

INQUISITOR That will be adequate, Your Holiness. Mr. Galilei understands about machinery.

Two Sacristans put on Pope's mitre and retire.

The eyes of Barberini look helplessly at the Cardinal Inquisitor from under the completely assembled panoply of Pope Urban VIII.

Blackout.

12
JUNE 22, 1633

Enter Singers R2.

SINGERS

June, twenty-second, sixteen thirty-three,
A date momentous for you and me.
Of all the days that was the one
The age of reason could have begun.

Exeunt R2. Curtain opens L to R. Curtain Boy exits R2.

Again the gardens of the Florentine Ambassador at Rome, where Galileo's assistants await the news of the trial. The Little Monk, Federzoni, at bench down L, are attempting to concentrate on a game of chess. Andrea is watching them upstage of bench. Virginia upstage R, kneels praying. Throughout the scene Virginia's voice is heard reciting the Ave Maria.

LITTLE MONK *moving a chess-man:* The Pope didn't even grant him an audience.

FEDERZONI No more scientific discussions.

ANDREA The "Discorsi", the sum of his findings will never be finished. They will kill him.

FEDERZONI *stealing a glance at him:* Do you really think so?

I. ANDREA SARTI REJECTS THE RUMOUR THAT GALILEO WILL RECANT.

ANDREA He will never recant.

There is a silence, except for prayer.

LITTLE MONK You know when you lie awake at night how your mind fastens on something. Last night I kept thinking: if only they would let him take his little stone in with him, the appeal-to-reason pebble, that he always carries in his pocket.

FEDERZONI In the room they'll take him to, he won't wear pockets.

ANDREA But he will not recant.

LITTLE MONK How can they beat the truth out of a man who gave his sight to see?

FEDERZONI Maybe they can't.

There is a silence, except for the prayer.

ANDREA *makes a movement as though to go to Virginia. Federzoni stops him.* She is praying that he will recant.

FEDERZONI Leave her alone. She does not know whether she is on her head or her heels since they brought her Father Confessor from Florence.

The Informer of Scene 10 enters R4. Federzoni, Little Monk rise. Little Monk goes to Andrea, Federzoni stays downstage of bench.

INFORMER *coming C:* Mr. Galilei will be here soon. *Virginia stops praying.* He may need a bed.

FEDERZONI Have they let him out?

INFORMER *looking at Federzoni:* Mr. Galilei is expected to recant at five o'clock. As soon as he recants the big bell of St. Marcus will be rung and the complete text of his recantation publicly announced.

ANDREA I do not believe it.

Virginia starts to pray silently.

INFORMER Mr. Galilei will be brought to the garden gate at the back of the house, to avoid the crowds collecting in the street. *Exit R4.*

There is a silence. Virginia's prayer again becomes audible.

ANDREA *shouting above the prayer:* The moon is an earth, because the light of the moon is not her own. Four moons turn around Jupiter, therefore, we are not shut in by crystal shells, the sun is the pivot of our world, therefore, the earth is not the centre. The earth moves, spinning about the sun.

FEDERZONI And he showed us.

LITTLE MONK You cannot make a man unsee what he has seen.

There is a silence except for the prayer. Federzoni goes upstage C, looks off L, then comes back.

FEDERZONI It's five o'clock.

Virginia's praying becomes louder.

ANDREA They are executing the truth.

Andrea, Little Monk put their hands over their ears. A pause, then Federzoni goes upstage C to look at clock again.

FEDERZONI No bell! No bell! And it's after the hour!

Virginia prostrates herself. Little Monk pulls Andrea's hands from his ears.

2. THROUGH A MISTAKE GALILEO'S PUPILS THINK HE HAS RESISTED THE INQUISITION. THEY REJOICE – ENVISIONING A NEW AGE.

LITTLE MONK He hasn't.

Andrea, Little Monk rush to Federzoni.

ANDREA He held true. It is all right. It is all right.

LITTLE MONK He did not recant.

FEDERZONI No.

ANDREA *grabbing Federzoni:* So force cannot accomplish everything. *He turns and grabs hold of the Little Monk.* So stupidity is not invincible. So man is constant in the face of death.

In his relief he pushes the Little Monk into Federzoni's arms, who catches him and returns him to Andrea. Andrea pushes him back once more, this time the Little Monk is pushed into a kneeling position by Federzoni.

FEDERZONI June 22, 1633, the dawn of the age of reason. I wouldn't have wanted to go on living if he had recanted.

LITTLE MONK I didn't say anything, but I confess that I was in agony. *Beating his breast.* Oh, ye of little faith.

ANDREA I was sure. I was sure.

FEDERZONI It would have been as if the dawn had turned into thick night again.

ANDREA As if the mountain said, "I am water."

LITTLE MONK *praying:* "Gloria in excelsis Deo" etc.

ANDREA *through the prayer:* Beaten humanity can lift its head for one man has stood up and said "No".

At this moment the bell of St. Marcus begins to toll. They stand like statues. Virginia rises to her feet.

3. THE PUPILS AWE-STRUCK, HEAR THEIR MASTER'S RECANTATION. THE RELIGIOUS DAUGHTER PRAISES GOD.

VIRGINIA The bell of St. Marcus. He is not damned.

From the street the Town-Crier is heard reading Galileo's recantation.

TOWN-CRIER I, Galileo Galilei, Teacher of Mathematics and Physics, do hereby publicly renounce my teaching that the earth moves. I forswear this teaching with a sincere heart and unfeigned faith, and detest and curse this and all other errors and heresies repugnant to the Holy Scriptures.

The lights dim. The Town-Crier repeats above. When the lights come up again the bell of St. Marcus is petering out. Virginia has gone. Andrea, Federzoni and Little Monk are downstage left by bench.

Galileo enters, he is absolutely changed and almost unrecognisable. He waits some seconds by the door for somebody to greet him. Nobody does. He goes slowly, and because of his bad sight, uncertainly to the bench downstage R. He sits.

ANDREA *who has been watching Galileo:* I can't look at him. *He collapses. Federzoni, Little Monk help him to steps L.* Tell him to go away.

FEDERZONI Steady.
ANDREA *hysterically:* He saved his big gut.
GALILEO Get him some water.
Little Monk crosses to exit, as he passes Galileo refuses to look at him, exits R2.
Galileo sits listening to the voice of the Town-Crier in another street, as the Town-Crier finishes the Little Monk enters R2 carrying glass of water which he takes to Andrea. Andrea refuses it and rises.
ANDREA I can walk . . . just help me a little.
Federzoni, Little Monk help him upstage, he stops, turns to Galileo.

4. FACED WITH THE ACCUSATION OF HIS FAVOURITE PUPIL, GALILEO BLAMES THE GENERAL STATE OF THINGS IN ITALY.

ANDREA "Unhappy is the land that breeds no hero."
Federzoni, Little Monk, followed by Andrea, exeunt L4.
GALILEO Incorrect: "Unhappy is the land that needs a hero."
Blackout.

13
1640 (?)

SINGERS
Sixteen thirty-three to sixteen forty-two.
Galileo Galilei is a prisoner of the
Inquisition until his death.
Exeunt R2. Curtain opens L to R. Curtain Boy exits R2.

A country house near Florence. A large room simply furnished. There is a huge table, a leather chair, a globe of the world on a stand. A portion of the adjoining anteroom is visible, and the front door which opens into it. An Official of the Inquisition sits on guard in the anteroom. In the large room Galileo is quietly experimenting with a bent wooden rail and a small ball of wood. He is still vigorous, but almost blind. Virginia comes from the kitchen. She is past forty.

PEASANT I was told to deliver this here.

VIRGINIA I didn't order a goose.

PEASANT I was told to say "From someone who was passing through."

Peasant exits.

VIRGINIA Someone who was passing through sent you a goose.

GALILEO I'll eat the liver, have it cooked with an apple and an onion.

VIRGINIA *to Informer:* Tell him to cook the liver with some apple and a little onion.

Informer exits.

VIRGINIA You have no business to be doing that with those eyes of yours, father.

GALILEO You may read me some Horace.

I. IN ORDER TO RETAIN HIS MODEST COMFORT, GALILEO ADVISES THE AUTHORITIES HOW TO SUPPRESS THE STARVING WORKING MEN IN THE NEW INDUSTRIES BY REFERRING THEM TO THE BIBLE.

VIRGINIA We should go on with your weekly letter to the Archbishop. Monsignore Carpula to whom we owe so much was all smiles the other day because the Archbishop was so pleased you were collaborating.

GALILEO Where were we?

VIRGINIA *taking dictation:* On paragraph four.

GALILEO Read what you have.

VIRGINIA "The position of the church in the matter of the unrest at Genoa. I agree with the opinion of Cardinal Spoletti in the matter of the unrest among the Venetian rope-makers . . ."

GALILEO Yes. *Dictates.* I agree with the opinion of Cardinal Spoletti in the matter of the unrest among the Venetian rope-makers that it is better to distribute good nourishing food in the name of charity than to pay them more for their bellropes. It being surely preferable to strengthen their faith than to encourage their acquisitiveness. St. Paul says: "Charity never faileth." – How is that?

VIRGINIA It's beautiful, father.

GALILEO It couldn't be taken as irony?

VIRGINIA No. The Archbishop will like that. It's so practical.

GALILEO I trust your judgment. Read it over slowly.

VIRGINIA "The position of the Curch in the matter of the unrest . . ."

There is a knocking at the outside door. Virginia goes into the anteroom. The Official opens the door. It is Andrea.

ANDREA Good evening. I am sorry to call so late. I'm on my way to Holland. I was asked to look him up. May I go in?

VIRGINIA I don't know whether he will see you. You never came.

ANDREA Ask him.

Galileo recognises the voice. He sits motionless. Virginia comes in to Galileo.

GALILEO Is that Andrea?

VIRGINIA Yes. *Pause.* I will send him away.

GALILEO Show him in.

Virginia shows Andrea in. Virginia sits, Andrea remains standing.

ANDREA *cool:* Have you been keeping well, Mr. Galilei?

GALILEO Sit down. What are you doing these days? What are you working on? I heard it was something about hydraulics in Milan.

ANDREA Fabrizius in Amsterdam asked me to visit you and enquire about your health.

GALILEO I am very well.

ANDREA *formally:* I am glad I can report you are in good health.

GALILEO And you might inform Fabrizius that on account of the depth of my repentance, I live in comparative comfort.

2. ON A VISIT, ANDREA SARTI, HIS FAVOURITE PUPIL, TELLS GALILEO ABOUT THE DEVASTATING EFFECT OF GALILEO'S RECANTATION ON THE SCIENTIFIC WORLD.

ANDREA Yes, we understand that the Church is more than pleased with you. Your complete acceptance has made its effect. Not one single paper expounding a new thesis has made its appearance in Italy since your submission.

Pause.

GALILEO Unfortunately, there are countries not under the wing of the Church. Would you not say the erroneous condemned theories are still taught – there?

ANDREA *relentless:* Things are almost at a standstill.

GALILEO Are they? *Pause.* Nothing from Descartes in Paris?

ANDREA Yes. On the news of your recantation, he shelved his treatise on the nature of light.

GALILEO I sometimes worry about my assistants whom I led into error. Have they benefited by my example?

ANDREA In order to work I have to go to Holland.

GALILEO Yes.

ANDREA Federzoni is grinding lenses again, back in some shop.

GALILEO He can't read the books.

Pause.

ANDREA Fulganzio, our little monk, has abandoned research and is resting in peace in the Church.

VIRGINIA Monsignore Carpula is looking forward to my father's complete spiritual recovery.

GALILEO Virginia, leave the room.

Virginia rises uncertainly and goes out.

INFORMER I do not like that man.

VIRGINIA He is safe. He was his pupil so now he is his enemy. *She leaves with the Official.*

3. GALILEO, AFTER A VIOLENT STRUGGLE WITHIN HIMSELF, HANDS ANDREA A COPY OF HIS "DISCORSI", HE HAS WRITTEN DEFYING THE INQUISITION

GALILEO I have something for you, Sarti. As my superiors might put it, I suffer from relapses.

ANDREA I would rather not intrude.

GALILEO I have completed the "Discorsi".

ANDREA You completed what?

GALILEO My "Discorsi".

ANDREA Here!

GALILEO My superiors are most understanding. They know a great vice cannot be cured all at once. I am allowed pen and paper. Of course, they lock my pages away as I dictate them.

ANDREA The "Discorsi" in their hands! Amsterdam, London and Prague are starved for this book.

GALILEO Barberini called it the itch. He was not entirely immune. I wrote the "Discorsi" out during the nights. I suppose it is the height of folly to pass it on. You will find it in the globe – my foolish vanity has prevented me from destroying it up to now. If you are considering taking it, you will shoulder your full share of the risk. If you are searched at the Italian border, you will state that you bought the copy from someone who had access to the original in the hands of the Holy Office.

ANDREA The "Discorsi". *He turns the pages as if wanting to devour them.*

In the background the opening sentence:

"IT IS MY PURPOSE TO SET FORTH A VERY NEW SCIENCE DEALING WITH A VERY ANCIENT SUBJECT – MOTION."

Text disappears.

GALILEO I had to employ my time somehow.

ANDREA This will found a new physics.

GALILEO Yes.

ANDREA And we thought you had deserted. *In a low voice.* Mine has been the loudest voice against you.

GALILEO That would seem to have been proper. I taught you science and I denied the truth.

ANDREA This changes everything.

GALILEO Yes?

4. OVERWHELMED BY THE BOOK, ANDREA RECANTS HIS ACCUSATIONS, AND PRAISES GALILEO'S RECANTATION AS A WISE MOVE, SHOWING THE SCIENTISTS A NEW AND REALISTIC WAY OF DEALING WITH THE AUTHORITIES.

ANDREA You hid the truth from the enemy. In your dealings with the Inquisition, you simply made use of the common sense you brought to physics.

GALILEO Oh!

ANDREA We lost our heads. With the crowd at the street corners we said: "He will die, but he will never surrender!" You came back: "I surrendered but I am alive." We cried: "Your hands are stained!" You say: "Better stained than empty."

GALILEO "Better stained than empty." – New. Sounds realistic. Sounds like me. New science . . . new ethics . . .

ANDREA I, of all people, should have understood. I was twelve when you sold another man's telescope to the Venetian Sen-ate, and saw you put it to immortal use. Your friends were baffled when you bowed to the Prince of Florence: science gained a wider audience. You always laughed at heroics. "People who suffer bore me", you said. "Misfortunes are due mainly to miscalculations." And "If there are obstacles the shortest line between two points may be the crooked line".

GALILEO I remember.

ANDREA So, when you stooped to recant in 33, I should have understood that you were again about your own business.

GALILEO My business being . . .?

ANDREA To write the book that only you could write.

GALILEO There is no such thing as a scientific work that only one man can write!

ANDREA Had you burned at the stake in a blaze of glory, they would have won.

GALILEO They have won.

ANDREA Then why did you recant? Tell me that!

GALILEO I recanted because I was afraid of physical pain.

ANDREA It was not a plan?

GALILEO It was not.

ANDREA The fear of death is human. That is human.

GALILEO Even the Church will teach you that to be weak is not human. It is just bad.

ANDREA Science has only one commandment: contribution. And you have contributed more than any man in a hundred years.

GALILEO Have I? Contributed to whom? Welcome to my gutter, brother scientist and fellow-traitor. I sold out, you are a buyer. The first sight of the book! His mouth watered and the scoldings were drowned. Blessed be our bargaining, white-washing, death-fearing community!

ANDREA Science is not concerned with our personal weakness.

GALILEO No? My dear Sarti, in spite of my present convictions I may still be able to give you a few pointers as to the concerns of your chosen profession.

5. GALILEO SHOWS HIS FORMER PUPIL HOW TO THINK REALLY SCIENTIFICALLY BY SUBMITTING HIS OWN CASE TO LOGIC; HE EXPLAINS SCIENCE WILL BE CRIPPLED WHEN WITHHELD FROM THE PEOPLE.

Virginia carrying platter enters R2 and comes to bottom of steps. In my spare time, I happen to have gone over this case. I have spare time. Even a man who sells wool, however good he is at buying wool cheap and selling it dear, must be concerned with the standing of the wool trade. The practice of science would seem to call for valour. She trades in knowledge, which is the product of doubt. And this new art of doubt enchanted the public. The plight of the multitude is old as the rocks, and is taught to be basic as the rocks. But now they had learned of doubt. They snatched the telescopes out of our hands and had them trained on their tormentors, prince, official, public moralist. The mechanism of the heavens was clearer, the mechanism of their courts was still murky. The battle to measure the heavens is won by doubt; by credulity the Roman housewife's battle for milk will always be lost. Word is passed down that this is no concern to the scientist who is told he will only release such of his findings as do not disturb the peace. Does not this commonly reduce itself to the peace of mind of the well-to-do? Threats and bribes fill the air. Can the scientist hold out on the numbers? For what reason do you labour? I take it the intent of science is to ease up human existence. If you give way to coercion, science can be crippled. Your new machines may simply suggest new drudgeries. You may in time discover all there is to be discovered, but if you yield to coercion your progress must be a progress away from the bulk of humanity. The gulf between you and humanity might even grow so wide that the sound of your cheering at some new achievement could be echoed by a universal howl of horror. As a scientist I had an almost unique opportunity. In my day astronomy emerged into the market-places. At that particular time, had one man put up a fight, it would have had wide repercussions. I have formed the opinion, Sarti, that I was never in real danger; for some years I was as strong as the authorities, and I surrendered my knowledge to the powers that be, to use it, abuse it, just as it suits their ends. I have betrayed my profession. Any man who does what I have done must not be tolerated in the ranks of science.

VIRGINIA *who has stood motionless:* You are accepted in the ranks of the faithful, father.

6. TURNING TO HIS SUPPER, GALILEO MENTIONS THE TERRIBLENESS OF TIMES OF CHANGE. WHEN ANDREA LEAVES, GALILEO DOES NOT ALLOW HIM TO SHAKE HIS HAND, SINCE IT IS THE HAND OF A TRAITOR TO SCIENCE.

GALILEO *sees her:* Correct. I have to eat now.

VIRGINIA We lock up at eight.

ANDREA I am glad I came. *He extends his hand.*

GALILEO You are teaching others now, huh? Can you afford to take such a hand as mine? – *He goes over to the table.* Somebody who was passing through today, sent me a goose. I still enjoy eating.

ANDREA And your opinion now is that the new age was an illusion?

GALILEO Well – this age of ours turned out to be a whore, spattered with blood. Maybe new ages look like blood-spattered whores. Take care of yourself.

ANDREA *unable to go:* With reference to your evaluation of the author in question, I do not know the answer. But I cannot think that your savage analysis is the last word.

GALILEO Good night. *Andrea exits. Eating.* How is the night?

VIRGINIA *at the window:* Bright. *She exits up right platform.*
Galileo continues eating.

SINGERS

And, good folks, that was the end:
The Great Book over the border went.
But we hope you keep in mind
He and I were left behind.

GALILEO

May you now guard science's light
Kindle it and use it right
Lest it be a flame to fall
Downward to consume us all.
Act curtain.

ANHANG

Deutsche Fassung einer 14. Szene zu »Galileo«

14
1637. GALILEIS BUCH »DISCORSI« ÜBERSCHREITET DIE ITALIENISCHE GRENZE.

Vor einer kleinen italienischen Grenzstadt früh am Morgen. Andrea hockt auf einer seiner Kisten am Schlagbaum der Grenzstation und liest in Galileis Buch. Das Fenster eines kleinen Hauses links ist noch beleuchtet und aus ihm fällt ein großer grotesker Schatten auf die gegenüberliegende Hauswand. Vorübergehende Kinder sehen ihn und deuten auf das kleine Haus.

DIE KINDER *singen:*
Eins, zwei, drei, vier, fünf, sechs
Die alte Marina ist eine Hex.
Sie reitet auf einem Besenstiel
Und scheißet auf den Campanil.

DER GRENZWÄCHTER *zu Andrea:* Warum verlassen Sie Italien?

ANDREA Ich bin Gelehrter.

DER GRENZWÄCHTER *zu seinem Schreiber:* Schreib unter »Ausreisegrund«: Gelehrter. *Deutet auf die Kisten.* Hast du in den Büchern etwas über Religion oder Politik gefunden?

DER SCHREIBER Nein. Sie sind über Mathematik.

DER GRENZWÄCHTER Mathematika ist in Ordnung. *Da Andrea etwas erstaunt von seinem Buch aufblickt.* Entschuldigen Sie die Genauigkeit, mein Herr. Erst gestern haben wir einen mit Schriften erwischt, die von allergrößter Bedeutung waren. Politisch! Gedulden Sie sich einige Minuten, und Sie bekommen Ihren Stempel, Herr. *Mit dem Schreiber ab nach rechts.*

Inzwischen hat eine Beratung der Kinder stattgefunden. Andrea beobachtet verstohlen, wie, von den andern geschickt, ein Junge auf das kleine Haus links zuschleicht und den Milchkrug wegnimmt, der vor der Tür steht.

ANDREA Was machst du mit der Milch?

DER JUNGE *ertappt stehenbleibend:* Die Marina ist eine Hexe.

Die andern Kinder rennen weg.

EINES DER ANDERN KINDER Lauf, Paolo!

ANDREA Und weil sie eine Hexe ist, soll sie keine Milch haben, ist es so?

DER JUNGE Ja, Herr.

ANDREA Und woher weißt du, daß sie eine Hexe ist?

DER JUNGE *auf die Hauswand rechts zeigend:* Sehen Sie selbst!

ANDREA Ich sehe.

DER JUNGE Und sie reitet nachts auf einem Besenstiel. Und sie hat dem Kutscher die Gäule verhext. Luigi hat selber durch das Loch im Stalldach, das der Schneesturm gerissen hat, hineingeschaut und gehört wie sie gehustet haben.

ANDREA So. Wie groß war das Loch im Stalldach?

DER JUNGE Weiß nicht.

ANDREA Ich frage, weil die Gäule vielleicht krank sind wegen der Kälte im Stall. Frag Luigi, wie groß das Loch ist, willst du?

DER JUNGE Meinen Sie, sie ist gar keine Hexe, Herr?

ANDREA Woher soll ich das wissen, Paolo? Ich habe es nicht untersucht. Was man nicht untersucht hat, kann man nicht wissen.

DER JUNGE Nein. Aber das da! *Zeigt auf den Schatten.* Sie braut was Giftiges.

ANDREA Untersuchen wir es. *Steht auf. Der Junge stellt den Krug nieder und folgt ihm zum Fenster. Andrea hebt ihn hoch, daß er hineinsehen kann.* Was siehst du?

DER JUNGE Sie kocht Hirse.

ANDREA Das wäre nichts Schlimmes, wie? Und jetzt schau auf ihren Schatten, Paolo.

DER JUNGE *blickt zurück und vergleicht:* Das Große ist der Löffel.

ANDREA Ah, ein Löffel! Ich dachte, ein Besenstiel. Aber, natürlich, ich habe die Sache nicht untersucht wie du, Paolo. *Er setzt ihn nieder.*

DER GRENZWÄCHTER *mit seinem Schreiber zurückkommend:* Hier ist Ihr Stempel. Glück auf die Reise!

Andrea geht, wieder in seinem Buch lesend, über die Grenze, nachdem der Schlagbaum sich geöffnet hat. Der Schreiber trägt ihm die Kisten nach.

Andrea, jenseits des Schlagbaums, wendet sich nocheinmal um nach dem Jungen und deutet auf den Milchkrug. Der Junge trägt ihn grinsend zurück vor die Tür.

ANDREA Sag es den andern auch, Paolo!

Amerikanische Fassung einer 14. Szene

14
1637. Galileo's Great Book The Discorsi Leaves Italy.

The great book o'er the border went
And, good folk, that was the end.
But we hope you'll keep in mind
You and I were left behind.

Before a little Italian custom house early in the morning. Andrea sits upon one of his traveling trunks at the barrier and reads Galileo's book. The window of a small house is still lit, and a big grotesque shadow, like an old witch and her cauldron, falls upon the house wall beyond. Barefoot Children in rags see it and point to the little house.

CHILDREN *singing:*
One, two, three, four, five, six,
Old Marina is a witch.
At night, on a broomstick she sits
And on the church steeple she spits.

CUSTOMS OFFICER *to Andrea:* Why are you making this journey?

ANDREA I am a scholar.

CUSTOMS OFFICER *to his Clerk:* Put down under "reason for leaving the country": Scholar. *He points to the baggage.* Books! Anything dangerous in these books?

ANDREA What is dangerous?

CUSTOMS OFFICER Religion. Politics.

ANDREA These are nothing but mathematical formulas.

CUSTOMS OFFICER What's that?

ANDREA Figures.

CUSTOMS OFFICER Oh, figures. No harm in figures. Just wait a minute, Sir, we will soon have your papers stamped. *He exits with Clerk. Meanwhile, a little council of war among the Children has taken place. Andrea quietly watches. One of the Boys, pushed forward by the others, creeps up to the little house from which the shadow comes, and takes the jug of milk on the doorstep.*

ANDREA *quietly:* What are you doing with that milk?

BOY *stopping in mid-movement:* She is a witch.

The other Children run away behind the custom house. One of them shouts, "Run, Paolo!"

ANDREA Hmm! – And because she is a witch she mustn't have milk. Is that the idea?

BOY Yes.

ANDREA And how do you know she is a witch?

BOY *points to shadow on house wall:* Look!

ANDREA Oh! I see.

BOY And she rides on a broomstick at night – and she bewitches the coachman's horses. My cousin Luigi looked through the hole in the stable roof, that the snow storm made, and heard the horses coughing something terrible.

ANDREA Oh! – How big was the hole in the stable roof?

BOY Luigi didn't tell. Why?

ANDREA I was asking because maybe the horses got sick because it was cold in the stable. You had better ask Luigi how big that hole is.

BOY You are not going to say Old Marina isn't a witch, because you can't.

ANDREA No, I can't say she isn't a witch. I haven't looked into it. A man can't know about a thing he hasn't looked into, or can he?

BOY No! – but THAT! *He points to the shadow.* She is stirring hell-broth.

ANDREA Let's see. Do you want to take a look? I can lift you up.

BOY You lift me to the window, mister! *He takes a sling shot out of his pocket.* I can really bash her from there.

ANDREA Hadn't we better make sure she is a witch before we shoot? I'll hold that.

The Boy puts the milk jug down and follows him reluctantly to the window.

ANDREA *lifts the boy up so that he can look in:* What do you see?

BOY *slowly:* Just an old girl cooking porridge.

ANDREA Oh! Nothing to it then. Now look at her shadow, Paolo.

The Boy looks over his shoulder and back and compares the reality and the shadow.

BOY The big thing is a soup ladle.

ANDREA Ah! A ladle! You see, I would have taken it for a broomstick, but I haven't looked into the matter as you have, Paolo. Here is your sling.

CUSTOMS OFFICER *returning with the Clerk and handing Andrea his papers:* All present and correct. Good luck, Sir.

ANDREA *goes, reading Galileo's book. The Clerk starts to bring his baggage after him. The barrier rises. Andrea passes through, still reading the book. The Boy kicks over the milk jug.*

BOY *shouting after Andrea:* She is a witch! She is a witch!

ANDREA You saw with your own eyes: think it over!

The Boy joins the others.

CHILDREN *singing:*

One, two, three, four, five, six,
Old Marina is a witch.
At night, on a broomstick she sits
And on the Church steeple she spits.

The Customs Officers laugh. Andrea goes.

ZU »GALILEO«

Anmerkung zu »Leben des Physikers Galilei«

Das »Leben des Physikers Galilei« wurde in jenen finsteren letzten Monaten des Jahres 1938 geschrieben, als viele den Vormarsch des Faschismus für unaufhaltsam und den endgültigen Zusammenbruch der westlichen Zivilisation für gekommen hielten. In der Tat stand die große Epoche vor dem Abschluß, die der Welt den Aufschwung der Naturwissenschaften und die neuen Künste der Musik und des Theaters gebracht hatte. Die Erwartung einer barbarischen und »geschichtslosen« Epoche war beinahe allgemein. Nur wenige sahen die neuen Kräfte sich bilden und spürten die Vitalität der neuen Ideen. Selbst die Bedeutung der Begriffe »alt« und »neu« war verdunkelt. Die Lehren der sozialistischen Klassiker hatten den Reiz des Neuen eingebüßt und schienen einer abgelebten Zeit anzugehören.

Anmerkungen zum »Leben des Galilei«

Preis oder Verdammung des Galilei?
Es wäre eine große Schwäche des Werkes, wenn die Physiker recht hätten, die mir – im Ton der Billigung – sagten, Galileis Widerruf seiner Lehre sei trotz einiger »Schwankungen« als vernünftig dargestellt mit der Begründung, dieser Widerruf habe ihm ermöglicht, seine wissenschaftlichen Arbeiten fortzuführen und der Nachwelt zu überliefern. Galilei hat die Astronomie und die Physik bereichert und diese Wissenschaften zugleich eines Großteils ihrer gesellschaftlichen Bedeutung beraubt. Mit ihrer Diskreditierung der Bibel und der Kirche standen sie eine Zeitlang auf der Barrikade für *allen* Fortschritt. Es ist wahr, der Umschwung vollzog sich trotzdem in den folgenden Jahrhunderten, und sie waren daran beteiligt, aber es war eben ein Umschwung anstatt einer Revolution, der Skandal artete sozusagen in einen Disput aus, unter Fachleuten. Die Kirche und mit ihr die gesamte Reaktion konnte einen geordneten Rückzug vollziehen und ihre Macht mehr oder weniger behaupten. Was diese Wissenschaften selber betrifft, erklommen sie nie mehr die damalige große Stellung in der Gesellschaft, kamen nie mehr in solche Nähe zum Volk.

Galileis Verbrechen kann als die »Erbsünde« der modernen Naturwissenschaften betrachtet werden. Aus der neuen Astronomie, die eine neue Klasse, das Bürgertum, zutiefst interessierte, da sie den revolutionären sozialen Strömungen der Zeit Vorschub leistete, machte er eine scharf begrenzte Spezialwissenschaft, die sich freilich gerade durch ihre »Reinheit«, d.h. ihre Indifferenz zu der Produktionsweise, verhältnismäßig ungestört entwickeln konnte.

Die Atombombe ist sowohl als technisches als auch soziales Phänomen das klassische Endprodukt seiner wissenschaftlichen Leistung und seines sozialen Versagens.

Anmerkungen
Ungeschminktes Bild einer neuen Zeit

Als ich in den ersten Jahren des Exils in Dänemark das Stück »Leben des Galilei« schrieb, halfen mir bei der Rekonstruktion des ptolemäischen Weltbilds Assistenten Niels Bohrs, arbeitend an dem Problem der Zertrümmerung des Atoms. Meine Absicht war unter anderem, das ungeschminkte Bild einer neuen Zeit zu geben – ein anstrengendes Unternehmen, da jedermann ringsum überzeugt war, daß unserer eigenen alles zu einer neuen Zeit fehlte. Nichts an diesem Aspekt hatte sich geändert, als ich, Jahre danach, daran ging, zusammen mit Charles Laughton eine amerikanische Fassung des Stückes herzustellen. Das »atomarische Zeitalter« machte sein Debüt in Hiroshima in der Mitte unserer Arbeit. Von heute auf morgen las sich die Biographie des Begründers der neuen Physik anders. Der infernalische Effekt der Großen Bombe stellte den Konflikt des Galilei mit der Obrigkeit seiner Zeit in ein neues, schärferes Licht. Wir hatten nur wenige Änderungen zu machen, keine einzige in der Struktur. Schon im Original war die Kirche als weltliche Obrigkeit dargestellt, ihre Ideologie als im Grunde austauschbar mit mancher anderen. Von Anfang an war als Schlüsselpunkt der riesigen Figur des Galilei dessen Vorstellung von einer volksverbundenen Wissenschaft benutzt. Für Jahrhunderte und ganz über Europa erwies ihm das Volk in der Galilei-Legende die Ehre, nicht an seinen Widerruf zu glauben, als es schon lange die Wissenschaftler als einseitige, unpraktische und eunuchenhafte Käuze verlachte.

Der »Gelehrte«

Schon dem Wort »Der Gelehrte« haftet etwas Lächerliches an; es hat etwas vom »Abgerichteten«, etwas Passives. Im Bayerischen sprachen die Leute vom »Nürnberger Trichter« mit dem geistig schwächlichen Personen mehr oder minder zwangsweise übergroße Quantitäten von Wissen eingeflößt wurden, eine Art von Gehirnklistier. Sie wurden nicht weiser davon. Auch wenn einer »die Gescheitheit mit dem Löffel gefressen« hatte, wurde das als ein unnatürlicher Vorgang betrachtet. Die »Gebildeten« – und auch diesem Wort haftet diese fatale Passivität an – sprachen von einer Rache der »Ungebildeten«, einem eingeborenen Haß gegen den »Geist«, und die Verachtung hatte tatsächlich häufig eine Beimischung von Gehässigkeit; im Dorf und in den Vorstädten wurde der »Geist« als fremd und sogar feindlich empfunden. Aber selbst in den »besseren Ständen« fand man diese Verachtung. Es gab die »Gelehrtenwelt« und sie war eine andere Welt. Der »Gelehrte« war eine impotente, blutleere, verschrobene Figur, »eingebildet« und nicht sehr lebensfähig.

Die Arbeiterbewegung der zweiten Hälfte des neunzehnten Jahrhunderts formulierte Ansprüche im Namen der Wissenschaft und propagierte: Der »Held« des Werks ist so nicht Galilei, sondern das Volk, wie Walter Benjamin gesagt hat. Es ist etwas zu knapp ausgedrückt, wie mir scheint. Ich hoffe, das Werk zeigt, wie die Gesellschaft von ihren Individuen erpreßt, was sie von ihnen braucht. Der Forschungstrieb, ein soziales Phänomen, nicht weniger lustvoll oder diktatorisch wie der Zeugungstrieb, dirigiert Galilei auf das so gefährliche Gebiet, treibt ihn in den peinvollen Konflikt mit seinen heftigen Wünschen nach anderen Vergnügungen. Er erhebt das Fernrohr zu den Gestirnen und liefert sich der Folter aus. Am Ende betreibt er seine Wissenschaft wie ein Laster, heimlich, wahrscheinlich mit Gewissensbissen. Angesichts einer solchen Lage kann man kaum darauf erpicht sein, Galilei entweder nur zu loben oder nur zu verdammen.

Notizen zur 6. Szene von »Galileo«

Dies sind Höflichkeiten, die Distanz herstellen.

Galilei versteht nichts von der Kunst der Fingerzeige. Bellarmin ist berechtigt, von ihm zu erwarten, daß er, zart instruiert, sein Lebenswerk fallenläßt und dem Gastgeber graziös zustimmt, eventuell ihn noch mit einigen nur ihm, dem Fachmann, bekannten Argumenten beschenkt. Der Kardinal beginnt, ernstlich ungeduldig zu werden.

Die Wirkung dieses Satzes, gesprochen wie zu mindestens fünf Schülern, ist nicht viel anders, als wenn ein Salesman mit hübscher Frau einer Topexecutive der Standard Oil die Fehlbarkeit dieses Instituts darlegt, das heißt mild. Was Bellarmin übelnimmt, ist, daß der Mensch ihn zwingt, roh zu werden.

»Galilei«, 13

Galilei hat für eine geraume Zeit mit der Kirche laboriert, wenn sein Lieblingsschüler Andrea ihn überraschend besucht. Der Besuch schreckt ihn auf. Er kann es nicht lassen, Information über die allgemeine Lage der Wissenschaften einzuholen. Er bekommt von Andrea, der eine feindselige und kalte Haltung einnimmt, lediglich bestätigt, was er weiß: Sein Widerruf hat die Wissenschaften nahezu zum Stillstand gebracht.

Wenn Andrea sich nach dem kurzen und pausenreichen Gespräch verabschieden will – er beabsichtigt, nach Holland zu reisen –, hält Galilei ihn zurück, zugleich jedoch ihn beschuldigend, mit der Absicht gekommen zu sein, seinen teuer erkauften Seelenfrieden zu stören. Er erwähnt, daß er sowieso »Rückfälle« erleide, d.h. tatsächlich wieder in Forschungsarbeiten zurückgeglitten sei. Er beklagt dies, da es den Rest von Komfort bedroht, den die Kirche, die er »sehr geduldig« nennt, ihm gestattet. Die kirchlichen Behörden tun alles, ihn aus Ungelegenheiten zu halten; seine Manuskripte werden einbehalten. Andreas Feindseligkeit beginnt zu schmelzen angesichts des offenbaren Elends einer solchen Existenz. Der größte Physiker der Zeit pflügt Wasser. Die mildere Stimmung weicht, wenn Galilei, der bisher nur von »kleineren Arbeiten« gesprochen hat, damit herauskommt, es handle sich um das beendete Manuskript der »Discorsi«. Andrea ist entsetzt. Niemand in der Gelehrtenwelt wagte noch auf dieses Buch zu warten. Jetzt liegt es vor – nur um von der Inquisition vernichtet zu werden! Galilei zieht sich in eine luziferische Selbstzerstörungspose zurück, gibt jedoch plötzlich zu, er habe heimlich eine Kopie des Buchs angefertigt – »hinter dem eigenen Rükken«. Es ist in einem Globus versteckt. Andrea hält die »Discorsi« in den Händen. Er erkennt an, daß das Buch verlorengegeben werden muß, da jeder Versuch einer Veröffentlichung Galilei aufs äußerste gefährden muß; es kann nicht ohne seine Mithilfe ins Ausland gebracht worden sein. Galilei bestätigt dies, jedoch in einem sehr zweideutigen Satz. Es wird klar, daß seine Ängstlichkeit mehr und mehr überkommen wird von seinem Wunsch, die »Discorsi« veröffentlicht zu wissen. Er selbst ist es, der dem Andrea nahelegt, das Buch »zu stehlen«. Der Dieb würde die Verantwortung zu schultern haben.

Andrea verbirgt die »Discorsi« in seinem Wams.

Das Buch auf seinem Weg in die Öffentlichkeit wissend, verändert Galilei noch einmal seine Haltung. Er schlägt vor, dem Buch solle eine Einleitung beigegeben werden, die das Renegatentum des Autors aufs schärfste verurteile. Andrea weigert sich leidenschaftlich, solch einen Wunsch weiterzugeben. Er weist darauf hin, daß nunmehr alles verändert sei, Galilei habe sich durch seinen Widerruf die Möglichkeit verschafft, das allbedeutende Werk zu vollenden. Die landläufigen Vorstellungen von Helden, ethischen Formeln usw. wären zu ändern. Nur die Kontribution zur Wissenschaft entscheide usw.

Galilei hört sich Andreas Rede, die ihm eine goldene Brücke zurück in die Achtung der Wissenschaftler baut, zunächst schweigend an, widerspricht aber dann mit schneidendem Hohn, Andrea eines verlumpten Widerrufs aller wissenschaftlicher Prinzipien beschuldigend. Beginnend mit einer Verurteilung »schlechten Denkens«, gleichsam nur um brillant zu demonstrieren, wie ein wissenschaftlich Geschulter einen Fall wie den seinen zu analysieren habe, beweist er Andrea, daß das wertvollste Werk niemals den Schaden aufwiegen kann, der durch einen Verrat an der Menschheit entstehen muß.

Darstellung des Galilei in der 13. Szene

Der dem und jenem bekannte Umstand, daß der Verfasser ein Gegner der Kirche ist, könnte ein Theater veranlassen, der Aufführung des Stückes eine hauptsächlich antiklerikale Tendenz zu verleihen. Die Kirche ist in diesem Stück aber vornehmlich als weltliche Obrigkeit behandelt. Die spezifische kirchliche Ideologie ist von der Seite aus gesehen, wo sie als eine Stütze praktischer Herrschaft erscheint. Der alte Kardinal (in der vierten Szene) kann mit wenigen Änderungen in einen Tory oder einen Demokraten des Staates Louisiana verwandelt werden. Galileis Illusion über den »Wissenschaftler im Stuhl St. Peters« fände mehr als eine Entsprechung in der Zeitgeschichte, die wenig mit der Kirche zu tun hätte. Galilei kehrt (in der 13. Szene) nicht »in den Schoß der Kirche« zurück – er hat sich, wie bekannt, niemals daraus entfernt. Er versucht lediglich seinen Frieden mit den Herrschenden zu machen. Seine Verkommenheit zeigt sich in seiner sozialen Haltung; er erkauft sich seinen Komfort (selbst seine wissenschaftliche Betätigung ist nun zu einem Komfort herabgesunken) mit Handlangerdiensten, so seinen Intellekt schamlos prostituierend. (Seine Verwertung klerikaler Zitate ist dementsprechend rein blasphemisch.) Seine Selbstanalyse darf unter keinen Umständen von dem Darsteller dazu mißbraucht werden, mit Hilfe von Selbstvorwürfen den Helden dem Publikum sympathisch zu machen. Sie zeigt einfach sein Gehirn unzerstört – gerichtet auf welches Feld immer. Andrea Sartis Schlußbemerkung gibt keineswegs die Ansicht des Stückschreibers über Galilei wieder, sondern nur seine Ansicht über Andrea Sarti. Der Stückschreiber wünschte nicht das letzte Wort zu haben.

Galilei markiert den Standard der italienischen Intellektuellen im ersten Drittel des 17. Jahrhunderts, die von der Feudalität besiegt wurden. Die nördlichen Länder Holland und England entwickelten die Produktivkräfte weiter in der sogenannten »Industriellen Revolution«. Galilei ist in gewissem Sinn ihr technischer Schöpfer und sozialer Verräter.

Galilei nach dem Widerruf

Das Verbrechen hat ihn zum Verbrecher gemacht. Er gefällt sich in Gedanken an die *Größe* seines Verbrechens. Er wehrt sich gegen die unverschämten Zumutungen der Außenwelt an ihre Genies. Was hat Andrea getan gegen die Inquisition? Galilei wirft seinen Intellekt in die Lösung der klerikalen Probleme, übersehen bei den Holzköpfen. Sein Intellekt funktioniert routinemäßig, als leere Kraft. Seinen Wissensdurst empfindet er als den Ausschlag, der ihn juckt. Wissenschaftliche Betätigung ist ihm ein Laster, lebensgefährlich, jedoch unentbehrlich. Er haßt die Menschheit fanatisch. Andreas Bereitwilligkeit, sein Verdammungsurteil zu revidieren angesichts des Buchs, ist Korruption. Galilei wirft ihm, wie einem ausgehungerten und lahmen Wolf einen Brocken, die logische wissenschaftliche Analyse des Galilei-Phänomens hin. Dahinter steckt noch die Ablehnung der moralischen Zumutungen einer Menschheit, die nichts tut, die Tödlichkeit dieser Zumutungen und dieser Moral aufzuheben.

Verrat des Galilei

Viele, welche die Unzulänglichkeiten des Kapitalismus sehen oder zumindest ahnen, sind bereit, sie zu dulden der persönlichen Freiheit wegen, die er ihnen zu bieten scheint. Sie glauben an diese Freiheit hauptsächlich deswegen, weil sie kaum je Gebrauch von ihr machen. Unter der Hitlerfuchtel sahen sie diese Freiheit allerdings mehr oder minder kassiert; sie war vergleichbar einem kleinen Kapital auf der Sparkasse, das in normalen Zeiten jederzeit greifbar, freilich besser nicht anzugreifen war, jetzt sozusagen eingefroren, d.h. zwar nicht mehr greifbar, aber doch noch vorhanden war. Sie betrachteten die Hitlerzeit als anormal; es handelte sich da für sie um Auswüchse des Kapitalismus oder gar um eine antikapitalistische Bewegung. Um das letztere zu glauben, mußte man allerdings die Definition benutzen, welche die Nationalsozialisten dem Kapitalismus gaben, und was die Theorie der Auswüchse betrifft, hatte man immerhin im Kapitalismus ein System vor sich, das Auswüchse hervorbrachte, die sicherlich nicht von den Intellektuellen verhindert oder zum Verschwinden gebracht werden konnten. In jedem Fall konnte nur die Katastrophe die Freiheit wiederherstellen. Als die Katastrophe eintrat, stellte sie, nicht einmal sie, die Freiheit nicht wieder her.

Über die Rolle des Galilei

Die Fremdheit, Neuartigkeit, Auffälligkeit dieser neuen Figur in der Geschichte wird dadurch zustande gebracht, daß er selber, Galilei, auf seine Umwelt von 1600 wie ein Fremder blickt. Er studiert diese Welt: sie ist merkwürdig, veraltet, sie ist der Erklärung bedürftig.

Er studiert: in 1 Ludovico Marsili und Priuli; in 2 die Art, wie die Senatoren durch das Fernrohr schauen (Wann kann ich eines dieser Dinger kaufen?); in 3 Sagredo (der Prinz ist ein Kind von neun Jahren); in 4 die Hofgelehrten; in 5 die Mönche; in 7 den jungen Mönch; in 8 Federzoni und Ludovico; in 10 (eine Sekunde lang) Virginia; in 12 seine Schüler; in 13 Andrea und Virginia.

Das Sinnliche in Galilei

Galilei ist natürlich kein Falstaff: als überzeugter Materialist besteht er auf physischen Freuden. Bei der Arbeit würde er zwar nicht trinken; wichtig ist, daß er auf sinnliche Weise *arbeitet.* Es bereitet ihm Genuß, seine Instrumente mit Eleganz zu handhaben. Ein großer Teil seiner Sinnlichkeit ist geistiger Natur. Da gibt es das »schöne Experiment«, die kleine theatralische Darbietung, zu der er jede Lektion gestaltet; die häufig rohe Art, wie er einen Menschen mit der Wahrheit konfrontiert; dann gibt es in seinen Reden Stellen (in 1, 7, 13), wo er gute Wörter auswählt und sie abschmeckt wie Gewürze. (Das hat nichts zu tun mit dem »Gesang« des Schauspielers, der vielleicht mit Genuß seine Arien hinlegt, aber den Genuß der Person, die er darstellt, nicht zeigt.)

Aufbau einer Rolle

Laughtons Galilei

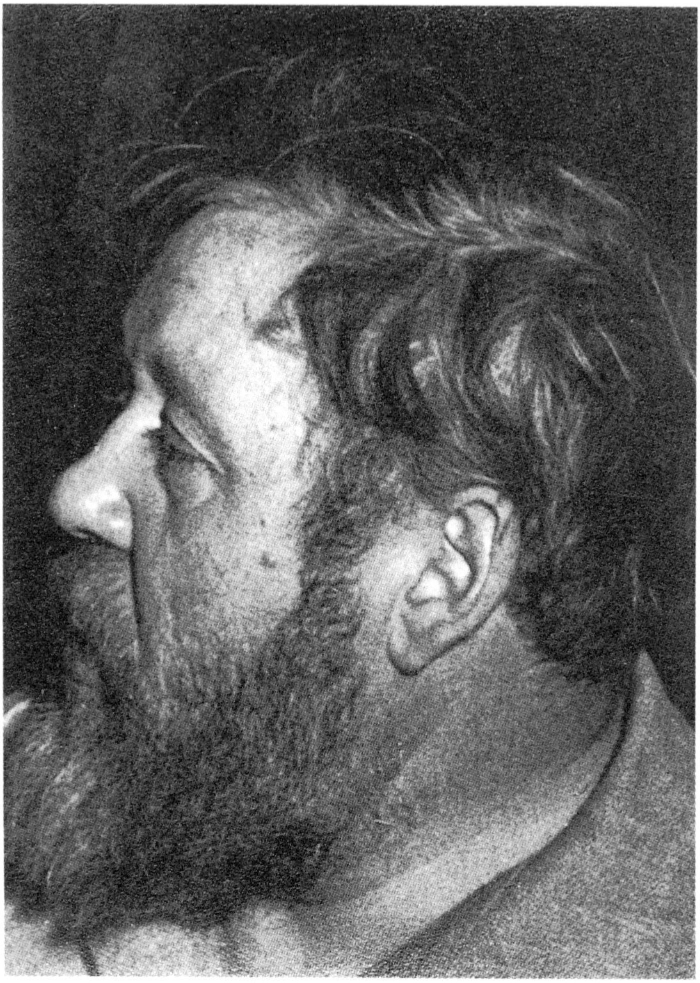

Charles Laughton als Galilei

VORWORT

Mit der Beschreibung des Laughtonschen Galileo Galilei versucht der Stückschreiber nicht so sehr, einem der flüchtigen Kunstwerke, wie sie die Schauspieler machen, ein wenig mehr Dauer zu geben, als vielmehr die Mühe zu preisen, welche ein großer Schauspieler auf solch ein flüchtiges Kunstwerk zu verwenden imstande ist. Sie ist nicht mehr üblich. Es ist nicht nur die kurze Probenzeit unserer hoffnungslos kommerzialisierten Theater, die an den geistlosen und schablonenhaften Porträts schuld ist – die meisten Schauspieler könnten mit mehr Zeit gar nicht viel anfangen. Es ist auch nicht nur, daß die repräsentativen Einzelpersönlichkeiten mit reichen Zügen und großen Konturen in diesem Jahrhundert recht selten geworden sind – man könnte dann die Sorgfalt auf die Porträtierung der »Kleinen« verwenden. Verlorengegangen scheint vor allem die Kenntnis und Schätzung dessen, was man einen *theatralischen Gedanken* nennen kann: das, was Garrick gemacht hat, wenn er als Hamlet dem Geist des Vaters begegnete; die Sorel, wenn sie als Phädra wußte, daß sie sterben würde; Bassermann, wenn er als Philipp den Posa angehört hatte. Es handelte sich dabei um Erfindungen.

Diese theatralischen Gedanken waren für den Zuschauer isolierbar und abzuheben, jedoch schlossen sie sich auch zusammen zu einer ganzen reichen Textur.

Einzelne Einblicke in die Natur der Menschen, Ausblicke auf ihr besonderes Zusammenleben wurden bewerkstelligt durch wohlersonnene Veranstaltungen der Schauspieler.

Mehr noch als bei den philosophischen Systemen wird es bei den Kunstwerken verborgen, wie sie gemacht werden. Die Hersteller tun viel, den Anschein zu erwecken, daß alles einfach stattfindet, sozusagen von sich selber, als bilde sich in einem reinen Spiegel, der untätig ist, ein Abbild. Es ist dies natürlich eine Täuschung, und man scheint zu vermuten, daß sie, geglückt, den Genuß des Beschauers steigert, aber dies ist nicht der Fall. Der Zuschauer, jedenfalls der bewanderte, genießt in der Kunst das Kunstmachen, das aktive Element des Schaffens. In der Kunst sehen wir die Natur selbst als eine Künstlerin an.

Die folgende Beschreibung befaßt sich mit dieser Seite, mit dem Prozeß der Herstellung, weniger mit dem Produkt. Es ist also mehr von den Konzepten die Rede, welche der Künstler von der Wirklichkeit hat *und über-*

mittelt, als von seinem Temperament, mehr von den Beobachtungen, die in seine Gestaltungen eingehen und aus ihnen geholt werden können, als von seiner Vitalität. Damit vernachlässigen wir manches, was uns an der Leistung Laughtons an »Unnachahmlichem« entzückte, stoßen aber dafür vor zu dem, das erlernbar ist. Denn die Talente können wir nicht machen, wohl aber können wir ihnen Aufgaben stellen.

Es braucht hier nicht untersucht zu werden, wie die Künstler vergangener Zeiten ihr Publikum überraschten. Gefragt, warum er Theater spiele, antwortete L.: »Weil die Leute nicht wissen, wie sie sind, ich aber glaube, es ihnen zeigen zu können.« Seine Mitarbeit an der Umformung des Stücks zeigte, daß er auch noch allerhand verbreitungssüchtige Meinungen darüber hatte, wie das Zusammenleben der Leute sich *wirklich* abspielt, was dabei die bewegenden Momente sind, worauf man da achten muß. Dem Stückschreiber scheint L.s Standpunkt der eines realistischen Künstlers unserer Zeit. Während es nämlich in verhältnismäßig stationären (»ruhigen«) Zeitläuften den Künstlern vielleicht möglich ist, mit ihrem Publikum ganz eins zu sein und die allgemeinen Vorstellungen treulich zu »verkörpern«, müssen sie in diesen Zeiten gewaltigster Umwälzungen ganz besondere Anstalten treffen, zur Wirklichkeit vorzustoßen. Unsere Gesellschaft gibt nicht selbst preis, was sie bewegt. Man kann sogar sagen, daß sie nur existiert durch das Geheimnis, in das sie sich hüllt. Am »Leben des Galilei« zog L. außer einigem Formalen auch das rein Stoffliche an; er dachte, dies könnte etwas werden, was er eine *Kontribution* nannte. Und so groß war seine Begierde, Dinge zu zeigen, wie sie wirklich sind, daß er bei all seiner Gleichgültigkeit, ja Furchtsamkeit in allem Politischen an nicht wenigen Stellen des Stücks beträchtliche Verschärfungen verlangte oder gar vorschlug, lediglich weil diese Stellen ihm »irgendwie schwach« vorkamen, worunter er eben verstand, daß sie den Dingen, wie sie sind, nicht gerecht wurden.

Wir trafen uns zur Arbeit für gewöhnlich in L.s großem Haus über dem Pazifischen Ozean, da die Kataloge der Synonyme zu schwer zum Herumschleppen waren. Er gebrauchte diese Folianten viel und mit unermüdlicher Geduld und fischte dazu noch Texte der verschiedensten Literaturen heraus, um diesen oder jenen Gestus oder eine besondere Sprachform zu studieren, den Äsop, die Bibel, Molière, den Shakespeare. Er veranstaltete Vorlesungen Shakespearischer Werke in meinem Haus, für die er sich etwa zwei Wochen lang vorbereitete. So las er den »Sturm« und »King Lear«

nur für mich und ein bis zwei zufällig eingetroffene Gäste. Wir diskutierten danach nur kurz das Einschlägige, etwa eine »Arie« oder einen glücklichen Szenenbeginn. Dies waren Übungen, und er verfolgte sie mitunter in mannigfache Richtungen, sie seinem übrigen Werk einverleibend. Hatte er am Radio zu lesen, ließ er sich von mir die ihm etwas fremden synkopischen Rhythmen Whitmanscher Gedichte mit Fäusten auf dem Tisch vortrommeln, und einmal mietete er ein Studio, und wir brachten ein halbes Dutzend Spielarten der Schöpfungsgeschichte auf Platten, indem er in der Ich-Form einen afrikanischen Pflanzer die Geschichte seiner Weltschöpfung den Negern erzählte oder sie von einem englischen Butler seiner Lordschaft zuschreiben ließ. Wir benötigten solche ausgebreiteten Studien, da er kein Wort Deutsch sprach und wir uns über den Gestus von Repliken in der Weise einigen mußten, daß ich alles in schlechtem Englisch oder sogar in Deutsch vorspielte, und er es sodann auf immer verschiedene Art in richtigem Englisch nachspielte, bis ich sagen konnte: Das ist es. Das Resultat schrieb er Satz für Satz handschriftlich nieder. Einige Sätze, viele, trug er tagelang mit sich herum, sie immerfort ändernd. Die Methode des Vor- und Nachspielens hatte einen unschätzbaren Vorzug darin, daß psychologische Diskussionen nahezu gänzlich vermieden wurden. Selbst die Grundgesten wie Galileis Art, zu beobachten, seine showmanship (Schaustellertum) oder seine Genußsucht wurden plastisch etabliert durch die Vorführung. In allem handelte es sich uns zunächst lediglich um die kleinsten Bruchstücke, die Sätze, ja die Ausrufe – jeder für sich genommen, jeder die leichteste, eben angebrachte Form erheischend, soundso viel verratend, soundso viel verbergend oder offenlassed. Die tieferen Eingriffe in die Struktur ganzer Szenen oder des Werkes selbst wurden gemacht, der Erzählung des Stoffes vorwärtszuhelfen und ziemlich allgemeine Feststellungen über das Verhalten der Leute dem großen Physiker gegenüber zur Geltung zu bringen. Diese Zurückhaltung dagegen, im Psychischen herumzukramen, bewahrte sich L. während der ganzen, langen Dauer unserer Zusammenarbeit, auch als er nach einer rohen Fertigstellung des Stückes dasselbe hier und dort vorlas, um Reaktionen zu bekommen, und noch in den Bühnenproben.

Der mißliche Umstand, daß der eine Übersetzer kein Deutsch und der andere nur wenig Englisch wußte, erzwang, wie man sieht, von Anfang an ein Theaterspielen als Methode der Übersetzung. Wir waren gezwungen, zu machen, was sprachlich besser bewanderte Übersetzer ja ebenfalls machen sollten: Gesten übersetzen. Die Sprache ist nämlich da theatralisch, wo sie vornehmlich das Verhalten der Sprechenden zueinander ausdrückt. (Bei den »Arien« zogen wir, wie geschildert, noch den Gestus des Stückschreibers hinzu, indem wir die Schreiber der Bibel oder den Shakespeare beim Singen beobachteten.) L. zeigte in auffälligster und mitunter brutaler Weise eine Gleichgültigkeit gegen das »Buch«, die der Stückschreiber nicht immer aufbrachte. Was wir machten, war ein Text, die Aufführung war alles. Unmöglich ihn zur Übersetzung von Partien zu verführen, auf die der Stückschreiber für die geplante Aufführung verzichtete, die er aber für das Buch retten wollte! Das Wichtige war der Theaterabend, der Text hatte ihn lediglich zu ermöglichen; in der Aufführung fand der Verschleiß des Textes statt, er ging in ihr auf wie das Pulver im Feuerwerk! Wiewohl L. Theater in einem London gemacht hatte, das dem Theater gegenüber recht gleichgültig geworden war, war noch das alte Elisabethanische London in ihm, dem Theater eine Leidenschaft war, und zwar eine so große, daß es unsterbliche Kunstwerke gierig und unschuldig einfach als »Texte« verschlingen durfte. In der Tat waren diese Kunstwerke, welche das Jahrhundert überdauerten, wie Improvisationen für einen alles geltenden Augenblick gemacht. Schon die Drucklegung interessierte nur noch wenig und erfolgte wohl nur, um den Zuschauern, also denen, die bei dem eigentlichen Ereignis – nämlich der Aufführung – anwesend gewesen waren, ein Souvenir an das Vergnügen zu übermitteln. Und das Theater war wohl dann auch so potent zu dieser Zeit, daß der Text durch die Weglassungen und Hinzufügungen auf den Proben kaum gelitten haben muß.

Wir pflegten in L.s kleinem Bibliothekszimmer zu arbeiten, und am Vormittag. Aber L. kam mir oft schon im Garten entgegen, in Hemd und Hose barfuß über den feuchten Rasen laufend, und wies mir gewisse Neuerungen in der Bepflanzung, denn der Garten beschäftigte ihn ständig und barg viele Finessen und Probleme. Die Heiterkeit und die schönen Maße dieser Gartenwelt gingen auf eine angenehme Weise in unsere Arbeit ein. Für eine beträchtliche Zeitspanne sammelten wir alles in unsere Arbeit. Sprachen wir über Gartenbaukunst, so schweiften wir eigentlich nur ab von irgendeiner Szene des »Galilei«; suchten wir in einem New Yorker Museum technische Zeichnungen des Leonardo für die Projektionen der Hintergründe in der »Galilei«-Aufführung, so schweiften wir ab zu der Grafik des Hokusai. L., konnte ich bemerken, erlaubte dem Stoff nur, ihn zu streifen. Die Pakete mit Büchern oder Fotokopien aus Büchern, die er immerfort bestellte, machten ihn nicht zum Bücherwurm. Er suchte beharrlich nach dem Äußeren: nicht nach der Physik, sondern nach der Verhaltensweise der Physiker. Es galt, ein Stück Theater aufzubauen, etwas Leichtes, Äußerliches. Als das Material sich häufte, griff L. eifrig nach der Idee, einen guten Zeichner mit der Herstellung amüsanter Skizzen von der Art zu beauftragen, wie sie Caspar Neher zu machen pflegte, um die Anatomie der Handlung bloßzulegen. »Bevor man andere amüsiert, muß man sich selber amüsieren«, sagte er.

Da freilich konnte keine Mühe gespart werden! L. hörte nicht eher von den delikaten Szenenskizzen Caspar Nehers, die den Schauspielern gestatten, sich nach den Kompositionen eines großen Künstlers zu gruppieren und sich mit ebenso wahrhaftigen als erlesenen Gesten zu versehen, als er schon einem ausgezeichneten Zeichner der Walt Disney Studios den Auftrag gab, solche Skizzen zu entwerfen. Sie fielen etwas boshaft aus; L. verwendete sie, aber vorsichtig.

Welche Mühe L. an das Kostüm wandte, nicht nur an seines, an das aller Spieler! Und welche Zeit nahm uns die Besetzung der zahlreichen Rollen!

Zuerst hatten wir die Kostümbücher und auch alte Bildwerke nach Kostümen zu durchsuchen, die nicht das an sich hatten, was unsere Zeit als aufgeputzt empfindet. Wir atmeten auf, als wir auf einem kleinen Tafelwerk des 16. Jahrhunderts lange Hosen fanden. Dann hatten wir die Stände voneinander zu scheiden. Der ältere Breughel leistete uns da gute Dienste. Am Ende hatten wir das Farbenschema auszuarbeiten. Jede Szene mußte einen Grundton haben – die erste z. B. einen zarten matinalen mit Weiß, Gelb und Grau. Aber die Gesamtheit der Szenen mußte dann ihre Entwicklung haben in der Farbe. In der ersten Szene kam etwa ein distinguiertes Tiefblau hinein durch den Ludovico Marsili, und dieses Tiefblau blieb auch, abgesondert, in der zweiten Szene mit den Großbürgern in ihren schwärzlichgrünen, aus Filz und Leder gemachten Röcken. Der gesellschaftliche Aufstieg des Galilei wurde auch in den Farben sichtbar. Das Silber und Perlgrau der vierten (Hof-) Szene leitete über in ein Notturno in Braun und Schwarz (Verspottung des Galilei durch die Mönche des Collegium Romanum) zu der achten, dem Ball der Kardinäle mit den phantastischen delikaten Einzelmasken (Damen und Herren) zwischen den Kardinälen in Karmesin. Dies war ein Ausbruch der Farbe, aber ihre Entfesselung kam noch, und zwar in der neunten, der Fastnachts-Szene. Wie die Kardinäle und der Adel hatte auch das niedere Volk sein Maskenfest. Danach kommt der Abstieg in die stumpfen und grauen Farben. Die Schwierigkeit eines solchen Schemas besteht natürlich darin, daß die Kostüme mit

ihren Trägern durch mehrere Szenen wandern; sie müssen immer passen und die neuen Szenen farbig mitaufbauen.

Wir besetzten die Rollen hauptsächlich mit jungen Schauspielern. Die Reden boten einige Probleme. Die amerikanische Bühne vermeidet Reden, außer in den fürchterlichen Shakespeare-Aufführungen und vielleicht wegen dieser. Reden bedeuten ihr einfach einen Stillstand der Handlung, und sie sind es auch, so wie sie gebracht werden. L. arbeitete gewissenhaft und meisterlich mit den jungen Schauspielern, und der Stückschreiber bewunderte, wie frei er sie dabei ließ, wie er, alles Laughtonsche vermeidend, lediglich die Strukturen lehrte. Dem oder jenem Schauspieler, der allzu leicht der Laughtonschen Persönlichkeit unterlag, las er aus dem Shakespeare vor, den eigentlichen Text überhaupt nicht probierend – keinem las er den Text selber vor. Übrigens wurden alle Schauspieler gebeten, auf keinen Fall ihre Eignung für die Rolle dadurch zu zeigen, daß sie sofort etwas »Eindrucksvolles« hinlegten.

Wir einigten uns über folgendes:

1. Die Bühnendekorationen sollen nicht so sein, daß das Publikum glaubt, sich in einer Stube des mittelalterlichen Italiens oder im Vatikan zu befinden. Das Publikum soll zur Überzeugung gebracht werden, es befinde sich in einem Theater.

2. Der Hintergrund soll mehr zeigen als die unmittelbare Umgebung Galileis; er soll in phantasievoller und artistisch reizvoller Art die historische Umgebung zeigen. Er soll dabei Hintergrund bleiben. (Das letztere wird erreicht, wenn die Dekoration z. B. nicht selber durch Farbigkeit brilliert, sondern den Kostümen der Schauspieler hilft, wenn sie die Plastik der Figuren verstärkt, indem sie selber flächenartig bleibt – auch wenn sie Plastisches enthält usw.)

3. Möbel und Requisiten sollen realistisch sein (Türen gehören dazu) und vor allem sozial-historische Reize enthalten. Die Kostüme müssen individualisiert sein und die Merkmale des Getragenseins aufweisen. Die sozialen Unterschiede sind zu unterstreichen, da wir sie in sehr alten Moden nicht leicht erkennen können. Die Farben der Kostüme sind aufeinander abzustimmen.

4. Die Gruppierungen der Personen müssen die Qualität historischer Gemälde haben (nicht, damit das Historische als ästhetischer Reiz herauskommt; die Anweisung gälte für zeitgenössische Stücke ebenso). Die Regie erreicht das, indem sie für die Vorgänge historische Titel ersinnt. (Beispiel: Für die erste Szene etwa die folgenden:

»Der Physiker Galilei erklärt seinem späteren Mitarbeiter Andrea Sarti die neue Kopernikanische Theorie und sagt eine große geschichtliche Bedeutung der Astronomie voraus. Um seinen Lebensunterhalt zu verdienen, unterrichtet der große Galilei reiche Schüler. Galilei, der um Mittel für die Fortführung seiner Studien ersucht hat, wird von den Universitätsbehörden angehalten, profitable Instrumente zu erfinden. – Galilei konstruiert nach Angaben eines Reisenden sein erstes Fernrohr.«

5. Die Vorgänge müssen in Ruhe und in großem Entwurf ausgeführt werden. Ständiger Stellungswechsel mit wenig bedeutenden Bewegungen der Figuren muß vermieden werden. Die Regie darf keinen Augenblick vergessen, daß viele der Vorgänge und Reden schwer zu verstehen sind, so daß es nötig ist, den Grundsinn des Vorganges schon in den Stellungen auszudrücken. Das Publikum muß sicher sein, daß ein Gang, ein Aufstehen, eine Geste Bedeutung hat und Aufmerksamkeit verdient. Die Gruppierungen und Bewegungen müssen jedoch absolut natürlich und realistisch bleiben.

6. Bei der Besetzung der kirchlichen Würdenträger muß besonders realistisch verfahren werden. Es ist keine Karikatur der Kirche beabsichtigt, jedoch darf die raffinierte Ausdrucksweise und »Bildung« der Kirchenfürsten des XVII. Jahrhunderts die Regie nicht dazu verführen, durchgeistigte Typen auszusuchen. Die Kirche stellt in diesem Stück hauptsächlich die Obrigkeit dar; typenmäßig sollen die kirchlichen Würdenträger unsern Bankiers und Senatoren gleichen.

7. Die Darstellung des Galilei sollte nicht darauf ausgehen, ein sympathisierendes Sicheinfühlen und Mitgehen des Publikums zu etablieren; vielmehr sollte dem Publikum eine mehr staunende, kritische und abwägende Haltung ermöglicht werden. Er sollte dargestellt werden als ein Phänomen wie etwa Richard III., wobei die emotionelle Zustimmung des Publikums durch die Vitalität dieser fremden Erscheinung erreicht wird.

8. Je tiefer der historische Rest einer Aufführung sich etabliert, desto ausgiebiger kann Humor zur Geltung kommen; je großzügiger das Arrangement ist, desto intimer können die Szenen gespielt werden.

Die Aufführung fand in einem kleinen Theaterchen in Beverly Hills statt, und L.s Hauptsorge war die Hitze, die gerade herrschte. Er verlangte, daß Lastwagen mit Eisblöcken um das Theater angefahren und Ventilatoren in Bewegung gesetzt wurden, »damit die Zuschauer denken konnten«.

NOTATE[1] ZU EINZELNEN SZENEN

1 Der Gelehrte, ein Mann

Die Arbeit L.s begann damit, daß er all das bleiche, vergeistigte Sterngukkertum der Schulbücher aus der Figur des Galilei hinauswarf. Vor allem war es nötig, aus dem Gelehrten einen Mann zu machen. Schon dem Wort »Der Gelehrte« haftet im Mund des Volkes etwas Lächerliches an; es hat etwas vom »Abgerichteten«, etwas Passives. Im Bayrischen sprachen die Leute vom »Nürnberger Trichter«, mit dem geistig schwächlichen Personen mehr oder minder zwangsweise übergroße Quantitäten von Wissen eingeflößt wurden, eine Art von Gehirnklistier. Sie wurden nicht weiser davon. Auch wenn einer »die Gescheitheit mit dem Löffel gefressen« hatte, wurde das als ein unnatürlicher Vorgang betrachtet. Die »Gebildeten« – und auch diesem Wort haftet diese fatale Passivität an – sprachen von einer Rache der »Ungebildeten«, einem angeborenen Haß gegen den »Geist«, und die Verachtung hatte tatsächlich häufig eine Beimischung von Gehässigkeit; im Dorf und in den Vorstädten wurde der »Geist« als fremd und sogar feindlich empfunden. Aber selbst in den »besseren Ständen« fand man diese Verachtung. Der »Gelehrte« war eine impotente, blutleere, verschrobene Figur, »eingebildet« und nicht sehr lebensfähig. Sie verfiel leicht der Romantisierung. L. hielt sich bei Galilei an den Ingenieur des Großen Arsenals von Venedig. Er hatte Augen, nicht zum Leuchten, sondern zum Sehen, Hände zum Arbeiten, nicht zum Gestikulieren. Alles Sehenswürdige und Fühlenswürdige machte er aus des Galilei Geschäft, dem Physikmachen und Lehren, und zwar dem Lehren von etwas Bestimmtem, aus dem die Schwierigkeiten erwuchsen. Und er zeigte das Auswendige nicht doch des Inwendigen wegen, d.h. das ganze Forschen und was damit verknüpft war, der seelischen Regungen wegen, die sich ergaben; vielmehr sonderten sich die niemals von den Geschäften und Streitigkeiten und wurden niemals »allgemein menschlich«, wenn sie auch für alle immer von Interesse blieben. Der Zuschauer kann sich nämlich von dem Dritten Richard des Shakespeare-Theaters leicht mit dem Schauspieler zusammen verwandeln, da dessen Politikmachen und Kriegführen nur vage vorkommt, nicht viel mehr davon, als ein Träumender verstehen müßte; zum

1 Nach der Aufführung in Beverly Hills (1947) fand eine in New York statt (1948); für diese ließ L. sich einen Bart wachsen.

Galilei fehlt dem Zuschauer immerfort, daß er nicht so viel von den Naturwissenschaften versteht wie der Galilei. Es hat etwas Pikantes, daß Stückschreiber und Darsteller, um die Geschichte des Galilei vorzuführen, jene Vorstellung zertrümmern mußten, die gerade durch Galileis Verrat mitbegründet wurde, die Vorstellung von einem weltfremden, zwitterhaft eunuchischen Wesen der Schullehrer und Wissenschaftler. (Erst als sie, volksfremde Kopflanger der herrschenden Klassen, in unsern Tagen die letzte Frucht der Bewegungsgesetze des Galilei, die Atombombe, ablieferten, verwandelte sich die Verachtung des Volkes in die Furcht.) Dem Galilei selber, zum Dank für seinen Glauben an eine volksverbundene Wissenschaft, erwies das Volk die Ehre, jahrhundertelang und über ganz Europa hin, nicht an seinen Widerruf zu glauben.

1 Einteilung und Linie

Wir teilten die erste Szene in Teile ein:

Wir hatten den Vorteil, durch die Fabel beginnen zu können, mit einem Beginn auch für den Galilei, nämlich mit der Begegnung mit dem Teleskop, und da die Bedeutung der Begegnung dem Galilei noch verborgen ist, benutzten wir einen kleinen Kunstgriff, indem wir die Beginnerfreude aus dem Morgen holten; da war das Waschen mit dem kalten Wasser – L., mit nacktem Oberkörper, hob mit großer, schneller Bewegung eine Kupferkanne vom Boden auf und ließ den Wasserstrahl in ein Becken laufen –, das Wiederbegegnen mit den Büchern, aufgeschlagen auf dem Stehpult, der erste Schluck Milch, die erste Belehrung, einem Knaben gegeben. Im Folgenden kehrt Galilei immer wieder zu seiner Lektüre am Pult zurück, unwillig über die Abhaltungen durch den weitgereisten Studenten mit seiner flachen Vorliebe für modische Neuerfindungen wie dieses Augenglas und durch den Universitätskurator, der kein Stipendium gewähren will; bis es zur letzten Abhaltung vom Studium kommt, der Erprobung der Linsen, welche ohne die beiden ersten nicht hätte sein können und welche ein ganz neues Studium eröffnet.

1 Interesse am Interesse und Denken als Ausdruck körperlichen Wohlbehagens

Erwähnt seien zwei Momente im Spiel mit dem Kind:

Sich im Hintergrund waschend, beobachtet Galilei vom Waschstand aus interessiert das Interesse des Kindes an dem Astrolab; des kleinen Andrea, der um das merkwürdige Instrument kreist. Die Neuartigkeit des Galilei in seiner Zeit brachte L. dadurch heraus, daß er ihn auf die umgebende Welt wie einen Fremden schauen ließ als auf etwas der Erklärung Bedürftiges. Seine lachende Betrachtung machte die Mönche im Collegium Romanum zu Fossilien. Er zeigte hier übrigens Vergnügen an ihrer primitiven Beweisführung.

Es ist das physische Vergnügen am Frottieren, das dem Galilei seine »Arie« über die neue Zeit entlockt. Der Junge, dem Lehrer den Rücken reibend, hat Schwierigkeiten, bald auf der einen, bald auf der anderen Seite hervorlugend, den kostbaren Worten zu folgen – sie werden eben dadurch auch für den Zuschauer beachtenswert.

1 Erdumdrehung und Gehirnumdrehung

Die kleine Demonstration der Erdumdrehung arrangiert L. schnell und nebenbei, von seinem Pult, an dem er zu lesen begonnen hat, weg und zu ihm zurücklaufend. Er vermeidet alle Eindringlichkeit, scheint auf das Fassungsvermögen des Kindes gar nicht einzugehen und läßt es einfach sitzen mit seinen Gedanken.

Diese beiläufige Art, Rechnung tragend seinem Zeitmangel, schließt zugleich den Knaben ein in die Gemeinschaft der Forscher. Gerade so etablierte L., wie für den Galilei Lernen und Lehren dasselbe ist – was seinen späteren Verrat so schrecklich macht.

1

Galilei wird von Andreas Mutter bei seiner Demonstration der Erdumdrehung überrascht. Zur Rede gestellt wegen der ungereimten Idee, die er dem Kind beibringt, antwortet er: »Wir befinden uns augenscheinlich auf der Schwelle zu einem neuen Zeitalter, Sarti.« Bezaubernd die Weise, wie L. dabei zärtlich sein Glas Milch leert!

1 Quittieren einer guten Antwort

Ein kleines Moment: Die Haushälterin ist gegangen, den neuen Schüler einzulassen. Galilei sieht sich gezwungen, Andrea ein Geständnis zu machen. Mit seiner Wissenschaft ist es nicht allzu gut bestellt, sie muß den Behörden gegenüber ihre größten Themen geheimhalten, und sie sind vorläufig nur Hypothesen. »Ich möchte Astronom werden«, sagt Andrea schnell. Ob dieser Antwort sieht ihn Galilei beinahe zärtlich lächelnd an. Solche Details werden für gewöhnlich von den Schauspielern nicht extra (lange) genug probiert, um dann in der Aufführung schnell gebracht werden zu können.

1

Das Wegschicken des Andrea unter dem Gespräch mit Ludovico ist eines der theatralischen Geschäfte, zu denen man sich Zeit nehmen muß. Galilei trinkt seine Milch jetzt in einer Weise, als sei sie das einzige Vergnügen, das zu haben ist und das nicht mehr lang dauern wird. Der Gegenwart Andreas ist er sich durchaus bewußt. Er schickt ihn mißmutig weg. Einer der unvermeidlichen täglichen Kompromisse!

1

Ludovico Marsili schildert ein neues Augenglas, das er in Holland gesehen und nicht verstanden hat. Galileo bittet um nähere Angaben und entwirft eine Skizze, die das Problem löst. Den Karton mit der Skizze hält er, ohne ihn dem neuen Schüler zu zeigen, wie der es erwartet hat. (L. bestand darauf, daß der Darsteller des Ludovico es erwartete.) Die Skizze selbst fertigte er nebenbei an, ein Problem zu lösen, das etwas Erleichterung von der Unterhaltung bot. Und auch wie er die Haushälterin nachher bat, Andrea nach den Linsen zu schicken, und wie er sich dafür von dem eben eintretenden Kurator der Universität einen Skudo ausborgte, all das hatte etwas Automatisches, Gewohnheitsmäßiges. – Der ganze Vorfall schien nur zu zeigen, wie Galilei auch Stroh noch zu dreschen verstand.

1 Eine neue Ware

Die Geburt des Teleskops als Ware wurde auf den Proben lange nicht deutlich. Wir entdeckten, warum: L. hatte auf die Nachricht von der Ablehnung des Stipendiums durch die Universität zu schnell und zu hochfahrend zornig reagiert! Als er den Schlag mit einem betroffenen Schweigen hinnahm und dann beinahe bekümmert, im Ton eines armen Mannes sprach, war alles in Ordnung. Es ergab sich von selbst daraus, daß Galileis »Herr Priuli, ich habe vielleicht etwas für Sie« dann so kam, daß man Galileis Meinung über das neue Augenglas als eines »Schnickschnacks« erkennen konnte.

1

Wenn Andrea mit den Linsen zurückkommt, findet er Galilei bereits in das Studium vertieft. (L. hat in einer keineswegs kurzen Pause gezeigt, wie der Gelehrte mit seinen Büchern umgeht.) Er hat die Linsen bereits vergessen, läßt den Knaben warten und geht dann, beinahe schuldbewußt, weil er keine Lust verspürt, sich dem einträglichen Schnickschnack zuzuwenden, daran, die zwei Linsen auf einem Karton zu arrangieren. Er trägt dann die »Sache« zur Seite, nicht ohne eine kleine Demonstration seiner »Showmanship« (Ausstellerkunst).

2 Betrug und Repräsentation

Geringere Schauspieler hätten die Ansprache, in der Galilei den Venetianern das Teleskop als seine eigene Erfindung darstellt, schon deshalb komisch gebracht, weil die paar erregten Worte, in denen er seinem Freund Sagredo Mitteilung von der wissenschaftlichen Bedeutung des Instruments macht, einen stark kontrastierenden Hintergrund gehabt hätten. Die Zeremonie der Übergabe des Instruments wäre jeder Bedeutung dadurch entkleidet worden und der Betrugsakt als moralische Bagatelle erschienen. L. hielt die Rede durchaus ernsthaft, im Goethischen Sinne artig, d.h. routiniert; derlei gehört zu dem offiziellen Auftreten des Chefingenieurs des Großen Arsenals von Venedig. Nur wenn er von den »höchst christlichen Prinzipien« sprach, nach denen das »Augenglas oder Teleskop« konstruiert sei, spürt man etwas von der Lust des großen Widersprechers an der Provokation.

2

Höchst vergnüglich, wie schamlos der Koloß sich vor seinen Brotgebern verbeugte, wenn sie nach einem Blick durch das Instrument ihm Beifall klatschten, und wie er doch ihre jovialen und ein wenig distanzlosen Späße ablehnte, während er zugleich mit höchster Autorität und Leidenschaftlichkeit seinem Freund erzählte, daß er das Ding auf den Nachthimmel gerichtet habe.

2

L. befreite sich auf den Proben völlig von dem Fieber der Abendvorstellung, dem nichts schnell genug gehen kann und das so leicht in die Proben hineinschlägt. Hier kann kaum etwas langsam genug gehen. Man muß probieren, als dürfe das Stück zwölf Stunden dauern. Gelegenheitslösungen für »Übergänge«, vorgeschlagen, um Tempoverluste zu vermeiden, lehnte L. rigoros ab. Überall hier lagen Wirkungen; im kleinsten konnten Besonderheiten oder Gepflogenheiten des menschlichen Zusammenlebens gezeigt werden. (Die »Tempoverluste« entstehen am ehesten, wo Gemuddel und Gepfusch ist und eben übergangen wird.) Zum Beispiel kann ohne geduldige Detailarbeit der verhältnismäßig kursorische Schluß der zweiten Szene nicht ordentlich arrangiert werden. Die Ratsherren umringen und beglückwünschen Galilei und ziehen ihn nach hinten, aber die winzige Auseinandersetzung mit Ludovico Marsili mit der Plagiatsbeschuldigung muß sozusagen noch in der Luft hängenbleiben; denn während die Gardine sich hinter ihnen und vor Galilei und den anderen schließt, führen sie, an der Rampe abgehend, das Gespräch weiter und zu Ende. Und Ludovicos zynische Bemerkung, nun wisse er, was Wissenschaft sei, gibt das Sprungbrett ab für die folgende dritte Szene der großen Entdeckungen.

3

Galilei läßt seinen Freund Sagredo durch das Teleskop Mond und Jupiter beobachten. L. setzte sich abgekehrt vom Instrument, in entspannter Haltung, als sei seine Arbeit geschafft und als wünsche er nur noch, der andere möchte objektiv beurteilen, was er sieht, brauche auch nicht mehr zu tun, als gerade dies, da er ja nun sieht. Auf diese Weise dokumentierte er, daß nun aller Streit um die Kopernikanische Lehre angesichts der neuerdings zur Verfügung stehenden Beobachtungsmöglichkeit aufzuhören habe.

Diese Haltung erklärt schon zu Beginn der Szene seine kühne Bewerbung um die profitable Stellung am Hof von Florenz.

3 Der historische Moment

L. führte das Gespräch mit dem Freund am Teleskop ohne jeden Nachdruck. Und je intimer er sich gab, desto deutlicher war die historische Nacht zu spüren, je nüchterner er sprach, desto feierlicher erschien der Moment.

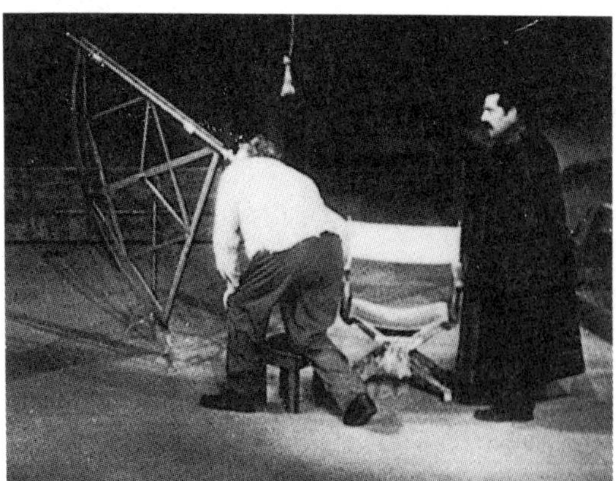

3 Eine Verlegenheit

Wenn der Kurator der Universität sich über den Betrug in Sachen Teleskop beschweren kommt, zeigt L.s Galilei starke Verlegenheit, indem er beflissen durch das Teleskop schaut, sichtlich weniger um den Gestirnhimmel, als um nicht dem Kurator ins Auge zu sehen. Er benutzt schamlos die »höhere« Funktion des für die Florentiner nicht so lukrativen Instruments als Deckung. Freilich zeigt er zugleich dem erbosten Mann, der ihm

vertraut hat, den Hintern. Jedoch bietet er ihm, weit entfernt davon, ihn mit den Entdeckungen der »reinen« Wissenschaft abspeisen zu wollen, sofort einen anderen Profit: die Himmelsuhr für die Schiffe. Nach des Kurators Abgang sitzt er mißmutig, sich den Hals kratzend, vor dem Teleskop und weist Sagredo auf seine physischen und geistigen Bedürfnisse hin, die so oder so befriedigt werden müssen. Die Wissenschaft ist ihm eine Milchkuh, für alle zu melken, allerdings auch für ihn. Dient hier, zu dieser Zeit, diese Einstellung des Galilei der Wissenschaft noch, so wird sie später, im Kampf mit Rom, die Wissenschaft an den Rand des Abgrunds, nämlich in die Hände der Herrschenden bringen.

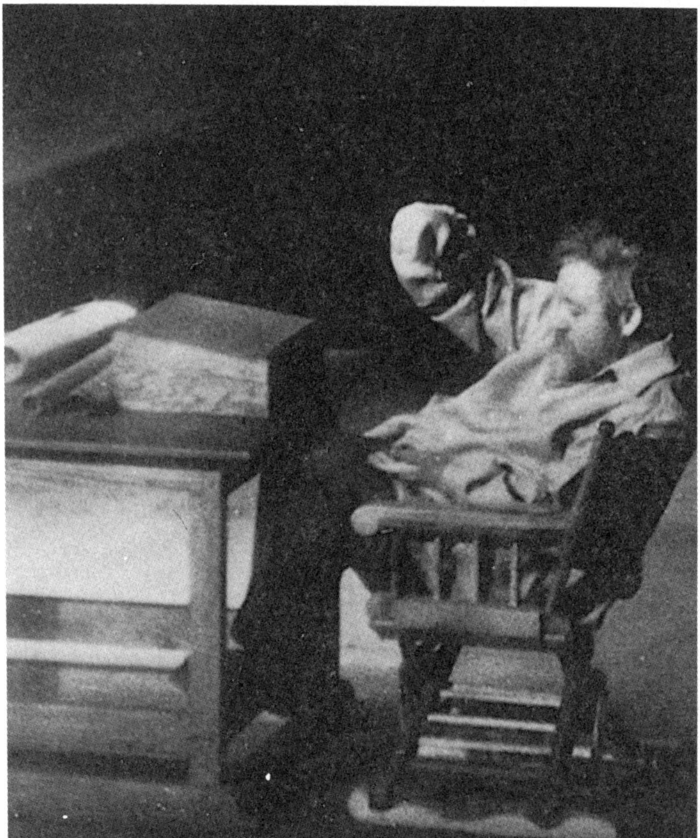

3 Der Vater des Gedankens: Der Wunsch

Aufblickend von den Berechnungen der Bewegungen, welche die Jupiterplaneten vollführen, äußert Sagredo seine Besorgnis für denjenigen, der diese Erkenntnis, so peinlich für die Kirche, veröffentlichen wird. Galilei verweist auf die Verführungskraft des Beweises. Er holt einen Stein aus der Tasche und läßt ihn, der Schwerkraft folgend, von der einen Hand in die andere fallen: »Niemand«, sagt er, »wird lange imstande sein, ein solches Fakt zu leugnen.« So argumentierend, vergaß L. nicht einen Augenblick, es so zu tun, daß man sich dessen erinnern konnte, wenn er nachher seinen Vorsatz bekanntgab, seine gefährlichen Erkenntnisse dem katholischen Florentiner Hof auszuliefern.

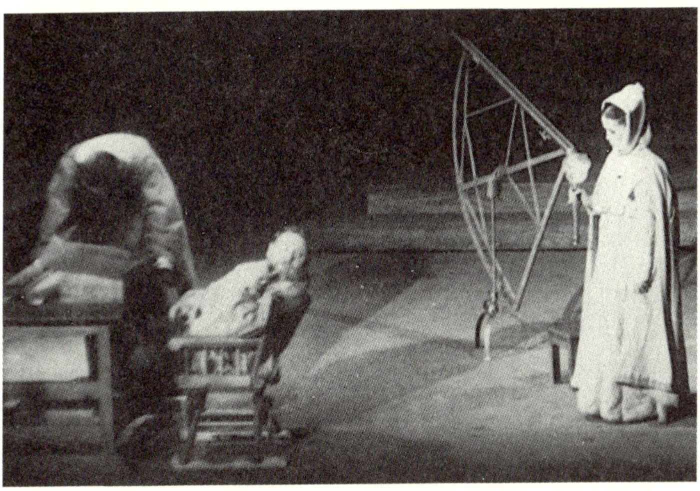

3

Die kleine Szene mit seiner Tochter Virginia benutzte L.s Galilei dazu, anzudeuten, was von dem späteren Verhalten Virginias als Spitzel der Inquisition auf seine Rechnung gesetzt werden könnte. Er nimmt ihr Interesse für das Teleskop nicht ernst und schickt sie zur Frühmette. L. betrachtete seine Tochter nach ihrer Frage: »Darf ich durchschauen, Vater?«, bevor er sagte: »Warum? Das ist kein Spielzeug.«

3 Spass an Widersprüchen

Mit den Worten »Ich gehe nach Florenz« unterzeichnet Galilei umständlich den Bewerbungsbrief. Bei dieser hastigen Kapitalisierung seiner Entdeckungen wie bei seinen Ausführungen über die Verführungskraft der Beweise und der Repräsentation der großen Entdeckungen ließ L. dem Zuschauer völlig frei, die widerspruchsvolle Persönlichkeit des Galilei zu studieren, zu kritisieren, zu bewundern.

4 Spielen von Zorn

Gegenüber den Hofgelehrten, die sich weigern, durch sein Teleskop zu schauen, da es entweder die Behauptung des Aristoteles bestätigen oder den Galilei als einen Schwindler entlarven müsse, spielte L. nicht so sehr den Zorn als den Versuch zur Beherrschung des Zorns.

4 Hündisches

Nachdem Galilei, am Ende ausbrechend, gedroht hat, mit seiner neuen Wissenschaft in die Schiffswerften zu gehen, sieht er den Hof hastig aufbrechen. Tief alarmiert und verstört läuft er in einem äußerst servilen Gang hinter dem sich zurückziehenden Fürsten her, stolpernd und würdelos. In derlei zeigt sich die Größe eines Schauspielers durch den Grad des Unverständlichen, jedenfalls nicht zu Billigenden, den er dem Verhalten der Figur zu verleihen vermag.

4 und 6[1] Der Kampf und die besondere Art des Kampfes

L. trug Sorge dafür, daß durch die zwei folgenden Szenen 4 und 6 die Handskizze der Jupiter-Konstellation aus Galileis originalem Report auf die Tafel des Hintergrunds projiziert blieb. Sie erinnerte an den Kampf. Um eine Seite davon, das Antichambrieren für die Wahrheit, zu zeigen, ließ L. sich am Ende von 4, wenn nach dem hastigen Abgang des Hofs

1 Die 5. Szene wurde in diesen Aufführungen nicht gespielt.

der Kämmerer zurückbleibt, ihm den Appell an Rom mitteilend, aus dem Raum, sein Haus bedeutend, hinaus vor den kleinen Vorhang treiben. Dort stand er, zwischen 4 und 6 sowie zwischen 6 und 7 wartend und mitunter feststellend, daß der kleine Kiesel aus seiner Tasche immer noch von der erhobenen einen Hand in die darunter ausgestreckte andere fiel.

6

Die spottenden Mönche im Collegium Romanum betrachtet Galilei nicht ganz ohne Anerkennung – versuchen sie doch immerhin, durch das Treten auf der unsichtbaren rollenden Erdkugel die Absurdität seiner Behauptungen zu *beweisen*. Den greisen Kardinal betrachtet er mit Mitleid.

Nachdem der Astronom Clavius die Angaben des Galilei bestätigt hat, zeigt Galilei dem sich bestürzt zurückziehenden gegnerischen Kardinal seinen Schwerkraftstein, und L. tat dies keinesfalls triumphierend, sondern als wolle er dem Gegner noch einmal eine Gelegenheit geben, sich selbst zu überzeugen.

7 Ruhm

Geladen zum Maskenball der Kardinäle Bellarmin und Barberini, bleibt Galilei einige Augenblicke allein in der Vorhalle mit den klerikalen Sekretären, die sich später als Geheimpolizisten entpuppen. Schon bei seinem Eintritt haben vornehme Masken ihn mit großer Achtung begrüßt: Es ist offenbar, daß er in hoher Gunst steht. Aus den Sälen dringt die Stimme eines Knabenchors, und Galilei lauscht einer dieser melancholischen Stanzen, welche man hört, wo die Lebensfreude herrscht. Nicht mehr als dieses

kurze Lauschen und das Wort »Rom!« benötigte L., um das Hochgefühl des Eroberers auszudrücken, dem die Hauptstadt der Welt zu Füßen liegt.

7

In dem kurzen Duell der Bibelzitate, das er mit dem Kardinal Barberini ausficht, zeigt L.s Galilei bei aller Lust an derlei geistigem Sport doch auch, daß er eine ungünstige Entwicklung seiner Angelegenheit zu ahnen beginnt. Im übrigen hängt die Wirkung der Szene ab von der Eleganz ihrer Durchführung, und L. machte vollen Gebrauch von seiner schweren Körperlichkeit.

7 Zwei Dinge auf einmal

Das kleine Argument über die Fassungskraft des menschlichen Gehirns (das der Stückschreiber mit Vergnügen von Albert Einstein geäußert hörte) gab L. die Gelegenheit, zwei Züge zu zeigen: 1. eine gewisse Grobheit des Fachmanns, wenn der Laie sein Gebiet invadiert, und 2. die Erkenntnis der Schwierigkeit eines derartigen Problems.

7

Auf die Vorlesung des Dekrets, das dem Gast untersagt, die als bewiesen anerkannte Theorie zu lehren, reagiert L.s Galilei mit zweimaligen äußerst scharfen Wendungen von den lesenden Sekretären zu dem liberalen Barberini hin. Galilei ist wie vom Donner gerührt und läßt sich von den beiden Kardinälen zum Ball schleppen wie ein mit der Axt betäubter Stier. Auf eine vom Stückschreiber nicht beschreibbare Art verstand es L., den Eindruck zu vermitteln, daß es hauptsächlich die offene Verletzung der Logik ist, die Galilei entwaffnet.

8

Erfährt Galilei in der siebenten Szene das *Nein* der Kirche, so in der achten ein *Nein* der Bevölkerung. Es kommt aus dem Mund des Mönches, der selbst Physiker ist. Galilei, erst erschreckt, erkennt die Zusammenhänge:

daß nicht der Bauer von der Kirche, sondern die Kirche vom Bauern verteidigt wird, wenn es gegen die Wissenschaft geht. Es war L.s theatralischer Gedanke, den Galilei so tief treffen zu lassen, daß er alle Gegenargumente im Ton der Verteidigung, ja der zornigen Notwehr hervorbringt und das Hinwerfen des Manuskripts zu einer Geste der Hilflosigkeit machen konnte. Er berief sich auf seinen unbezwinglichen Forschungstrieb, wie ein ertappter Sexualverbrecher sich auf seine Drüsen berufen mag.

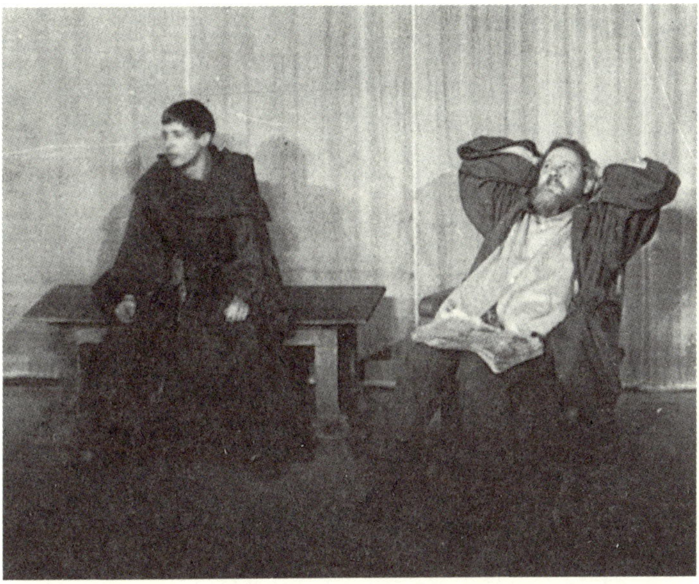

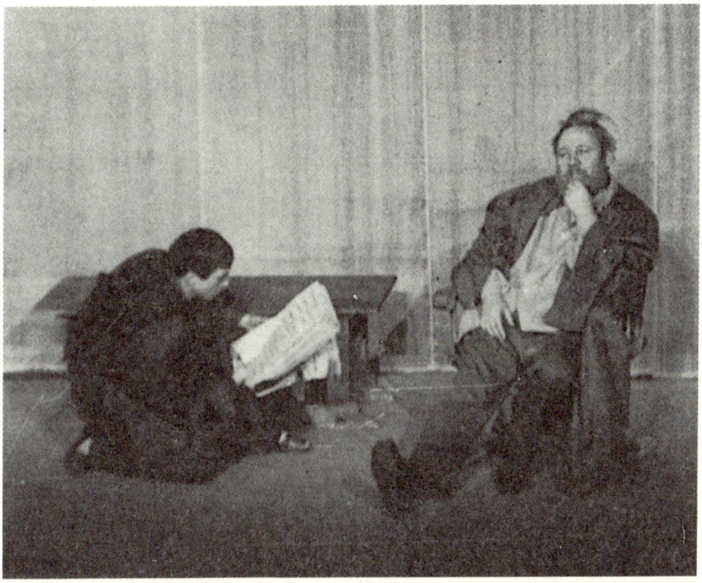

8 Laughton vergisst nicht, die Fabel zu erzählen

Die achte Szene hat im Text des Galilei einen Satz, der die Fabel weitererzählt: »Sollte ich dieses Dekret anerkennen...« L. präparierte dieses winzige, jedoch wichtige Moment sorgfältigst heraus.

9

Während L. darauf bestand, nach dem Widerruf der dreizehnten Szene eine große Änderung nach dem Kriminellen hin in dem Charakter des Galilei vornehmen zu dürfen, spürte er kein Bedürfnis nach Ähnlichem für den Beginn der neunten Szene. Auch hier hat Galilei jahrelang von einer öffentlichen Schlußfolgerung aus seinen Entdeckungen Abstand genommen, um der Kirche gefällig zu sein, aber dies kann in der Tat nicht als ein Verrat betrachtet werden, der dem späteren gleicht. Noch ist nämlich die Kenntnis der neuen Lehre in der breiteren Bevölkerung gering, noch ist die Sache der jungen Astronomie nicht verknüpft mit der Sache des oberitalienischen Bürgertums, noch sind die Kampffronten keine politischen. Wenn auch ein Ruf unterlassen wird, so wird doch kein Widerruf vorgenommen. So ist es immer noch nur die persönliche Ungeduld und Unzufriedenheit des Wissenschaftlers, die zur Darstellung zu gelangen hat.

9 Wann wird Galilei zum Schädling

Bei dem Galilei handelt es sich nämlich nicht darum, daß einer bei seiner Meinung stehenbleiben müsse, solange er sie für wahr hält; wofür er dann den Titel eines Charakters bekommt. Der Kopernikus, der alles überhaupt in Schwung gebracht hat, ist zu seiner Meinung nicht gestanden, sondern gelegen, indem er sie erst nach seinem Tod veröffentlichen ließ, und doch macht ihm mit Recht niemand einen Vorwurf. Da war etwas hingelegt und konnte aufgelesen werden. Der es hingelegt hatte, war gegangen, weg von Dank oder Schimpf. Da war eine wissenschaftliche Leistung, ermöglichend eine leichtere, kürzere, elegantere Berechnung der Gestirnbahnen – die Menschheit mochte sich bedienen. Das Lebenswerk des Galilei ist im ganzen von derselben Art, und die Menschheit bediente sich seiner. Aber zum Unterschied vom Kopernikus, der dem Kampf ausgewichen war, hat er ihn gekämpft und diesen Kampf verraten. Hätte Giordano Bruno, der Nolaner, der den Kampf nicht vermied und zwei Jahrzehnte zuvor verbrannt worden war, widerrufen, wäre der Schaden wohl nicht groß gewesen; es ist sogar fraglich, ob sein Märtyrertod nicht mehr Wissenschaftler abschreckte als anfeuerte. Der Kampf war zu Brunos Zeit noch schwächlich. Aber die Zeit blieb nicht stehen: eine neue Klasse, das Bürgertum, hatte nun mit einer neuen Industrie den Plan kräftiger betreten; es handelte sich nicht nur mehr um wissenschaftliche Leistungen, sondern um Kämpfe, sie groß und allgemein zu verwerten. Die Verwertung erfolgte in vielen Hinsichten, mußte doch die neue Klasse, um ihre Geschäfte betreiben zu können, zur Macht kommen und eine herrschende Ideologie zertrümmern, die sie daran hinderte. Die Kirche, welche den Grundbesitzern und Fürsten ihre Privilegien als gottgewollte und somit natürliche verteidigte, herrschte nicht durch die Astronomie, aber in ihr, auch in ihr. Auf keinem Gebiet konnte sie ihre Herrschaft vernichten lassen. Die neue Klasse nämlich konnte einen Sieg auf jedem Gebiet, auch auf dem der Astronomie, für sich ausnutzen. Jedoch war sie, hatte sie einmal ein Gebiet als Exempel gewählt und den Kampf darauf konzentriert, auf diesem Gebiet verletzlich in allgemeiner Weise. Der Satz »Keine Kette ist stärker als ihr schwächstes Glied« gilt für Ketten, die binden (wie es die kirchliche Ideologie eine war), und für Transmissionsketten (wie die neuen Vorstellungen über Besitz, Recht, Wissenschaft usw. der neuen Klasse) zugleich. Galilei wurde zum Schädling, als er seine Wissenschaft in diesen Kampf führte und den Kampf dann verließ.

9 Lehren

Kein Bild vermag die Leichtigkeit und Eleganz wiederzugeben, mit der L. die kleinen Experimente mit dem schwimmenden Eisstück in der Kupferwanne vollführte. Einem verhältnismäßig langen Lesen in Büchern folgte die schnelle Demonstration. Das Verhältnis zu den Schülern ähnelt einem Zweikampf, in dem der Fechtlehrer alle Kunstgriffe anwendet – gegen den Schüler, dem Schüler zu dienen. Andrea auf einer zu hastigen Schlußfolgerung ertappend, streicht er ihm den falschen Eintrag im Rekordbuch mit derselben Geduld und Sachlichkeit durch, wie er die Lage des Eisstückes in der Tauchvorrichtung korrigiert.

9 Das Schweigen

Seine Künste braucht er freilich bei seinen Schülern, um ihre Unzufriedenheit mit ihm zu unterdrücken. Sie verübeln sein Schweigen bei der europäischen Diskussion der Sonnenflecken, in der sein Urteil als der größten Autorität immerfort gefordert wird. Er weiß, daß er seine Autorität der Kirche verdankt, die stürmische Forderung nach seinem Spruch, also seinem Schweigen. Seine Autorität ist ihm verliehen worden unter der Bedingung, daß er sie nicht ausübt. L. zeigt das Leiden des Galilei in der Episode mit dem Buch über die Sonnenflecken, das gebracht und von den Schülern diskutiert wird. Er spielt völlige Gleichgültigkeit, aber wie schlecht! Ihm ist nicht erlaubt, dieses Buch durchzublättern, das doch sicher voll von Irrtümern, also doppelt verführerisch ist! Und er unterstützt, selber nicht revoltierend, immerhin im kleinen die Revolte: wenn der Linsenschleifer Federzoni im Zorn seine Waage zu Boden schmettert, weil er das Latein der Bücher nicht lesen kann. Er hebt sie selber ihm auf – freilich beiläufig, wie einer, der alles aufhebt, was herunterfällt.

9 Wiederaufnahme der Forschung, ein sinnliches Vergnügen

Die Ankunft Ludovico Marsilis, des Verlobten Virginias, nützte L. dazu aus, seine eigene Unzufriedenheit mit der Routinearbeit zu dokumentieren. Er veranstaltete die Bewirtung des Gastes in solcher Weise, daß sie den Schülern als Unterbrechung der Arbeit Kopfschütteln erregen konnte. Bei der Nachricht, daß der reaktionäre Papst auf dem Sterbebett liege, begann dem Galilei sichtlich sein Wein zu munden. Sein ganzer Habitus änderte sich. Mit dem Rücken zum Publikum am Tisch sitzend, erlebte er eine Wiedergeburt; er steckte die Hände in die Tasche und legte das eine Bein auf die Bank, sich wollüstig rekelnd. Dann stand er langsam auf und begann hin und her zu laufen, den Wein mit sich nehmend. Und zugleich ließ er merken, wie ihm der zukünftige Schwiegersohn, der Gutsbesitzer und Reaktionär, mit jedem Schluck Wein weniger gefiel. Seine Anweisungen an die Schüler, die Vorbereitungen für das neue Experiment betreffend, waren ebenso viele Herausforderungen. Und dabei sorgte L. noch dafür, daß es offenbar wurde, wie er da eine Gelegenheit zur Forschung nicht etwa beim Schopfe, sondern nur an einem Härchen ergriff!

9 Arbeitsgestus

Die Rede über die Notwendigkeit der Vorsicht, mit der Galilei seine wissenschaftliche Tätigkeit wieder aufnimmt, die aller Vorsicht ins Gesicht schlägt, zeigt L. in einem kostbaren Gestus kreativer, sehr verletzlicher Weichheit.

TUESDAY
WEDNESDAY
FRIDAY

WEDNESDAY
THURSDAY
FRIDAY

9

WEDNESDAY
THURSDAY
FRIDAY
SATURDAY

Selbst Virginias Ohnmächtigwerden, wenn sie den Verlobten nicht mehr anwesend findet, interessiert Galilei kaum. Die Schüler beugen sich über sie, er sagt schmerzlich: »Ich muß es wissen.« Und es sagend, erschien er nicht hart.

10 Politische Haltung aus dramaturgischen Gründen

L. nahm den größten Anteil an der zehnten (der Fastnachts-) Szene, in der die italienische Bevölkerung, als Galileis revolutionäre Lehre mit ihren eigenen revolutionären Forderungen verknüpfend, gezeigt wird. Er trug zu ihrer Verschärfung bei, indem er vorschlug, daß Vertreter der Gilden, maskiert, eine Wergpuppe, hergerichtet als Kardinal, spottend in die Luft werfen sollten. Ihm war so wichtig, daß die Bedrohung der Besitzverhältnisse durch die Lehre von der Erdumdrehung demonstriert wurde, daß er eine New Yorker Produktion, welche diese Szene streichen wollte, ablehnte.

11 Abbau

Die elfte Szene ist die Szene des Abbaus. L. beginnt sie in der autoritativen Haltung der neunten Szene. Er erlaubt der fortgeschrittenen Erblindung nicht, auch nur ein Jota seiner Virilität wegzunehmen. (Überhaupt verzichtete L. bewußt auf die Ausnutzung dieses Gebrechens, das Galilei sich in der Ausübung seines Berufes zugezogen hat und das ihm natürlich die Sympathie der Zuschauer sichern könnte. L. wünschte das Versagen des

Galilei nicht dem Alter oder irgendwelcher körperlichen Schwäche zuschreibbar. Noch in der letzten Szene bot er nicht das Bild eines körperlich, sondern das eines geistig gebrochenen Mannes.)

Der Stückschreiber zieht es vor, den *Widerruf* des Galilei hier zu plazieren, anstatt denselben vor der Inquisition stattfinden zu lassen. Galilei vollzieht ihn, wenn er das Angebot der fortschrittlichen bürgerlichen Klasse, gemacht durch den Eisengießer Vanni, ihn in seinem Kampf gegen die Kirche zu unterstützen, ablehnt und sich darauf beruft, er habe ein unpolitisches wissenschaftliches Werk geschrieben. L. machte diese Ablehnung mit äußerster Schroffheit und Kraft.

11 Zwei Fassungen

Für die Begegnung mit dem Kardinal Inquisitor, der aus den inneren Gemächern kommt, änderte L. in der New Yorker Aufführung den Gestus. Er blieb in der kalifornischen sitzen, den Kardinal nicht erkennend, während seine Tochter sich verneigte. So entstand der Eindruck, als gehe da etwas Unheilvolles vorüber, unerkenntlich, sich aber verneigend.

In New York erhob sich L. und nahm die Verbeugung des Kardinals selbst entgegen. Die Änderung scheint dem Stückschreiber nicht glücklich, da sie zwischen Galilei und dem Kardinal Inquisitor eine Beziehung etabliert, die nichts zur Sache tut, und aus dem folgenden Satz des Galilei »Er war immerhin höflich« eine Feststellung, anstatt eine Frage macht.

»Der Wagen der Heiligen Inquisition erwartet Sie, Herr Galilei.«

11 Die Verhaftung

Sobald der Kämmerer auf der Treppe erscheint, nimmt Galilei hastig sein Buch unter den Arm und läuft, an dem erstaunten Kämmerer vorbei, die Treppe hinauf. Durch die Worte des Kämmerers zurückgehalten, fängt er an, in seinem Buch zu blättern, als käme es auf die Güte dieses Werkes an. Stehengelassen auf den unteren Stufen der Treppe, muß er den Gang zurück machen. Er stolpert dabei. Beinahe an der Rampe angelangt – seine Tochter ist auf ihn zugeeilt –, sammelt er sich vollständig und gibt seine Anweisungen praktisch und kraftvoll. Es zeigt sich, daß er gewisse Vorkehrungen getroffen hat. Seine Tochter eng an sich haltend, sie stützend, versucht er, in schnellem, energischem Gang die Halle zu verlassen. Beim Ausgang angelangt, ruft ihn der Kämmerer zurück. Er empfängt den verhängnisvollen Bescheid mit großer Fassung. So spielend, zeigt L., daß hier weder ein unbeholfener noch ein unwissender Mann eingefangen wird, sondern einer, der große Fehler gemacht hat.

13 Eine Erschwerung für den Schauspieler: gewisse Wirkungen treffen erst ein beim zweiten Sehen des Stücks

Wenn es zu der Szene mit dem *Widerruf* kommt, hat L. in den vorausgehenden Szenen niemals versäumt, die Nachgiebigkeit und die Unnachgiebigkeit des Galilei den Behörden gegenüber in all ihren Graden auszustellen, auch da, wo wohl nur derjenige Zuschauer etwas damit machen konnte, der das Stück schon einmal bis zu Ende gesehen hatte. Er war sich mit dem Stückschreiber durchaus bewußt, daß dieser Stücktypus, seine Details betreffend, auf die Kenntnis des Ganzen leidig angewiesen ist.

13 Der Verräter

Für den nach dem *Widerruf* von der Inquisition zu seinen Schülern zurückkehrenden Galilei gibt es im Buch eine Vorschrift: »*Tritt auf, bis zur Unkenntlichkeit verändert.*« L. wählte eine Unkenntlichkeit nicht körperlicher Art, wie der Stückschreiber angeregt hatte. In seinem losen Gang und seinem Grinsen war etwas Infantiles, Bettnässerisches, eine Selbstbefreiung auf niedrigster Stufe andeutend, als seien da Zügel abgeworfen, die recht nötig gewesen waren.

Dies und das Folgende ist am besten auf Bildern der kalifornischen Aufführung zu sehen.

Andrea Sarti ist es schlecht geworden, Galilei hat verlangt, daß man ihm ein Glas Wasser hole, und der Mönch geht an ihm vorbei, es zu holen, das Gesicht abgewendet. Galileis Auge wird von Federzoni, dem Handwerker-Gelehrten, gefangen, und geraume Zeit, bis der Mönch mit dem Wasser zurückkommt, starren sich die beiden an. Das ist Galileis Abstrafung: Die Federzonis der kommenden Jahrhunderte sind es, die seinen Verrat an der Wissenschaft gleich zu Beginn ihrer großen Laufbahn werden bezahlen müssen.

13

Die Schüler haben den Gestürzten verlassen. Sartis letztes Wort war gewesen: »Unglücklich das Land, das keine Helden hat.« Galilei hat die Antwort auszudenken, und zu spät, als daß sie ihn noch hören könnten, ruft er ihnen nach: »Unglücklich das Land, das Helden nötig hat!« L. sagte es nüchtern, eine Feststellung des Physikers, der die Natur um ihr Privileg bringen möchte, Tragödien zu verhängen und die Menschheit um die Notwendigkeit, Helden zu stellen.

14 Die Gans

Die letzten Jahre seines Lebens bringt Galilei als Gefangener der Inquisition auf einem Landsitz unweit Florenz zu. Seine Tochter Virginia, die zu unterrichten er versäumt hat, ist zum Spitzel der Inquisition geworden. Er diktiert ihr seine »Discorsi«, in denen er seine hauptsächlichen Lehren formuliert. Um aber zu verheimlichen, daß er eine Abschrift des Werkes anfertigt, übertreibt er den Grad seiner Erblindung. Hier stellt er sich, als erkenne er eine Gans nicht, die sie ihm als das Geschenk eines Reisenden zeigt. Seine Weisheit ist zur List herabgesunken. Jedoch ist sein Genießertum wohl erhalten: Er gibt seiner Tochter genau an, wie er die Leber der Gans zubereitet haben möchte. Seine Tochter verbirgt weder, ihr Mißtrauen betreffend, sein Unvermögen, die Gans zu erkennen, noch ihre Verachtung seiner Freßlust. Galilei wiederum, wissend, daß sie den Wächtern der Inquisition gegenüber den Vater verteidigt, verschärft boshaft ihren Gewissenskonflikt, indem er durchblicken läßt, daß er die Inquisition

Die Gans

Diktat

täuscht. So experimentiert er mit ihrer Tochterliebe und ihrer Ergebenheit gegen die Kirche in niedriger Art. Jedoch gelang es L., bewundernswert, beim Zuschauer zugleich mit einiger Verachtung, doch auch einigen Schrecken über Erniedrigungen zu erregen, die niedrig machen. Zu all dem hatte er nur wenige Sätze und Pausen zur Verfügung.

14 Kollaboration

Begierig zu zeigen, daß das Verbrechen den Verbrecher verbrecherischer macht, bestand L. bei der Bearbeitung des Originalstücks auf einer Szene, in der Galilei vor dem Zuschauer mit den Machthabern kollaboriert. Dies war auch deshalb angezeigt, weil Galilei im weiteren Verlauf der Gesamtszene den verehrungswürdigsten Gebrauch von seiner wohl konservierten Geisteskraft macht, indem er seinen Verrat dem einstigen Schüler gegenüber analysiert. Er diktiert seiner Tochter, der er auch sein Hauptwerk »Die Discorsi« in den letzten Wochen diktiert hat, einen unterwürfigen Brief an den Erzbischof, in dem er ihn unterweist, wie die Bibel zur Niederhaltung hungernder Handwerker benutzt werden kann. Er zeigt seiner Tochter offen seinen Zynismus dabei, kann aber nicht ganz die Anstrengung verbergen, die ihm die schimpfliche Aufgabe macht. L. war sich durchaus bewußt, wie halsbrecherisch kühn er mit dieser rücksichtslosen Preisgabe seiner Figur gegen den Strom schwamm – verträgt doch das Publikum nichts weniger als so etwas.

14 Die Stimme des Gastes

Virginia hat das Manuskript des Briefes an den Erzbischof niedergelegt und ist gegangen, einen späten Besuch zu empfangen. Galilei hört die Stimme Andrea Sartis, seines einstigen Lieblingsschülers, der sich nach dem Widerruf von ihm losgesagt hatte. Jenen, die bei der Lektüre des Stücks die Schilderung der Seelenqualen vermißten, denen unsere Atomphysiker von der bombenbestellenden Behörde ausgesetzt werden, erteilte L. eine kleine Belehrung darüber, wie einem Schauspieler von Rang ein flüchtiger Augenblick genügt, solche seelischen Unbequemlichkeiten anzudeuten. Es ist natürlich richtig, die Unterwürfigkeit Galileis seinen Behörden gegenüber mit der unserer Physiker gegenüber Machthabern, denen sie mißtrauen, zu vergleichen, jedoch ist es falsch, ihnen in ihre Bauchschmerzen zu folgen. Was sollte damit gewonnen sein? L. verlegte hierher einfach die Aufzeigung seines schlechten Gewissens, die ihn später in der Szene, bei der Analyse seines Verrats, nur gestört hätte.

14 Das Lachen

Das Lachen auf dem Bild S. 265 war durch den Text nicht provoziert, und es war schrecklich. Sarti, der einstige Lieblingsschüler, kommt zu Besuch, und Virginia bespitzelt die mühselige Unterredung. Galilei erkundigt sich nach seinen ehemaligen Mitarbeitern, Sarti gibt rücksichtslose Auskünfte, berechnet, den Lehrer zu verletzen. Sie kommen auf Federzoni, einen Linsenschleifer, den Galilei zum wissenschaftlichen Mitarbeiter gemacht hat, obgleich er nicht Latein verstand. Als Sarti berichtet, er sei wieder zurück in einer Werkstätte, Linsen schleifen, antwortet Galilei: »Er kann die Bücher nicht lesen« und dann läßt L. ihn lachen. In diesem Lachen ist jedoch nicht etwa Bitterkeit gegen die Gesellschaft, welche die Wissenschaft als eine geheime den Vermögenden vorbehält, sondern ein höchst laszıver Spott über den unzulänglichen Federzoni und ein freches Einverständnis mit seiner Degradierung: diese erklärt sich einfach (und vollständig) aus seiner Unzulänglichkeit! L. wünschte so, den Gefallenen zum Provokateur zu machen. Sarti zeigt denn auch darauf sein Entsetzen, und er ergreift die Gelegenheit, dem unverschämten Widerrufer einen Schlag zu versetzen, wenn Galilei vorsichtig fragt, ob Descartes noch weiterarbeite. Er berichtet kalt, jener habe seine Untersuchungen über die Natur des Lichtes

Galilei lacht über Federzoni

auf die Nachricht von Galileis Widerruf eingestellt. Und Galilei hatte einmal ausgerufen, er wolle gerne viele Klafter unter der Erde eingekerkert sein, wenn er dadurch erfahren könnte, was Licht sei. Hinter diese böse Auskunft legte L. eine lange Pause.

14 Das Recht zur Unterwerfung

Während der paar ersten Sätze, die er mit Sarti austauscht, horcht er unauffällig auf die Schritte des Beamten der Inquisition im Vorraum, der mitunter stehenbleibt, wohl um zu lauschen. Dieses unauffällige Horchen ist schwer zu machen, da es nur Sarti, aber nicht dem Zuschauer verborgen bleiben soll. Sarti deshalb, weil er sonst die bußfertigen Äußerungen des Gefangenen nicht für bare Münze nehmen würde. Galilei muß sie ihm aber als bare Münze aushändigen, damit der Gast sie, ins Ausland gelangt, umtauschen kann; denn es geht nicht an, dort das Gerücht verbreitet zu haben, der Gefangene sei unbußfertig. Aber es kommt zu einem Moment im Gespräch, wo Galilei über dieses für die feindlichen Ohren Sprechen hinausgeht und wo er mit Autorität und Heftigkeit seine Unterwerfung als ein Recht proklamiert. Der Befehl der Gesellschaft an ihre Mitglieder, zu produzieren, ist vage gehalten und durch keinerlei Garantie begleitet, der Produzierende produziert auf eigenes Risiko, und Galilei kann jederzeit beweisen, daß er durch seine Produktivität seinen Komfort gefährdet.

14 Aushändigung des Buches

Die Eröffnung, die Galilei dem Besucher über die Existenz der »Discorsi« macht, wurde von L. schnell und mit übertriebener Indifferenz gebracht; aber einem Ton, als wolle sich der alte Mann nur der bedauerlichen Frucht eines Fehltritts entledigen, unterlag ein anderer Ton: der Besorgnis, der Besucher könnte die Zumutung, das Risiko der Wegschaffung, zurückweisen. Während seiner mißlaunischen Beteuerungen, er habe das Buch nur als Sklave seiner Gewohnheit, einer durchaus lasterhaften, zu denken, verfaßt, sah der Zuschauer ihn horchen. (Da er sein Augenlicht durch das heimliche Abschreiben des von der Inquisition gefährdeten Werkes weiter verdorben hat, ist er ganz auf sein Gehör angewiesen, wenn er die Reaktion Sartis erfahren will.) Gegen Ende seines Appells zu gibt er den Gestus lässiger Grandeur nahezu völlig auf und beginnt beinahe zu bitten. Die Bemerkung, daß er wissenschaftlich weitergearbeitet habe, um die Zeit totzuschlagen, gemacht, als er Sartis Begeisterung über das Werk schon dem Ausruf »Die Discorsi!« entnehmen kann, kam von L.s Lippen so unecht, daß sie niemanden täuschen konnte.

Nun ist es wichtig, zu wissen, daß Galilei, wenn er seine eigene Verurteilung der ihm untersagten Lehrtätigkeit so sehr unterstreicht, hauptsächlich sich selber zu täuschen versucht. Da seine Arbeit und vor allem ihre Auslieferung an die wissenschaftliche Welt die Reste seines Komforts bedrohen, ist er selbst leidenschaftlich gegen diese »Schwäche«, die ihn zur Katze macht, die das Mausen nicht lassen kann. Das Publikum wohnt in der Tat seiner Niederlage bei, wenn es ihn so widerwillig, aber hilflos einem Drang nachgeben sieht, den die Gesellschaft in ihm erzeugt. Sein Risiko muß er ja für größer als je halten, denn nun ist er ganz in den Händen der Inquisition, seine Bestrafung wäre nicht mehr eine öffentliche, und die Menge derer, die früher protestiert hätten, haben sich – durch seine Schuld – verlaufen. Und während die Gefahr für ihn gestiegen ist, kommt er auch noch zu spät mit seinem Beitrag, denn die ganze Astronomie ist unpolitisch geworden, eine bloße Sache der Wissenschaftler!

14 Wachsamkeit

Wenn der junge Physiker das neue Buch findet, auf das die Gelehrtenwelt zu warten schon nicht mehr wagt, widerruft er hastig sein Urteil über den einstigen Lehrer und beginnt, mit großer Leidenschaft eine Theorie über dessen alles entschuldigende Motive für den Verrat zu bauen. Galilei hat abgeschworen, um weiterarbeiten und der Wahrheit neue Beweisgründe zur Verfügung stellen zu können. Galilei hört ihm eine Weile zu, nur einsilbige Äußerungen einstreuend. Was er da hört, wird ungefähr alles sein, was er hoffen kann von der Nachwelt an Anerkennung seiner schwierigen und gefährlichen Arbeit zu hören. Er scheint die schnell gebaute Theorie seines Schülers zunächst zu testen, wie jede Theorie getestet werden muß, nach ihrer Haltbarkeit. Aber er stellt schnell fest, sie ist nicht haltbar. Hier ist es, wo er, eingeschlossen in seinen Arbeitsbereich, seine Wachsamkeit gegenüber dem möglichen Lauscher zu vergessen beginnt: Er horcht nicht mehr.

14 Die Analyse

Der große Gegenangriff des Galilei auf die goldene Brücke wird eröffnet mit dem hämischen, alle Magnifizenz preisgegebenden Ausbruch »Willkommen im Rinnstein, Bruder in der Wissenschaft und Vetter im Verrat! Ich habe ausverkauft, und du bist ein Käufer«. Dies ist eine der wenigen Stellen, mit denen L. Schwierigkeiten hatte. Er bezweifelte, daß der Zuschauer den Wortsinn begreifen würde, abgesehen davon, daß die Worte hier dem sonstigen Vokabular des Galilei, dem pur logischen, nicht entnommen sind. Dem Argument des Stückschreibers, es müsse einen Gestus geben, der die Selbstverdammung des Opportunisten durch die Verdammung jener elementar anzeigt, welche die Frucht des Opportunismus akzeptieren, folgte L. nicht; noch weniger verstand er, daß der Stückschreiber bereit war, sich zu begnügen mit der Ausstellung eines im einzelnen nicht mehr rationell zu verfolgenden Zustandes. Der Verzicht auf das scheele, mühevolle Grinsen hier beraubte die Einleitung der großen Belehrungsrede der Schnödigkeit. Es kam nicht ganz heraus, daß es die niedrigste Stufe der Belehrung ist, den Unwissenden zu verhöhnen, und daß es ein häßliches Licht ist, das einer nur verbreitet, um sein Licht leuchten zu lassen. Da aber der niedrigste Ausgangspunkt fehlte, schien manchen die Höhe, welche L. in der großen Rede unzweifelhaft erklomm, nicht eigent-

lich meßbar, wurde der Zusammenbruch der eitlen und gewalttätig autoritativen Haltung hinein in die Bescheide des Forschenden nicht ganz sichtbar. Hat doch der theatralische Gehalt der Rede nur unmittelbar zu tun mit der schonungslosen Aufzeigung des Sündenfalls der bürgerlichen Wissenschaften am Beginn ihres Aufstiegs, der Überantwortung der wissenschaftlichen Erkenntnisse an die Herrschenden, die ermächtigt werden, »sie zu brauchen, nicht zu brauchen, zu mißbrauchen, wie es ihnen gefallen mag«. Der theatralische Gehalt ist bezogen aus dem Gesamtverlauf der Handlung, und es ist zu zeigen, wie intakt dieses perfekte Gehirn funktioniert, wenn es den Inhaber selbst zu beurteilen hat. Dieser da, sollte der Zuschauer sagen können, sitzt jetzt in einer Hölle, furchtbarer als jene des Dante, wo man die Gabe des Intellekts verspielt hat.

14 Hintergrund der Aufführung

Man muß wissen, unsere Aufführung fiel in die Zeit und das Land, wo eben die Atombombe hergestellt und militärisch verwertet worden war und nun die Atomphysik in ein dichtes Geheimnis gehüllt wurde. Der Tag des Abwurfs wird jedem, der ihn in den Staaten erlebt hat, schwer vergeßlich sein. Der japanische Krieg war es, der die Staaten wirklich Opfer gekostet hatte. Die Transporte der Truppen gingen von der Westküste aus, und dorthin kehrten die Verwundeten und die Opfer der asiatischen Krankheiten zurück. Als die ersten Blättermeldungen Los Angeles erreichten, wußte man, daß dies das Ende des gefürchteten Krieges, die Rückkehr der Söhne und Brüder bedeutete. Aber die große Stadt erhob sich zu einer erstaunlichen Trauer. Der Stückschreiber hörte Autobusschaffner und Verkäuferinnen in den Obstmärkten nur Schrecken äußern. Es war der Sieg, aber es war die Schmach einer Niederlage. Dann kam die Geheimhaltung der gigantischen Energiequelle durch die Militärs und Politiker, welche die Intellektuellen aufregte. Die Freiheit der Forschung, das Austauschen der Entdeckungen, die internationale Gemeinschaft der Forscher war stillgelegt von Behörden, denen stärkstens mißtraut wurde. Große Physiker verließen fluchtartig den Dienst ihrer kriegerischen Regierung; einer der namhaftesten nahm eine Lehrstelle an, die ihn zwang, seine Arbeitszeit auf das Lehren der elementarsten Anfangsgründe zu verschwenden, nur um nicht unter dieser Behörde arbeiten zu müssen. Es war schimpflich geworden, etwas zu entdecken.

ANHANG

Weitere Texte

Sinn und Sinnlichkeit

Die demonstrative Spielweise, die das Leben so abbildet, daß es der Vernunft zum Eingriff vorgelegt wird, und die den Deutschen recht doktrinär vorkommt, machte dem Engländer L. keine Schwierigkeit allgemeiner Art. Es ist unsere besondere Unsinnlichkeit, welche den Sinn so auffällig und penetrant macht, sobald er »hereingebracht« wird. Das Unsinnliche ist an der Kunst ohne weiteres auch unsinnig, und kein Sinn bleibt gesund, wenn er nicht sinnlich ist. Bei uns hat die Vernunft gleich etwas Kaltes, Gewaltiges, Mechanisches, und wir haben entweder das Leben oder die Idee, die Leidenschaft oder das Denken, das Nützliche oder das Vergnügliche. So kommt es, daß wir unseren »Faust« aufführend, was der Bildung wegen regelmäßig geschieht, ihn jeder Sinnlichkeit entkleiden und das Publikum dadurch in eine vage Stimmung versetzen, in der es fühlt, es habe etwas mit allerhand Gedanken zu tun, ohne einen einzigen zu fassen. L. benötigte nicht einmal irgendwelche theoretische Information über den »Stil«. Er hatte genug Geschmack, um keinen Unterschied zwischen »dem Hohen« und »dem Niedrigen« machen zu müssen, und er haßte das Predigen. So vermochte er die widerspruchsvolle Person des großen Physikers in voller Leiblichkeit zu entwickeln, ohne seine eigenen Gedanken darüber zu unterdrücken oder aufzudrängen.

Ohne Bart, mit Bart

L. spielte in der kalifornischen ohne, in der New Yorker Aufführung mit Bart. Diese Reihenfolge bedeutet nichts, und es fanden darüber keine gründlichen Diskussionen statt. In derlei kann der Wunsch nach Abwechslung entscheiden. Gleichwohl ändert sich dadurch natürlich die Figur. Wie dem Stückschreiber Zuschauer der New Yorker Aufführung berichteten und wie ein Blick auf die Bilder bezeugt, spielt L. etwas anders. Aber alles, was entscheidet, blieb, und man kann das Experiment als Beispiel dafür nehmen, wie groß doch der Spielraum ist, der dem »Persönlichen« gelassen ist.

Der Abschied

Nichts freilich konnte schauerlicher sein als der Moment, wo L. seinen Diskurs beendete und mit einem »Ich muß jetzt essen« zu Tische eilte, als habe Galilei mit der Ablieferung der Erkenntnis wiederum alles getan, was von ihm erwartet werden kann. Sein Abschied von Sarti ist kalt. Stehend versunken in den Anblick des Gansessens, beantwortet er dessen nochmaligen Versuch, ihm seine Achtung auszudrücken, mit einem förmlichen »Besten Dank, mein Herr«. Und befreit von jeder weiteren Verantwortung, setzt er sich lustvoll zum Essen.

Nachwort

Die Aufführung des »Galilei«, vorbereitet durch mehrere Jahre und zustande gebracht durch die Opfer aller Beteiligten, wurde von kaum zehntausend Menschen gesehen. Sie wurden gezeigt in zwei kleinen Theatern, je ein dutzendmal, zuerst in Beverly Hills (Los Angeles), dann mit einer vollständig neuen Besetzung in New York. Sämtliche Vorführungen waren ausverkauft, jedoch war die große Presse schlecht. Dem standen gegenüber die anerkennenden Äußerungen von Leuten wie Charles Chaplin und Erwin Piscator und das Interesse des Publikums, welches groß genug schien, das Haus noch für geraume Zeit zu füllen; aber die möglichen Gewinne waren angesichts der hohen Rollenzahl nicht sehr groß, selbst bei ausgezeichnetem Geschäftsgang, und das Angebot eines künstlerisch interessierten Produzenten konnte nicht angenommen werden, weil L., der schon mehrere Filmangebote zurückgewiesen und große Opfer gebracht hatte, nicht wagen konnte, ein neues Angebot dieser Art zurückzuweisen. So blieb das Ganze das Privatunternehmen eines großen Künstlers, der, seinen Unterhalt jenseits des Theaters verdienend, es sich leistete, eine großartige Arbeit für so und so viele (nicht sehr viele) Interessen auszustellen. Diese Feststellung, so bedeutungsvoll sie sein mag, gibt freilich nicht das ganze Bild. Stücke und Aufführungen dieses neuen Typus können ihr Publikum bei der Organisationsform des amerikanischen Theaters dieser

Jahre nicht erreichen. So müssen solche Aufführungen als Exempel eines Theaters betrachtet werden, das unter anderen politischen und ökonomischen Verhältnissen möglich sein könnte. Mit ihren Errungenschaften und Fehlern sind sie Studienobjekte für solche, die sich ein Theater großer Gegenstände und lohnender Schauspielkunst wünschen.

Berliner Fassung
1955/56

Wie kann man zweifeln, daß es zu den schwersten Ärgernissen führen muß, wenn die von Gott frei geschaffenen Geister gezwungen werden sollen, sich sklavisch fremdem Willen zu fügen? wenn man die eigenen Sinne verleugnen und sie fremder Willkür soll unterwerfen müssen? wenn man Leute, die jeder Sachkenntnis ermangeln, zu Richtern über Fachmänner macht und ihnen eine Autorität verleiht, vermöge deren sie diese nach ihrem Gutdünken behandeln? Das sind die Neuerungen, welche den Ruin eines Gemeinwesens, die Untergrabung eines Staates herbeiführen können.

Galileo Galilei

ZUR ENTSTEHUNG DER BERLINER FASSUNG 1955/56

Nachdem Brecht im November 1947 von den USA in die Schweiz übergesiedelt ist, beginnt er mit der Arbeit an einer dritten Fassung des Galilei-Stoffs. »Ich habe jetzt ernstlich angefangen, den Galilei zu übersetzen«, schreibt er um die Jahreswende an Ruth Berlau. Der Vorgang, den Brecht als »Übersetzen« bezeichnet, sieht folgendermaßen aus: Aus der hektographierten Vorlage der dänischen Fassung von 1938/39 löst er die ihm noch verwertbar erscheinenden Texte heraus und fügt sie mit bereits wieder veränderten Texten sowie teilweise wörtlichen Übersetzungen aus der amerikanischen Fassung zu einem neuen Manuskript zusammen. Brecht knüpft an Laughtons Darstellung in Beverly Hills an und überträgt die dortigen Intentionen der Galilei-Figur in den neuen dramatischen Text. Die Szenenabfolge und das Figurenensemble entsprechen dem *Galileo* von 1947, aber die einzelnen Vorgänge sind durch den Rückgriff auf den dänischen *Galilei* wieder reicher ausgestaltet.

Als er im Oktober 1948 nach Berlin zurückkehrt, bemüht sich Brecht, den Galilei hier zu inszenieren und einen Laughton ebenbürtigen Hauptdarsteller zu finden – beides jedoch ohne Erfolg. Weder mit Fritz Kortner noch mit Oskar Homolka oder Leonard Steckel kommt eine Zusammenarbeit zustande. 1953 beauftragt Brecht dann Elisabeth Hauptmann und Benno Besson, auf der Grundlage seiner bisherigen Textzusammenstellung sowie des Materials zur dänischen und amerikanischen Fassung einen Bühnentext herzustellen. Wegen ihrer detaillierten Kenntnisse der amerikanischen Aufführungen in Beverly Hills und New York wird auch Ruth Berlau hinzugezogen. Bei der Arbeit wird das sowohl in *Galilei* als auch in *Turandot oder Der Kongreß der Weißwäscher* (mit dem sich Brecht gerade beschäftigt) behandelte Problem der Verantwortung der Wissenschaftler und Intellektuellen auf neue Weise aktuell. Nachdem der Sowjetunion 1949 ein Atomwaffentest gelungen ist und sie ein Abkommen über ein bedingungsloses Verbot der Anwendung von Kernwaffen vorschlägt, beginnen die USA mit der Herstellung der Wasserstoffbombe, die sie 1952 erstmals erproben. Ein Jahr später verfügt auch die UdSSR über eine Wasserstoffbombe, woraufhin Ethel und Julius Rosenberg in den USA der Spionage bezichtigt werden. Brecht schickt im Januar 1953 ein Telegramm an Albert Einstein: »Habe Akten gelesen, sie sind unschuldig«; ähnliche Botschaften sendet er an Arthur Miller und Ernest Hemingway. Internationalen Protesten zum Trotz werden die Rosenbergs als angebliche Atomspione hingerichtet. 1954 beginnt ebenfalls in den USA die Untersuchung gegen Robert Oppenheimer, den »Vater der Atombombe«, der sich nach den Bombenabwürfen auf Hiroshima und Nagasaki gegen eine weitere Atomrüstung ausgesprochen hat und als Leiter der US-Atomkommission zurückgetreten ist. Er gilt seitdem als »Sicherheitsrisiko«. Oppenheimer legt eine Verteidigungsschrift vor, in der er seine Beweggründe erläutert – und gleichzeitig seine Neutralität in Fragen der US-Rüstungspolitik bekundet.

All das geschieht vor dem Hintergrund des Krieges der USA in Korea und der drohenden Gefahr eines dritten Weltkrieges. Auch angesichts der Remilitarisierung in der Bundesrepublik ist der neue *Galilei* von besonderem zeitgeschichtlichen Belang. Brecht rückt das Problem des Wissenschaftlers noch näher an die Gegenwart heran. Der Verrat an der Wahrheit wird von einem Mann geübt, der, als es noch allein um seine Forschung ging, den Tod nicht fürchtete. Auf der Höhe seiner Karriere fällt er aber um so tiefer, als er bei der Größe seiner jetzigen gesellschaftlichen Verantwortung den Preis des Lebens nicht mehr zu zahlen bereit ist. Alle Veränderungen zur Profilierung der Figuren laufen auf eine Verschärfung der gesellschaftlichen Widersprüche hinaus. Mit Galileis großer Selbstanklage in der vorletzten Szene werden Assoziationen zum Verhalten Oppenheimers möglich. Brecht läßt jedoch nicht wie in der amerikanischen Fassung das Stück mit Galileis vollständiger Verurteilung abbrechen, sondern fügt die Schlußszene als Hinweis auf eine vorhandene Perspektive ein.

Ausgenommen die Verwandlung zur 11. Szene hat die dritte, im Zusammenwirken mit Hauptmann und Besson entstehende Berliner Fassung wieder den gleichen Umfang und den gleichen Titel wie die dänische: *Leben des Galilei.* Brecht, der im Weltfriedensrat und in vielen Organisationen in der DDR für die Erhaltung des Friedens eintritt, drängt auf eine Veröffentlichung. Das Drama wird schließlich 1955 in Heft 14 der *Versuche* im Frankfurter Suhrkamp Verlag und im Berliner Aufbau-Verlag gedruckt. 1956 wird es – neben *Der gute Mensch von Sezuan* – in den ersten Band von *Spectaculum* aufgenommen. – Während seiner Inszenierung am Berliner Ensemble nimmt Brecht erneut Änderungen am Bühnenmanuskript vor; die Bühnenproben mit Ernst Busch in der Hauptrolle beginnen im Dezember 1955. Gleichzeitig wird der Druck für Band 8 der *Stücke* vorbereitet, bei dem eine Reihe der aus der Berliner Inszenierungsarbeit gewonnenen Veränderungen berücksichtigt werden. Wegen einer Erkrankung muß er im März 1956 die *Galilei*-Proben abbrechen. Über die ersten Korrekturfahnen hat Elisabeth Hauptmann, die die Ausgabe der *Stücke* betreut, noch mit Brecht vor dessen Tod am 14. August 1956 gesprochen. Diese letzte Stufe der Berliner Fassung erscheint erstmals 1958 in Band 8 der Stücke im Berliner Aufbau-Verlag.

Die Uraufführung am 16. April 1955 in den Kammerspielen der Stadt Köln, die auf der Grundlage des *Versuche*-Drucks beruht) wird ein beachtlicher Erfolg. Allerdings ist Friedrich Siems' Inszenierung von eher konventioneller Art, was einige Kritiker neue Brechtsche Intentionen vermuten läßt. Die positive Reaktion der Presse bleibt weitgehend auf das Interesse an dem historischen Stoff begrenzt. Obgleich die Aufführung in einer politisch hochbrisanten Zeit stattfindet (ungeachtet der Massenproteste werden am 27. Februar 1955 die Verträge zum Beitritt der Bundesrepublik zur NATO einschließlich der Wiederbewaffnung ratifiziert), wird der aktuelle Bezugspunkt des Stücks zur Bedrohung durch atomare Waffen außerhalb der kommunistischen Presse kaum in Betracht gezogen. Viel wichtiger erscheint den Rezensenten die Debatte um die Person Brechts, über dessen Werk nach dem 17. Juni 1953 in der

Bundesrepublik ein Boykott verhängt wurde. »Faktum ist, daß Brecht eine dramatische Potenz verkörpert, die im deutschen Sprachraum gegenwärtig nichts ihresgleichen hat. Inwieweit er, eine politisch schillernde Figur, vertrauenswürdig ist, steht auf einem anderen Blatt [...]. Die Wiederkehr Brechts auf unsere Bühnen läßt sich nur dadurch rechtfertigen, daß zwischen Werk und Autor genau unterschieden wird« (*Frankfurter Rundschau*). Der Kölner Aufführung wird letztlich zugestanden, daß sie auf ihre Weise mit dem Stück umgegangen sei; der »Kobra Brecht« sei der »kommunistische Giftzahn« ausgebrochen (*Der Mittag*). Der in allen Rezensionen bescheinigte Erfolg der Inszenierung, die das »Come-back des ›SED-Dramatikers‹ auf die bundesrepublikanischen Bühnen« (*Deutsche Woche*) durchgesetzt hat, wird auf verschiedenste Weise aus- und umgedeutet.

Nach einer Inszenierung im Mai 1956 am Nürnberger Lessingtheater und im folgenden Monat in der Wiener Scala hat *Leben des Galilei* am 15. Januar 1957 im Berliner Ensemble Premiere. Diese von Brecht begonnene und nach dessen Tod von Erich Engel weitergeführte Inszenierung wird zu einem theatralischen Ereignis von internationaler Resonanz, das über viele Jahre den Spielplan des Berliner Ensembles bestimmt und dessen Ruhm in zahlreichen Gastspielen im In- und Ausland mitbegründet. In den Rezensionen stehen vor allem zwei Leistungen im Mittelpunkt: das große dichterische Werk Brechts und die Darstellung des Galilei durch Ernst Busch. Die aktuelle Aussage tritt hier deutlicher hervor als bei der Uraufführung: »Glück und Verderben der Menschheit birgt die atomare Wissenschaft gleichermaßen in sich. Nur aus dieser Perspektive erhalten Größe und Schwäche Galileis ihren historischen Sinn. [...] Galilei erfüllte seinen wissenschaftlichen Auftrag und versagte aus menschlicher Schwäche, er blieb der ›reinen‹ Wissenschaft treu und übte Verrat an der Menschheit.« (*Morgen.*) In den Kritiken aus der Bundesrepublik werden ebenso die Verantwortung der Wissenschaftler, der Bezug auf Hiroshima und die Analogie zu den in den USA tätigen deutschen Wissenschaftlern der Rüstungsindustrie »im goldenen Käfig hinter Stacheldraht« benannt (*Westdeutsche Allgemeine*). Ernst Buschs große Leistung wird in sämtlichen Kritiken gewürdigt: »Für das Listige und Kraftstrotzende, für das Empörerische und Volksnahe dieser Gestalt brachte er in Gestus und Tonfall den echten Ausdruck mit. Das himmelanstürmende Genie des von seiner Mission besessenen Geistesmenschen und Forschers trat dagegen sehr zurück.« (*Neuer Weg.*) Brechts Vorgabe, »aus dem Helden den Verbrecher herauszuholen« (Tonbandmitschnitt der Probe vom 21. März 1956), wurde jedoch nur bedingt eingelöst. So lag die Gefahr nahe, daß Galileis Schicksal bloß Mitgefühl erregt, wie Fritz Erpenbeck in *Theater der Zeit* bemerkte – seine Besprechung trägt den Titel *Verurteilung oder Mitleid?* Mit dem Erfolg der Inszenierung am Berliner Ensemble verbanden viele Kritiker in der BRD eine Art Nachruf auf Brecht. Ebenso listig wie Galilei hat ihrer These zufolge der Dramatiker mit diesem Stück Kritik an der DDR üben wollen.

Leben des Galilei

Schauspiel

Fassung 1955/56

Mitarbeiter: Margarete Steffin

Personen

Galileo Galilei · Andrea Sarti · Frau Sarti, Galileis Haushälterin, Andreas Mutter · Ludovico Marsili, ein reicher junger Mann · Der Kurator der Universität Padua, Herr Priuli · Sagredo, Galileis Freund · Virginia, Galileis Tochter · Federzoni, ein Linsenschleifer, Galileis Mitarbeiter · Der Doge · Ratsherren · Cosmo de Medici, Großherzog von Florenz · Der Hofmarschall · Der Theologe · Der Philosoph · Der Mathematiker · Die ältere Hofdame · Die jüngere Hofdame · Großherzoglicher Lakai · Zwei Nonnen · Zwei Soldaten · Die alte Frau · Ein dicker Prälat · Zwei Gelehrte · Zwei Mönche · Zwei Astronomen · Ein sehr dünner Mönch · Der sehr alte Kardinal · Pater Christopher Clavius, Astronom · Der kleine Mönch · Der Kardinal Inquisitor · Kardinal Barberini, später Papst Urban VIII. · Kardinal Bellarmin · Zwei geistliche Sekretäre · Zwei junge Damen · Filippo Mucius, ein Gelehrter · Herr Gaffone, Rektor der Universität Pisa · Der Balladensänger · Seine Frau · Vanni, ein Eisengießer · Ein Beamter · Ein hoher Beamter · Ein Individuum · Ein Mönch · Ein Bauer · Ein Grenzwächter · Ein Schreiber · Männer, Frauen, Kinder

1

Galileo Galilei, Lehrer der Mathematik zu Padua, will das neue kopernikanische Weltsystem beweisen

In dem Jahr sechzehnhundertundneun
Schien das Licht des Wissens hell
Zu Padua aus einem kleinen Haus.
Galileo Galilei rechnete aus:
Die Sonn steht still, die Erd kommt von der Stell.

Das ärmliche Studierzimmer des Galilei in Padua. Es ist morgens. Ein Knabe, Andrea, der Sohn der Haushälterin, bringt ein Glas Milch und einen Wecken.

GALILEI *sich den Oberkörper waschend, prustend und fröhlich:* Stell die Milch auf den Tisch, aber klapp kein Buch zu.

ANDREA Mutter sagt, wir müssen den Milchmann bezahlen. Sonst macht er bald einen Kreis um unser Haus, Herr Galilei.

GALILEI Es heißt: er beschreibt einen Kreis, Andrea.

ANDREA Wie Sie wollen. Wenn wir nicht bezahlen, dann beschreibt er einen Kreis um uns, Herr Galilei.

GALILEI Während der Gerichtsvollzieher, Herr Cambione, schnurgerade auf uns zu kommt, indem er was für eine Strecke zwischen zwei Punkten wählt?

ANDREA *grinsend:* Die kürzeste.

GALILEI Gut. Ich habe was für dich. Sieh hinter den Sterntafeln nach.

Andrea fischt hinter den Sterntafeln ein großes hölzernes Modell des ptolemäischen Systems hervor.

ANDREA Was ist das?

GALILEI Das ist ein Astrolab; das Ding zeigt, wie sich die Gestirne um die Erde bewegen, nach Ansicht der Alten.

ANDREA Wie?

GALILEI Untersuchen wir es. Zuerst das erste: Beschreibung.

ANDREA In der Mitte ist ein kleiner Stein.

GALILEI Das ist die Erde.

ANDREA Drum herum sind, immer übereinander, Schalen.

GALILEI Wie viele?

ANDREA Acht.

GALILEI Das sind die kristallnen Sphären.

ANDREA Auf den Schalen sind Kugeln angemacht...

GALILEI Die Gestirne.

ANDREA Da sind Bänder, auf die sind Wörter gemalt.

GALILEI Was für Wörter?

ANDREA Sternnamen.

GALILEI Als wie?

ANDREA Die unterste Kugel ist der Mond, steht drauf. Und darüber ist die Sonne.

GALILEI Und jetzt laß die Sonne laufen.

ANDREA *bewegt die Schalen:* Das ist schön. Aber wir sind so eingekapselt.

GALILEI *sich abtrocknend:* Ja, das fühlte ich auch, als ich das Ding zum ersten Mal sah. Einige fühlen das. *Er wirft Andrea das Handtuch zu, daß er ihm den Rücken abreibe.* Mauern und Schalen und Unbeweglichkeit! Durch zweitausend Jahre glaubte die Menschheit, daß die Sonne und alle Gestirne des Himmels sich um sie drehten. Der Papst, die Kardinäle, die Fürsten, die Gelehrten, Kapitäne, Kaufleute, Fischweiber und Schulkinder glaubten, unbeweglich in dieser kristallenen Kugel zu sitzen. Aber jetzt fahren wir heraus, Andrea, in großer Fahrt. Denn die alte Zeit ist herum, und es ist eine neue Zeit. Seit hundert Jahren ist es, als erwartete die Menschheit etwas.

Die Städte sind eng, und so sind die Köpfe. Aberglauben und Pest. Aber jetzt heißt es: da es so ist, bleibt es nicht so. Denn alles bewegt sich, mein Freund.

Ich denke gerne, daß es mit den Schiffen anfing. Seit Menschengedenken waren sie nur an den Küsten entlang gekrochen, aber plötzlich verließen sie die Küsten und liefen aus über alle Meere.

Auf unserm alten Kontinent ist ein Gerücht entstanden: es gibt neue Kontinente. Und seit unsere Schiffe zu ihnen fahren, spricht es sich auf den lachenden Kontinenten herum: das große gefürchtete Meer ist ein kleines Wasser. Und es ist eine große Lust aufgekommen, die Ursachen aller Dinge zu erforschen: warum der Stein fällt, den man losläßt, und wie er steigt, wenn man ihn hochwirft. Jeden Tag wird etwas gefunden. Selbst die Hundertjährigen lassen sich noch von den Jungen ins Ohr schreien, was Neues entdeckt wurde.

Da ist schon viel gefunden, aber da ist mehr, was noch gefunden werden kann. Und so gibt es wieder zu tun für neue Geschlechter.

In Siena, als junger Mensch, sah ich, wie ein paar Bauleute eine tausendjährige Gepflogenheit, Granitblöcke zu bewegen, durch eine neue und zweckmäßigere Anordnung der Seile ersetzten, nach einem Disput von fünf Minuten. Da und dann wußte ich: die alte Zeit ist herum, und es ist eine neue Zeit. Bald wird die Menschheit Bescheid wissen über ihre Wohnstätte, den Himmelskörper, auf dem sie haust. Was in den alten Büchern steht, das genügt ihr nicht mehr.

Denn wo der Glaube tausend Jahre gesessen hat, eben da sitzt jetzt der Zweifel. Alle Welt sagt: ja, das steht in den Büchern, aber laßt uns jetzt selbst sehn. Den gefeiertsten Wahrheiten wird auf die Schulter geklopft; was nie bezweifelt wurde, das wird jetzt bezweifelt.

Dadurch ist eine Zugluft entstanden, welche sogar den Fürsten und Prälaten die goldbestickten Röcke lüftet, so daß fette und dürre Beine darunter sichtbar werden, Beine wie unsere Beine. Die Himmel, hat es sich herausgestellt, sind leer. Darüber ist ein fröhliches Gelächter entstanden.

Aber das Wasser der Erde treibt die neuen Spinnrocken, und auf den Schiffswerften, in den Seil- und Segelhäusern regen sich fünfhundert Hände zugleich in einer neuen Anordnung.

Ich sage voraus, daß noch zu unsern Lebzeiten auf den Märkten von Astronomie gesprochen werden wird. Selbst die Söhne der Fischweiber werden in die Schulen laufen. Denn es wird diesen neuerungssüchtigen Menschen unserer Städte gefallen, daß eine neue Astronomie nun auch die Erde sich bewegen läßt. Es hat immer geheißen, die Gestirne sind an einem kristallenen Gewölbe angeheftet, daß sie nicht herunterfallen können. Jetzt haben wir Mut gefaßt und lassen sie im Freien schweben, ohne Halt, und sie sind in großer Fahrt, gleich unseren Schiffen, ohne Halt und in großer Fahrt.

Und die Erde rollt fröhlich um die Sonne, und die Fischweiber, Kaufleute, Fürsten und die Kardinäle und sogar der Papst rollen mit ihr.

Das Weltall aber hat über Nacht seinen Mittelpunkt verloren, und am Morgen hatte es deren unzählige. So daß jetzt jeder als Mittelpunkt angesehen wird und keiner. Denn da ist viel Platz plötzlich.

Unsere Schiffe fahren weit hinaus, unsere Gestirne bewegen sich weit im Raum herum, selbst im Schachspiel die Türme gehen neuerdings weit über alle Felder.

Wie sagt der Dichter? »O früher Morgen des Beginnens! . . .«

ANDREA

»O früher Morgen des Beginnens!
O Hauch des Windes, der
Von neuen Küsten kommt!«
Und Sie müssen Ihre Milch trinken, denn dann kommen sofort wieder Leute.

GALILEI Hast du, was ich dir gestern sagte, inzwischen begriffen?

ANDREA Was? Das mit dem Kippernikus seinem Drehen?

GALILEI Ja.

ANDREA Nein. Warum wollen Sie denn, daß ich es begreife? Es ist sehr schwer, und ich bin im Oktober erst elf.

GALILEI Ich will gerade, daß auch du es begreifst. Dazu, daß man es begreift, arbeite ich und kaufe die teuren Bücher, statt den Milchmann zu bezahlen.

ANDREA Aber ich sehe doch, daß die Sonne abends woanders hält als morgens. Da kann sie doch nicht stillstehn! Nie und nimmer.

GALILEI Du siehst! Was siehst du? Du siehst gar nichts. Du glotzt nur. Glotzen ist nicht sehen. *Er stellt den eisernen Waschschüsselständer in die Mitte des Zimmers.* Also das ist die Sonne. Setz dich. *Andrea setzt sich auf den einen Stuhl. Galilei steht hinter ihm.* Wo ist die Sonne, rechts oder links?

ANDREA Links.

GALILEI Und wie kommt sie nach rechts?

ANDREA Wenn Sie sie nach rechts tragen, natürlich.

GALILEI Nur so? *Er nimmt ihn mitsamt dem Stuhl auf und vollführt mit ihm eine halbe Drehung.* Wo ist jetzt die Sonne?

ANDREA Rechts.

GALILEI Und hat sie sich bewegt?

ANDREA Das nicht.

GALILEI Was hat sich bewegt?

ANDREA Ich.

GALILEI *brüllt:* Falsch! Dummkopf! Der Stuhl!

ANDREA Aber ich mit ihm!

GALILEI Natürlich. Der Stuhl ist die Erde. Du sitzt drauf.

FRAU SARTI *ist eingetreten, das Bett zu machen. Sie hat zugeschaut:* Was machen Sie eigentlich mit meinem Jungen, Herr Galilei?

GALILEI Ich lehre ihn sehen, Sarti.

FRAU SARTI Indem Sie ihn im Zimmer herumschleppen?

ANDREA Laß doch, Mutter. Das verstehst du nicht.

FRAU SARTI So? Aber du verstehst es, wie? Ein junger Herr, der Unterricht wünscht. Sehr gut angezogen und bringt einen Empfehlungsbrief. *Übergibt diesen.* Sie bringen meinen Andrea noch so weit, daß er behauptet, zwei mal zwei ist fünf. Er verwechselt schon alles, was Sie ihm sagen. Gestern abend bewies er mir schon, daß die Erde sich um die Sonne dreht. Er ist fest überzeugt, daß ein Herr namens Kippernikus das ausgerechnet hat.

ANDREA Hat es der Kippernikus nicht ausgerechnet, Herr Galilei? Sagen Sie es ihr selber!

FRAU SARTI Was, Sie sagen ihm wirklich einen solchen Unsinn? Daß er es in der Schule herumplappert und die geistlichen Herren zu mir kommen, weil er lauter unheiliges Zeug vorbringt. Sie sollten sich schämen, Herr Galilei.

GALILEI *frühstückend:* Auf Grund unserer Forschungen, Frau Sarti, haben, nach heftigem Disput, Andrea und ich Entdeckungen gemacht, die wir nicht länger der Welt gegenüber geheimhalten können. Eine neue Zeit ist angebrochen, ein großes Zeitalter, in dem zu leben eine Lust ist.

FRAU SARTI So. Hoffentlich können wir auch den Milchmann bezahlen in dieser neuen Zeit, Herr Galilei. *Auf den Empfehlungsbrief deutend.* Tun Sie mir den einzigen Gefallen und schicken Sie den nicht auch wieder weg. Ich denke an die Milchrechnung. *Ab.*

GALILEI *lachend:* Lassen Sie mich wenigstens meine Milch austrinken! – *Zu Andrea:* Einiges haben wir gestern also doch verstanden!

ANDREA Ich habe es ihr nur gesagt, damit sie sich wundert. Aber es stimmt nicht. Den Stuhl mit mir haben Sie nur seitwärts um sich selber gedreht und nicht so. *Macht eine Armbewegung vornüber.* Sonst wäre ich nämlich heruntergefallen, und das ist ein Fakt. Warum haben Sie den Stuhl nicht vorwärts gedreht? Weil dann bewiesen ist, daß ich von der Erde ebenfalls herunterfallen würde, wenn sie sich so drehen würde. Da haben Sie's.

GALILEI Ich hab dir doch bewiesen ...

ANDREA Aber heute nacht habe ich gefunden, daß ich da ja, wenn die Erde sich so drehen würde, mit dem Kopf die Nacht nach unten hängen würde. Und das ist ein Fakt.

GALILEI *nimmt einen Apfel vom Tisch:* Also das ist die Erde.

ANDREA Nehmen Sie nicht lauter solche Beispiele, Herr Galilei. Damit schaffen Sie's immer.

GALILEI *den Apfel zurücklegend:* Schön.

ANDREA Mit Beispielen kann man es immer schaffen, wenn man schlau ist. Nur, ich kann meine Mutter nicht in einem Stuhl herumschleppen wie Sie mich. Da sehen Sie, was das für ein schlechtes Beispiel ist. Und was ist, wenn der Apfel also die Erde ist? Dann ist gar nichts.

GALILEI *lacht:* Du willst es ja nicht wissen.

ANDREA Nehmen Sie ihn wieder. Wieso hänge ich nicht mit dem Kopf nach unten nachts?

GALILEI Also hier ist die Erde, und hier stehst du. *Er steckt einen Holzsplitter von einem Ofenscheit in den Apfel.* Und jetzt dreht sich die Erde.

ANDREA Und jetzt hänge ich mit dem Kopf nach unten.

GALILEI Wieso? Schau genau hin! Wo ist der Kopf?

ANDREA *zeigt am Apfel:* Da. Unten.

GALILEI Was? *Er dreht zurück.* Ist er etwa nicht an der gleichen Stelle? Sind die Füße nicht mehr unten? Stehst du etwa, wenn ich drehe, so? *Er nimmt den Splitter heraus und dreht ihn um.*

ANDREA Nein. Und warum merke ich nichts von der Drehung?

GALILEI Weil du sie mitmachst! Du und die Luft über dir und alles, was auf der Kugel ist.

ANDREA Und warum sieht es so aus, als ob die Sonne läuft?

GALILEI *dreht wieder den Apfel mit dem Splitter:* Also unter dir siehst du die Erde, die bleibt gleich, sie ist immer unten und bewegt sich für dich nicht. Aber jetzt schau über dich. Nun ist die Lampe über deinem Kopf, aber jetzt, was ist jetzt, wenn ich gedreht habe, über deinem Kopf, also oben?

ANDREA *macht die Drehung mit:* Der Ofen.

GALILEI Und wo ist die Lampe?

ANDREA Unten.

GALILEI Aha!

ANDREA Das ist fein, das wird sie wundern.

Ludovico Marsili, ein reicher junger Mann, tritt ein.

GALILEI Hier geht es zu wie in einem Taubenschlag.

LUDOVICO Guten Morgen, Herr. Mein Name ist Ludovico Marsili.

GALILEI *seinen Empfehlungsbrief studierend:* Sie waren in Holland?

LUDOVICO Wo ich viel von Ihnen hörte, Herr Galilei.

GALILEI Ihre Familie besitzt Güter in der Campagna?

LUDOVICO Die Mutter wünschte, daß ich mich ein wenig umsähe, was in der Welt sich zuträgt und so weiter.

GALILEI Und Sie hörten in Holland, daß in Italien zum Beispiel ich mich zutrage?

LUDOVICO Und da die Mutter wünscht, daß ich mich auch in den Wissenschaften umsehe . . .

GALILEI Privatunterricht: 10 Skudi pro Monat.

LUDOVICO Sehr wohl, Herr.

GALILEI Was sind Ihre Interessen?

LUDOVICO Pferde.

GALILEI Aha.

LUDOVICO Ich habe keinen Kopf für die Wissenschaften, Herr Galilei.

GALILEI Aha. Unter diesen Umständen sind es 15 Skudi pro Monat.

LUDOVICO Sehr wohl, Herr Galilei.

GALILEI Ich werde Sie in der Frühe drannehmen müssen. Es wird auf deine Kosten gehen, Andrea. Du fällst natürlich dann aus. Du verstehst, du zahlst nichts.

ANDREA Ich geh schon. Kann ich den Apfel mithaben?

GALILEI Ja.

Andrea ab.

LUDOVICO Sie werden Geduld mit mir haben müssen. Hauptsächlich weil es in den Wissenschaften immer anders ist, als der gesunde Menschenverstand einem sagt. Nehmen Sie zum Beispiel dieses komische Rohr, das sie in Amsterdam verkaufen. Ich habe es genau untersucht. Eine Hülse aus grünem Leder und zwei Linsen, eine so *er deutet eine konkave Linse an*, eine so *er deutet eine konvexe Linse an.* Ich höre, eine vergrößert und eine verkleinert. Jeder vernünftige Mensch würde denken, sie gleichen einander aus. Falsch. Man sieht alles fünfmal so groß durch das Ding. Das ist Ihre Wissenschaft.

GALILEI Was sieht man fünfmal so groß?

LUDOVICO Kirchturmspitzen, Tauben; alles, was weit weg ist.

GALILEI Haben Sie solche Kirchturmspitzen selber vergrößert gesehen?

LUDOVICO Jawohl, Herr.

GALILEI Und das Rohr hatte zwei Linsen? *Er macht auf einem Blatt eine Skizze.* Sah es so aus? *Ludovico nickt.* Wie alt ist die Erfindung?

LUDOVICO Ich glaube, sie war nicht älter als ein paar Tage, als ich Holland verließ, jedenfalls nicht länger auf dem Markt.

GALILEI *beinahe freundlich:* Und warum muß es Physik sein? Warum nicht Pferdezucht?

Herein Frau Sarti, von Galilei unbemerkt.

LUDOVICO Die Mutter meint, ein wenig Wissenschaft ist nötig. Alle Welt nimmt ihren Wein heutzutage mit Wissenschaft, wissen Sie.

GALILEI Sie könnten ebensogut eine tote Sprache wählen oder Theologie. Das ist leichter. *Sieht Frau Sarti.* Gut, kommen Sie Dienstag morgen.

Ludovico geht.

GALILEI Schau mich nicht so an. Ich habe ihn genommen.

FRAU SARTI Weil du mich zur rechten Zeit gesehen hast. Der Kurator von der Universität ist draußen.

GALILEI Den bring herein, der ist wichtig. Das sind vielleicht 500 Skudi. Dann brauche ich keine Schüler.

Frau Sarti bringt den Kurator herein. Galilei hat sich vollends angezogen, dabei Ziffern auf einen Zettel kritzelnd.

GALILEI Guten Morgen, leihen Sie mir einen halben Skudo. *Gibt die Münze, die der Kurator aus dem Beutelchen fischt, der Sarti.* Sarti, schikken Sie Andrea zum Brillenmacher um zwei Linsen; hier sind die Maße.

Sarti ab mit dem Zettel.

DER KURATOR Ich komme betreffs Ihres Ansuchens um Erhöhung des Gehalts auf 1000 Skudi. Ich kann es bei der Universität leider nicht befürworten. Sie wissen, mathematische Kollegien bringen der Universität nun einmal keinen Zustrom. Mathematik ist eine brotlose Kunst, sozusagen. Nicht als ob die Republik sie nicht über alles schätzte. Sie ist nicht so nötig wie die Philosophie, noch so nützlich wie die Theologie, aber sie verschafft den Kennern doch so unendliche Genüsse!

GALILEI *über seinen Papieren:* Mein lieber Mann, ich kann nicht auskommen mit 500 Skudi.

DER KURATOR Aber, Herr Galilei, Sie lesen zweimal zwei Stunden in der Woche. Ihr außerordentlicher Ruf verschafft Ihnen sicher Schüler in beliebiger Menge, die zahlen können für Privatstunden. Haben Sie keine Privatschüler?

GALILEI Herr, ich habe zu viele! Ich lehre und lehre, und wann soll ich lernen? Mann Gottes, ich bin nicht so siebengescheit wie die Herren von der philosophischen Fakultät. Ich bin dumm. Ich verstehe rein gar nichts. Ich bin also gezwungen, die Löcher in meinem Wissen auszustopfen. Und wann soll ich das tun? Wann soll ich forschen? Herr, meine Wissenschaft ist noch wißbegierig! Über die größten Probleme haben wir heute noch nichts als Hypothesen. Aber wir verlangen Beweise von uns. Und wie soll ich da weiterkommen, wenn ich, um meinen Haushalt in Gang zu halten, gezwungen bin, jedem Wasserkopf, der es bezahlen kann, einzutrichtern, daß die Parallelen sich im Unendlichen schneiden?

DER KURATOR Vergessen Sie nicht ganz, daß die Republik vielleicht nicht so viel bezahlt, wie gewisse Fürsten bezahlen, daß sie aber die Freiheit der Forschung garantiert. Wir in Padua lassen sogar Protestanten als Hörer zu! Und wir verleihen ihnen den Doktorgrad. Herrn Cremonini haben wir nicht nur nicht an die Inquisition ausgeliefert, als man uns bewies, bewies, Herr Galilei, daß er irreligiöse Äußerungen tut, sondern wir haben ihm sogar eine Gehaltserhöhung bewilligt. Bis nach Holland weiß man, daß Venedig die Republik ist, in der die Inquisition nichts zu sagen hat. Und das ist einiges wert für Sie, der Sie Astronom sind, also in einem Fach tätig, wo seit geraumer Zeit die Lehre der Kirche nicht mehr mit dem schuldigen Respekt geachtet wird!

GALILEI Herrn Giordano Bruno haben Sie von hier nach Rom ausgeliefert. Weil er die Lehre des Kopernikus verbreitete.

DER KURATOR Nicht, weil er die Lehre des Herrn Kopernikus verbreitete, die übrigens falsch ist, sondern weil er kein Venezianer war und auch keine Anstellung hier hatte. Sie können den Verbrannten also aus dem Spiele lassen. Nebenbei, bei aller Freiheit ist es doch rätlich, einen solchen Namen, auf dem der ausdrückliche Fluch der Kirche ruht, nicht so sehr laut in alle Winde zu rufen, auch hier nicht, ja, nicht einmal hier.

GALILEI Euer Schutz der Gedankenfreiheit ist ein ganz gutes Geschäft, wie? Indem ihr darauf verweist, daß woanders die Inquisition herrscht und brennt, kriegt ihr hier billig gute Lehrkräfte. Den Schutz vor der Inquisition laßt ihr euch damit vergüten, daß ihr die schlechtesten Gehälter zahlt.

DER KURATOR Ungerecht! Ungerecht! Was würde es Ihnen schon nützen, beliebig viel freie Zeit zur Forschung zu haben, wenn jeder beliebige ungebildete Mönch der Inquisition Ihre Gedanken einfach verbieten könnte? Keine Rose ohne Dornen, keine Fürsten ohne Mönche, Herr Galilei!

GALILEI Und was nützt freie Forschung ohne freie Zeit zu forschen? Was geschieht mit den Ergebnissen? Vielleicht zeigen Sie den Herren von der Signoria einmal diese Untersuchungen über die Fallgesetze *er weist auf ein Bündel Manuskripte* und fragen sie, ob das nicht ein paar Skudi mehr wert ist!

DER KURATOR Es ist unendlich viel mehr wert, Herr Galilei.

GALILEI Nicht unendlich viel mehr wert, sondern 500 Skudi mehr, Herr.

DER KURATOR Skudi wert ist nur, was Skudi bringt. Wenn Sie Geld haben wollen, müssen Sie etwas anderes vorzeigen. Sie können für das Wissen, das Sie verkaufen, nur so viel verlangen, als es dem, der es Ihnen abkauft, einbringt. Die Philosophie zum Beispiel, die Herr Colombe in Florenz verkauft, bringt dem Fürsten mindestens 10 000 Skudi im Jahr ein. Ihre Fallgesetze haben Staub aufgewirbelt, gewiß. Man klatscht Ihnen Beifall in Paris und Prag. Aber die Herren, die da klatschen, bezahlen der Universität Padua nicht, was Sie sie kosten. Ihr Unglück ist Ihr Fach, Herr Galilei.

GALILEI Ich verstehe: freier Handel, freie Forschung. Freier Handel mit der Forschung, wie?

DER KURATOR Aber Herr Galilei! Welch eine Auffassung! Erlauben Sie mir zu sagen, daß ich Ihre spaßhaften Bemerkungen nicht ganz verstehe. Der blühende Handel der Republik erscheint mir kaum als etwas Verächtliches. Noch viel weniger aber vermöchte ich als langjähriger Kurator der Universität in diesem, darf ich es sagen, frivolen Ton von der Forschung zu sprechen. *Während Galilei sehnsüchtige Blicke nach seinem Arbeitstisch schickt.* Bedenken Sie die Zustände ringsum! Die Sklaverei, unter deren Peitsche die Wissenschaften an gewissen Orten seufzen! Aus alten Lederfolianten hat man dort Peitschen geschnitten. Man muß dort nicht wissen, wie der Stein fällt, sondern was der Aristoteles darüber schreibt. Die Augen hat man nur zum Lesen. Wozu neue Fallgesetze, wenn nur die Gesetze des Fußfalls wichtig sind? Halten Sie dagegen die unendliche Freude, mit der unsere Republik Ihre Gedanken, sie mögen so kühn sein, wie sie wollen, aufnimmt! Hier können Sie forschen! Hier können Sie arbeiten! Niemand überwacht Sie, niemand unterdrückt Sie! Unsere Kaufleute, die wissen, was besseres Leinen im Kampf mit der Florentiner Konkurrenz bedeutet, hören mit Interesse Ihren Ruf »Bessere Physik!«, und wieviel verdankt die Physik dem Schrei nach besseren Webstühlen! Unsere hervorragendsten Bürger interessieren sich für Ihre Forschungen, besuchen Sie, lassen sich Ihre Entdeckungen vorführen, Leute, deren Zeit kostbar ist. Verachten Sie nicht den Handel, Herr Galilei. Niemand würde hier dulden, daß Ihre Arbeit auch nur im geringsten gestört wird, daß Unberufene Ihnen Schwierigkeiten bereiten. Geben Sie zu, Herr Galilei, daß Sie hier arbeiten können!

GALILEI *verzweifelt:* Ja.

DER KURATOR Und was das Materielle angeht: machen Sie doch mal wieder was so Hübsches wie Ihren famosen Proportionalzirkel, mit dem man *er zählt es an den Fingern ab* ohne alle mathematischen Kenntnisse Linien ausziehen, die Zinseszinsen eines Kapitals berechnen, Grundrisse von Liegenschaften in verkleinertem oder vergrößertem Maßstab reproduzieren und die Schwere von Kanonenkugeln bestimmen kann.

GALILEI Schnickschnack.

DER KURATOR Etwas, was die höchsten Herren entzückt und in Erstaunen gesetzt hat und was Bargeld getragen hat, nennen Sie Schnickschnack. Ich höre, daß sogar der General Stefano Gritti mit diesem Instrument Wurzeln ausziehen kann!

GALILEI Wahrhaftig ein Wunderwerk. – Trotzdem, Priuli, Sie haben mich nachdenklich gemacht. Priuli, ich habe vielleicht etwas für Sie von der erwähnten Art. *Er nimmt das Blatt mit der Skizze auf.*

DER KURATOR Ja? Das wäre die Lösung. *Steht auf.* Herr Galilei, wir wissen, Sie sind ein großer Mann. Ein großer, aber unzufriedener Mann, wenn ich so sagen darf.

GALILEI Ja, ich bin unzufrieden, und das ist es, was ihr mir noch bezahlen würdet, wenn ihr Verstand hättet! Denn ich bin mit mir unzufrieden. Aber statt dessen sorgt ihr, daß ich es mit euch sein muß. Ich gebe es zu, es macht mir Spaß, ihr meine Herren Venezianer, in eurem berühmten Arsenal, den Werften und Artilleriezeughäusern meinen Mann zu stellen. Aber ihr laßt mir keine Zeit, den weiterführenden Spekulationen nachzugehen, welche sich mir dort für mein Wissensgebiet aufdrängen. Ihr verbindet dem Ochsen, der da drischt, das Maul. Ich bin 46 Jahre alt und habe nichts geleistet, was mich befriedigt.

DER KURATOR Da möchte ich Sie nicht länger stören.

GALILEI Danke.

Der Kurator ab.

Galilei bleibt einige Augenblicke allein und beginnt zu arbeiten. Dann kommt Andrea gelaufen.

GALILEI *im Arbeiten:* Warum hast du den Apfel nicht gegessen?

ANDREA Damit zeige ich ihr doch, daß sie sich dreht.

GALILEI Ich muß dir etwas sagen, Andrea, sprich nicht zu andern Leuten von unsern Ideen.

ANDREA Warum nicht?

GALILEI Die Obrigkeit hat es verboten.

ANDREA Aber es ist doch die Wahrheit.

GALILEI Aber sie verbietet es. – In diesem Fall kommt noch etwas dazu. Wir Physiker können immer noch nicht beweisen, was wir für richtig halten. Selbst die Lehre des großen Kopernikus ist noch nicht bewiesen. Sie ist nur eine Hypothese. Gib mir die Linsen.

ANDREA Der halbe Skudo hat nicht gereicht. Ich mußte meinen Rock dalassen. Pfand.

GALILEI Was wirst du ohne Rock im Winter machen?

Pause. Galilei ordnet die Linsen auf dem Blatt mit der Skizze an.

ANDREA Was ist eine Hypothese?

GALILEI Das ist, wenn man etwas als wahrscheinlich annimmt, aber keine Fakten hat. Daß die Felice dort unten, vor dem Korbmacherladen, die ihr Kind an der Brust hat, dem Kind Milch gibt und nicht etwa Milch von ihm empfängt, das ist so lange eine Hypothese, als man nicht hingehen und es sehen und beweisen kann. Den Gestirnen gegenüber sind wir wie Würmer mit trüben Augen, die nur ganz wenig sehen. Die alten Lehren, die tausend Jahre geglaubt wurden, sind ganz baufällig; an diesen riesigen Gebäuden ist weniger Holz als an den Stützen, die sie halten sollen. Viele Gesetze, die weniges erklären, während die neue Hypothese wenige Gesetze hat, die vieles erklären.

ANDREA Aber Sie haben mir alles bewiesen.

GALILEI Nur, daß es so sein kann. Du verstehst, die Hypothese ist sehr schön, und es spricht nichts dagegen.

ANDREA Ich möchte auch Physiker werden, Herr Galilei.

GALILEI Das glaube ich, angesichts der Unmenge von Fragen, die es auf unserm Gebiet zu klären gibt. *Er ist zum Fenster gegangen und hat durch die Linsen geschaut. Mäßig interessiert.* Schau einmal da durch, Andrea.

ANDREA Heilige Maria, alles kommt nah. Die Glocke auf dem Campanile ganz nah. Ich kann sogar die kupfernen Lettern lesen: Gracia dei.

GALILEI Das bringt uns 500 Skudi.

2
Galilei überreicht der Republik Venedig eine neue Erfindung

Groß ist nicht alles, was ein großer Mann tut
Und Galilei aß gern gut.
Nun hört, und seid nicht grimm darob
Die Wahrheit übers Teleskop.

Das Große Arsenal von Venedig am Hafen. Ratsherren, an ihrer Spitze der Doge. Seitwärts Galileis Freund Sagredo und die fünfzehnjährige Virginia Galilei mit einem Samtkissen, auf dem ein etwa 60 Zentimeter langes Fernrohr in karmesinrotem Lederfutteral liegt. Auf einem Podest Galilei. Hinter sich das Gestell für das Fernrohr, betreut von dem Linsenschleifer Federzoni.

GALILEI Eure Exzellenz, Hohe Signoria! Als Lehrer der Mathematik an Ihrer Universität in Padua und Direktor Ihres Großen Arsenals hier in Venedig habe ich es stets als meine Aufgabe betrachtet, nicht nur meinem hohen Lehrauftrag zu genügen, sondern auch durch nützliche Erfindungen der Republik Venedig außergewöhnliche Vorteile zu schaffen. Mit tiefer Freude und aller schuldigen Demut kann ich Ihnen heute ein vollkommen neues Instrument vorführen und überreichen, mein Fernrohr oder Teleskop, angefertigt in Ihrem weltberühmten Großen Arsenal nach den höchsten wissenschaftlichen und christlichen Grundsätzen, Frucht siebenzehnjähriger geduldiger Forschung Ihres ergebenen Dieners. *Galilei verläßt das Podest und stellt sich neben Sagredo. Händeklatschen. Galilei verbeugt sich.*

GALILEI *leise zu Sagredo:* Zeitverlust!

SAGREDO *leise:* Du wirst deinen Fleischer bezahlen können, Alter.

GALILEI Ja, es wird ihnen Geld einbringen. *Er verbeugt sich wieder.*

DER KURATOR *betritt das Podest:* Exzellenz, Hohe Signoria! Wieder einmal bedeckt sich ein Ruhmesblatt im großen Buch der Künste mit venezianischen Schriftzeichen. *Höflicher Beifall.* Ein Gelehrter von Weltruf übergibt Ihnen, und Ihnen allein, hier ein höchst verkaufbares Rohr, es herzustellen und auf den Markt zu werfen, wie immer Sie belieben. *Stärkerer Beifall.* Und ist es Ihnen beigefallen, daß wir vermittels dieses Instruments im Kriege die Schiffe des Feinds nach Zahl und Art volle zwei Stunden früher erkennen werden als er die unsern, so daß wir, seine Stärke wissend, uns zur Verfolgung, zum Kampf oder zur Flucht zu entscheiden vermögen? *Sehr starker Beifall.* Und nun, Exzellenz, Hohe Signoria, bittet Herr Galilei Sie, dieses Instrument seiner Erfindung, dieses Zeugnis seiner Intuition, aus der Hand seiner reizenden Tochter entgegenzunehmen.

Musik. Virginia tritt vor, verbeugt sich, übergibt das Fernrohr dem Kurator, der es Federzoni übergibt. Federzoni legt es auf das Gestell und stellt es ein. Doge und Ratsherren besteigen das Podium und schauen durch das Rohr.

GALILEI *leise:* Ich kann dir nicht versprechen, daß ich den Karneval hier durchstehen werde. Die meinen hier, sie kriegen einen einträglichen Schnickschnack, aber es ist viel mehr. Ich habe das Rohr gestern nacht auf den Mond gerichtet.

SAGREDO Was hast du gesehen?

GALILEI Er leuchtet nicht selbst.

SAGREDO Was?

RATSHERREN Ich kann die Befestigungen von Santa Rosita sehen, Herr Galilei. – Auf dem Boot dort essen sie zu Mittag. Bratfisch. Ich habe Appetit.

GALILEI Ich sage dir, die Astronomie ist seit tausend Jahren stehengeblieben, weil sie kein Fernrohr hatten.

RATSHERR Herr Galilei!

SAGREDO Man wendet sich an dich.

RATSHERR Mit dem Ding sieht man zu gut. Ich werde meinen Frauenzimmern sagen müssen, daß das Baden auf dem Dach nicht mehr geht.

GALILEI Weißt du, aus was die Milchstraße besteht?

SAGREDO Nein.

GALILEI Ich weiß es.

RATSHERR Für so ein Ding kann man seine 10 Skudi verlangen, Herr Galilei.

Galilei verbeugt sich.

VIRGINIA *bringt Ludovico zu ihrem Vater:* Ludovico will dir gratulieren, Vater.

LUDOVICO *verlegen:* Ich gratuliere, Herr.

GALILEI Ich habe es verbessert.

LUDOVICO Jawohl, Herr. Ich sah, Sie machten das Futteral rot. In Holland war es grün.

GALILEI *wendet sich zu Sagredo:* Ich frage mich sogar, ob ich mit dem Ding nicht eine gewisse Lehre nachweisen kann.

SAGREDO Nimm dich zusammen.

DER KURATOR Ihre 500 Skudi sind unter Dach, Galilei.

GALILEI *ohne ihn zu beachten:* Ich bin natürlich sehr mißtrauisch gegen jede vorschnelle Folgerung.

Der Doge, ein dicker bescheidener Mann, hat sich Galilei genähert und versucht mit unbeholfener Würde ihn anzureden.

DER KURATOR Herr Galilei, Seine Exzellenz, der Doge.

Der Doge schüttelt Galilei die Hand.

GALILEI Richtig, die 500! Sind Sie zufrieden, Exzellenz?

DOGE Unglücklicherweise brauchen wir in der Republik immer einen Vorwand für unsere Stadtväter, um unseren Gelehrten etwas zukommen lassen zu können.

DER KURATOR Andrerseits, wo bliebe sonst der Ansporn, Herr Galilei?

DOGE *lächelnd:* Wir brauchen den Vorwand.

Der Doge und der Kurator führen Galilei zu den Ratsherren, die ihn umringen. Virginia und Ludovico gehen langsam weg.

VIRGINIA Habe ich es richtig gemacht?

LUDOVICO Ich fand es richtig.

VIRGINIA Was hast du denn?

LUDOVICO Oh, nichts. Ein grünes Futteral wäre vielleicht ebensogut gewesen.

VIRGINIA Ich glaube, alle sind sehr zufrieden mit Vater.

LUDOVICO Und ich glaube, ich fange an, etwas von Wissenschaft zu verstehen.

3

10. Januar 1610: Vermittels des Fernrohrs entdeckt Galilei am Himmel Erscheinungen, welche das kopernikanische System beweisen. Von seinem Freund vor den möglichen Folgen seiner Forschungen gewarnt, bezeugt Galilei seinen Glauben an die menschliche Vernunft.

Sechzehnhundertzehn, zehnter Januar:
Galileo Galilei sah, daß kein Himmel war.

Studierzimmer des Galilei in Padua. Nacht. Galilei und Sagredo, in dicke Mäntel gehüllt, am Fernrohr.

SAGREDO *durch das Fernrohr schauend, halblaut:* Der Sichelrand ist ganz unregelmäßig, zackig und rauh. Auf dem dunklen Teil, in der Nähe des leuchtenden Rands, sind leuchtende Punkte. Sie treten einer nach dem anderen hervor. Von diesen Punkten aus ergießt sich das Licht, wachsend über immer weitere Flächen, wo es zusammenfließt mit dem größeren leuchtenden Teil.

GALILEI Wie erklärst du dir diese leuchtenden Punkte?

SAGREDO Es kann nicht sein.

GALILEI Doch. Es sind Berge.

SAGREDO Auf einem Stern?

GALILEI Riesenberge. Deren Spitzen die aufgehende Sonne vergoldet, während rings Nacht auf den Abhängen liegt. Du siehst das Licht von den höchsten Gipfeln in die Täler niedersteigen.

SAGREDO Aber das widerspricht aller Astronomie von zwei Jahrtausenden.

GALILEI So ist es. Was du siehst, hat noch kein Mensch gesehen, außer mir. Du bist der zweite.

SAGREDO Aber der Mond kann keine Erde sein mit Bergen und Tälern, so wenig die Erde ein Stern sein kann.

GALILEI Der Mond kann eine Erde sein mit Bergen und Tälern, und die Erde kann ein Stern sein. Ein gewöhnlicher Himmelskörper, einer unter Tausenden. Sieh noch einmal hinein. Siehst du den verdunkelten Teil des Mondes ganz dunkel?

SAGREDO Nein. Jetzt, wo ich darauf achtgebe, sehe ich ein schwaches, aschfarbenes Licht darauf ruhen.

GALILEI Was kann das für ein Licht sein?

SAGREDO ?

GALILEI Das ist von der Erde.

SAGREDO Das ist Unsinn. Wie soll die Erde leuchten, mit ihren Gebirgen und Wäldern und Gewässern, ein kalter Körper?

GALILEI So wie der Mond leuchtet. Weil die beiden Sterne angeleuchtet sind von der Sonne, darum leuchten sie. Was der Mond uns ist, das sind wir dem Mond. Und er sieht uns einmal als Sichel, einmal als Halbkreis, einmal voll und einmal nicht.

SAGREDO So wäre kein Unterschied zwischen Mond und Erde?

GALILEI Offenbar nein.

SAGREDO Vor noch nicht zehn Jahren ist ein Mensch in Rom verbrannt worden. Er hieß Giordano Bruno und hatte eben das behauptet.

GALILEI Gewiß. Und wir sehen es. Laß dein Auge am Rohr, Sagredo. Was du siehst, ist, daß es keinen Unterschied zwischen Himmel und Erde gibt. Heute ist der 10. Januar 1610. Die Menschheit trägt in ihr Journal ein: Himmel abgeschafft.

SAGREDO Das ist furchtbar.

GALILEI Ich habe noch eine Sache entdeckt. Sie ist vielleicht noch erstaunlicher.

SARTI *herein:* Der Kurator.

Der Kurator stürzt herein.

DER KURATOR Entschuldigen Sie die späte Stunde. Ich wäre Ihnen verpflichtet, wenn ich mit Ihnen allein sprechen könnte.

GALILEI Herr Sagredo kann alles hören, was ich hören kann, Herr Priuli.

DER KURATOR Aber es wird Ihnen vielleicht doch nicht angenehm sein, wenn der Herr hört, was vorgefallen ist. Es ist leider etwas ganz und gar Unglaubliches.

GALILEI Herr Sagredo ist es gewohnt, in meiner Gegenwart Unglaublichem zu begegnen, wissen Sie.

DER KURATOR Ich fürchte, ich fürchte. *Auf das Fernrohr zeigend.* Da ist ja das famose Ding. Das Ding können Sie gradesogut wegwerfen. Es ist nichts damit, absolut nichts.

SAGREDO *der unruhig herumgegangen war:* Wieso?

DER KURATOR Wissen Sie, daß man diese Ihre Erfindung, die Sie als Frucht einer siebzehnjährigen Forschertätigkeit bezeichnet haben, an jeder Straßenecke Italiens für ein paar Skudi kaufen kann? Und zwar hergestellt in Holland? In diesem Augenblick lädt im Hafen ein holländischer Frachter 500 Fernrohre aus!

GALILEI Tatsächlich?

DER KURATOR Ich verstehe nicht Ihre Ruhe, Herr.

SAGREDO Was bekümmert Sie eigentlich? Lassen Sie sich erzählen, daß Herr Galilei vermittels dieses Instruments in eben diesen Tagen umwälzende Entdeckungen die Gestirnwelt betreffend gemacht hat.

GALILEI *lachend:* Sie können durchsehen, Priuli.

DER KURATOR So lassen Sie sich erzählen, daß mir die Entdeckung genügt, die ich als der Mann, der für diesen Schund Herrn Galilei eine Gehaltsverdoppelung verschafft hat, gemacht habe. Es ist ein reiner Zufall, daß die Herren von der Signoria, die im Glauben, in diesem Instrument der Republik etwas zu sichern, was nur hier hergestellt werden kann, nicht beim ersten Durchblicken an der nächsten Straßenecke, siebenmal vergrößert, einen gewöhnlichen Straßenhändler erblickt haben, der eben dieses Rohr für ein Butterbrot verkauft.
Galilei lacht schallend.

SAGREDO Lieber Herr Priuli, ich kann den Wert dieses Instruments für den Handel vielleicht nicht beurteilen, aber sein Wert für die Philosophie ist so unermeßlich, daß ...

DER KURATOR Für die Philosophie! Was hat Herr Galilei, der Mathematiker ist, mit der Philosophie zu schaffen? Herr Galilei, Sie haben seinerzeit der Stadt eine sehr anständige Wasserpumpe erfunden, und Ihre Berieselungsanlage funktioniert. Die Tuchweber loben Ihre Maschine ebenfalls, wie konnte ich da so was erwarten?

GALILEI Nicht so schnell, Priuli. Die Seewege sind immer noch lang, unsicher und teuer. Es fehlt uns eine Art zuverlässiger Uhr am Himmel. Ein Wegweiser für die Navigation. Nun habe ich Grund zu der Annahme, daß mit dem Fernrohr gewisse Gestirne, die sehr regelmäßige Bewegungen vollführen, deutlich wahrgenommen werden können. Neue Sternkarten könnten da der Schiffahrt Millionen von Skudi ersparen, Priuli.

DER KURATOR Lassen Sie's. Ich habe Ihnen schon zuviel zugehört. Zum Dank für meine Freundlichkeit haben Sie mich zum Gelächter der Stadt gemacht. Ich werde im Gedächtnis fortleben als der Kurator, der sich mit einem wertlosen Fernrohr hereinlegen ließ. Sie haben allen Grund zu lachen. Sie haben Ihre 500 Skudi. Ich aber kann Ihnen sagen, und es ist ein ehrlicher Mann, der Ihnen das sagt: mich ekelt diese Welt an! *Er geht, die Tür hinter sich zuschlagend.*

GALILEI In seinem Zorn wird er geradezu sympathisch. Hast du gehört: eine Welt, in der man nicht Geschäfte machen kann, ekelt ihn an!

SAGREDO Hast du gewußt von diesen holländischen Instrumenten?

GALILEI Natürlich, vom Hörensagen. Aber ich habe diesen Filzen von der Signoria ein doppelt so gutes konstruiert. Wie soll ich arbeiten, mit dem Gerichtsvollzieher in der Stube? Und Virginia braucht wirklich bald eine Aussteuer, sie ist nicht intelligent. Und dann, ich kaufe gern Bücher, nicht nur über Physik, und ich esse gern anständig. Bei gutem Essen fällt mir am meisten ein. Ein verrottetes Zeitalter! Sie haben mir nicht so viel bezahlt wie einem Kutscher, der ihnen die Weinfässer fährt. Vier Klafter Brennholz für zwei Vorlesungen über Mathematik. Ich habe ihnen jetzt 500 Skudi herausgerissen, aber ich habe auch jetzt noch Schulden, einige sind zwanzig Jahre alt. Fünf Jahre Muße für Forschung, und ich hätte alles bewiesen! Ich werde dir noch etwas anderes zeigen.

SAGREDO *zögert, an das Fernrohr zu gehen:* Ich verspüre beinahe etwas wie Furcht, Galilei.

GALILEI Ich werde dir jetzt einen der milchweiß glänzenden Nebel der Milchstraße vorführen. Sage mir, aus was er besteht!

SAGREDO Das sind Sterne, unzählige.

GALILEI Allein im Sternbild des Orion sind es 500 Fixsterne. Das sind die vielen Welten, die zahllosen anderen, die entfernteren Gestirne, von denen der Verbrannte gesprochen hat. Er hat sie nicht gesehen, er hat sie erwartet!

SAGREDO Aber selbst wenn diese Erde ein Stern ist, so ist es noch ein weiter Weg zu den Behauptungen des Kopernikus, daß sie sich um die Sonne dreht. Da ist kein Gestirn am Himmel, um das ein andres sich dreht. Aber um die Erde dreht sich immer noch der Mond.

GALILEI Sagredo, ich frage mich. Seit vorgestern frage ich mich. Da ist der Jupiter. *Er stellt ihn ein.* Da sind nämlich vier kleinere Sterne nahe bei ihm, die man nur durch das Rohr sieht. Ich sah sie am Montag, nahm aber nicht besondere Notiz von ihrer Position. Gestern sah ich wieder nach. Ich hätte schwören können, alle vier hatten ihre Position geändert. Ich merkte sie mir an. Sie stehen wieder anders. Was ist das? Ich sah doch vier. *In Bewegung.* Sieh du durch!

SAGREDO Ich sehe drei.

GALILEI Wo ist der vierte? Da sind die Tabellen. Wir müssen ausrechnen, was für Bewegungen sie gemacht haben können.

Sie setzen sich erregt zur Arbeit. Es wird dunkel auf der Bühne, jedoch sieht man weiter am Rundhorizont den Jupiter und seine Begleitsterne. Wenn es wieder hell wird, sitzen sie immer noch, mit Wintermänteln an.

GALILEI Es ist bewiesen. Der vierte kann nur hinter den Jupiter gegangen sein, wo man ihn nicht sieht. Da hast du ein Gestirn, um das ein anderes sich dreht.

SAGREDO Aber die Kristallschale, an die der Jupiter angeheftet ist?

GALILEI Ja, wo ist sie jetzt? Wie kann der Jupiter angeheftet sein, wenn andere Sterne um ihn kreisen? Da ist keine Stütze im Himmel, da ist kein Halt im Weltall! Da ist eine andere Sonne!

SAGREDO Beruhige dich. Du denkst zu schnell.

GALILEI Was, schnell! Mensch, reg dich auf! Was du siehst, hat noch keiner gesehen. Sie hatten recht!

SAGREDO Wer? Die Kopernikaner?

GALILEI Und der andere! Die ganze Welt war gegen sie, und sie hatten recht. Das ist was für Andrea! *Er läuft außer sich zur Tür und ruft hinaus:* Frau Sarti! Frau Sarti!

SAGREDO Galilei, du sollst dich beruhigen!

GALILEI Sagredo, du sollst dich aufregen! Frau Sarti!

SAGREDO *dreht das Fernrohr weg:* Willst du aufhören, wie ein Narr herumzubrüllen?

GALILEI Willst du aufhören, wie ein Stockfisch dazustehen, wenn die Wahrheit entdeckt ist?

SAGREDO Ich stehe nicht wie ein Stockfisch, sondern ich zittere, es könnte die Wahrheit sein.

GALILEI Was?

SAGREDO Hast du allen Verstand verloren? Weißt du wirklich nicht mehr, in was für eine Sache du kommst, wenn das wahr ist, was du da siehst? Und du es auf allen Märkten herumschreist: daß die Erde ein Stern ist und nicht der Mittelpunkt des Universums.

GALILEI Ja, und daß nicht das ganze riesige Weltall mit allen Gestirnen sich um unsere winzige Erde dreht, wie jeder sich denken konnte!

SAGREDO Daß da also nur Gestirne sind! – Und wo ist dann Gott?

GALILEI Was meinst du damit?

SAGREDO Gott! Wo ist Gott?

GALILEI *zornig:* Dort nicht! Sowenig wie er hier auf der Erde zu finden ist, wenn dort Wesen sind und ihn hier suchen sollten!

SAGREDO Und wo ist also Gott?

GALILEI Bin ich Theologe? Ich bin Mathematiker.

SAGREDO Vor allem bist du ein Mensch. Und ich frage dich, wo ist Gott in deinem Weltsystem?

GALILEI In uns oder nirgends.

SAGREDO *schreiend:* Wie der Verbrannte gesagt hat?

GALILEI Wie der Verbrannte gesagt hat.

SAGREDO Darum ist er verbrannt worden! Vor noch nicht zehn Jahren!

GALILEI Weil er nichts beweisen konnte. Weil er es nur behauptet hat. Frau Sarti!

SAGREDO Galilei, ich habe dich immer als einen schlauen Mann gekannt. Siebzehn Jahre in Padua und drei Jahre in Pisa hast du Hunderte von Schülern geduldig das ptolemäische System gelehrt, das die Kirche verkündet und die Schrift bestätigt, auf der die Kirche beruht. Du hast es für falsch gehalten mit dem Kopernikus, aber du hast es gelehrt.

GALILEI Weil ich nichts beweisen konnte.

SAGREDO *ungläubig:* Und du glaubst, das macht einen Unterschied?

GALILEI Allen Unterschied! Sieh her, Sagredo! Ich glaube an den Menschen, und das heißt, ich glaube an seine Vernunft! Ohne diesen Glauben würde ich nicht die Kraft haben, am Morgen aus meinem Bett aufzustehen.

SAGREDO Dann will ich dir etwas sagen: ich glaube nicht an sie. Vierzig Jahre unter den Menschen haben mich ständig gelehrt, daß sie der Vernunft nicht zugänglich sind. Zeige ihnen einen roten Kometenschweif, jage ihnen eine dumpfe Angst ein, und sie werden aus ihren Häusern laufen und sich die Beine brechen. Aber sage ihnen einen vernünftigen Satz und beweise ihn mit sieben Gründen, und sie werden dich einfach auslachen.

GALILEI Das ist ganz falsch und eine Verleumdung. Ich begreife nicht, wie du, so etwas glaubend, die Wissenschaft lieben kannst. Nur die Toten lassen sich nicht mehr von Gründen bewegen!

SAGREDO Wie kannst du ihre erbärmliche Schlauheit mit Vernunft verwechseln!

GALILEI Ich rede nicht von ihrer Schlauheit. Ich weiß, sie nen
nen den Esel ein Pferd, wenn sie ihn verkaufen, und das Pferd einen Esel, wenn sie es einkaufen wollen. Das ist ihre Schlauheit. Die Alte, die am Abend vor der Reise dem Maulesel mit der harten Hand ein Extrabüschel Heu vorlegt, der Schiffer, der beim Einkauf der Vorräte des Sturmes und der Windstille gedenkt, das Kind, das die Mütze aufstülpt, wenn ihm bewiesen wurde, daß es regnen kann, sie alle sind meine Hoffnung, sie alle lassen Gründe gelten. Ja, ich glaube an die sanfte Gewalt der Vernunft über die Menschen. Sie können ihr auf die Dauer

nicht widerstehen. Kein Mensch kann lange zusehen, wie ich *er läßt aus der Hand einen Stein auf den Boden fallen* einen Stein fallen lasse und dazu sage: er fällt nicht. Dazu ist kein Mensch imstande. Die Verführung, die von einem Beweis ausgeht, ist zu groß. Ihr erliegen die meisten, auf die Dauer alle. Das Denken gehört zu den größten Vergnügungen der menschlichen Rasse.

FRAU SARTI *tritt ein:* Brauchen Sie etwas, Herr Galilei?

GALILEI *der wieder an seinem Fernrohr ist und Notizen macht, sehr freundlich:* Ja, ich brauche den Andrea.

FRAU SARTI Andrea? Er liegt im Bett und schläft.

GALILEI Können Sie ihn nicht wecken?

FRAU SARTI Wozu brauchen Sie ihn denn?

GALILEI Ich will ihm etwas zeigen, was ihn freuen wird. Er soll etwas sehen, was noch kein Mensch gesehen hat, seit die Erde besteht, außer uns.

FRAU SARTI Etwa wieder etwas durch Ihr Rohr?

GALILEI Etwas durch mein Rohr, Frau Sarti.

FRAU SARTI Und darum soll ich ihn mitten in der Nacht aufwecken? Sind Sie denn bei Trost? Er braucht seinen Nachtschlaf. Ich denke nicht daran, ihn aufzuwecken.

GALILEI Bestimmt nicht?

FRAU SARTI Bestimmt nicht.

GALILEI Frau Sarti, vielleicht können dann Sie mir helfen. Sehen Sie, es ist eine Frage entstanden, über die wir uns nicht einig werden können, wahrscheinlich, weil wir zu viele Bücher gelesen haben. Es ist eine Frage über den Himmel, eine Frage die Gestirne betreffend. Sie lautet: ist es anzunehmen, daß das Große sich um das Kleine dreht, oder dreht wohl das Kleine sich um das Große?

FRAU SARTI *mißtrauisch:* Mit Ihnen kennt man sich nicht leicht aus, Herr Galilei. Ist das eine ernsthafte Frage, oder wollen Sie mich wieder einmal zum besten haben?

GALILEI Eine ernste Frage.

FRAU SARTI Dann können Sie schnell Antwort haben. Stelle ich Ihnen das Essen hin, oder stellen Sie es mir hin?

GALILEI Sie stellen es mir hin. Gestern war es angebrannt.

FRAU SARTI Und warum war es angebrannt? Weil ich Ihnen die Schuhe bringen mußte, mitten im Kochen. Habe ich Ihnen nicht die Schuhe gebracht?

GALILEI Vermutlich.

FRAU SARTI Sie sind es nämlich, der studiert hat und der bezahlen kann.

GALILEI Ich sehe. Ich sehe, da ist keine Schwierigkeit. Guten Morgen, Frau Sarti.

Frau Sarti belustigt ab.

GALILEI Und solche Leute sollen nicht die Wahrheit begreifen können? Sie schnappen danach!

Eine Frühmetteglocke hat begonnen zu bimmeln. Herein Virginia, im Mantel, ein Windlicht tragend.

VIRGINIA Guten Morgen, Vater.

GALILEI Warum bist du schon auf?

VIRGINIA Ich gehe mit Frau Sarti zur Frühmette. Ludovico kommt auch hin. Wie war die Nacht, Vater?

GALILEI Hell.

VIRGINIA Darf ich durchschauen?

GALILEI Warum? *Virginia weiß keine Antwort.* Es ist kein Spielzeug.

VIRGINIA Nein, Vater.

GALILEI Übrigens ist das Rohr eine Enttäuschung, das wirst du bald überall zu hören bekommen. Es wird für 3 Skudi auf der Gasse verkauft und ist in Holland schon erfunden gewesen.

VIRGINIA Hast du nichts Neues mehr am Himmel mit ihm gesehen?

GALILEI Nichts für dich. Nur ein paar kleine trübe Fleckchen an der linken Seite eines großen Sterns, ich werde irgendwie die Aufmerksamkeit auf sie lenken müssen. *Über seine Tochter zu Sagredo sprechend:* Vielleicht werde ich sie die »Mediceischen Gestirne« taufen, nach dem Großherzog von Florenz.

Wieder zu Virginia: Es wird dich interessieren, Virginia, daß wir vermutlich nach Florenz ziehen. Ich habe einen Brief dorthin geschrieben, ob der Großherzog mich als Hofmathematiker brauchen kann.

VIRGINIA *strahlend:* Am Hof?

SAGREDO Galilei!

GALILEI Mein Lieber, ich brauche Muße. Ich brauche Beweise. Und ich will die Fleischtöpfe. Und in diesem Amt werde ich nicht Privatschülern das ptolemäische System einpauken müssen, sondern die Zeit haben, Zeit, Zeit, Zeit, Zeit! meine Beweise auszuarbeiten, denn es genügt nicht, was ich jetzt habe. Das ist nichts, kümmerliches Stückwerk! Damit kann ich mich nicht vor die ganze Welt stellen. Da ist noch kein einziger Beweis, daß sich irgendein Himmelskörper um die Sonne dreht.

Aber ich werde Beweise dafür bringen, Beweise für jedermann, von Frau Sarti bis hinauf zum Papst. Meine einzige Sorge ist, daß der Hof mich nicht nimmt.

VIRGINIA Sicher wird man dich nehmen, Vater, mit den neuen Sternen und allem.

GALILEI Geh in deine Messe.

Virginia ab.

GALILEI Ich schreibe selten Briefe an große Persönlichkeiten. *Er gibt Sagredo einen Brief.* Glaubst du, daß ich es so gut gemacht habe?

SAGREDO *liest laut das Ende des Briefes, den ihm Galilei gereicht hat:* »Sehne ich mich doch nach nichts so sehr, als Euch näher zu sein, der aufgehenden Sonne, welche dieses Zeitalter erhellen wird.« Der Großherzog von Florenz ist neun Jahre alt.

GALILEI So ist es. Ich sehe, du findest meinen Brief zu unterwürfig? Ich frage mich, ob er unterwürfig genug ist, nicht zu formell, als ob es mir doch an echter Ergebenheit fehlte. Einen zurückhaltenden Brief könnte jemand schreiben, der sich das Verdienst erworben hätte, den Aristoteles zu beweisen, nicht ich. Ein Mann wie ich kann nur auf dem Bauch kriechend in eine halbwegs würdige Stellung kommen. Und du weißt, ich verachte Leute, deren Gehirn nicht fähig ist, ihren Magen zu füllen.

Frau Sarti und Virginia gehen, an den Männern vorbei, zur Messe.

SAGREDO Geh nicht nach Florenz, Galilei.

GALILEI Warum nicht?

SAGREDO Weil die Mönche dort herrschen.

GALILEI Am Florentiner Hof sind Gelehrte von Ruf.

SAGREDO Lakaien.

GALILEI Ich werde sie bei den Köpfen nehmen und sie vor das Rohr schleifen. Auch die Mönche sind Menschen, Sagredo. Auch sie erliegen der Verführung der Beweise. Der Kopernikus, vergiß das nicht, hat verlangt, daß sie seinen Zahlen glauben, aber ich verlange nur, daß sie ihren Augen glauben. Wenn die Wahrheit zu schwach ist, sich zu verteidigen, muß sie zum Angriff übergehen. Ich werde sie bei den Köpfen nehmen und sie zwingen, durch dieses Rohr zu schauen.

SAGREDO Galilei, ich sehe dich auf einer furchtbaren Straße. Das ist eine Nacht des Unglücks, wo der Mensch die Wahrheit sieht. Und eine Stunde der Verblendung, wo er an die Vernunft des Menschengeschlechts glaubt. Von wem sagt man, daß er sehenden Auges geht? Von dem, der ins Verderben geht. Wie könnten die Mächtigen einen frei herumlaufen lassen, der die Wahrheit weiß, und sei es eine über die entferntesten Gestirne! Meinst du, der Papst hört deine Wahrheit, wenn du sagst, er irrt, und hört nicht, daß er irrt? Glaubst du, er wird einfach in sein Tagebuch einschreiben: 10. Januar 1610 – Himmel abgeschafft? Wie kannst du aus der Republik gehen wollen, die Wahrheit in der Tasche, in die Fallen der Fürsten und Mönche mit deinem Rohr in der Hand? So mißtrauisch in deiner Wissenschaft, bist du leichtgläubig wie ein Kind in allem, was dir ihr Betreiben zu erleichtern scheint. Du glaubst nicht an den Aristoteles, aber an den Großherzog von Florenz. Als ich dich vorhin am Rohr sah und du sahst diese neuen Sterne, da war es mir, als sähe ich dich auf brennenden Scheiten stehen, und als du sagtest, du glaubst an die Beweise, roch ich verbranntes Fleisch. Ich liebe die Wissenschaft, aber mehr dich, meinen Freund. Geh nicht nach Florenz, Galilei!

GALILEI Wenn sie mich nehmen, gehe ich.

Auf einem Vorhang erscheint die letzte Seite des Briefes:

Wenn ich den neuen Sternen, die ich entdeckt habe, den erhabenen Namen des Mediceischen Geschlechts zuteile, so bin ich mir bewußt, daß den Göttern und Heroen die Erhebung in den Sternenhimmel zur Verherrlichung gereicht hat, daß aber in diesem Fall umgekehrt der erhabene Name der Medici den Sternen unsterbliches Gedächtnis sichern wird. Ich aber bringe mich Euch in Erinnerung als einen aus der Zahl der treuesten und ergebensten Diener, der sich zur höchsten Ehre anrechnet, als Euer Untertan geboren zu sein.
Sehne ich mich doch nach nichts so sehr, als Euch näher zu sein, der aufgehenden Sonne, welche dieses Zeitalter erhellen wird.

Galileo Galilei

4

GALILEI HAT DIE REPUBLIK VENEDIG MIT DEM FLORENTINER HOF VERTAUSCHT. SEINE ENTDECKUNGEN DURCH DAS FERNROHR STOSSEN IN DER DORTIGEN GELEHRTENWELT AUF UNGLAUBEN.

Das Alte sagt: So wie ich bin, bin ich seit je.
Das Neue sagt: Bist du nicht gut, dann geh.

Haus des Galilei in Florenz. Frau Sarti trifft in Galileis Studierzimmer Vorbereitungen zum Empfang von Gästen. Ihr Sohn Andrea sitzt und räumt Sternkarten auf.

FRAU SARTI Seit wir glücklich in diesem gepriesenen Florenz sind, hört das Buckeln und Speichellecken nicht mehr auf. Die ganze Stadt zieht an diesem Rohr vorbei, und ich kann dann den Fußboden aufwischen. Und nichts wird es helfen! Wenn was dran wäre an diesen Entdeckungen, würden das doch die geistlichen Herren am ehesten wissen. Ich war vier Jahre bei Monsignore Filippo im Dienst und habe seine Bibliothek nie ganz abstauben können. Lederbände bis zur Decke, und keine Gedichtchen! Und der gute Monsignore hatte zwei Pfund Geschwüre am Hintern vom vielen Sitzen über all der Wissenschaft, und ein solcher Mann soll nicht Bescheid wissen? Und die große Besichtigung heute wird eine Blamage, daß ich morgen wieder nicht dem Milchmann ins Gesicht schauen kann. Ich wußte, was ich sagte, als ich ihm riet, den Herren zuerst ein gutes Abendessen vorzusetzen, ein ordentliches Stück Lammfleisch, bevor sie über sein Rohr gehen. Aber nein! *Sie ahmt Galilei nach.* »Ich habe etwas anderes für sie.«
Es klopft unten.

FRAU SARTI *schaut in den Spion am Fenster:* Um Gottes willen, da ist schon der Großherzog. Und Galilei ist noch in der Universität! *Sie läuft die Treppe hinunter und läßt den Großherzog von Toscana, Cosmo de Medici, mit dem Hofmarschall und zwei Hofdamen ein.*

COSMO Ich will das Rohr sehen.

DER HOFMARSCHALL Vielleicht gedulden sich Eure Hoheit, bis Herr Galilei und die anderen Herren von der Universität gekommen sind. *Zu Frau Sarti:* Herr Galilei wollte die von ihm neu entdeckten und die Mediceischen genannten Sterne von den Herren Astronomen prüfen lassen.

COSMO Sie glauben nicht an das Rohr, gar nicht. Wo ist es denn?

FRAU SARTI Oben, im Arbeitszimmer.

Der Knabe nickt, zeigt die Treppe hinauf, und auf ein Nicken Frau Sartis läuft er hoch.

DER HOFMARSCHALL *ein sehr alter Mann:* Eure Hoheit! *Zu Frau Sarti:* Muß man da hinauf? Ich bin nur mitgekommen, weil der Erzieher erkrankt ist.

FRAU SARTI Dem jungen Herrn kann nichts passieren. Mein Junge ist droben.

COSMO *oben eintretend:* Guten Abend.

Die Knaben verbeugen sich zeremoniell voreinander. Pause. Dann wendet sich Andrea wieder seiner Arbeit zu.

ANDREA *sehr ähnlich seinem Lehrer:* Hier geht es zu wie in einem Taubenschlag.

COSMO Viele Besucher?

ANDREA Stolpern hier herum, gaffen und verstehen nicht die Bohne.

COSMO Verstehe. Ist das ...? *Zeigt auf das Rohr.*

ANDREA Ja, das ist es. Aber da heißt es: Finger weg.

COSMO Und was ist das? *Er deutet auf das Holzmodell des ptolemäischen Systems.*

ANDREA Das ist das ptolemäische.

COSMO Das zeigt, wie die Sonne sich dreht, nicht?

ANDREA Ja, das sagt man.

COSMO *sich auf einen Stuhl setzend, nimmt es auf den Schoß:* Mein Lehrer ist erkältet. Da konnte ich früher weg. Angenehm hier.

ANDREA *unruhig, geht schlendernd und unschlüssig, den fremden Jungen mißtrauisch anschauend, herum und fischt endlich, unfähig, der Versuchung länger zu widerstehen, ein zweites Holzmodell hinter Karten hervor, eine Darstellung des kopernikanischen Systems:* Aber in Wirklichkeit ist es natürlich so.

COSMO Was ist so?

ANDREA *auf Cosmos Modell zeigend:* So meint man, daß es ist, und so *auf seines deutend* ist es. Die Erde dreht sich um die Sonne, verstehen Sie?

COSMO Meinst du wirklich?

ANDREA Allerdings. Das ist bewiesen.

COSMO Tatsächlich? – Ich möchte wissen, warum sie mich zum Alten überhaupt nicht mehr hineinließen. Gestern war er noch bei der Abendtafel.

ANDREA Sie scheinen es nicht zu glauben, was?

COSMO Doch, natürlich.

ANDREA *plötzlich auf das Modell in Cosmos Schoß zeigend:* Gib das her, du verstehst ja nicht einmal das!

COSMO Du brauchst doch nicht zwei.

ANDREA Du sollst es hergeben. Das ist kein Spielzeug für Jungens.

COSMO Ich habe nichts dagegen, es dir zu geben, aber du müßtest ein wenig höflicher sein, weißt du.

ANDREA Du bist ein Dummkopf, und höflich hin oder her, raus damit, sonst setzt's was.

COSMO Laß die Finger weg, hörst du.

Sie beginnen zu raufen und kugeln sich bald auf dem Boden.

ANDREA Ich werde dir schon zeigen, wie man ein Modell behandelt. Ergib dich!

COSMO Jetzt ist es entzweigegangen. Du drehst mir die Hand um.

ANDREA Wir werden schon sehen, wer recht hat und wer nicht. Sag, sie dreht sich, sonst gibt's Kopfnüsse.

COSMO Niemals. Au, du Rotkopf! Ich werde dir Höflichkeit beibringen.

ANDREA Rotkopf? Bin ich ein Rotkopf?

Sie raufen schweigend weiter.

Unten treten Galilei und einige Professoren der Universität ein. Hinter ihnen Federzoni.

DER HOFMARSCHALL Meine Herren, eine leichte Erkrankung hielt den Erzieher Seiner Hoheit, Herrn Suri, ab, Seine Hoheit hierher zu begleiten.

DER THEOLOGE Hoffentlich nichts Schlimmes.

DER HOFMARSCHALL Ganz und gar nicht.

GALILEI *enttäuscht:* Seine Hoheit nicht hier?

DER HOFMARSCHALL Seine Hoheit ist oben. Bitte die Herren, sich nicht aufhalten zu wollen. Der Hof ist so überaus begierig, die Meinung der erlauchten Universität über das außerordentliche Instrument Herrn Galileis und die wunderbaren neuen Gestirne kennenzulernen.

Sie gehen nach oben.

Die Knaben liegen jetzt still. Sie haben unten Lärm gehört.

COSMO Sie sind da. Laß mich auf.

Sie stehen schnell auf.

DIE HERREN *im Hinaufgehen:* Nein, nein, es ist alles in schönster Ordnung. – Die Medizinische Fakultät erklärt es für ausgeschlossen, daß es sich bei den Erkrankungen in der Altstadt um Pestfälle handeln könnte. Die Miasmen müßten bei der jetzt herrschenden Temperatur erfrieren. – Das schlimmste in solchen Fällen ist immer Panik. – Nichts als die in dieser Jahreszeit üblichen Erkältungswellen. – Jeder Verdacht ist ausgeschlossen. – Alles in schönster Ordnung.

Begrüßung oben.

GALILEI Eure Hoheit, ich bin glücklich, in Eurer Gegenwart die Herren Eurer Universität mit den Neuerungen bekannt machen zu dürfen.

Cosmo verbeugt sich sehr formell nach allen Seiten, auch vor Andrea.

DER THEOLOGE *das zerbrochene ptolemäische Modell am Boden sehend:* Hier scheint etwas entzweigegangen.

Cosmo bückt sich rasch und übergibt Andrea höflich das Modell. Inzwischen räumt Galilei verstohlen das andere Modell beiseite.

GALILEI *am Fernrohr:* Wie Eure Hoheit zweifellos wissen, sind wir Astronomen seit einiger Zeit mit unseren Berechnungen in große Schwierigkeiten gekommen. Wir benützen dafür ein sehr altes System, das sich in Übereinstimmung mit der Philosophie, aber leider nicht mit den Fakten zu befinden scheint. Nach diesem alten System, dem ptolemäischen, werden die Bewegungen der Gestirne als äußerst verwickelt angenommen. Der Planet Venus zum Beispiel soll eine Bewegung von dieser Art vollführen. *Er zeichnet auf eine Tafel die epizyklische Bahn der Venus nach der ptolemäischen Annahme.* Aber selbst solche schwierigen Bewegungen annehmend, sind wir nicht in der Lage, die Stellung der Gestirne richtig vorauszuberechnen. Wir finden sie nicht an den Orten, wo sie eigentlich sein müßten. Dazu kommen solche Gestirnbewegungen, für welche das ptolemäische System überhaupt keine Erklärung hat. Bewegungen dieser Art scheinen mir einige von mir neu entdeckte kleine Sterne um den Planeten Jupiter zu vollführen. Ist es den Herren angenehm, mit einer Besichtigung der Jupitertrabanten zu beginnen, der Mediceischen Gestirne?

ANDREA *auf den Hocker vor dem Fernrohr zeigend:* Bitte, sich hier zu setzen.

DER PHILOSOPH Danke, mein Kind. Ich fürchte, das alles ist nicht ganz so einfach. Herr Galilei, bevor wir Ihr berühmtes Rohr applizieren, möchten wir um das Vergnügen eines Disputs bitten. Thema: Können solche Planeten existieren?

DER MATHEMATIKER Eines formalen Disputs.

GALILEI Ich dachte mir, Sie schauen einfach durch das Fernrohr und überzeugen sich?

ANDREA Hier, bitte.

DER MATHEMATIKER Gewiß, gewiß. – Es ist Ihnen natürlich bekannt, daß nach der Ansicht der Alten Sterne nicht möglich sind, die um einen anderen Mittelpunkt als die Erde kreisen, noch solche Sterne, die im Himmel keine Stütze haben?

GALILEI Ja.

DER PHILOSOPH Und, ganz absehend von der Möglichkeit solcher Sterne, die der Mathematiker *er verbeugt sich gegen den Mathematiker* zu bezweifeln scheint, möchte ich in aller Bescheidenheit als Philosoph die Frage aufwerfen: sind solche Sterne nötig? Aristotelis divini universum ...

GALILEI Sollten wir nicht in der Umgangssprache fortfahren? Mein Kollege, Herr Federzoni, versteht Latein nicht.

DER PHILOSOPH Ist es von Wichtigkeit, daß er uns versteht?

GALILEI Ja.

DER PHILOSOPH Entschuldigen Sie mich. Ich dachte, er ist Ihr Linsenschleifer.

ANDREA Herr Federzoni ist ein Linsenschleifer und ein Gelehrter.

DER PHILOSOPH Danke, mein Kind. Wenn Herr Federzoni darauf besteht ...

GALILEI Ich bestehe darauf.

DER PHILOSOPH Das Argument wird an Glanz verlieren, aber es ist Ihr Haus. – Das Weltbild des göttlichen Aristoteles mit seinen mystisch musizierenden Sphären und kristallenen Gewölben und den Kreisläufen seiner Himmelskörper und dem Schiefenwinkel der Sonnenbahn und den Geheimnissen der Satellitentafeln und dem Sternenreichtum des Katalogs der südlichen Halbkugel und der erleuchteten Konstruktion des celestialen Globus ist ein Gebäude von solcher Ordnung und Schönheit, daß wir wohl zögern sollten, diese Harmonie zu stören.

GALILEI Wie, wenn Eure Hoheit die sowohl unmöglichen als auch unnötigen Sterne nun durch dieses Fernrohr wahrnehmen würden?

DER MATHEMATIKER Man könnte versucht sein zu antworten, daß Ihr Rohr, etwas zeigend, was nicht sein kann, ein nicht sehr verläßliches Rohr sein müßte, nicht?

GALILEI Was meinen Sie damit?

DER MATHEMATIKER Es wäre doch viel förderlicher, Herr Galilei, wenn Sie uns die Gründe nennten, die Sie zu der Annahme bewegen, daß in der höchsten Sphäre des unveränderlichen Himmels Gestirne freischwebend in Bewegung sein können.

DER PHILOSOPH Gründe, Herr Galilei, Gründe!

GALILEI Die Gründe? Wenn ein Blick auf die Gestirne selber und meine Notierungen das Phänomen zeigen? Mein Herr, der Disput wird abgeschmackt.

DER MATHEMATIKER Wenn man sicher wäre, daß Sie sich nicht noch mehr erregten, könnte man sagen, daß, was in Ihrem Rohr ist und was am Himmel ist, zweierlei sein kann.

DER PHILOSOPH Das ist nicht höflicher auszudrücken.

FEDERZONI Sie denken, wir malten die Mediceischen Sterne auf die Linse!

GALILEI Sie werfen mir Betrug vor?

DER PHILOSOPH Aber wie könnten wir das? In Anwesenheit Seiner Hoheit!

DER MATHEMATIKER Ihr Instrument, mag man es nun Ihr Kind, mag man es Ihren Zögling nennen, ist sicher äußerst geschickt gemacht, kein Zweifel!

DER PHILOSOPH Und wir sind vollkommen überzeugt, Herr Galilei, daß weder Sie noch sonst jemand es wagen würde, Sterne mit dem erlauchten Namen des Herrscherhauses zu schmücken, deren Existenz nicht über allen Zweifel erhaben wäre.

Alle verbeugen sich tief vor dem Großherzog.

COSMO *sieht sich nach den Hofdamen um:* Ist etwas nicht in Ordnung mit meinen Sternen?

DIE ÄLTERE HOFDAME *zum Großherzog:* Es ist alles in Ordnung mit den Sternen Eurer Hoheit. Die Herren fragen sich nur, ob sie auch wirklich, wirklich da sind.

Pause.

DIE JÜNGERE HOFDAME Man soll ja jedes Rad am Großen Wagen sehen können durch das Instrument.

FEDERZONI Ja, und alles mögliche am Stier.

GALILEI Werden die Herren nun also durchschauen oder nicht?

DER PHILOSOPH Sicher, sicher.

DER MATHEMATIKER Sicher.

Pause. Plötzlich wendet sich Andrea um und geht steif ab durch den ganzen Raum. Seine Mutter fängt ihn auf.

FRAU SARTI Was ist los mit dir?

ANDREA Sie sind dumm. *Er reißt sich los und läuft weg.*

DER PHILOSOPH Bedauernswertes Kind.

DER HOFMARSCHALL Eure Hoheit, meine Herren, darf ich daran erinnern, daß der Staatsball in dreiviertel Stunden beginnt?

DER MATHEMATIKER Warum einen Eiertanz aufführen? Früher oder später wird Herr Galilei sich doch noch mit den Tatsachen befreunden müssen. Seine Jupiterplaneten würden die Sphärenschale durchstoßen. Es ist ganz einfach.

FEDERZONI Sie werden sich wundern: es gibt keine Sphärenschale.

DER PHILOSOPH Jedes Schulbuch wird Ihnen sagen, daß es sie gibt, mein guter Mann.

FEDERZONI Dann her mit neuen Schulbüchern.

DER PHILOSOPH Eure Hoheit, mein verehrter Kollege und ich stützen uns auf die Autorität keines Geringeren als des göttlichen Aristoteles selber.

GALILEI *fast unterwürfig:* Meine Herren, der Glaube an die Autorität des Aristoteles ist eine Sache, Fakten, die mit Händen zu greifen sind, eine andere. Sie sagen, nach dem Aristoteles gibt es dort oben Kristallschalen, und so können gewisse Bewegungen nicht stattfinden, weil die Gestirne die Schalen durchstoßen müßten. Aber wie, wenn Sie diese Bewegungen konstatieren könnten? Vielleicht sagt Ihnen das, daß es diese Kristallschalen gar nicht gibt? Meine Herren, ich ersuche Sie in aller Demut, Ihren Augen zu trauen.

DER MATHEMATIKER Lieber Galilei, ich pflege mitunter, so altmodisch es Ihnen erscheinen mag, den Aristoteles zu lesen und kann Sie dessen versichern, daß ich da meinen Augen traue.

GALILEI Ich bin es gewohnt, die Herren aller Fakultäten sämtlichen Fakten gegenüber die Augen schließen zu sehen und so zu tun, als sei nichts geschehen. Ich zeige meine Notierungen, und man lächelt, ich stelle mein Fernrohr zur Verfügung, daß man sich überzeugen kann, und man zitiert Aristoteles. Der Mann hatte kein Fernrohr!

DER MATHEMATIKER Allerdings nicht, allerdings nicht.

DER PHILOSOPH *groß:* Wenn hier Aristoteles in den Kot gezogen werden soll, eine Autorität, welche nicht nur die gesamte Wissenschaft der Antike, sondern auch die Hohen Kirchenväter selber anerkannten, so scheint jedenfalls mir eine Fortsetzung der Diskussion überflüssig. Unsachliche Diskussion lehne ich ab. Basta.

GALILEI Die Wahrheit ist das Kind der Zeit, nicht der Autorität. Unsere Unwissenheit ist unendlich, tragen wir einen Kubikmillimeter ab! Wozu jetzt noch so klug sein wollen, wenn wir endlich ein klein wenig weniger dumm sein können! Ich habe das unvorstellbare Glück gehabt, ein neues Instrument in die Hand zu bekommen, mit dem man ein Zipfelchen des Universums etwas, nicht viel, näher besehen kann. Benützen Sie es.

DER PHILOSOPH Eure Hoheit, meine Damen und Herren, ich frage mich nur, wohin dies alles führen soll.

GALILEI Ich würde meinen, als Wissenschaftler haben wir uns nicht zu fragen, wohin die Wahrheit uns führen mag.

DER PHILOSOPH *wild:* Herr Galilei, die Wahrheit mag uns zu allem möglichen führen!

GALILEI Eure Hoheit. In diesen Nächten werden über ganz Italien Fernrohre auf den Himmel gerichtet. Die Monde des Jupiter verbilligen nicht die Milch. Aber sie wurden nie je gesehen, und es gibt sie doch. Daraus zieht der Mann auf der Straße den Schluß, daß es noch vieles geben könnte, wenn er nur seine Augen aufmachte! Ihr seid ihm eine Bestätigung schuldig! Es sind nicht die Bewegungen einiger entfernter Gestirne, die Italien aufhorchen machen, sondern die Kunde, daß für unerschütterlich angesehene Lehren ins Wanken gekommen sind, und jedermann weiß, daß es deren zu viele gibt. Meine Herren, lassen Sie uns nicht erschütterte Lehren verteidigen!

FEDERZONI Ihr als die Lehrer solltet das Erschüttern besorgen.

DER PHILOSOPH Ich wünschte, Ihr Mann offerierte nicht Ratschläge in einem wissenschaftlichen Disput.

GALILEI Eure Hoheit! Mein Werk in dem Großen Arsenal von Venedig brachte mich täglich zusammen mit Zeichnern, Bauleuten und Instrumentenmachern. Diese Leute haben mich manchen neuen Weg gelehrt. Unbelesen, verlassen sie sich auf das Zeugnis ihrer fünf Sinne, furchtlos zumeist, wohin dies Zeugnis sie führen wird ...

DER PHILOSOPH Oho!

GALILEI Sehr ähnlich unsern Seeleuten, die vor hundert Jahren unsere Küsten verließen, ohne zu wissen, was für andere Küsten sie erreichen würden, wenn überhaupt welche. Es scheint, daß man heute, um die hohe Neugierde zu finden, die den wahren Ruhm des alten Griechenland ausmachte, sich in die Schiffswerften begeben muß.

DER PHILOSOPH Nach allem, was wir hier gehört haben, zweifle ich nicht länger, daß Herr Galilei in den Schiffswerften Bewunderer finden wird.

DER HOFMARSCHALL Eure Hoheit, zu meiner Bestürzung stelle ich fest, daß sich die außerordentlich belehrende Unterhaltung ein wenig ausgedehnt hat. Seine Hoheit muß vor dem Hofball noch etwas ruhen.

Auf ein Zeichen verbeugt sich der Großherzog vor Galilei. Der Hof schickt sich schnell an zu gehen.

FRAU SARTI *stellt sich dem Großherzog in den Weg und bietet ihm einen Teller mit Bäckereien an:* Ein Kringel, Eure Hoheit?

Die ältere Hofdame führt den Großherzog hinaus.

GALILEI *hinterherlaufend:* Aber die Herren brauchten wirklich nur durch das Instrument zu schauen!

DER HOFMARSCHALL Ihre Hoheit wird nicht versäumen, über Ihre Behauptungen die Meinung unseres größten lebenden Astronomen einzuholen, des Herrn Pater Christopher Clavius, Hauptastronom am Päpstlichen Collegium in Rom.

5
Uneingeschüchtert auch durch die Pest setzt Galilei seine Forschungen fort

a

Morgens früh. Galilei über seinen Aufzeichnungen am Fernrohr.
Virginia herein mit einer Reisetasche.

GALILEI Virginia! Ist etwas passiert?

VIRGINIA Das Stift hat geschlossen, wir mußten sofort heim. In Arcetri gibt es fünf Pestfälle.

GALILEI *ruft:* Sarti!

VIRGINIA Die Marktgasse hier ist seit heut nacht auch schon abgeriegelt. In der Altstadt sollen zwei Tote sein und drei liegen sterbend im Spital.

GALILEI Sie haben wieder einmal alles bis zum letzten Augenblick verheimlicht.

FRAU SARTI *herein:* Was machst du hier?

VIRGINIA Die Pest.

FRAU SARTI Mein Gott! Ich packe. *Setzt sich.*

GALILEI Packen Sie nichts. Nehmen Sie Virginia und Andrea! Ich hole meine Aufzeichnungen. *Er läuft eilig zurück an seinen Tisch und klaubt in größter Hast Papiere zusammen.*

Frau Sarti zieht Andrea, der gelaufen kommt, einen Mantel an und holt etwas Bettzeug und Essen herbei. Herein ein großherzoglicher Lakai.

LAKAI Seine Hoheit hat der grassierenden Krankheit wegen die Stadt in Richtung auf Bologna verlassen. Er bestand jedoch darauf, daß Herrn Galilei die Möglichkeit geboten wird, sich ebenfalls in Sicherheit zu bringen. Die Kalesche ist in zwei Minuten vor der Tür.

FRAU SARTI *zu Virginia und Andrea:* Geht ihr sogleich hinaus. Hier, nehmt das mit.

ANDREA Aber warum? Wenn du mir nicht sagst, warum, gehe ich nicht.

FRAU SARTI Es ist die Pest, mein Kind.

VIRGINIA Wir warten auf Vater.

FRAU SARTI Herr Galilei, sind Sie fertig?

GALILEI *das Fernrohr in das Tischtuch packend:* Setzen Sie Virginia und Andrea in die Kalesche. Ich komme gleich.

VIRGINIA Nein, wir gehen nicht ohne dich. Du wirst nie fertig werden, wenn du erst deine Bücher einpackst.

FRAU SARTI Der Wagen ist da.

GALILEI Sei vernünftig, Virginia, wenn ihr euch nicht hineinsetzt, fährt der Kutscher weg. Die Pest, das ist keine Kleinigkeit.

VIRGINIA *protestierend, während Frau Sarti sie und Andrea hinausführt:* Helfen Sie ihm mit den Büchern, sonst kommt er nicht.

FRAU SARTI *ruft von der Haustür:* Herr Galilei! Der Kutscher weigert sich zu warten.

GALILEI Frau Sarti, ich glaube nicht, daß ich weg sollte. Da ist alles in Unordnung, wissen Sie, Aufzeichnungen von drei Monaten, die ich wegschmeißen kann, wenn ich sie nicht noch ein, zwei Nächte fortführe. Und diese Seuche ist ja überall.

FRAU SARTI Herr Galilei! Komm sofort mit! Du bist wahnsinnig.

GALILEI Sie müssen mit Virginia und Andrea fahren. Ich komme nach.

FRAU SARTI In einer Stunde kommt niemand mehr hier weg. Du mußt kommen! *Horcht.* Er fährt! Ich muß ihn aufhalten. *Ab.*

Galilei geht hin und her. Frau Sarti kehrt zurück, sehr bleich, ohne ihr Bündel.

GALILEI Was stehen Sie herum? Die Kalesche mit den Kindern fährt Ihnen noch weg.

FRAU SARTI Sie sind weg. Virginia mußten sie festhalten. Man wird für die Kinder sorgen in Bologna. Aber wer soll Ihnen Ihr Essen hinstellen?

GALILEI Du bist wahnsinnig. Wegen dem Kochen in der Stadt zu bleiben! ... *Nimmt seine Aufzeichnungen in die Hand.* Glauben Sie von mir nicht, Frau Sarti, daß ich ein Narr bin. Ich kann diese Beobachtungen nicht im Stich lassen. Ich habe mächtige Feinde und muß Beweise für gewisse Behauptungen sammeln.

FRAU SARTI Sie brauchen sich nicht zu entschuldigen. Aber vernünftig ist es nicht.

b

Vor Galileis Haus in Florenz. Heraus tritt Galilei und blickt die Straße hinunter. Zwei Nonnen kommen vorüber.

GALILEI *spricht sie an:* Können Sie mir sagen, Schwestern, wo ich Milch zu kaufen bekomme? Heute früh ist die Milchfrau nicht gekommen, und meine Haushälterin ist weg.

DIE EINE NONNE Die Läden sind nur noch in der unteren Stadt offen.

DIE ANDERE NONNE Sind Sie hier herausgekommen? *Galilei nickt.* Das ist diese Gasse!

Die beiden Nonnen bekreuzigen sich, murmeln den Englischen Gruß und laufen weg. Ein Mann kommt vorbei.

GALILEI *spricht ihn an:* Sind Sie nicht der Bäcker, der uns das Weißbrot bringt? *Der Mann nickt.* Haben Sie meine Haushälterin gesehen? Sie muß gestern abend weggegangen sein. Seit heute früh ist sie nicht mehr im Haus.

Der Mann schüttelt den Kopf.

Ein Fenster gegenüber geht auf und eine Frau schaut heraus.

DIE FRAU *schreiend:* Laufen Sie! Bei denen da drüben ist die Pest!

Der Mann läuft erschrocken weg.

GALILEI Wissen Sie etwas über meine Haushälterin?

DIE FRAU Ihre Haushälterin ist oben an der Straße niedergebrochen. Sie muß es gewußt haben. Darum ist sie weg. Solche Rücksichtslosigkeit! *Sie schlägt das Fenster zu.*

Kinder kommen die Straße herunter. Sie sehen Galilei und rennen schreiend weg. Galilei wendet sich, da kommen zwei Soldaten gelaufen, ganz in Eisen.

DIE SOLDATEN Geh sofort ins Haus zurück! *Mit ihren langen Spießen schieben sie Galilei in sein Haus zurück. Hinter ihm verrammeln sie das Tor.*

GALILEI *am Fenster:* Könnt ihr mir sagen, was mit der Frau geschehen ist?

DIE SOLDATEN Sie werden auf den Anger geschafft.

DIE FRAU *erscheint wieder im Fenster:* Die ganze Gasse da hinten ist ja verseucht. Warum sperrt ihr nicht ab?

Die Soldaten ziehen einen Strick über die Straße.

DIE FRAU Aber so kann ja auch in unser Haus keiner mehr! Hier braucht ihr doch nicht abzusperren. Hier ist doch alles gesund. Halt! Halt! So hört doch! Mein Mann ist doch in der Stadt, er kann ja nicht mehr zu uns! Ihr Tiere, ihr Tiere! *Man hört von innen her ihr Schluchzen und Schreien.*

Die Soldaten gehen ab. An einem anderen Fenster erscheint eine alte Frau.

GALILEI Dort hinten muß es brennen.

DIE ALTE FRAU Sie löschen nicht mehr, wenn Pestverdacht ist. Jeder denkt nur noch an die Pest.

GALILEI Wie ihnen das gleich sieht! Das ist ihr ganzes Regierungssystem. Sie hauen uns ab wie den kranken Ast eines Feigenbaumes, der keine Frucht mehr bringen kann.

DIE ALTE FRAU Das dürfen Sie nicht sagen. Sie sind nur hilflos.

GALILEI Sind Sie allein im Haus?

DIE ALTE FRAU Ja. Mein Sohn hat mir einen Zettel geschickt. Er hat Gott sei Dank gestern abend schon erfahren, daß dort hinten wer gestorben ist, und ist nicht mehr heimgekommen. Es sind elf Fälle gewesen in der Nacht hier im Viertel.

GALILEI Ich mache mir Vorwürfe, daß ich meine Haushälterin nicht rechtzeitig weggeschickt habe. Ich hatte eine dringende Arbeit, aber sie hatte keinen Grund zu bleiben.

DIE ALTE FRAU Wir können ja auch nicht weg. Wer soll uns aufnehmen? Sie müssen sich keine Vorwürfe machen. Ich habe sie gesehen. Sie ging heute früh weg, gegen sieben Uhr. Sie war krank, denn als sie mich aus der Tür treten und die Brote hereinholen sah, machte sie einen Bogen um mich. Sie wollte wohl nicht, daß man Ihnen das Haus zuschließt. Aber sie bringen alles heraus.

Ein klapperndes Geräusch wird hörbar.

GALILEI Was ist das?

DIE ALTE FRAU Sie versuchen, mit Geräuschen die Wolken zu vertreiben, in denen die Pestkeime sind.

Galilei lacht schallend.

DIE ALTE FRAU Daß Sie noch lachen können!

Ein Mann kommt die Straße herunter und findet sie versperrt durch den Strick.

GALILEI Heda, Sie! Hier ist abgeriegelt, und im Haus ist nichts zu essen.

Der Mann ist schon weggelaufen.

GALILEI Aber ihr könnt einen doch nicht hier verhungern lassen! Heda! Heda!

DIE ALTE FRAU Vielleicht bringen sie was. Sonst kann ich Ihnen, aber erst nachts, einen Krug Milch vor die Tür stellen, wenn Sie sich nicht fürchten.

GALILEI Heda! Heda! Man muß uns doch hören!

Am Strick steht plötzlich Andrea. Er hat ein verweintes Gesicht.

GALILEI Andrea! Wie kommst du her?

ANDREA Ich war schon früh hier. Ich habe geklopft, aber Sie haben nicht aufgemacht. Die Leute haben mir gesagt, daß . . .

GALILEI Bist du denn nicht weggefahren?

ANDREA Doch. Aber unterwegs konnte ich abspringen. Virginia ist weitergefahren. Kann ich nicht hinein?

DIE ALTE FRAU Nein, das kannst du nicht. Du mußt zu den Ursulinerinnen. Deine Mutter ist vielleicht auch dort.

ANDREA Ich war da. Aber man hat mich nicht zu ihr hineingelassen. Sie ist so krank.

GALILEI Bist du so weit hergelaufen? Das sind doch drei Tage, daß du wegfuhrst.

ANDREA So lang brauchte ich, seien Sie nicht böse. Sie haben mich einmal eingefangen.

GALILEI *hilflos:* Weine jetzt nicht mehr. Siehst du, ich habe allerhand gefunden in der Zwischenzeit. Soll ich dir erzählen? *Andrea nickt schluchzend.* Gib genau acht, sonst verstehst du nicht. Erinnerst du dich, daß ich dir den Planeten Venus gezeigt habe? Horch nicht auf das Geräusch, das ist nichts. Kannst du dich erinnern? Weißt du, was ich gesehen habe? Er ist wie der Mond! Ich habe ihn als halbe Kugel und ich habe ihn als Sichel gesehen. Was sagst du dazu? Ich kann dir alles zeigen mit einer kleinen Kugel und einem Licht. Es beweist, daß auch dieser Planet kein eigenes Licht hat. Und er dreht sich um die Sonne, in einem einfachen Kreis, ist das nicht wunderbar?

ANDREA *schluchzend:* Sicher, und das ist ein Fakt.

GALILEI *leise:* Ich habe sie nicht zurückgehalten.

Andrea schweigt.

GALILEI Aber natürlich, wenn ich nicht geblieben wäre, wäre das nicht geschehen.

ANDREA Müssen sie es Ihnen jetzt glauben?

GALILEI Ich habe jetzt alle Beweise zusammen. Weißt du, wenn das hier vorüber ist, gehe ich nach Rom und zeige es ihnen.

Die Straße herunter kommen zwei vermummte Männer mit langen Stangen und Kübeln. An den Stangen reichen sie Galilei und dann der alten Frau Brote in die Fenster.

DIE ALTE FRAU Und dort drüben ist eine Frau mit drei Kindern. Legt da auch was hin.

GALILEI Aber ich habe nichts zu trinken. Im Haus ist kein Wasser. *Die beiden zucken die Achseln.* Kommt ihr auch morgen?

DER EINE MANN *mit erstickter Stimme, da er ein Tuch vor dem Mund hat:* Wer weiß heut, was morgen ist?

GALILEI Könntet ihr, wenn ihr kommt, auch ein Büchlein heraufreichen, das ich für meine Arbeit brauche?

DER MANN *lacht dumpf:* Als ob es jetzt auf ein Buch ankäme. Sei froh, wenn du Brot bekommst.

GALILEI Aber der Junge dort, mein Schüler, wird da sein und es euch geben für mich. Es ist die Karte mit der Umlaufszeit des Merkur, Andrea, ich habe sie verlegt. Willst du sie beschaffen in der Schule?

Die Männer sind schon weitergegangen.

ANDREA Bestimmt. Ich hol sie, Herr Galilei. *Ab.*

Auch Galilei zieht sich zurück. Gegenüber aus dem Haus tritt die alte Frau und stellt einen Krug vor Galileis Tür.

6

1616: DAS COLLEGIUM ROMANUM, FORSCHUNGSINSTITUT DES VATIKANS, BESTÄTIGT GALILEIS ENTDECKUNGEN.

Das hat die Welt nicht oft gesehn
Daß Lehrer selbst ans Lernen gehn.
Clavius, der Gottesknecht
Gab dem Galilei recht.

Saal des Collegium Romanum in Rom. Es ist Nacht. Hohe Geistliche, Mönche, Gelehrte in Gruppen. An der Seite allein Galilei. Es herrscht große Ausgelassenheit. Bevor die Szene beginnt, hört man gewaltiges Gelächter.

EIN DICKER PRÄLAT *hält sich den Bauch vor Lachen:* O Dummheit! O Dummheit! Ich möchte, daß mir einer einen Satz nennt, der nicht geglaubt wurde!

EIN GELEHRTER Zum Beispiel, daß Sie unüberwindliche Abneigung gegen Mahlzeiten verspüren, Monsignore!

DER DICKE PRÄLAT Wird geglaubt, wird geglaubt. Nur das Vernünftige wird nicht geglaubt. Daß es einen Teufel gibt, das wird bezweifelt. Aber daß die Erde sich dreht wie ein Schusser in der Gosse, das wird geglaubt. Sancta simplicitas!

EIN MÖNCH *spielt Komödie:* Mir schwindelt. Die Erde dreht sich zu schnell. Gestatten Sie, daß ich mich an Ihnen einhalte, Professor. *Er tut, als schwanke er, und hält sich an einem Gelehrten ein.*

DER GELEHRTE *mitmachend:* Ja, sie ist heute wieder ganz besoffen, die Alte. *Er hält sich an einem anderen ein.*

DER MÖNCH Halt, halt! Wir rutschen ab! Halt, sag ich!

EIN ZWEITER GELEHRTER Die Venus steht schon ganz schief. Ich sehe nur noch ihren halben Hintern, Hilfe!

Es bildet sich ein Klumpen von Mönchen, die unter Gelächter tun, als wehrten sie sich, von einem Schiff im Sturm abgeschüttelt zu werden.

EIN ZWEITER MÖNCH Wenn wir nur nicht auf den Mond geschmissen werden! Brüder, der soll scheußlich scharfe Bergspitzen haben!

DER ERSTE GELEHRTE Stemm dich mit dem Fuß dagegen.

DER ERSTE MÖNCH Und schaut nicht hinab. Ich leide unter Schwindel.

DER DICKE PRÄLAT *absichtlich laut in Galileis Richtung:* Unmöglich, Schwindel im Collegium Romanum!

Großes Gelächter.

Aus einer Tür hinten kommen zwei Astronomen des Collegiums. Stille tritt ein.

EIN MÖNCH Untersucht ihr immer noch? Das ist ein Skandal!

DER EINE ASTRONOM *zornig:* Wir nicht!

DER ZWEITE ASTRONOM Wohin soll das führen? Ich verstehe den Clavius nicht ... Wenn man alles für bare Münze nähme, was in den letzten fünfzig Jahren behauptet wurde! Im Jahre 1572 leuchtet in der höchsten Sphäre, der achten, der Sphäre der Fixsterne, ein neuer Stern auf, eher strahlender und größer als alle seine Nachbarsterne, und noch bevor anderthalb Jahre um waren, verschwindet er wieder und fällt der Vernichtung anheim. Soll man fragen: was ist also mit der ewigen Dauer und der Unveränderlichkeit des Himmels?

DER PHILOSOPH Wenn man es ihnen erlaubt, zertrümmern sie uns noch den ganzen Sternenhimmel.

DER ERSTE ASTRONOM Ja, wohin kommt man! Fünf Jahre später bestimmt der Däne Tycho Brahe die Bahn eines Kometen. Sie begann oberhalb des Mondes und durchbrach, eine nach der andern, alle Kugelschalen der Sphären, der materiellen Träger der bewegten Himmelskörper! Er trifft keinen Widerstand, er erfährt keine Ablenkung seines Lichts. Soll man also fragen: wo sind die Sphären?

DER PHILOSOPH Das ist doch ausgeschlossen! Wie kann Christopher Clavius, der größte Astronom Italiens und der Kirche, so etwas überhaupt untersuchen!

DER DICKE PRÄLAT Skandal!

DER ERSTE ASTRONOM Er untersucht aber! Er sitzt drinnen und glotzt durch dieses Teufelsrohr!

DER ZWEITE ASTRONOM Principiis obsta! Alles fing damit an, daß wir so vieles, die Länge des Sonnenjahres, die Daten der Sonnen- und Mondfinsternis, die Stellungen der Himmelskörper seit Jahr und Tag nach den Tafeln dieses Kopernikus berechnen, der ein Ketzer ist.

EIN MÖNCH Ich frage: was ist besser, eine Mondfinsternis drei Tage später als im Kalender steht zu erleben oder die ewige Seligkeit niemals?

EIN SEHR DÜNNER MÖNCH *kommt mit einer aufgeschlagenen Bibel nach vorn, fanatisch den Finger auf eine Stelle stoßend:* Was steht hier in der Schrift? »Sonne, steh still zu Gibeon und Mond im Tale Ajalon!« Wie kann die Sonne stillstehen, wenn sie sich überhaupt nicht dreht, wie diese Ketzer behaupten? Lügt die Schrift?

DER ZWEITE ASTRONOM Es gibt Erscheinungen, die uns Astronomen Schwierigkeiten bereiten, aber muß der Mensch alles verstehen?

Beide ab.

DER SEHR DÜNNE MÖNCH Die Heimat des Menschengeschlechts setzen sie einem Wandelstern gleich. Mensch, Tier, Pflanze und Erdreich verpakken sie auf einen Karren und treiben ihn im Kreis durch einen leeren Himmel. Erde und Himmel gibt es nicht mehr nach diesen. Die Erde nicht, weil sie ein Gestirn des Himmels ist, und den Himmel nicht, weil er aus Erden besteht. Da ist kein Unterschied mehr zwischen Oben und Unten, zwischen dem Ewigen und dem Vergänglichen. Daß wir vergehen, das wissen wir. Daß auch der Himmel vergeht, das sagen sie uns jetzt. Sonne, Mond und Sterne und wir leben auf der Erde, hat es geheißen und steht es geschrieben; aber jetzt ist auch die Erde ein Stern nach diesem da. Es gibt nur Sterne! Wir werden den Tag erleben, wo sie sagen: Es gibt auch nicht Mensch und Tier, der Mensch selber ist ein Tier, es gibt nur Tiere!

DER ERSTE GELEHRTE *zu Galilei:* Herr Galilei, Ihnen ist etwas hinabgefallen.

GALILEI *der seinen Stein während des Vorigen aus der Tasche gezogen, damit gespielt und ihn am Ende auf den Boden hat fallen lassen, indem er sich bückt, ihn aufzuheben:* Hinauf, Monsignore, es ist mir hinaufgefallen.

DER DICKE PRÄLAT *kehrt sich um:* Unverschämter Mensch.

Eintritt ein sehr alter Kardinal, von einem Mönch gestützt. Man macht ihm ehrerbietig Platz.

DER SEHR ALTE KARDINAL Sind sie immer noch drinnen? Können sie mit dieser Kleinigkeit wirklich nicht schneller fertig werden? Dieser Clavius sollte doch seine Astronomie verstehen! Ich höre, dieser Herr Galilei versetzt den Menschen aus dem Mittelpunkt des Weltalls irgendwohin an den Rand. Er ist folglich deutlich ein Feind des Menschengeschlechts! Als solcher muß er behandelt werden. Der Mensch ist die Krone der Schöpfung, das weiß jedes Kind, Gottes höchstes und geliebtestes Geschöpf. Wie könnte er es, ein solches Wunderwerk, eine solche Anstrengung, auf ein kleines, abseitiges und immerfort weglaufendes Gestirnlein setzen? Würde er so wohin seinen Sohn schicken? Wie kann es Leute geben, so pervers, daß sie diesen Sklaven ihrer Rechentafeln Glauben schenken! Welches Geschöpf Gottes wird sich so etwas gefallen lassen?

DER DICKE PRÄLAT *halblaut:* Der Herr ist anwesend.

DER SEHR ALTE KARDINAL *zu Galilei:* So, sind Sie das? Wissen Sie, ich sehe nicht mehr allzu gut, aber das sehe ich doch, daß Sie diesem Menschen, den wir seinerzeit verbrannt haben, – wie hieß er doch? – auffallend gleichen.

DER MÖNCH Eure Eminenz sollten sich nicht aufregen. Der Arzt ...

DER SEHR ALTE KARDINAL *schüttelt ihn ab, zu Galilei:* Sie wollen die Erde erniedrigen, obwohl Sie auf ihr leben und alles von ihr empfangen. Sie beschmutzen Ihr eigenes Nest! Aber ich jedenfalls lasse es mir nicht gefallen. *Er stößt den Mönch zurück und beginnt stolz auf und ab zu schreiten.* Ich bin nicht irgendein Wesen auf irgendeinem Gestirnchen, das für kurze Zeit irgendwo kreist. Ich gehe auf einer festen Erde, in sicherem Schritt, sie ruht, sie ist der Mittelpunkt des Alls, ich bin im Mittelpunkt, und das Auge des Schöpfers ruht auf mir und auf mir allein. Um mich kreisen, fixiert an acht kristallenen Schalen, die Fixsterne und die gewaltige Sonne, die geschaffen ist, meine Umgebung zu beleuchten. Und auch mich, damit Gott mich sieht. So kommt sichtbar und unwiderleglich alles an auf mich, den Menschen, die Anstrengung Gottes, das Geschöpf in der Mitte, das Ebenbild Gottes, unvergänglich und ... *Er sinkt zusammen.*

DER MÖNCH Eure Eminenz haben sich zuviel zugemutet!

In diesem Augenblick öffnet sich die Tür hinten, und an der Spitze seiner Astronomen kommt der große Clavius herein. Er durchschreitet schweigend und schnell, ohne zur Seite zu blicken, den Saal und spricht, schon am Ausgang, zu einem Mönch hin.

CLAVIUS Es stimmt. *Er geht ab, gefolgt von den Astronomen.*

Die Tür hinten bleibt offenstehen. Totenstille. Der sehr alte Kardinal kommt zu sich.

DER SEHR ALTE KARDINAL Was ist? Die Entscheidung gefallen? *Niemand wagt es ihm zu sagen.*

DER MÖNCH Eure Eminenz müssen nach Hause gebracht werden.

Man hilft dem alten Mann hinaus. Alle verlassen verstört den Saal.

Ein kleiner Mönch aus der Untersuchungskommission des Clavius bleibt bei Galilei stehen.

DER KLEINE MÖNCH *verstohlen:* Herr Galilei, Pater Clavius sagte, bevor er wegging: Jetzt können die Theologen sehen, wie sie die Himmelskreise wieder einrenken! Sie haben gesiegt. *Ab.*

GALILEI *sucht ihn zurückzuhalten:* Sie hat gesiegt! Nicht ich, die Vernunft hat gesiegt!

Der kleine Mönch ist schon weg.

Auch Galilei geht. Unter der Tür begegnet er einem hochgewachsenen Geistlichen, dem Kardinal Inquisitor. Ein Astronom begleitet ihn. Galilei verbeugt sich. Bevor er hinausgeht, stellt er einem Türhüter flüsternd eine Frage.

TÜRHÜTER *zurückflüsternd:* Seine Eminenz, der Kardinal Inquisitor.

Der Astronom geleitet den Kardinal Inquisitor zum Fernrohr.

7
Aber die Inquisition setzt die kopernikanische Lehre auf den Index (5. März 1616)

In Rom war Galilei Gast
In einem Kardinalspalast.
Man bot ihm Schmaus und bot ihm Wein
Und hatt' nur ein klein Wünschelein.

Haus des Kardinals Bellarmin in Rom. Ein Ball ist im Gang. Im Vestibül, wo zwei geistliche Sekretäre Schach spielen und Notizen über die Gäste machen, wird Galilei von einer kleinen Gruppe maskierter Damen und Herren mit Applaus empfangen. Er kommt in Begleitung seiner Tochter Virginia und ihres Verlobten Ludovico Marsili.

VIRGINIA Ich tanze mit niemand sonst, Ludovico.
LUDOVICO Die Schulterspange ist lose.
GALILEI
»Dies leicht verschobene Busentuch, Thais
Ordne mir nicht. Manche Unordnung, tiefere
Zeigt es mir köstlich und
Andern auch. In des wimmelnden Saals
Kerzenlicht dürfen sie denken an
Dunklere Stellen des wartenden Parkes.«
VIRGINIA Fühl mein Herz.
GALILEI *legt ihr die Hand auf das Herz:* Es klopft.
VIRGINIA Ich möchte schön aussehen.
GALILEI Du mußt, sonst zweifeln sie sofort wieder, daß sie sich dreht.
LUDOVICO Sie dreht sich ja gar nicht. *Galilei lacht.* Rom spricht nur von Ihnen. Von heute abend ab, Herr, wird man von Ihrer Tochter sprechen.
GALILEI Es heißt, es sei leicht, im römischen Frühling schön auszusehen. Selbst ich muß einem beleibteren Adonis gleichen. *Zu den Sekretären:* Ich sollte den Herrn Kardinal hier erwarten. *Zu dem Paar:* Geht und vergnügt euch!
Bevor sie nach hinten zum Ball gehen, kommt Virginia noch einmal zurückgelaufen.
VIRGINIA Vater, der Friseur in der Via del Trionfo nahm mich zuerst dran und ließ vier Damen warten. Er kannte deinen Namen sofort. *Ab.*
GALILEI *zu den Schach spielenden Sekretären:* Wie könnt ihr noch immer

das alte Schach spielen? Eng, eng. Jetzt spielt man doch so, daß die größeren Figuren über alle Felder gehen. Der Turm so *er zeigt es* – und der Läufer so – und die Dame so und so. Da hat man Raum und kann Pläne machen.

DER EINE SEKRETÄR Das entspricht nicht unsern kleinen Gehältern, wissen Sie. Wir können nur solche Sprünge machen. *Er zieht einen kleinen Zug.*

GALILEI Umgekehrt, mein Guter, umgekehrt! Wer auf großem Fuß lebt, dem bezahlen sie auch den größten Stiefel! Man muß mit der Zeit gehen, meine Herren. Nicht an den Küsten lang, einmal muß man ausfahren.

Der sehr alte Kardinal der vorigen Szene überquert die Bühne, geleitet von seinem Mönch. Er erblickt den Galilei, geht an ihm vorbei, wendet sich dann unsicher und grüßt ihn. Galilei setzt sich. Aus dem Ballsaal hört man, von Knaben gesungen, den Beginn des berühmten Gedichts Lorenzo de Medicis über die Vergänglichkeit:

»Ich, der ich Rosen aber sterben sah
Und ihre Blätter lagen welkend da
Entfärbt auf kaltem Boden, wußte gut:
Wie eitel ist der Jugend Übermut!«

GALILEI Rom. – Großes Fest?

SEKRETÄR Der erste Karneval nach den Pestjahren. Alle großen Familien Italiens sind heute abend hier vertreten. Die Orsinis, die Villanis, die Nuccolis, die Soldanieris, die Canes, die Lecchis, die Estensis, die Colombinis …

ZWEITER SEKRETÄR *unterbricht:* Ihre Eminenzen, die Kardinäle Bellarmin und Barberini.

Herein Kardinal Bellarmin und Kardinal Barberini. Sie halten die Masken eines Lamms und einer Taube an Stöcken vors Gesicht.

BARBERINI *den Zeigefinger auf Galilei:* »Die Sonne geht auf und unter und kehret an ihren Ort zurück.« Das sagt Salomo, und was sagt Galilei?

GALILEI Als ich so klein war *er deutet es mit der Hand an*, Eure Eminenz, stand ich auf einem Schiff, und ich rief: Das Ufer bewegt sich fort. – Heute weiß ich, das Ufer stand fest, und das Schiff bewegte sich fort.

BARBERINI Schlau, schlau. Was man sieht, Bellarmin, nämlich daß der Gestirnhimmel sich dreht, braucht nicht zu stimmen, siehe Schiff und Ufer. Aber was stimmt, nämlich daß die Erde sich dreht, kann man nicht wahrnehmen! Schlau. Aber seine Jupitermonde sind harte Brocken für unsere Astronomen. Leider habe ich auch einmal etwas Astronomie gelesen, Bellarmin. Das hängt einem an wie die Krätze.

BELLARMIN Gehen wir mit der Zeit, Barberini. Wenn Sternkarten, die sich auf eine neue Hypothese stützen, unsern Seeleuten die Navigation erleichtern, mögen sie die Karten benutzen. Uns mißfallen nur Lehren, welche die Schrift falsch machen. *Er winkt grüßend nach dem Ballsaal zu.*

GALILEI Die Schrift. – »Wer aber das Korn zurückhält, dem wird das Volk fluchen.« Sprüche Salomonis.

BARBERINI »Der Weise verbirget sein Wissen.« Sprüche Salomonis.

GALILEI »Wo da Ochsen sind, da ist der Stall unrein. Aber viel Gewinn ist durch die Stärke des Ochsen.«

BARBERINI »Der seine Vernunft im Zaum hält, ist besser als der eine Stadt nimmt.«

GALILEI »Des Geist aber gebrochen ist, dem verdorren die Gebeine.« *Pause.* »Schreiet die Wahrheit nicht laut?«

BARBERINI »Kann man den Fuß setzen auf glühende Kohle, und der Fuß verbrennt nicht?« – Willkommen in Rom, Freund Galilei. Sie wissen von seinem Ursprung? Zwei Knäblein, so geht die Mär, empfingen Milch und Zuflucht von einer Wölfin. Von der Stunde an müssen alle Kinder der Wölfin für ihre Milch zahlen. Aber dafür sorgt die Wölfin für alle Arten von Genüssen, himmlische und irdische; von Gesprächen mit meinem gelehrten Freund Bellarmin bis zu drei oder vier Damen von internationalem Ruf, darf ich sie Ihnen zeigen? *Er führt Galilei hinter, ihm den Ballsaal zu zeigen.*
Galilei folgt widerstrebend.

BARBERINI Nein? Er besteht auf einer ernsten Unterhaltung. Gut. Sind Sie sicher, Freund Galilei, daß ihr Astronomen euch nicht nur einfach eure Astronomie bequemer machen wollt? *Er führt ihn wieder nach vorn.* Ihr denkt in Kreisen oder Ellipsen und in gleichmäßigen Schnelligkeiten, einfachen Bewegungen, die euren Gehirnen gemäß sind. Wie, wenn es Gott gefallen hätte, seine Gestirne so laufen zu lassen? *Er zeichnet mit dem Finger in der Luft eine äußerst verwickelte Bahn mit unregelmäßiger Geschwindigkeit.* Was würde dann aus euren Berechnungen?

GALILEI Eminenz, hätte Gott die Welt so konstruiert *er wiederholt Barberinis Bahn*, dann hätte er auch unsere Gehirne so konstruiert *er wiederholt dieselbe Bahn*, so daß sie eben diese Bahnen als die einfachsten erkennen würden. Ich glaube an die Vernunft.

BARBERINI Ich halte die Vernunft für unzulänglich. Er schweigt. Er ist zu höflich, jetzt zu sagen, er hält meine für unzulänglich. *Lacht und geht zur Brüstung zurück.*

BELLARMIN Die Vernunft, mein Freund, reicht nicht sehr weit. Ringsum sehen wir nichts als Schiefheit, Verbrechen und Schwäche. Wo ist die Wahrheit?

GALILEI *zornig:* Ich glaube an die Vernunft.

BARBERINI *zu den Sekretären:* Ihr sollt nicht mitschreiben, das ist eine wissenschaftliche Unterhaltung unter Freunden.

BELLARMIN Bedenken Sie einen Augenblick, was es die Kirchenväter und so viele nach ihnen für Mühe und Nachdenken gekostet hat, in eine solche Welt (ist sie etwa nicht abscheulich?) etwas Sinn zu bringen. Bedenken Sie die Roheit derer, die ihre Bauern in der Campagna halbnackt über ihre Güter peitschen lassen, und die Dummheit dieser Armen, die ihnen dafür die Füße küssen.

GALILEI Schandbar! Auf meiner Fahrt hierher sah ich ...

BELLARMIN Wir haben die Verantwortung für den Sinn solcher Vorgänge (das Leben besteht daraus), die wir nicht begreifen können, einem höheren Wesen zugeschoben, davon gesprochen, daß mit derlei gewisse Absichten verfolgt werden, daß dies alles einem großen Plan zufolge geschieht. Nicht als ob dadurch absolute Beruhigung eingetreten wäre, aber jetzt beschuldigen Sie dieses höchste Wesen, es sei sich im unklaren darüber, wie die Welt der Gestirne sich bewegt, worüber Sie sich im klaren sind. Ist das weise?

GALILEI *zu einer Erklärung ausholend:* Ich bin ein gläubiger Sohn der Kirche ...

BARBERINI Es ist entsetzlich mit ihm. Er will in aller Unschuld Gott die dicksten Schnitzer in der Astronomie nachweisen! Wie, Gott hat nicht sorgfältig genug Astronomie studiert, bevor er die Heilige Schrift verfaßte? Lieber Freund!

BELLARMIN Ist es nicht auch für Sie wahrscheinlich, daß der Schöpfer über das von ihm Geschaffene besser Bescheid weiß als sein Geschöpf?

GALILEI Aber, meine Herren, schließlich kann der Mensch nicht nur die Bewegungen der Gestirne falsch auffassen, sondern auch die Bibel!

BELLARMIN Aber wie die Bibel aufzufassen ist, darüber haben schließlich die Theologen der Heiligen Kirche zu befinden, nicht?

Galilei schweigt.

BELLARMIN Sehen Sie: jetzt schweigen Sie. *Er macht den Sekretären ein Zeichen.* Herr Galilei, das Heilige Offizium hat heute nacht beschlossen, daß die Lehre des Kopernikus, nach der die Sonne Zentrum der Welt und unbeweglich, die Erde aber nicht Zentrum der Welt und beweglich ist, töricht, absurd und ketzerisch im Glauben ist. Ich habe den Auftrag, Sie zu ermahnen, diese Meinung aufzugeben. *Zum ersten Sekretär:* Wiederholen Sie das.

ERSTER SEKRETÄR Seine Eminenz, Kardinal Bellarmin, zu dem besagten Galileo Galilei: Das Heilige Offizium hat beschlossen, daß die Lehre des Kopernikus, nach der die Sonne Zentrum der Welt und unbeweglich, die Erde aber nicht Zentrum der Welt und beweglich ist, töricht, absurd und ketzerisch im Glauben ist. Ich habe den Auftrag, Sie zu ermahnen, diese Meinung aufzugeben.

GALILEI Was heißt das?

Aus dem Ballsaal hört man, von Knaben gesungen, eine weitere Strophe des Gedichts:

»Sprach ich: Die schöne Jahreszeit geht schnell vorbei:
Pflücke die Rose, noch ist es Mai.«

Barberini bedeutet dem Galilei zu schweigen, solange der Gesang währt. Sie lauschen.

GALILEI Aber die Tatsachen? Ich verstand, daß die Astronomen des Collegium Romanum meine Notierungen anerkannt haben.

BELLARMIN Mit den Ausdrücken der tiefsten Genugtuung, in der für Sie ehrendsten Weise.

GALILEI Aber die Jupitertrabanten, die Phasen der Venus ...

BELLARMIN Die Heilige Kongregation hat ihren Beschluß gefaßt, ohne diese Einzelheiten zur Kenntnis zu nehmen.

GALILEI Das heißt, daß jede weitere wissenschaftliche Forschung ...

BELLARMIN Durchaus gesichert ist, Herr Galilei. Und das gemäß der Anschauung der Kirche, daß wir nicht wissen können, aber forschen mögen. *Er begrüßt wieder einen Gast im Ballsaal.* Es steht Ihnen frei, in Form der mathematischen Hypothese auch diese Lehre zu behandeln. Die Wissenschaft ist die legitime und höchst geliebte Tochter der Kirche, Herr Galilei. Niemand von uns nimmt im Ernst an, daß Sie das Vertrauen zur Kirche untergraben wollen.

GALILEI *zornig:* Vertrauen wird dadurch erschöpft, daß es in Anspruch genommen wird.

BARBERINI Ja? *Er klopft ihm, schallend lachend, auf die Schulter. Dann sieht er ihn scharf an und sagt nicht unfreundlich:* Schütten Sie nicht das Kind mit dem Bade aus, Freund Galilei. Wir tun es auch nicht. Wir brauchen Sie, mehr als Sie uns.

BELLARMIN Ich brenne darauf, den größten Mathematiker Italiens dem Kommissar des Heiligen Offiziums vorzustellen, der Ihnen die allergrößte Wertschätzung entgegenbringt.

BARBERINI *den andern Arm Galileis fassend:* Worauf er sich wieder in ein Lamm verwandelt. Auch Sie wären besser als braver Doktor der Schulmeinung kostümiert hier erschienen, lieber Freund. Es ist meine Maske, die mir heute ein wenig Freiheit gestattet. In einem solchen Aufzug können Sie mich murmeln hören: Wenn es keinen Gott gäbe, müßte man ihn erfinden. Gut, nehmen wir wieder unsere Masken vor. Der arme Galilei hat keine.

Sie nehmen Galilei in die Mitte und führen ihn in den Ballsaal.

ERSTER SEKRETÄR Hast du den letzten Satz?

ZWEITER SEKRETÄR Bin dabei. *Sie schreiben eifrig.* Hast du das, wo er sagt, daß er an die Vernunft glaubt?

Herein der Kardinal Inquisitor.

DER INQUISITOR Die Unterredung hat stattgefunden?

ERSTER SEKRETÄR *mechanisch:* Zuerst kam Herr Galilei mit seiner Tochter. Sie hat sich heute verlobt mit Herrn ... *Der Inquisitor winkt ab.* Herr Galilei unterrichtete uns sodann von der neuen Art des Schachspielens, bei der die Figuren entgegen allen Spielregeln über alle Felder hinweg bewegt werden.

DER INQUISITOR *winkt ab:* Das Protokoll.

Ein Sekretär händigt ihm das Protokoll aus, und der Kardinal setzt sich, es zu durchfliegen. Zwei junge Damen in Masken überqueren die Bühne, sie knicksen vor dem Kardinal.

DIE EINE Wer ist das?

DIE ANDERE Der Kardinal Inquisitor.

Sie kichern und gehen ab. Herein Virginia, sich suchend umblickend.

DER INQUISITOR *aus seiner Ecke:* Nun, meine Tochter?

VIRGINIA *erschrickt ein wenig, da sie ihn nicht gesehen hat:* Oh, Eure Eminenz!

Der Inquisitor streckt ihr, ohne aufzusehen, die Rechte hin. Sie nähert sich und küßt kniend seinen Ring.

DER INQUISITOR Eine superbe Nacht! Gestatten Sie mir, Sie zu Ihrer Verlobung zu beglückwünschen. Ihr Bräutigam kommt aus einer vornehmen Familie. Sie bleiben uns in Rom?

VIRGINIA Zunächst nicht, Eure Eminenz. Es gibt so viel vorzubereiten für eine Heirat.

DER INQUISITOR So, Sie folgen also Ihrem Vater wieder nach Florenz. Ich freue mich darüber. Ich kann mir denken, daß Ihr Vater Sie braucht. Mathematik ist eine kalte Hausgefährtin, nicht? Ein Geschöpf aus Fleisch und Blut in solcher Umgebung macht da allen Unterschied. Man verliert sich so leicht in den Gestirnwelten, welche so sehr ausgedehnt sind, wenn man ein großer Mann ist.

VIRGINIA *atemlos:* Sie sind sehr gütig, Eminenz. Ich verstehe wirklich fast gar nichts von diesen Dingen.

DER INQUISITOR Nein? *Er lacht.* Im Haus des Fischers ißt man nicht Fisch, wie? Es wird Ihren Herrn Vater amüsieren, wenn er hört, daß Sie schließlich von mir gehört haben, was Sie über die Gestirnwelten wissen, mein Kind. *Im Protokoll blätternd.* Ich lese hier, daß unsere Neuerer, deren in der ganzen Welt anerkannter Führer Ihr Herr Vater ist, ein großer Mann, einer der größten, unsere gegenwärtigen Vorstellungen von der Bedeutung unserer lieben Erde für etwas übertrieben ansehen. Nun, von den Zeiten des Ptolemäus, eines Weisen des Altertums, bis zum heutigen Tag maß man für die ganze Schöpfung, also für die gesamte Kristallkugel, in deren Mitte die Erde ruht, etwa zwanzigtausend Erddurchmesser. Eine schöne Geräumigkeit, aber zu klein, weit zu klein für Neuerer. Nach diesen ist sie, wie wir hören, ganz unvorstellbar weit ausgedehnt, ist der Abstand der Erde von der Sonne, ein durchaus bedeutender Abstand, wie es uns immer geschienen hat, so verschwindend klein gegen den Abstand unserer armen Erde von den Fixsternen, die auf der alleräußersten Schale befestigt sind, daß man ihn bei den Berechnungen überhaupt nicht einzukalkulieren braucht! Da soll man noch sagen, daß die Neuerer nicht auf großem Fuße leben.

Virginia lacht. Auch der Inquisitor lacht.

DER INQUISITOR In der Tat, einige Herren des Heiligen Offiziums haben kürzlich an einem solchen Weltbild, gegen das unser bisheriges nur ein Bildchen ist, das man um einen so entzückenden Hals wie den gewisser junger Mädchen legen könnte, beinahe Anstoß genommen. Sie sind besorgt, auf so ungeheuren Strecken könnte ein Prälat und sogar ein Kardinal leicht verlorengehen. Selbst ein Papst könnte vom Allmächtigen da aus den Augen verloren werden. Ja, das ist lustig, aber ich bin doch froh, Sie auch weiterhin in der Nähe Ihres großen Vaters zu wissen, den wir alle so schätzen, liebes Kind. Ich frage mich, ob ich nicht Ihren Beichtvater kenne ...

VIRGINIA Pater Christophorus von Sankt Ursula.

DER INQUISITOR Ja, ich freue mich, daß Sie Ihren Herrn Vater also begleiten. Er wird Sie brauchen, Sie mögen es sich nicht vorstellen können, aber es wird so kommen. Sie sind noch so jung und wirklich, so sehr Fleisch und Blut, und Größe ist nicht immer leicht zu tragen für diejenigen, denen Gott sie verliehen hat, nicht immer. Niemand unter den Sterblichen ist ja so groß, daß er nicht in ein Gebet eingeschlossen werden könnte. Aber nun halte ich Sie auf, liebes Kind, und mache Ihren Verlobten eifersüchtig und vielleicht auch Ihren lieben Vater, weil ich Ihnen etwas über die Gestirne erzählt habe, was möglicherweise sogar veraltet ist. Gehen Sie schnell zum Tanzen, nur vergessen Sie nicht, Pater Christophorus von mir zu grüßen.

Virginia nach einer tiefen Verbeugung schnell ab.

8
Ein Gespräch

Galilei las den Spruch
Ein junger Mönch kam zu Besuch
War eines armen Bauern Kind
Wollt wissen, wie man Wissen find't.
Wollt es wissen, wollt es wissen.

Im Palast des florentinischen Gesandten in Rom hört Galilei den kleinen Mönch an, der ihm nach der Sitzung des Collegium Romanum den Ausspruch des päpstlichen Astronomen zugeflüstert hat.

GALILEI Reden Sie, reden Sie! Das Gewand, das Sie tragen, gibt Ihnen das Recht zu sagen, was immer Sie wollen.

DER KLEINE MÖNCH Ich habe Mathematik studiert, Herr Galilei.

GALILEI Das könnte helfen, wenn es Sie veranlaßte einzugestehen, daß zwei mal zwei hin und wieder vier ist!

DER KLEINE MÖNCH Herr Galilei, seit drei Nächten kann ich keinen Schlaf mehr finden. Ich wußte nicht, wie ich das Dekret, das ich gelesen habe, und die Trabanten des Jupiter, die ich gesehen habe, in Einklang bringen sollte. Ich beschloß, heute früh die Messe zu lesen und zu Ihnen zu gehen.

GALILEI Um mir mitzuteilen, daß der Jupiter keine Trabanten hat?

DER KLEINE MÖNCH Nein. Mir ist es gelungen, in die Weisheit des Dekrets einzudringen. Es hat mir die Gefahren aufgedeckt, die ein allzu hemmungsloses Forschen für die Menschheit in sich birgt, und ich habe beschlossen, der Astronomie zu entsagen. Jedoch ist mir noch daran gelegen, Ihnen die Beweggründe zu unterbreiten, die auch einen Astronomen dazu bringen können, von einem weiteren Ausbau der gewissen Lehre abzusehen.

GALILEI Ich darf sagen, daß mir solche Beweggründe bekannt sind.

DER KLEINE MÖNCH Ich verstehe Ihre Bitterkeit. Sie denken an die gewissen außerordentlichen Machtmittel der Kirche.

GALILEI Sagen Sie ruhig Folterinstrumente.

DER KLEINE MÖNCH Aber ich möchte andere Gründe nennen. Erlauben Sie, daß ich von mir rede. Ich bin als Sohn von Bauern in der Campagna aufgewachsen. Es sind einfache Leute. Sie wissen alles über den Ölbaum, aber sonst recht wenig. Die Phasen der Venus beobachtend, kann ich nun meine Eltern vor mir sehen, wie sie mit meiner Schwester am Herd sitzen und ihre Käsespeise essen. Ich sehe die Balken über ihnen, die der Rauch von Jahrhunderten geschwärzt hat, und ich sehe genau ihre alten abgearbeiteten Hände und den kleinen Löffel darin. Es geht ihnen nicht gut, aber selbst in ihrem Unglück liegt eine gewisse Ordnung verborgen. Da sind diese verschiedenen Kreisläufe, von dem des Bodenaufwischens über den der Jahreszeiten im Ölfeld zu dem der Steuerzahlung. Es ist regelmäßig, was auf sie herabstößt an Unfällen. Der Rücken meines Vaters wird zusammengedrückt nicht auf einmal, sondern mit jedem Frühjahr im Ölfeld mehr, so wie auch die Geburten, die meine Mutter immer geschlechtsloser gemacht haben, in ganz bestimmten Abständen erfolgten. Sie schöpfen die Kraft, ihre Körbe schweißtriefend den steinigen Pfad hinaufzuschleppen, Kinder zu gebären, ja, zu essen, aus dem Gefühl der Stetigkeit und Notwendigkeit, das der Anblick des Bodens, der jedes Jahr von neuem grünenden Bäume, der kleinen Kirche und das Anhören der sonntäglichen Bibeltexte ihnen verleihen können. Es ist ihnen versichert worden, daß das Auge der Gottheit auf ihnen liegt, forschend, ja beinahe angstvoll; daß das ganze Welttheater um sie aufgebaut ist, damit sie, die Agierenden, in ihren großen oder kleinen Rollen sich bewähren können. Was würden meine Leute sagen, wenn sie von mir erführen, daß sie sich auf einem kleinen Steinklumpen befinden, der sich unaufhörlich drehend im leeren Raum um ein anderes Gestirn bewegt, einer unter sehr vielen, ein ziemlich unbedeutender! Wozu ist jetzt noch solche Geduld, solches Einverständnis in ihr Elend nötig oder gut? Wozu ist die Heilige Schrift noch gut, die alles erklärt und als notwendig begründet hat, den Schweiß, die Geduld, den Hunger, die Unterwerfung, und die jetzt voll von Irrtümern befunden wird? Nein, ich sehe ihre Blicke scheu werden, ich sehe sie die Löffel auf die Herdplatte senken, ich sehe, wie sie sich verraten und betrogen fühlen. Es liegt also kein Auge auf uns, sagen sie. Wir müssen nach uns selber sehen, ungelehrt, alt und verbraucht, wie wir sind? Niemand hat uns eine Rolle zugedacht außer dieser irdischen, jämmerlichen auf einem winzigen Gestirn, das ganz unselbständig ist, um das sich nichts dreht? Kein Sinn liegt in unserm Elend, Hunger ist eben Nichtgegessenhaben, keine Kraftprobe; Anstrengung ist eben Sichbücken und Schleppen, kein Verdienst. Verstehen Sie da, daß ich aus dem Dekret der Heiligen Kongregation ein edles mütterliches Mitleid, eine große Seelengüte herauslese?

GALILEI Seelengüte! Wahrscheinlich meinen Sie nur, es ist nichts da, der Wein ist weggetrunken, ihre Lippen vertrocknen, mögen sie die Soutane küssen! Warum ist denn nichts da? Warum ist die Ordnung in diesem Land nur die Ordnung einer leeren Lade und die Notwendigkeit nur die, sich zu Tode zu arbeiten? Zwischen strotzenden Weinbergen, am Rand der Weizenfelder! Ihre Campagnabauern bezahlen die Kriege, die der Stellvertreter des milden Jesus in Spanien und Deutschland führt. Warum stellt er die Erde in den Mittelpunkt des Universums? Damit der Stuhl Petri im Mittelpunkt der Erde stehen kann! Um das letztere handelt es sich. Sie haben recht, es handelt sich nicht um die Planeten, sondern um die Campagnabauern. Und kommen Sie mir nicht mit der Schönheit von Phänomenen, die das Alter vergoldet hat! Wissen Sie, wie die Auster Margaritifera ihre Perle produziert? Indem sie in lebensgefährlicher Krankheit einen unerträglichen Fremdkörper, zum Beispiel ein Sandkorn, in eine Schleimkugel einschließt. Sie geht nahezu drauf bei dem Prozeß. Zum Teufel mit der Perle, ich ziehe die gesunde Auster vor. Tugenden sind nicht an Elend geknüpft, mein Lieber. Wären Ihre Leute wohlhabend und glücklich, könnten sie die Tugenden der Wohlhabenheit und des Glücks entwickeln. Jetzt stammen diese Tugenden Erschöpfter von erschöpften Äckern, und ich lehne sie ab. Herr, meine neuen Wasserpumpen können da mehr Wunder tun als ihre lächerliche übermenschliche Plackerei. – »Seid fruchtbar und mehret euch«, denn die Äcker sind unfruchtbar, und die Kriege dezimieren euch. Soll ich Ihre Leute anlügen?

DER KLEINE MÖNCH *in großer Bewegung:* Es sind die allerhöchsten Beweggründe, die uns schweigen machen müssen, es ist der Seelenfrieden Unglücklicher!

GALILEI Wollen Sie eine Cellini-Uhr sehen, die Kardinal Bellarmins Kutscher heute morgen hier abgegeben hat? Mein Lieber, als Belohnung dafür, daß ich zum Beispiel Ihren guten Eltern den Seelenfrieden lasse, offeriert mir die Behörde den Wein, den sie keltern im Schweiße ihres Antlitzes, das bekanntlich nach Gottes Ebenbild geschaffen ist. Würde ich mich zum Schweigen bereit finden, wären es zweifellos recht niedrige Beweggründe: Wohlleben, keine Verfolgung et cetera.

DER KLEINE MÖNCH Herr Galilei, ich bin Priester.

GALILEI Sie sind auch Physiker. Und Sie sehen, die Venus hat Phasen. Da, sieh hinaus! *Er zeigt durch das Fenster.* Siehst du dort den kleinen Priap an der Quelle neben dem Lorbeer? Der Gott der Gärten, der Vögel und der Diebe, der bäurische obszöne Zweitausendjährige! Er hat weniger gelogen. Nichts davon, schön, ich bin ebenfalls ein Sohn der Kirche. Aber kennen Sie die achte Satire des Horaz? Ich lese ihn eben wieder in diesen Tagen, er verleiht einiges Gleichgewicht. *Er greift nach einem kleinen Buch.* Er läßt eben diesen Priap sprechen, eine kleine Statue, die in den Esquilinischen Gärten aufgestellt war. Folgendermaßen beginnt es:

»Ein Feigenklotz, ein wenig nützes Holz
War ich, als einst der Zimmermann, unschlüssig
Ob einen Priap machen oder einen Schemel
Sich für den Gott entschied . . .«

Meinen Sie, Horaz hätte sich etwa den Schemel verbieten und einen Tisch in das Gedicht setzen lassen? Herr, mein Schönheitssinn wird verletzt, wenn die Venus in meinem Weltbild ohne Phasen ist! Wir können nicht Maschinerien für das Hochpumpen von Flußwasser erfinden, wenn wir die größte Maschinerie, die uns vor Augen liegt, die der Himmelskörper, nicht studieren sollen. Die Winkelsumme im Dreieck kann nicht nach den Bedürfnissen der Kurie abgeändert werden. Die Bahnen fliegender Körper kann ich nicht so berechnen, daß auch die Ritte der Hexen auf Besenstielen erklärt werden.

DER KLEINE MÖNCH Und Sie meinen nicht, daß die Wahrheit, wenn es Wahrheit ist, sich durchsetzt, auch ohne uns?

GALILEI Nein, nein, nein. Es setzt sich nur so viel Wahrheit durch, als wir durchsetzen; der Sieg der Vernunft kann nur der Sieg der Vernünftigen sein. Eure Campagnabauern schildert Ihr ja schon wie das Moos auf ihren Hütten! Wie kann jemand annehmen, daß die Winkelsumme im Dreieck ihren Bedürfnissen widersprechen könnte! Aber wenn sie nicht in Bewegung kommen und denken lernen, werden ihnen auch die schönsten Bewässerungsanlagen nichts nützen. Zum Teufel, ich sehe die göttliche Geduld Ihrer Leute, aber wo ist ihr göttlicher Zorn?

DER KLEINE MÖNCH Sie sind müde!

GALILEI *wirft ihm einen Packen Manuskripte hin:* Bist du ein Physiker, mein Sohn? Hier stehen die Gründe, warum das Weltmeer sich in Ebbe und Flut bewegt. Aber du sollst es nicht lesen, hörst du? Ach, du liest schon? Du bist also ein Physiker?

Der kleine Mönch hat sich in die Papiere vertieft.

GALILEI Ein Apfel vom Baum der Erkenntnis! Er stopft ihn schon hinein. Er ist ewig verdammt, aber er muß ihn hineinstopfen, ein unglücklicher Fresser! Ich denke manchmal: ich ließe mich zehn Klafter unter der Erde in einen Kerker einsperren, zu dem kein Licht mehr dringt, wenn ich dafür erführe, was das ist: Licht. Und das Schlimmste: was ich weiß, muß ich weitersagen. Wie ein Liebender, wie ein Betrunkener, wie ein Verräter. Es ist ganz und gar ein Laster und führt ins Unglück. Wie lang werde ich es in den Ofen hineinschreien können – das ist die Frage.

DER KLEINE MÖNCH *zeigt auf eine Stelle in den Papieren:* Diesen Satz verstehe ich nicht.

GALILEI Ich erkläre ihn dir, ich erkläre ihn dir.

9
Nach achtjährigem Schweigen wird Galilei durch die Thronbesteigung eines neuen Papstes, der selbst Wissenschaftler ist, ermutigt, seine Forschungen auf dem verbotenen Feld wieder aufzunehmen. Die Sonnenflecken.

Die Wahrheit im Sacke
Die Zung in der Backe
Schwieg er acht Jahre, dann war's ihm zu lang.
Wahrheit, geh deinen Gang.

Haus des Galilei in Florenz. Galileis Schüler, Federzoni, der kleine Mönch und Andrea Sarti, jetzt ein junger Mann, sind zu einer experimentellen Vorlesung versammelt. Galilei selber liest stehend in einem Buch. – Virginia und die Sarti nähen Brautwäsche.

VIRGINIA Aussteuernähen ist lustiges Nähen. Das ist für einen langen Gästetisch, Ludovico hat gern Gäste. Es muß nur ordentlich sein, seine Mutter sieht jeden Faden. Sie ist mit Vaters Büchern nicht einverstanden. So wenig wie Pater Christophorus.

FRAU SARTI Er hat seit Jahren kein Buch mehr geschrieben.

VIRGINIA Ich glaube, er hat eingesehen, daß er sich getäuscht hat. In Rom hat mir ein sehr hoher geistlicher Herr vieles aus der Astronomie erklärt. Die Entfernungen sind zu weit.

ANDREA *während er das Pensum des Tages auf die Tafel schreibt:* »Donnerstag nachmittag. Schwimmende Körper.« – Wieder Eis; Schaff mit Wasser; Waage; eiserne Nadel; Aristoteles. *Er holt die Gegenstände. Die andern lesen in Büchern nach.*

Eintritt Filippo Mucius, ein Gelehrter in mittleren Jahren. Er zeigt ein etwas verstörtes Wesen.

MUCIUS Könnten Sie Herrn Galilei sagen, daß er mich empfangen muß? Er verdammt mich, ohne mich zu hören.

FRAU SARTI Aber er will Sie doch nicht empfangen.

MUCIUS Gott wird es Ihnen lohnen, wenn Sie ihn darum bitten. Ich muß ihn sprechen.

VIRGINIA *geht zur Treppe:* Vater!

GALILEI Was gibt es?

VIRGINIA Herr Mucius!

GALILEI *brüsk aufsehend, geht zur Treppe, seine Schüler hinter sich:* Was wünschen Sie?

MUCIUS Herr Galilei, ich bitte Sie um die Erlaubnis, Ihnen die Stellen in meinem Buch zu erklären, wo eine Verdammung der kopernikanischen Lehren von der Drehung der Erde vorzuliegen scheint. Ich habe ...

GALILEI Was wollen Sie da erklären? Sie befinden sich in Übereinstimmung mit dem Dekret der Heiligen Kongregation von 1616. Sie sind vollständig in Ihrem Recht. Sie haben zwar hier Mathematik studiert, aber das gibt uns kein Recht, von Ihnen zu hören, daß zwei mal zwei vier ist. Sie haben das volle Recht zu sagen, daß dieser Stein *er zieht einen kleinen Stein aus der Tasche und wirft ihn in den Flur hinab* soeben nach oben geflogen ist, ins Dach.

MUCIUS Herr Galilei, ich ...

GALILEI Sagen Sie nichts von Schwierigkeiten! Ich habe mich von der Pest nicht abhalten lassen, meine Notierungen fortzusetzen.

MUCIUS Herr Galilei, die Pest ist nicht das schlimmste.

GALILEI Ich sage Ihnen: Wer die Wahrheit nicht weiß, der ist bloß ein Dummkopf. Aber wer sie weiß und sie eine Lüge nennt, der ist ein Verbrecher! Gehen Sie hinaus aus meinem Haus!

MUCIUS *tonlos:* Sie haben recht. *Er geht hinaus.*

Galilei geht wieder in sein Studierzimmer.

FEDERZONI Das ist leider so. Er ist kein großer Mann und gälte wohl gar nichts, wenn er nicht Ihr Schüler gewesen wäre. Aber jetzt sagen sie natürlich: Er hat alles gehört, was Galilei zu lehren hatte, und er muß zugeben, es ist alles falsch.

FRAU SARTI Der Herr tut mir leid.

VIRGINIA Vater mochte ihn zu gern.

FRAU SARTI Ich wollte mit dir gern über deine Heirat sprechen, Virginia. Du bist noch ein so junges Ding, und eine Mutter hast du nicht, und dein Vater legt diese Eisstückchen aufs Wasser. Jedenfalls würde ich dir nicht raten, ihn irgend etwas in bezug auf deine Ehe zu fragen. Er würde eine Woche lang, und zwar beim Essen und wenn die jungen Leute dabei sind, die schrecklichsten Sachen sagen, da er nicht für einen halben Skudo Schamgefühl hat, nie hatte. Ich meine auch nicht solche Sachen, sondern einfach, wie die Zukunft sein wird. Ich kann auch nichts wissen, ich bin eine ungebildete Person. In eine so ernste Angelegenheit geht man aber nicht blind hinein. Ich meine wirklich, du solltest zu einem richtigen Astronomen an der Universität gehen, damit er dir das Horoskop stellt, dann weißt du, woran du bist. Warum lachst du?

VIRGINIA Weil ich dort war.

FRAU SARTI *sehr begierig:* Was sagte er?

VIRGINIA Drei Monate lang muß ich achtgeben, weil da die Sonne im Steinbock steht, aber dann bekomme ich einen äußerst günstigen Aszendenten, und die Wolken zerteilen sich. Wenn ich den Jupiter nicht aus den Augen lasse, kann ich jede Reise unternehmen, da ich ein Steinbock bin.

FRAU SARTI Und Ludovico?

VIRGINIA Er ist ein Löwe. *Nach einer kleinen Pause.* Er soll sinnlich sein.

Pause.

VIRGINIA Diesen Schritt kenne ich. Das ist der Rektor, Herr Gaffone.

Eintritt Herr Gaffone, der Rektor der Universität.

GAFFONE Ich bringe nur ein Buch, das Ihren Vater vielleicht interessiert. Bitte um des Himmels willen, Herrn Galilei nicht zu stören. Ich kann mir nicht helfen, ich habe immer den Eindruck, daß man jede Minute, die man diesem großen Mann stiehlt, Italien stiehlt. Ich lege das Buch fein säuberlich in Ihre Hände und gehe weg, auf Fußspitzen. *Er geht ab.*

Virginia gibt das Buch Federzoni.

GALILEI Worüber ist es?

FEDERZONI Ich weiß nicht. *Buchstabiert.* »De maculis in sole.«

ANDREA Über die Sonnenflecken. Wieder eines!

Federzoni händigt es ihm ärgerlich aus.

ANDREA Horch auf die Widmung! »Der größten lebenden Autorität in der Physik, Galileo Galilei.«

Galilei hat sich wieder in sein Buch vertieft.

ANDREA Ich habe den Traktat des Fabrizius aus Holland über die Flekken gelesen. Er glaubt, es sind Sternenschwärme, die zwischen Erde und Sonne vorüberziehen.

DER KLEINE MÖNCH Ist das nicht zweifelhaft, Herr Galilei?

Galilei antwortet nicht.

ANDREA In Paris und Prag glaubt man, es sind Dünste von der Sonne.

FEDERZONI Hm.

ANDREA Federzoni bezweifelt das.

FEDERZONI Laßt mich gefälligst draußen. Ich habe »Hm« gesagt, das ist alles. Ich bin der Linsenschleifer, ich schleife Linsen, und ihr schaut durch und beobachtet den Himmel, und was ihr seht, sind nicht Flekken, sondern »maculis«. Wie soll ich an irgend etwas zweifeln? Wie oft soll ich euch noch sagen, daß ich nicht die Bücher lesen kann, sie sind in Latein. *Im Zorn gestikuliert er mit der Waage. Eine Schale fällt zu Boden.*

Galilei geht hinüber und hebt sie schweigend vom Boden auf.

DER KLEINE MÖNCH Da ist Glückseligkeit im Zweifeln; ich frage mich, warum.

ANDREA Ich bin seit zwei Wochen an jedem sonnigen Tag auf den Hausboden geklettert, unter das Schindeldach. Durch die feinen Risse der Schindeln fällt nur ein dünner Strahl. Da kann man das umgekehrte Sonnenbild auf einem Blatt Papier auffangen. Ich habe einen Flecken gesehen, groß wie eine Fliege, verwischt wie ein Wölkchen. Er wanderte. Warum untersuchen wir die Flecken nicht, Herr Galilei?

GALILEI Weil wir über schwimmende Körper arbeiten.

ANDREA Mutter hat Waschkörbe voll von Briefen. Ganz Europa fragt nach Ihrer Meinung. Ihr Ansehen ist so gewachsen, daß Sie nicht schweigen können.

GALILEI Rom hat mein Ansehen wachsen lassen, weil ich geschwiegen habe.

FEDERZONI Aber jetzt können Sie sich Ihr Schweigen nicht mehr leisten.

GALILEI Ich kann es mir auch nicht leisten, daß man mich über einem Holzfeuer röstet wie einen Schinken.

ANDREA Denken Sie denn, die Flecken haben mit dieser Sache zu tun?

Galilei antwortet nicht.

ANDREA Gut, halten wir uns an die Eisstückchen; das kann Ihnen nicht schaden.

GALILEI Richtig. – Unsere These, Andrea!

ANDREA Was das Schwimmen angeht, so nehmen wir an, daß es nicht auf die Form eines Körpers ankommt, sondern darauf, ob er leichter oder schwerer ist als das Wasser.

GALILEI Was sagt Aristoteles?

DER KLEINE MÖNCH »Discus latus platique ...«

GALILEI Übersetzen, übersetzen!

DER KLEINE MÖNCH »Eine breite und flache Eisscheibe vermag auf dem Wasser zu schwimmen, während eine eiserne Nadel untersinkt.«

GALILEI Warum sinkt nach dem Aristoteles das Eis nicht?

DER KLEINE MÖNCH Weil es breit und flach ist und so das Wasser nicht zu zerteilen vermag.

GALILEI Schön. *Er nimmt ein Eisstück entgegen und legt es in das Schaff.* Jetzt presse ich das Eis gewaltsam auf den Boden des Gefäßes. Ich entferne den Druck meiner Hände. Was geschieht?

DER KLEINE MÖNCH Es steigt wieder in die Höhe.

GALILEI Richtig. Anscheinend vermag es beim Emporsteigen das Wasser zu zerteilen. Fulganzio!

DER KLEINE MÖNCH Aber warum schwimmt es denn überhaupt? Eis ist schwerer als Wasser, da es verdichtetes Wasser ist.

GALILEI Wie, wenn es verdünntes Wasser wäre?

ANDREA Es muß leichter sein als Wasser, sonst schwämme es nicht.

GALILEI Aha.

ANDREA So wenig wie eine eiserne Nadel schwimmt. Alles, was leichter ist, als Wasser ist, schwimmt, und alles, was schwerer ist, sinkt. Was zu beweisen war.

GALILEI Andrea, du muß lernen, vorsichtig zu denken. Gib mir die eiserne Nadel. Ein Blatt Papier. Ist Eisen schwerer als Wasser?

ANDREA Ja.

Galilei legt die Nadel auf ein Stück Papier und flößt sie auf das Wasser. Pause.

GALILEI Was geschieht?

FEDERZONI Die Nadel schwimmt! Heiliger Aristoteles, sie haben ihn niemals überprüft!

Sie lachen.

GALILEI Eine Hauptursache der Armut in den Wissenschaften ist meist eingebildeter Reichtum. Es ist nicht ihr Ziel, der unendlichen Weisheit eine Tür zu öffnen, sondern eine Grenze zu setzen dem unendlichen Irrtum. Macht eure Notizen.

VIRGINIA Was ist?

FRAU SARTI Jedesmal, wenn sie lachen, kriege ich einen kleinen Schreck. Worüber lachen sie? denke ich.

VIRGINIA Vater sagt: Die Theologen haben ihr Glockenläuten, und die Physiker haben ihr Lachen.

FRAU SARTI Aber ich bin froh, daß er wenigstens nicht mehr so oft durch sein Rohr schaut. Das war noch schlimmer.

VIRGINIA Jetzt legt er doch nur Eisstücke aufs Wasser, da kann nicht viel Schlimmes dabei herauskommen.

FRAU SARTI Ich weiß nicht.

Herein Ludovico Marsili in Reisekleidung, gefolgt von einem Bedien-

ten, der Gepäckstücke trägt. Virginia läuft auf ihn zu und umarmt ihn.

VIRGINIA Warum hast du mir nicht geschrieben, daß du kommen willst?

LUDOVICO Ich war nur in der Nähe, unsere Weinberge bei Bucciole zu studieren, und konnte mich nicht weghalten.

GALILEI *wie kurzsichtig:* Wer ist das?

VIRGINIA Ludovico.

DER KLEINE MÖNCH Können Sie ihn nicht sehen?

GALILEI O ja, Ludovico. *Geht ihm entgegen.* Was machen die Pferde?

LUDOVICO Sie sind wohlauf, Herr.

GALILEI Sarti, wir feiern. Hol einen Krug von diesem sizilischen Wein, dem alten!

Sarti ab mit Andrea.

LUDOVICO *zu Virginia:* Du siehst blaß aus. Das Landleben wird dir bekommen. Die Mutter erwartet dich im September.

VIRGINIA Wart, ich zeig dir das Brautkleid! *Läuft hinaus.*

GALILEI Setz dich.

LUDOVICO Ich höre, Sie haben mehr als tausend Studenten in Ihren Vorlesungen an der Universität, Herr. An was arbeiten Sie im Augenblick?

GALILEI Tägliches Einerlei. Kommst du über Rom?

LUDOVICO Ja. – Bevor ich es vergesse, die Mutter beglückwünscht Sie zu Ihrem bewunderungswürdigen Takt angesichts der neuen Sonnenfleckenorgien der Holländer.

GALILEI *trocken:* Besten Dank.

Sarti und Andrea bringen Wein und Gläser. Man gruppiert sich um den Tisch.

LUDOVICO Rom hat wieder sein Tagesgespräch für den Februar. Christopher Clavius drückte die Befürchtung aus, der ganze Erde-um-die-Sonne-Zirkus möchte wieder von vorn anfangen durch diese Sonnenflecken.

ANDREA Keine Sorge.

GALILEI Sonstige Neuigkeiten aus der Heiligen Stadt, abgesehen von den Hoffnungen auf neue Sünden meinerseits?

LUDOVICO Ihr wißt natürlich, daß der Heilige Vater im Sterben liegt?

DER KLEINE MÖNCH Oh.

GALILEI Wer wird als Nachfolger genannt?

LUDOVICO Meistenteils Barberini.

GALILEI Barberini.

ANDREA Herr Galilei kennt Barberini.

DER KLEINE MÖNCH Kardinal Barberini ist Mathematiker.

FEDERZONI Ein Wissenschaftler auf dem Heiligen Stuhl!

Pause.

GALILEI So, sie brauchen jetzt Männer wie Barberini, die etwas Mathematik gelesen haben! Die Dinge kommen in Bewegung. Federzoni, wir mögen noch eine Zeit erleben, wo wir uns nicht mehr wie Verbrecher umzublicken haben, wenn wir sagen: zwei mal zwei ist vier. *Zu Ludovico:* Der Wein schmeckt mir, Ludovico. Was sagst du zu ihm?

LUDOVICO Er ist gut.

GALILEI Ich kenne den Weinberg. Der Hang ist steil und steinig, die Traube fast blau. Ich liebe diesen Wein.

LUDOVICO Ja, Herr.

GALILEI Er hat kleine Schatten in sich. Und er ist beinahe süß, läßt es aber bei dem »beinahe« bewenden. – Andrea, räum das Zeug weg, Eis, Schaff und Nadel. – Ich schätze die Tröstungen des Fleisches. Ich habe keine Geduld mit den feigen Seelen, die dann von Schwächen sprechen. Ich sage: Genießen ist eine Leistung.

DER KLEINE MÖNCH Was beabsichtigen Sie?

FEDERZONI Wir beginnen wieder mit dem Erde-um-die-Sonne-Zirkus.

ANDREA *summend:*

Die Schrift sagt, sie steht still. Und die Doktoren
Beweisen, daß sie still steht, noch und noch.
Der Heilige Vater nimmt sie bei den Ohren
Und hält sie fest. Und sie bewegt sich doch.

Andrea, Federzoni und der kleine Mönch eilen zum Experimentiertisch und räumen ihn ab.

ANDREA Wir könnten herausfinden, daß die Sonne sich ebenfalls dreht. Wie würde dir das gefallen, Marsili?

LUDOVICO Woher die Erregung?

FRAU SARTI Sie wollen doch nicht wieder mit diesem Teufelszeug anfangen, Herr Galilei?

GALILEI Ich weiß jetzt, warum deine Mutter dich zu mir schickte. Barberini im Aufstieg! Das Wissen wird eine Leidenschaft sein und die Forschung eine Wollust. Clavius hat recht, diese Sonnenflecken interessieren mich. Schmeckt dir mein Wein, Ludovico?

LUDOVICO Ich sagte es Ihnen, Herr.

GALILEI Er schmeckt dir wirklich?

LUDOVICO *steif:* Er schmeckt mir.

GALILEI Würdest du so weit gehen, eines Mannes Wein oder Tochter anzunehmen, ohne zu verlangen, daß er seinen Beruf an den Nagel hängt? Was hat meine Astronomie mit meiner Tochter zu tun? Die Phasen der Venus ändern ihren Hintern nicht.

FRAU SARTI Seien Sie nicht so ordinär. Ich hole sofort Virginia.

LUDOVICO *hält sie zurück:* Die Ehen in Familien wie der meinen werden nicht nur nach geschlechtlichen Gesichtspunkten geschlossen.

GALILEI Hat man dich acht Jahre lang zurückgehalten, meine Tochter zu ehelichen, während ich eine Probezeit zu absolvieren hatte?

LUDOVICO Meine Frau wird auch im Kirchenstuhl unserer Dorfkirche Figur machen müssen.

GALILEI Du meinst, deine Bauern werden es von der Heiligkeit der Gutsherrin abhängig machen, ob sie Pachtzinsen zahlen oder nicht?

LUDOVICO In gewisser Weise.

GALILEI Andrea, Fulganzio, holt den Messingspiegel und den Schirm! Darauf werfen wir das Sonnenbild, unsrer Augen wegen; das ist deine Methode, Andrea.

Andrea und der kleine Mönch holen Spiegel und Schirm.

LUDOVICO Sie haben in Rom seinerzeit unterschrieben, daß Sie sich nicht mehr in diese Erde-um-die-Sonne-Sache einmischen würden, Herr.

GALILEI Ach das! Damals hatten wir einen rückschrittlichen Papst!

FRAU SARTI Hatten! Und Seine Heiligkeit ist noch nicht einmal gestorben!

GALILEI Nahezu, nahezu! – Legt ein Netz von Quadraten über den Schirm. Wir gehen methodisch vor. Und dann werden wir ihnen ihre Briefe beantworten können, wie, Andrea?

FRAU SARTI »Nahezu!« Fünfzigmal wiegt der Mann seine Eisstückchen ab, aber wenn es zu etwas kommt, was in seinen Kram paßt, glaubt er es blind!

Der Schirm wird aufgestellt.

LUDOVICO Sollte Seine Heiligkeit sterben, Herr Galilei, wird der nächste Papst, wer immer es sein wird und wie groß immer seine Liebe zu den Wissenschaften sein mag, doch auch beachten müssen, wie groß die Liebe ist, welche die vornehmsten Familien des Landes zu ihm fühlen.

DER KLEINE MÖNCH Gott machte die physische Welt, Ludovico; Gott machte das menschliche Gehirn; Gott wird die Physik erlauben.

FRAU SARTI Galileo, jetzt werde ich dir etwas sagen. Ich habe meinen Sohn in Sünde fallen sehen für diese »Experimente« und »Theorien« und »Observationen«, und ich habe nichts machen können. Du hast dich aufgeworfen gegen die Obrigkeiten, und sie haben dich schon einmal verwarnt. Die höchsten Kardinäle haben in dich hineingeredet wie in ein krankes Roß. Es hat eine Zeitlang geholfen, aber vor zwei Monaten, kurz nach Mariä Empfängnis habe ich dich wieder erwischt, wie du insgeheim mit diesen »Observationen« angefangen hast. Auf dem Dachboden! Ich habe nicht viel gesagt, aber ich wußte Bescheid. Ich bin gelaufen und habe eine Kerze gespendet für den heiligen Joseph. Es geht über meine Kräfte. Wenn ich allein mit dir bin, zeigst du Anzeichen von Verstand und sagst mir, du weißt, du mußt dich verhalten, weil es gefährlich ist, aber zwei Tage Experimente, und es ist so schlimm mit dir wie je. Wenn ich meine ewige Seligkeit einbüße, weil ich zu einem Ketzer halte, das ist meine Sache, aber du hast kein Recht, auf dem Glück deiner Tochter herumzutrampeln mit deinen großen Füßen!

GALILEI *mürrisch:* Bringt das Teleskop!

LUDOVICO Giuseppe, bring das Gepäck zurück in die Kutsche.
Der Bediente ab.

FRAU SARTI Das übersteht sie nicht. Sie können ihr es selber sagen! *Läuft weg, noch den Krug in Händen.*

LUDOVICO Ich sehe, Sie haben Ihre Vorbereitungen getroffen. Herr Galilei, die Mutter und ich leben dreiviertel des Jahres auf dem Gut in der Campagna, und wir können Ihnen bezeugen, daß unsere Bauern sich durch Ihre Traktate über die Trabanten des Jupiter nicht beunruhigen. Ihre Feldarbeit ist zu schwer. Jedoch könnte es sie verstören, wenn sie erführen, daß frivole Angriffe auf die heiligen Doktrinen der Kirche nunmehr ungestraft blieben. Vergessen Sie nicht ganz, daß diese Bedauernswerten in ihrem vertierten Zustand alles durcheinanderbringen. Sie sind wirkliche Tiere, Sie können sich das kaum vorstellen. Auf das Gerücht, daß auf einem Apfelbaum eine Birne gesehen wurde, laufen sie von der Feldarbeit weg, um darüber zu schwatzen.

GALILEI *interessiert:* Ja?

LUDOVICO Tiere. Wenn sie aufs Gut kommen, sich über eine Kleinigkeit zu beschweren, ist die Mutter gezwungen, vor ihren Augen einen

Hund auspeitschen zu lassen, das allein kann sie an Zucht und Ordnung und Höflichkeit erinnern. Sie, Herr Galilei, sehen gelegentlich von der Reisekutsche aus blühende Maisfelder, Sie essen geistesabwesend unsere Oliven und unsern Käse, und Sie haben keine Ahnung, welche Mühe es kostet, das zu ziehen, wieviel Aufsicht!

GALILEI Junger Mann, ich esse meine Oliven nicht geistesabwesend. *Grob.* Du hältst mich auf. *Ruft hinaus:* Habt ihr den Schirm?

ANDREA Ja. Kommen Sie?

GALILEI Ihr peitscht nicht nur Hunde, um sie in Zucht zu halten, wie, Marsili?

LUDOVICO Herr Galilei. Sie haben ein wunderbares Gehirn. Schade.

DER KLEINE MÖNCH *erstaunt:* Er droht Ihnen.

GALILEI Ja, ich könnte seine Bauern aufstören, neue Gedanken zu denken. Und seine Dienstleute und seine Verwalter.

FEDERZONI Wie? Keiner von ihnen liest Latein.

GALILEI Ich könnte in der Sprache des Volkes schreiben, für die vielen, anstatt in Latein für die wenigen. Für die neuen Gedanken brauchen wir Leute, die mit den Händen arbeiten. Wer sonst wünscht zu erfahren, was die Ursachen der Dinge sind? Die das Brot nur auf dem Tische sehen, wollen nicht wissen, wie es gebacken wurde; das Pack dankt lieber Gott als dem Bäcker. Aber die das Brot machen, werden verstehen, daß nichts sich bewegt, was nicht bewegt wird. Deine Schwester an der Olivenpresse, Fulganzio, wird sich nicht groß wundern, sondern vermutlich lachen, wenn sie hört, daß die Sonne kein goldenes Adelsschild ist, sondern ein Hebel: die Erde bewegt sich, weil die Sonne sie bewegt.

LUDOVICO Sie werden für immer der Sklave Ihrer Leidenschaften sein. Entschuldigen Sie mich bei Virginia; ich denke, es ist besser, ich sehe sie jetzt nicht.

GALILEI Die Mitgift steht zu Ihrer Verfügung, jederzeit.

LUDOVICO Guten Tag. *Er geht.*

ANDREA Und empfehlen Sie uns allen Marsilis!

FEDERZONI Die der Erde befehlen stillzustehen, damit ihre Schlösser nicht herunterpurzeln!

ANDREA Und den Cenzis und den Villanis!

FEDERZONI Den Cervillis!

ANDREA Den Lecchis!

FEDERZONI Den Pirleonis!

ANDREA Die dem Papst nur die Füße küssen wollen, wenn er damit das Volk niedertritt!

DER KLEINE MÖNCH *ebenfalls an den Apparaten:* Der neue Papst wird ein aufgeklärter Mann sein.

GALILEI So treten wir ein in die Beobachtung dieser Flecken an der Sonne, welche uns interessieren, auf eigene Gefahr, ohne zuviel auf den Schutz eines neuen Papstes zu zählen.

ANDREA *unterbrechend:* Aber mit voller Zuversicht, Herrn Fabrizius' Sternschatten und die Sonnendünste von Prag und Paris zu zerstreuen und zu beweisen die Rotation der Sonne.

GALILEI Um mit einiger Zuversicht die Rotation der Sonne zu beweisen. Meine Absicht ist nicht, zu beweisen, daß ich bisher recht gehabt habe, sondern: herauszufinden, ob. Ich sage: laßt alle Hoffnung fahren, ihr, die ihr in die Beobachtung eintretet. Vielleicht sind es Dünste, vielleicht sind es Flecken, aber bevor wir Flecken annehmen, welche uns gelegen kämen, wollen wir lieber annehmen, daß es Fischschwänze sind. Ja, wir werden alles, alles noch einmal in Frage stellen. Und wir werden nicht mit Siebenmeilenstiefeln vorwärtsgehen, sondern im Schneckentempo. Und was wir heute finden, werden wir morgen von der Tafel streichen und erst wieder anschreiben, wenn wir es noch einmal gefunden haben. Und was wir zu finden wünschen, das werden wir, gefunden, mit besonderem Mißtrauen ansehen. Also werden wir an die Beobachtung der Sonne herangehen mit dem unerbittlichen Entschluß, den Stillstand der Erde nachzuweisen! Und erst wenn wir gescheitert sind, vollständig und hoffnungslos geschlagen und unsere Wunden leckend, in traurigster Verfassung, werden wir zu fragen anfangen, ob wir nicht doch recht gehabt haben und die Erde sich dreht! *Mit einem Zwinkern.* Sollte uns aber dann jede andere Annahme als diese unter den Händen zerronnen sein, dann keine Gnade mehr mit denen, die nicht geforscht haben und doch reden. Nehmt das Tuch vom Rohr und richtet es auf die Sonne! *Er stellt den Messingspiegel ein.*

DER KLEINE MÖNCH Ich wußte, daß Sie schon mit der Arbeit begonnen hatten. Ich wußte es, als Sie Herrn Marsili nicht erkannten.

Sie beginnen schweigend die Untersuchung. Wenn das flammende Abbild der Sonne auf dem Schirm erscheint, kommt Virginia gelaufen, im Brautkleid.

VIRGINIA Du hast ihn weggeschickt, Vater! *Sie wird ohnmächtig. Andrea und der kleine Mönch eilen auf sie zu.*

GALILEI Ich muß es wissen.

10

IM FOLGENDEN JAHRZEHNT FINDET GALILEIS LEHRE BEIM VOLK VERBREITUNG. PAMPHLETISTEN UND BALLADENSÄNGER GREIFEN ÜBERALL DIE NEUEN IDEEN AUF. WÄHREND DER FASTNACHT 1632 WÄHLEN VIELE STÄDTE ITALIENS ALS THEMA DER FASTNACHTSUMZÜGE DER GILDEN DIE ASTRONOMIE.

Ein halb verhungertes Schaustellerpaar mit einem fünfjährigen Mädchen und einem Säugling kommt auf einen Marktplatz, wo eine Menge, teilweise maskiert, auf den Fastnachtsumzug wartet. Beide schleppen Bündel, eine Trommel und andere Utensilien.

DER BALLADENSÄNGER *trommelnd:* Geehrte Einwohner, Damen und Herrn! Vor der großen Fastnachtsprozession der Gilden bringen wir das neueste Florentiner Lied, das man in ganz Oberitalien singt und das wir mit großen Kosten hier importiert haben. Es betitelt sich: Die erschröckliche Lehre und Meinung des Herrn Hofphysikers Galileo Galilei oder Ein Vorgeschmack der Zukunft. *Er singt:*

Als der Allmächtige sprach sein großes Werde
Rief er die Sonn, daß die auf sein Geheiß
Ihm eine Lampe trage um die Erde
Als kleine Magd in ordentlichem Kreis.
Denn sein Wunsch war, daß sich ein jeder kehr
Fortan um den, der besser ist als er.
Und es begann sich zu kehren
Um die Gewichtigen die Minderen
Um die Vorderen die Hinteren
Wie im Himmel, so auch auf Erden.
Und um den Papst zirkulieren die Kardinäle.
Und um die Kardinäle zirkulieren die Bischöfe.
Und um die Bischöfe zirkulieren die Sekretäre.
Und um die Sekretäre zirkulieren die Stadtschöffen.
Und um die Stadtschöffen zirkulieren die Handwerker.
Und um die Handwerker zirkulieren die Dienstleute.
Und um die Dienstleute zirkulieren die Hunde, die Hühner und die Bettler.

Das, ihr guten Leute, ist die Große Ordnung, ordo ordinum, wie die Herren Theologen sagen, regula aeternis, die Regel der Regeln, aber was, ihr lieben Leute, geschah? *Er singt:*

Auf stund der Doktor Galilei
(Schmiß die Bibel weg, zückte sein Fernrohr, warf einen Blick auf das Universum)
Und sprach zur Sonn: Bleib stehn!
Es soll jetzt die creatio dei
Mal andersrum sich drehn.
Jetzt soll sich mal die Herrin, he!
Um ihre Dienstmagd drehn.
Das ist doch allerhand? Ihr Leut, das ist kein Scherz!
Die Dienstleut werden sowieso tagtäglich dreister!
Denn eins ist wahr: Spaß ist doch rar. Und Hand aufs Herz:
Wer wär nicht auch mal gern sein eigner Herr und Meister?

Geehrte Einwohner, solche Lehren sind ganz unmöglich. *Er singt:*

Der Knecht würd faul, die Magd würd keß
Der Schlachterhund würd fett
Der Meßbub käm nicht mehr zur Meß
Der Lehrling blieb im Bett.
Nein, nein, nein! Mit der Bibel, Leut, treibt keinen Scherz!
Macht man den Strick uns ums Genick nicht dick, dann reißt er!
Denn eins ist wahr: Spaß ist doch rar. Und Hand aufs Herz:
Wer wär nicht auch mal gern sein eigner Herr und Meister?

Ihr guten Leute, werft einen Blick in die Zukunft, wie der gelehrte Doktor Galileo Galilei sie voraussagt. *Er singt:*

Zwei Hausfraun stehn am Fischmarkt draus
Und wissen nicht aus noch ein:
Das Fischweib zieht ein' Brotkipf raus
Und frißt ihren Fisch allein!
Der Maurer hebt den Baugrund aus
Und holt des Bauherrn Stein
Und wenn er's dann gebaut, das Haus
Dann zieht er selber ein!

Ja, darf denn das sein? Nein, nein, nein, das ist kein Scherz!
Macht man den Strick uns ums Genick nicht dick, dann reißt er!
Denn eins ist wahr: Spaß ist doch rar. Und Hand aufs Herz:
Wer wär nicht auch mal gern sein eigner Herr und Meister?
  Der Pächter tritt jetzt in den Hintern
  Den Pachtherrn ohne Scham
  Die Pächtersfrau gibt ihren Kindern
  Milch, die der Pfaff bekam.
Nein, nein, ihr Leut! Mit der Bibel, Leut, treibt keinen Scherz!
Macht man den Strick uns ums Genick nicht dick, dann reißt er!
Denn eins ist wahr: Spaß ist doch rar. Und Hand aufs Herz:
Wer wär nicht auch mal gern sein eigner Herr und Meister?

DAS WEIB DES SÄNGERS
Jüngst bin ich aus der Reih getanzt.
Da sagte ich zu meinem Mann:
Will sehen, ob nicht, was du kannst
Ein andrer Fixstern besser kann.

DER SÄNGER
Nein, nein, nein, nein, nein, nein! Schluß, Galilei, Schluß!
Nehmt einem tollen Hund den Maulkorb ab, dann beißt er.
Freilich, 's ist wahr: Spaß ist halt rar und muß ist muß:
Wer wär nicht auch mal gern sein eigner Herr und Meister?

BEIDE
Ihr, die auf Erden lebt in Ach und Weh
Auf, sammelt eure schwachen Lebensgeister
Und lernt vom guten Doktor Galuleh
Des Erdenglückes großes Abc.
Gehorsam war des Menschen Kreuz von je!
Wer wär nicht auch mal gern sein eigner Herr und Meister?

DER SÄNGER Geehrte Einwohner, seht Galileo Galileis phänomenale Entdeckung: Die Erde kreisend um die Sonne! *Er bearbeitet heftig die Trommel.*

Das Weib und das Kind treten vor. Das Weib hält ein rohes Abbild der Sonne, und das Kind, über dem Kopf einen Kürbis, Abbild der Erde, haltend, umkreist das Weib. Der Sänger deutet exaltiert auf das Kind, als vollführe es einen gefährlichen Salto mortale, wenn es auf einzelne

Trommelschläge ruckartig Schritt für Schritt macht. Dann kommt Trommelschlag von hinten.

EINE TIEFE STIMME *ruft:* Die Prozession!

Herein zwei Männer in Lumpen, die ein Wägelchen ziehen. Auf einem lächerlichen Thron sitzt »Der Großherzog von Florenz« mit einer Pappendeckelkrone, gekleidet in Sackleinwand, der durch ein Teleskop späht. Über dem Thron ein Schild »Schaut aus nach Verdruß«. Dann marschieren vier maskierte Männer ein, die eine große Blache tragen. Sie halten an und schleudern eine Puppe in die Luft, die einen Kardinal darstellt. Ein Zwerg hat sich seitwärts aufgestellt mit einem Schild »Das neue Zeitalter«. In der Menge hebt sich ein Bettler an seinen Krücken hoch und stampft tanzend auf den Boden, bis er krachend niederfällt. Herein eine überlebensgroße Puppe, Galileo Galilei, die sich vor dem Publikum verbeugt. Vor ihr trägt ein Kind eine riesige Bibel, aufgeschlagen, mit ausgekreuzten Seiten.

DER BALLADENSÄNGER Galileo Galilei, der Bibelzertrümmerer!

Großes Gelächter der Menge.

11

1633: DIE INQUISITION BEORDERT DEN WELTBEKANNTEN FORSCHER NACH ROM.

Die Tief ist heiß, die Höh'n sind kühl
Die Gass ist laut, der Hof ist still.

Vorzimmer und Treppe im Palast der Medici in Florenz. Galilei und seine Tochter warten, vom Großherzog vorgelassen zu werden.

VIRGINIA Es dauert lang.

GALILEI Ja.

VIRGINIA Da ist dieser Mensch wieder, der uns hierher folgte. *Sie weist auf ein Individuum, das vorbeigeht, ohne sie zu beachten.*

GALILEI *dessen Augen gelitten haben:* Ich kenne ihn nicht.

VIRGINIA Aber ich habe ihn öfter gesehen in den letzten Tagen. Er ist mir unheimlich.

GALILEI Unsinn. Wir sind in Florenz und nicht unter korsischen Räubern.

VIRGINIA Da kommt Rektor Gaffone.

GALILEI Den fürchte ich. Der Dummkopf wird mich wieder in ein stundenlanges Gespräch verwickeln.

Die Treppe herab kommt Herr Gaffone, der Rektor der Universität. Er erschrickt deutlich, als er Galilei sieht, und geht, den Kopf krampfhaft weggedreht, steif an den beiden vorüber, kaum nickend.

GALILEI Was ist in den gefahren? Meine Augen sind heute wieder schlecht. Hat er überhaupt gegrüßt?

VIRGINIA Kaum. – Was steht in deinem Buch? Ist es möglich, daß man es für ketzerisch hält?

GALILEI Du hängst zuviel in den Kirchen herum. Das Frühaufstehen und Indiemesselaufen verdirbt deinen Teint noch vollends. Du betest für mich, wie?

VIRGINIA Da ist Herr Vanni, der Eisengießer, für den du die Schmelzanlage entworfen hast. Vergiß nicht, dich für die Wachteln zu bedanken.

Die Treppe herab ist ein Mann gekommen.

VANNI Haben die Wachteln geschmeckt, die ich Ihnen schickte, Herr Galilei?

GALILEI Die Wachteln waren exzellent, Meister Vanni, nochmals besten Dank.

VANNI Oben war von Ihnen die Rede. Man macht Sie verantwortlich für die Pamphlete gegen die Bibel, die neuerdings überall verkauft werden.

GALILEI Von Pamphleten weiß ich nichts. Die Bibel und der Homer sind meine Lieblingslektüre.

VANNI Und auch wenn das nicht so wäre: ich möchte die Gelegenheit benützen, Ihnen zu versichern, daß wir von der Manufaktur auf Ihrer Seite sind. Ich bin nicht ein Mann, der viel von den Bewegungen der Sterne weiß, aber für mich sind Sie der Mann, der für die Freiheit kämpft, neue Dinge lehren zu dürfen. Nehmen Sie diesen mechanischen Kultivator aus Deutschland, den Sie mir beschrieben. Im letzten Jahr allein erschienen fünf Bände über Agrikultur in London. Wir wären hier schon dankbar für ein Buch über die holländischen Kanäle. Dieselben Kreise, die Ihnen Schwierigkeiten machen, erlauben den Ärzten von Bologna nicht, Leichen aufzuschneiden für Forschungszwecke.

GALILEI Ihre Stimme trägt, Vanni.

VANNI Das hoffe ich. Wissen Sie, daß sie in Amsterdam und London

Geldmärkte haben? Gewerbeschulen ebenfalls. Regelmäßig erscheinende Zeitungen mit Nachrichten. Hier haben wir nicht einmal die Freiheit, Geld zu machen. Man ist gegen Eisengießereien, weil man der Ansicht ist, zu viele Arbeiter an einem Ort fördere die Unmoral! Ich stehe und falle mit Männern wie Sie, Herr Galilei. Wenn man je versuchen sollte, etwas gegen Sie zu machen, dann erinnern Sie sich bitte, daß Sie Freunde in allen Geschäftszweigen haben. Hinter Ihnen stehen die oberitalienischen Städte, Herr Galilei.

GALILEI Soviel mir bekannt ist, hat niemand die Absicht, gegen mich etwas zu machen.

VANNI Nein?

GALILEI Nein.

VANNI Meiner Meinung nach wären Sie in Venedig besser aufgehoben. Weniger Schwarzröcke. Von dort aus könnten Sie den Kampf aufnehmen. Ich habe eine Reisekutsche und Pferde, Herr Galilei.

GALILEI Ich kann mich nicht als Flüchtling sehen. Ich schätze meine Bequemlichkeit.

VANNI Sicher. Aber nach dem, was ich da oben hörte, handelt es sich um Eile. Ich habe den Eindruck, man würde Sie gerade jetzt lieber nicht in Florenz wissen.

GALILEI Unsinn. Der Großherzog ist mein Schüler, und außerdem würde der Papst selber jedem Versuch, mir aus irgendwas einen Strick zu drehen, ein geharnischtes Nein entgegensetzen.

VANNI Sie scheinen Ihre Freunde nicht von Ihren Feinden auseinanderzukennen, Herr Galilei.

GALILEI Ich kenne Macht von Ohnmacht auseinander. *Er geht brüsk weg.*

VANNI Schön. Ich wünsche Ihnen Glück. *Ab.*

GALILEI *zurück bei Virginia:* Jeder Nächstbeste mit irgendeiner Beschwerde hierzulande wählt mich als seinen Wortführer, besonders an Orten, wo es mir nicht gerade nützt. Ich habe ein Buch geschrieben über die Mechanik des Universums, das ist alles. Was daraus gemacht oder nicht gemacht wird, geht mich nichts an.

VIRGINIA *laut:* Wenn die Leute wüßten, wie du verurteilt hast, was letzte Fastnacht überall passierte!

GALILEI Ja. Gib einem Bär Honig, und du wirst deinen Arm einbüßen, wenn das Vieh Hunger hat!

VIRGINIA *leise:* Hat dich der Großherzog überhaupt für heute bestellt?

GALILEI Nein, aber ich habe mich ansagen lassen. Er will das Buch haben, er hat dafür bezahlt. Frag den Beamten und beschwer dich, daß man uns hier warten läßt.

VIRGINIA *von dem Individuum gefolgt, geht einen Beamten ansprechen:* Herr Mincio, ist Seine Hoheit verständigt, daß mein Vater ihn zu sprechen wünscht?

DER BEAMTE Wie soll ich das wissen?

VIRGINIA Das ist keine Antwort.

DER BEAMTE Nein?

VIRGINIA Sie haben höflich zu sein.

Der Beamte wendet ihr halb die Schulter zu und gähnt, das Individuum ansehend.

VIRGINIA *zurück:* Er sagt, der Großherzog ist noch beschäftigt.

GALILEI Ich hörte dich etwas von »höflich« sagen. Was war das?

VIRGINIA Ich dankte ihm für seine höfliche Auskunft, nichts sonst. Kannst du das Buch nicht hier zurücklassen? Du verlierst nur Zeit.

GALILEI Ich fange an, mich zu fragen, was diese Zeit wert ist. Möglich, daß ich der Einladung Sagredos nach Padua für ein paar Wochen doch folge. Meine Gesundheit ist nicht die beste.

VIRGINIA Du könntest nicht ohne deine Bücher leben.

GALILEI Etwas von dem sizilischen Wein könnte man in ein, zwei Kisten in der Kutsche mitnehmen.

VIRGINIA Du hast immer gesagt, er verträgt Transportation nicht. Und der Hof schuldet dir noch drei Monate Gehalt. Das schickt man dir nicht nach.

GALILEI Das ist wahr.

Der Kardinal Inquisitor kommt die Treppe herab.

VIRGINIA Der Kardinal Inquisitor.

Vorbeigehend verbeugt er sich tief vor Galilei.

VIRGINIA Was will der Kardinal Inquisitor in Florenz, Vater?

GALILEI Ich weiß nicht. Er benahm sich nicht ohne Respekt. Ich wußte, was ich tat, als ich nach Florenz ging und all die Jahre lang schwieg. Sie haben mich so hoch gelobt, daß sie mich jetzt nehmen müssen, wie ich bin.

DER BEAMTE *ruft aus:* Seine Hoheit, der Großherzog!

Cosmo de Medici kommt die Treppe herab. Galilei geht auf ihn zu. Cosmo hält ein wenig verlegen an.

GALILEI Ich wollte Eurer Hoheit meine Dialoge über die beiden größten Weltsysteme ...

COSMO Aha, aha. Wie steht es mit Ihren Augen?

GALILEI Nicht zum besten, Eure Hoheit. Wenn Eure Hoheit gestatten, ich habe das Buch ...

COSMO Der Zustand Ihrer Augen beunruhigt mich. Wirklich, er beunruhigt mich. Er zeigt mir, daß Sie Ihr vortreffliches Rohr vielleicht ein wenig zu eifrig benützen, nicht?

Er geht weiter, ohne das Buch entgegenzunehmen.

GALILEI Er hat das Buch nicht genommen, wie?

VIRGINIA Vater, ich fürchte mich.

GALILEI *gedämpft und fest:* Zeig keine Gefühle. Wir gehen von hier nicht nach Hause, sondern zum Glasschneider Volpi. Ich habe mit ihm verabredet, daß im anliegenden Hof der Weinschänke ein Wagen mit leeren Weinfässern immer bereitsteht, der mich aus der Stadt bringen kann.

VIRGINIA Du wußtest ...

GALILEI Sieh dich nicht um.

Sie wollen weg.

EIN HOHER BEAMTER *kommt die Treppe herab:* Herr Galilei, ich habe den Auftrag, Ihnen mitzuteilen, daß der florentinische Hof nicht länger imstande ist, dem Wunsch der Heiligen Inquisition, Sie in Rom zu verhören, Widerstand entgegenzusetzen. Der Wagen der Heiligen Inquisition erwartet Sie, Herr Galilei.

12
Der Papst

Gemach des Vatikans. Papst Urban VIII. (vormals Kardinal Barberini) hat den Kardinal Inquisitor empfangen. Während der Audienz wird er angekleidet. Von außen das Geschlurfe vieler Füße.

DER PAPST *sehr laut:* Nein! Nein! Nein!

DER INQUISITOR So wollen Eure Heiligkeit Ihren sich nun versammelnden Doktoren aller Fakultäten, Vertreter aller Heiligen Orden und der gesamten Geistlichkeit, welche alle in kindlichem Glauben an das Wort Gottes, niedergelegt in der Schrift, gekommen sind, Eurer Heiligkeit Bestätigung ihres Glaubens zu vernehmen, mitteilen, daß die Schrift nicht länger für wahr gelten könne?

DER PAPST Ich lasse nicht die Rechentafel zerbrechen. Nein!

DER INQUISITOR Daß es die Rechentafel ist und nicht der Geist der Auflehnung und des Zweifels, das sagen diese Leute. Aber es ist nicht die Rechentafel. Sondern eine entsetzliche Unruhe ist in die Welt gekommen. Es ist die Unruhe ihres eigenen Gehirns, die diese auf die unbewegliche Erde übertragen. Sie schreien: die Zahlen zwingen uns! Aber woher kommen ihre Zahlen? Jedermann weiß, daß sie vom Zweifel kommen. Diese Menschen zweifeln an allem. Sollen wir die menschliche Gesellschaft auf den Zweifel begründen und nicht mehr auf den Glauben? »Du bist mein Herr, aber ich zweifle, ob das gut ist.« »Das ist dein Haus und deine Frau, aber ich zweifle, ob sie nicht mein sein sollen.« Andererseits findet Eurer Heiligkeit Liebe zur Kunst, der wir so schöne Sammlungen verdanken, schimpfliche Auslegungen wie die auf den Häuserwänden Roms zu lesende: »Was die Barbaren Rom gelassen haben, rauben ihm die Barberinis.« Und im Auslande? Es hat Gott gefallen, den Heiligen Stuhl schweren Prüfungen zu unterwerfen. Eurer Heiligkeit spanische Politik wird von Menschen, denen die Einsicht mangelt, nicht verstanden, das Zerwürfnis mit dem Kaiser bedauert. Seit eineinhalb Jahrzehnten ist Deutschland eine Fleischbank, und man zerfleischt sich mit Bibelzitaten auf den Lippen. Und jetzt, wo unter der Pest, dem Krieg und der Reformation die Christenheit zu einigen Häuflein zusammenschmilzt, geht das Gerücht über Europa, daß Sie mit dem lutherischen Schweden in geheimem Bündnis stehen, um den katholischen Kaiser zu schwächen. Und da richten diese Würmer von Mathematikern ihre Rohre auf den Himmel und teilen der Welt mit, daß Eure Heiligkeit auch hier, in dem einzigen Raum, den man Ihnen noch nicht bestreitet, schlecht beschlagen sind. Man könnte sich fragen: welch ein Interesse plötzlich an einer so abliegenden Wissenschaft wie der Astronomie! Ist es nicht gleichgültig, wie diese Kugeln sich drehen? Aber niemand in ganz Italien, das bis auf die Pferdeknechte hinab durch das böse Beispiel dieses Florentiners von den Phasen der Venus schwatzt, denkt nicht zugleich an so vieles, was in den Schulen und an anderen Orten für unumstößlich erklärt wird und so sehr lästig ist. Was käme heraus, wenn diese alle, schwach im Fleisch und zu jedem Exzeß geneigt, nur noch an die eigene Vernunft glaubten, die dieser Wahnsinnige für die einzige Instanz erklärt! Sie möchten, erst einmal zweifelnd, ob die Sonne stillstand zu Gibeon, ihren schmutzigen Zweifel an den Kollekten üben! Seit sie über das Meer fahren – ich habe nichts dagegen –, setzen sie ihr Vertrauen auf eine Messingkugel, die sie den Kompaß nennen, nicht mehr auf Gott. Dieser Galilei hat schon als junger Mensch über die Maschinen geschrieben. Mit den Maschinen wollen sie Wunder tun. Was für welche? Gott brauchen sie jedenfalls nicht mehr, aber was sollen es für Wunder sein? Zum Beispiel soll es nicht mehr Oben und Unten geben. Sie brauchen es nicht mehr. Der Aristoteles, der für sie sonst ein toter Hund ist, hat gesagt – und das zitieren sie –: Wenn das Weberschifflein von selber webte und der Zitherschlägel von selber spielte, dann brauchten allerdings die Meister keine Gesellen und die Herren keine Knechte. Und so weit sind sie jetzt, denken sie. Dieser schlechte Mensch weiß, was er tut, wenn er seine astronomischen Arbeiten statt in Latein im Idiom der Fischweiber und Wollhändler verfaßt.

DER PAPST Das zeigt sehr schlechten Geschmack; das werde ich ihm sagen.

DER INQUISITOR Er verhetzt die einen und besticht die andern. Die oberitalienischen Seestädte fordern immer dringender für ihre Schiffe die Sternkarten des Herrn Galilei. Man wird ihnen nachgeben müssen, es sind materielle Interessen.

DER PAPST Aber diese Sternkarten beruhen auf seinen ketzerischen Behauptungen. Es handelt sich gerade um die Bewegungen dieser gewissen Gestirne, die nicht stattfinden können, wenn man seine Lehre ablehnt. Man kann nicht die Lehre verdammen und die Sternkarten nehmen.

DER INQUISITOR Warum nicht? Man kann nichts anderes.

DER PAPST Dieses Geschlurfe macht mich nervös. Entschuldigen Sie, wenn ich immer horche.

DER INQUISITOR Es wird Ihnen vielleicht mehr sagen, als ich es kann, Eure Heiligkeit. Sollen diese alle von hier weggehen, den Zweifel im Herzen?

DER PAPST Schließlich ist der Mann der größte Physiker dieser Zeit, das Licht Italiens, und nicht irgendein Wirrkopf. Er hat Freunde. Da ist Versailles. Da ist der Wiener Hof. Sie werden die Heilige Kirche eine Senkgrube verfaulter Vorurteile nennen. Hand weg von ihm!

DER INQUISITOR Man wird praktisch bei ihm nicht weit gehen müssen. Er ist ein Mann des Fleisches. Er würde sofort nachgeben.

DER PAPST Er kennt mehr Genüsse als irgendein Mann, den ich getroffen habe. Er denkt aus Sinnlichkeit. Zu einem alten Wein oder einem neuen Gedanken könnte er nicht nein sagen. Und ich will keine Verurteilung physikalischer Fakten, keine Schlachtrufe wie »Hie Kirche! und Hie Vernunft!« Ich habe ihm sein Buch erlaubt, wenn es am Schluß die Meinung wiedergäbe, daß das letzte Wort nicht die Wissenschaft, sondern der Glaube hat. Er hat sich daran gehalten.

DER INQUISITOR Aber wie? In seinem Buch streiten ein dummer Mensch, der natürlich die Ansichten des Aristoteles vertritt, und ein kluger Mensch, der ebenso natürlich die des Herrn Galilei vertritt, und die Schlußbemerkung, Eure Heiligkeit, spricht wer?

DER PAPST Was ist das jetzt wieder? Wer äußert also unsere?

DER INQUISITOR Nicht der Kluge.

DER PAPST Das ist allerdings eine Unverschämtheit. Dieses Getrampel in den Korridoren ist unerträglich. Kommt denn die ganze Welt?

DER INQUISITOR Nicht die ganze, aber ihr bester Teil.

Pause. Der Papst ist jetzt in vollem Ornat.

DER PAPST Das Alleräußerste ist, daß man ihm die Instrumente zeigt.

DER INQUISITOR Das wird genügen, Eure Heiligkeit. Herr Galilei versteht sich auf Instrumente.

13

Galileo Galilei widerruft vor der Inquisition am 22. Juni 1633 seine Lehre von der Bewegung der Erde

Und es war ein Junitag, der schnell verstrich
Und der war wichtig für dich und mich.
Aus Finsternis trat die Vernunft herfür
Ein' ganzen Tag stand sie vor der Tür.

Im Palast des florentinischen Gesandten in Rom. Galileis Schüler warten auf Nachrichten. Der kleine Mönch und Federzoni spielen mit weiten Bewegungen das neue Schach. In einer Ecke kniet Virginia und betet den Englischen Gruß.

DER KLEINE MÖNCH Der Papst hat ihn nicht empfangen. Keine wissenschaftlichen Diskussionen mehr.

FEDERZONI Er war seine letzte Hoffnung. Es war wahr, was er ihm damals vor Jahren in Rom sagte, als er noch der Kardinal Barberini war: wir brauchen dich. Jetzt haben sie ihn.

ANDREA Sie werden ihn umbringen. Die »Discorsi« werden nicht zu Ende geschrieben.

FEDERZONI *sieht ihn verstohlen an:* Meinst du?

ANDREA Da er niemals widerruft.

Pause.

DER KLEINE MÖNCH Man verbeißt sich immer in einen ganz nebensächlichen Gedanken, wenn man nachts wach liegt. Heute nacht zum Beispiel dachte ich immerfort: er hätte nie aus der Republik Venedig weggehen dürfen.

ANDREA Da konnte er sein Buch nicht schreiben.

FEDERZONI Und in Florenz konnte er es nicht veröffentlichen.

Pause.

DER KLEINE MÖNCH Ich dachte auch, ob sie ihm wohl seinen kleinen Stein lassen, den er immer in der Tasche mit sich herumträgt. Seinen Beweisstein.

FEDERZONI Dahin, wo sie ihn hinführen, geht man ohne Taschen.

ANDREA *aufschreiend:* Das werden sie nicht wagen! Und selbst wenn sie es ihm antun, wird er nicht widerrufen. »Wer die Wahrheit nicht weiß, der ist bloß ein Dummkopf. Aber wer sie weiß und sie eine Lüge nennt, der ist ein Verbrecher.«

FEDERZONI Ich glaube es auch nicht, und ich möchte nicht mehr leben, wenn er es täte, aber sie haben die Gewalt.

ANDREA Man kann nicht alles mit Gewalt.

FEDERZONI Vielleicht nicht.

DER KLEINE MÖNCH *leise:* Er ist 23 Tage im Kerker gesessen. Gestern war das große Verhör. Und heute ist die Sitzung. *Da Andrea herhört, laut.* Als ich ihn damals, zwei Tage nach dem Dekret, hier besuchte, saßen wir dort drüben, und er zeigte mir den kleinen Priapgott bei der Sonnenuhr, im Garten, ihr könnt ihn sehen von hier, und er verglich sein Werk mit einem Gedicht des Horaz, in dem man auch nichts ändern kann. Er sprach von seinem Schönheitssinn, der ihn zwinge, die Wahrheit zu suchen. Und er erwähnte das Motto: hieme et aestate, et prope et procul, usque dum vivam et ultra. Und er meinte die Wahrheit.

ANDREA *zu dem kleinen Mönch:* Hast du ihm erzählt, wie er im Collegium Romanum stand, während sie sein Rohr prüften? Erzähl es! *Der kleine Mönch schüttelt den Kopf.* Er benahm sich ganz wie gewöhnlich. Er hatte seine Hände auf seinen Schinken, streckte den Bauch heraus und sagte: Ich bitte um Vernunft, meine Herren! *Er macht lachend Galilei nach.*

Pause.

ANDREA *über Virginia:* Sie betet, daß er widerrufen möge.

FEDERZONI Laß sie. Sie ist ganz verwirrt, seit sie mit ihr gesprochen haben. Sie haben ihren Beichtvater von Florenz hierherkommen lassen.

Das Individuum aus dem Palast des Großherzogs von Florenz tritt ein.

INDIVIDUUM Herr Galilei wird bald hier sein. Er mag ein Bett benötigen.

FEDERZONI Man hat ihn entlassen?

INDIVIDUUM Man erwartet, daß Herr Galilei um fünf Uhr in einer Sitzung der Inquisition widerrufen wird. Die große Glocke von Sankt Markus wird geläutet und der Wortlaut des Widerrufs öffentlich ausgerufen werden.

ANDREA Ich glaube es nicht.

INDIVIDUUM Wegen der Menschenansammlungen in den Gassen wird Herr Galilei an das Gartentor hier hinter dem Palast gebracht werden. *Ab.*

ANDREA *plötzlich laut:* Der Mond ist eine Erde und hat kein eigenes Licht. Und so hat die Venus kein eigenes Licht und ist wie die Erde und läuft um die Sonne. Und es drehen sich vier Monde um das Gestirn Jupiter, das sich in der Höhe der Fixsterne befindet und an keiner Schale befestigt ist. Und die Sonne ist das Zentrum der Welt und unbeweglich an ihrem Ort, und die Erde ist nicht Zentrum und nicht unbeweglich. Und er ist es, der es uns gezeigt hat.

DER KLEINE MÖNCH Und mit Gewalt kann man nicht ungesehen machen, was gesehen wurde.

Schweigen.

FEDERZONI *blickt auf die Sonnenuhr im Garten:* Fünf Uhr.

Virginia betet lauter.

ANDREA Ich kann nicht mehr warten, ihr! Sie köpfen die Wahrheit!

Er hält sich die Ohren zu, der kleine Mönch ebenfalls. Aber die Glocke wird nicht geläutet. Nach einer Pause, ausgefüllt durch das murmelnde Beten Virginias, schüttelt Federzoni verneinend den Kopf. Die anderen lassen die Hände sinken.

FEDERZONI *heiser:* Nichts. Es ist drei Minuten über fünf.

ANDREA Er widersteht.

DER KLEINE MÖNCH Er widerruft nicht!

FEDERZONI Nein. Oh, wir Glücklichen!

Sie umarmen sich. Sie sind überglücklich.

ANDREA Also: es geht nicht mit Gewalt! Sie kann nicht alles! Also: die Torheit wird besiegt, sie ist nicht unverletzlich! Also: der Mensch fürchtet den Tod nicht!

FEDERZONI Jetzt beginnt wirklich die Zeit des Wissens. Das ist ihre Geburtsstunde. Bedenkt, wenn e r widerrufen hätte!

DER KLEINE MÖNCH Ich sagte es nicht, aber ich war voll Sorge. Ich Kleingläubiger!

ANDREA Ich aber wußte es.

FEDERZONI Als ob es am Morgen wieder Nacht würde, wäre es gewesen.

ANDREA Als ob der Berg gesagt hätte: ich bin ein Wasser.

DER KLEINE MÖNCH *kniet nieder, weinend:* Herr, ich danke dir!

ANDREA Aber es ist alles verändert heute! Der Mensch hebt den Kopf, der Gepeinigte, und sagt: ich kann leben. So viel ist gewonnen, wenn nur einer aufsteht und N e i n sagt!

In diesem Augenblick beginnt die Glocke von Sankt Markus zu dröhnen. Alles steht erstarrt.

VIRGINIA *steht auf:* Die Glocke von Sankt Markus! Er ist nicht verdammt!

Von der Straße herauf hört man den Ansager den Widerruf Galileis verlesen.

STIMME DES ANSAGERS »Ich, Galileo Galilei, Lehrer der Mathematik und der Physik in Florenz, schwöre ab, was ich gelehrt habe, daß die Sonne das Zentrum der Welt ist und an ihrem Ort unbeweglich, und die Erde ist nicht Zentrum und nicht unbeweglich. Ich schwöre ab, verwünsche und verfluche mit redlichem Herzen und nicht erheucheltem Glauben alle diese Irrtümer und Ketzereien sowie überhaupt jeden anderen Irrtum und jede andere Meinung, welche der Heiligen Kirche entgegen ist.«

Es wird dunkel.

Wenn es wieder hell wird, dröhnt die Glocke noch, hört dann aber auf. Virginia ist hinausgegangen. Galileis Schüler sind noch da.

FEDERZONI Er hat dich nie für deine Arbeit richtig bezahlt. Du hast weder eine Hose kaufen noch selber publizieren können. Das hast du gelitten, weil »für die Wissenschaft gearbeitet wurde«!

ANDREA *laut:* Unglücklich das Land, das keine Helden hat!

Eingetreten ist Galilei, völlig, beinahe bis zur Unkenntlichkeit verändert durch den Prozeß. Er hat den Satz Andreas gehört. Einige Augenblicke wartet er an der Tür auf eine Begrüßung. Da keine erfolgt, denn die Schüler weichen vor ihm zurück, geht er, langsam und seines schlechten Augenlichts wegen unsicher, nach vorn, wo er einen Schemel findet und sich niedersetzt.

ANDREA Ich kann ihn nicht ansehen. Er soll weg.

FEDERZONI Beruhige dich.

ANDREA *schreit Galilei an:* Weinschlauch! Schneckenfresser! Hast du deine geliebte Haut gerettet? *Setzt sich.* Mir ist schlecht.

GALILEI *ruhig:* Gebt ihm ein Glas Wasser!

Der kleine Mönch holt Andrea von draußen ein Glas Wasser. Die andern beschäftigen sich nicht mit Galilei, der horchend auf seinem Schemel sitzt. Von weitem hört man wieder die Stimme des Ansagers.

ANDREA Ich kann schon wieder gehen, wenn ihr mir ein wenig helft.

Sie führen ihn zur Tür. In diesem Augenblick beginnt Galilei zu sprechen.

GALILEI Nein. Unglücklich das Land, das Helden nötig hat.

Verlesung vor dem Vorhang:

Ist es nicht klar, daß ein Pferd, welches drei oder vier Ellen hoch herabfällt, sich die Beine brechen kann, während ein Hund keinen Schaden erlitte, desgleichen eine Katze selbst von acht oder zehn Ellen Höhe, ja eine Grille von einer Turmspitze und eine Ameise, wenn sie vom Mond herabfiele? Und wie kleinere Tiere verhältnismäßig kräftiger und stärker sind als die großen, so halten sich die kleinen Pflanzen besser: eine zweihundert Ellen hohe Eiche könnte ihre Äste in voller Proportion mit einer kleinen Eiche nicht halten, und die Natur kann ein Pferd nicht so groß wie zwanzig Pferde werden lassen noch einen Riesen von zehnfacher Größe, außer durch Veränderungen der Proportionen aller Glieder, besonders der Knochen, die weit über das Maß einer proportionellen Größe verstärkt werden müssen. – Die gemeine Annahme, daß große und kleine Maschinen gleich ausdauernd seien, ist offenbar irrig.

Galilei, »Discorsi«

14

1633-1642. Galileo Galilei lebt in einem Landhaus in der Nähe von Florenz, bis zu seinem Tod ein Gefangener der Inquisition. Die »Discorsi«.

Sechzehnhundertdreiunddreißig bis
sechzehnhundertzweiundvierzig
Galileo Galilei ist ein Gefangener der Kirche
bis zu seinem Tode.

Ein großer Raum mit Tisch, Lederstuhl und Globus. Galilei, nun alt und halbblind, experimentiert sorgfältig mit einem kleinen Holzball auf einer gekrümmten Holzschiene, im Vorraum sitzt ein Mönch auf Wache. Es wird ans Tor geklopft. Der Mönch öffnet, und ein Bauer tritt ein, zwei gerupfte Gänse tragend. Virginia kommt aus der Küche. Sie ist jetzt etwa vierzig Jahre alt.

DER BAUER Ich soll die abgeben.

VIRGINIA Von wem? Ich habe keine Gänse bestellt.

DER BAUER Ich soll sagen: von jemand auf der Durchreise. *Ab.*

Virginia betrachtet die Gänse erstaunt. Der Mönch nimmt sie ihr aus der Hand und untersucht sie mißtrauisch. Dann gibt er sie ihr beruhigt zurück, und sie trägt sie an den Hälsen zu Galilei in den großen Raum.

VIRGINIA Jemand auf der Durchreise hat ein Geschenk abgeben lassen.

GALILEI Was ist es?

VIRGINIA Kannst du es nicht sehen?

GALILEI Nein. *Er geht hin.* Gänse. Ist ein Name dabei?

VIRGINIA Nein.

GALILEI *nimmt ihr eine Gans aus der Hand:* Schwer. Ich könnte noch etwas davon essen.

VIRGINIA Du kannst doch nicht schon wieder hungrig sein. Du hast eben zu Abend gegessen. Und was ist wieder mit deinen Augen los? Die müßtest du sehen vom Tisch aus.

GALILEI Du stehst im Schatten.

VIRGINIA Ich stehe nicht im Schatten. *Sie trägt die Gänse hinaus.*

GALILEI Gib Thymian zu und Äpfel.

VIRGINIA *zu dem Mönch:* Wir müssen nach dem Augendoktor schicken. Vater konnte die Gänse vom Tisch aus nicht sehen.

DER MÖNCH Ich brauche erst die Erlaubnis vom Monsignore Carpula. – Hat er wieder selber geschrieben?

VIRGINIA Nein. Er hat sein Buch mir diktiert, das wissen Sie ja. Sie haben die Seiten 131 und 132, und das waren die letzten.

DER MÖNCH Er ist ein alter Fuchs.

VIRGINIA Er tut nichts gegen die Vorschriften. Seine Reue ist echt. Ich passe auf ihn auf. *Sie gibt ihm die Gänse.* Sagen Sie in der Küche, sie sollen die Leber rösten, mit einem Apfel und einer Zwiebel. *Sie geht in den großen Raum zurück.* Und jetzt denken wir an unsere Augen und hören schnell auf mit dem Ball und diktieren ein Stückchen weiter an unserem wöchentlichen Brief an den Erzbischof.

GALILEI Ich fühle mich nicht wohl genug. Lies mir etwas Horaz.

VIRGINIA Erst vorige Woche sagte mir Monsignore Carpula, dem wir so viel verdanken – erst neulich wieder das Gemüse –, daß der Erzbischof ihn jedesmal fragt, wie dir die Fragen und Zitate gefallen, die er dir schickt. *Sie hat sich zum Diktat niedergesetzt.*

GALILEI Wie weit war ich?

VIRGINIA Abschnitt vier: Anlangend die Stellungnahme der Heiligen Kirche zu den Unruhen im Arsenal von Venedig stimme ich überein mit der Haltung Kardinal Spolettis gegenüber den aufrührerischen Seilern ...

GALILEI Ja. *Diktiert:* ... stimme ich überein mit der Haltung Kardinal Spolettis gegenüber den aufrührerischen Seilern, nämlich, daß es besser ist, an sie Suppen zu verteilen im Namen der christlichen Nächstenliebe, als ihnen mehr für ihre Schiffs- und Glockenseile zu zahlen. Sintemalen es weiser erscheint, an Stelle ihrer Habgier ihren Glauben zu stärken. Der Apostel Paulus sagt: Wohltätigkeit versaget niemals. – Wie ist das?

VIRGINIA Es ist wunderbar, Vater.

GALILEI Du meinst nicht, daß eine Ironie hineingelesen werden könnte?

VIRGINIA Nein, der Erzbischof wird selig sein. Er ist so praktisch.

GALILEI Ich verlasse mich auf dein Urteil. Was kommt als nächstes?

VIRGINIA Ein wunderschöner Spruch: »Wenn ich schwach bin, da bin ich stark.«

GALILEI Keine Auslegung.

VIRGINIA Aber warum nicht?

GALILEI Was kommt als nächstes?

VIRGINIA »Auf daß ihr begreifen möget, daß Christus liebhaben viel besser ist denn alles Wissen.« Paulus an die Epheser III, 19.

GALILEI Besonders danke ich Eurer Eminenz für das herrliche Zitat aus den Epheser-Briefen. Angeregt dadurch, fand ich in unserer unnachahmbaren Imitatio noch folgendes. *Zitiert auswendig:* »Er, zu dem das ewige Wort spricht, ist frei von vielem Gefrage.« Darf ich bei dieser Gelegenheit in eigener Sache sprechen? Noch immer wird mir vorgeworfen, daß ich einmal über die Himmelskörper ein Buch in der Sprache des Marktes verfaßt habe. Es war damit nicht meine Absicht, vorzuschlagen oder gutzuheißen, daß Bücher über so viel wichtigere Gegenstände, wie zum Beispiel Theologie, in dem Jargon der Teigwarenverkäufer verfaßt würden. Das Argument für den lateinischen Gottesdienst, daß durch die Universalität dieser Sprache alle Völker die heilige Messe in gleicher Weise hören, scheint mir wenig glücklich, da von den niemals verlegenen Spöttern eingewendet werden könnte, keines der Völker verstünde so den Text. Ich verzichte gern auf billige Verständlichkeit heiliger Dinge. Das Latein der Kanzel, das die ewige Wahrheit der Kirche gegen die Neugier der Unwissenden schützt, erweckt Vertrauen, wenn gesprochen von den priesterlichen Söhnen der unteren Klassen mit den Betonungen des ortsansässigen Dialekts. – Nein, streich das aus.

VIRGINIA Das Ganze?

GALILEI Alles nach den Teigwarenverkäufern.

Es wird am Tor geklopft. Virginia geht in den Vorraum. Der Mönch öffnet. Es ist Andrea Sarti. Er ist jetzt ein Mann in den mittleren Jahren.

ANDREA Guten Abend. Ich bin im Begriff, Italien zu verlassen, um in Holland wissenschaftlich zu arbeiten, und bin gebeten worden, ihn auf der Durchreise aufzusuchen, damit ich über ihn berichten kann.

VIRGINIA Ich weiß nicht, ob er dich sehen will. Du bist nie gekommen.

ANDREA Frag ihn.

Galilei hat die Stimme erkannt. Er sitzt unbeweglich. Virginia geht hinein zu ihm.

GALILEI Ist es Andrea?

VIRGINIA Ja. Soll ich ihn wegschicken?

GALILEI *nach einer Pause:* Führ ihn herein.

Virginia führt Andrea herein.

VIRGINIA *zum Mönch:* Er ist harmlos. Er war sein Schüler. So ist er jetzt sein Feind.

GALILEI Laß mich allein mit ihm, Virginia.

VIRGINIA Ich will hören, was er erzählt. *Sie setzt sich.*

ANDREA *kühl:* Wie geht es Ihnen?

GALILEI Tritt näher. Was machst du? Erzähl von deiner Arbeit. Ich höre, es ist über Hydraulik.

ANDREA Fabrizius in Amsterdam hat mir aufgetragen, mich nach Ihrem Befinden zu erkundigen.

Pause.

GALILEI Ich befinde mich wohl. Man schenkt mir große Aufmerksamkeit.

ANDREA Es freut mich, berichten zu können, daß Sie sich wohl befinden.

GALILEI Fabrizius wird erfreut sein, es zu hören. Und du kannst ihn informieren, daß ich in angemessenem Komfort lebe. Durch die Tiefe meiner Reue habe ich mir die Gunst meiner Oberen so weit erhalten können, daß mir in bescheidenem Umfang wissenschaftliche Studien unter geistlicher Kontrolle gestattet werden konnten.

ANDREA Jawohl. Auch wir hörten, daß die Kirche mit Ihnen zufrieden ist. Ihre völlige Unterwerfung hat gewirkt. Es wird versichert, die Oberen hätten mit Genugtuung festgestellt, daß in Italien kein Werk mit neuen Behauptungen mehr veröffentlicht wurde, seit Sie sich unterwarfen.

GALILEI *horchend:* Leider gibt es Länder, die sich der Obhut der Kirche entziehen. Ich fürchte, daß die verurteilten Lehren dort weitergefördert werden.

ANDREA Auch dort trat infolge Ihres Widerrufs ein für die Kirche erfreulicher Rückschlag ein.

GALILEI Wirklich? *Pause.* Nichts von Descartes? Nichts aus Paris?

ANDREA Doch. Auf die Nachricht von Ihrem Widerruf stopfte er seinen Traktat über die Natur des Lichts in die Lade.

Lange Pause.

GALILEI Ich bin in Sorge einiger wissenschaftlicher Freunde wegen, die ich auf die Bahn des Irrtums geleitet habe. Sind sie durch meinen Widerruf belehrt worden?

ANDREA Um wissenschaftlich arbeiten zu können, habe ich vor, nach Holland zu gehen. Man gestattet nicht dem Ochsen, was Jupiter sich nicht gestattet.

GALILEI Ich verstehe.

ANDREA Federzoni schleift wieder Linsen, in irgendeinem Mailänder Laden.

GALILEI *lacht:* Er kann nicht Latein.

Pause.

ANDREA Fulganzio, unser kleiner Mönch, hat die Forschung aufgegeben und ist in den Schoß der Kirche zurückgekehrt.

GALILEI Ja.

Pause.

GALILEI Meine Oberen sehen m e i n e r seelischen Wiedergesundung entgegen. Ich mache bessere Fortschritte, als zu erwarten war.

ANDREA So.

VIRGINIA Der Herr sei gelobt.

GALILEI *barsch:* Sieh nach den Gänsen, Virginia.

Virginia geht zornig hinaus. Im Vorbeigehen wird sie vom Mönch angesprochen.

DER MÖNCH Der Mensch mißfällt mir.

VIRGINIA Er ist harmlos. Sie hören doch. *Im Weggehen.* Wir haben frischen Ziegenkäse bekommen.

Der Mönch folgt ihr hinaus.

ANDREA Ich werde die Nacht durch fahren, um die Grenze morgen früh überschreiten zu können. Kann ich gehen?

GALILEI Ich weiß nicht, warum du gekommen bist, Sarti. Um mich aufzustören? Ich lebe vorsichtig und ich denke vorsichtig, seit ich hier bin. Ich habe ohnedies meine Rückfälle.

ANDREA Ich möchte Sie lieber nicht aufregen, Herr Galilei.

GALILEI Barberini nannte es die Krätze. Er war selber nicht gänzlich frei davon. Ich habe wieder geschrieben.

ANDREA So?

GALILEI Ich schrieb die »Discorsi« fertig.

ANDREA Was? Die »Gespräche, betreffend zwei neue Wissenszweige: Mechanik und Fallgesetze«? Hier?

GALILEI Oh, man gibt mir Papier und Feder. Meine Oberen sind keine Dummköpfe. Sie wissen, daß eingewurzelte Laster nicht von heute auf morgen abgebrochen werden können. Sie schützen mich vor mißlichen Folgen, indem sie Seite für Seite wegschließen.

ANDREA O Gott!

GALILEI Sagtest du etwas?

ANDREA Man läßt Sie Wasser pflügen! Man gibt Ihnen Papier und Feder, damit Sie sich beruhigen! Wie konnten Sie überhaupt schreiben mit diesem Ziel vor Augen?

GALILEI Oh, ich bin ein Sklave meiner Gewohnheiten.

ANDREA Die »Discorsi« in der Hand der Mönche! Und Amsterdam und London und Prag hungern danach!

GALILEI Ich kann Fabrizius jammern hören, pochend auf sein Pfund Fleisch, selber in Sicherheit sitzend in Amsterdam.

ANDREA Zwei neue Wissenszweige so gut wie verloren!

GALILEI Es wird ihn und einige andre ohne Zweifel erheben zu hören, daß ich die letzten kümmerlichen Reste meiner Bequemlichkeit aufs Spiel gesetzt habe, eine Abschrift zu machen, hinter meinem Rücken sozusagen, aufbrauchend die letzte Unze Licht der helleren Nächte von sechs Monaten.

ANDREA Sie haben eine Abschrift?

GALILEI Meine Eitelkeit hat mich bisher davon zurückgehalten, sie zu vernichten.

ANDREA Wo ist sie?

GALILEI »Wenn dich dein Auge ärgert, reiß es aus.« Wer immer das schrieb, wußte mehr über Komfort als ich. Ich nehme an, es ist die Höhe der Torheit, sie auszuhändigen. Da ich es nicht fertiggebracht habe, mich von wissenschaftlichen Arbeiten fernzuhalten, könnt ihr sie ebensogut haben. Die Abschrift liegt im Globus. Solltest du erwägen, sie nach Holland mitzunehmen, würdest du natürlich die gesamte Verantwortung zu schultern haben. Du hättest sie in diesem Fall von jemandem gekauft, der Zutritt zum Original im Heiligen Offizium hat.

Andrea ist zum Globus gegangen. Er holt die Abschrift heraus.

ANDREA Die »Discorsi«!

Er blättert in dem Manuskript.

ANDREA *liest:* »Mein Vorsatz ist es, eine sehr neue Wissenschaft aufzustellen, handelnd von einem sehr alten Gegenstand, der Bewegung. Ich habe durch Experimente einige ihrer Eigenschaften entdeckt, die wissenswert sind.«

GALILEI Etwas mußte ich anfangen mit meiner Zeit.

ANDREA Das wird eine neue Physik begründen.

GALILEI Stopf es untern Rock.

ANDREA Und wir dachten, Sie wären übergelaufen! Meine Stimme war die lauteste gegen Sie!

GALILEI Das gehörte sich. Ich lehrte dich Wissenschaft, und ich verneinte die Wahrheit.

ANDREA Dies ändert alles. Alles.

GALILEI Ja?

ANDREA Sie versteckten die Wahrheit. Vor dem Feind. Auch auf dem Felde der Ethik waren Sie uns um Jahrhunderte voraus.

GALILEI Erläutere das, Andrea.

ANDREA Mit dem Mann auf der Straße sagten wir: Er wird sterben, aber er wird nie widerrufen. – Sie kamen zurück: Ich habe widerrufen, aber ich werde leben. – Ihre Hände sind befleckt, sagten wir. – Sie sagen: Besser befleckt als leer.

GALILEI Besser befleckt als leer. Klingt realistisch. Klingt nach mir. Neue Wissenschaft, neue Ethik.

ANDREA Ich vor allen andern hätte es wissen müssen! Ich war elf, als Sie eines andern Mannes Fernrohr an den Senat von Venedig verkauften. Und ich sah Sie von diesem Instrument unsterblichen Gebrauch machen. Ihre Freunde schüttelten die Köpfe, als Sie sich vor dem Kind in Florenz beugten: die Wissenschaft gewann Publikum. Sie lachten immer schon über die Helden. »Leute, welche leiden, langweilen mich«, sagten Sie. »Unglück stammt von mangelhaften Berechnungen.« Und: »Angesichts von Hindernissen mag die kürzeste Linie zwischen zwei Punkten die krumme sein.«

GALILEI Ich entsinne mich.

ANDREA Als es Ihnen dann 33 gefiel, einen volkstümlichen Punkt Ihrer Lehren zu widerrufen, hätte ich wissen müssen, daß Sie sich lediglich aus einer hoffnungslosen politischen Schlägerei zurückzogen, um das eigentliche Geschäft der Wissenschaft weiter zu betreiben.

GALILEI Welches besteht in ...

ANDREA ... dem Studium der Eigenschaften der Bewegung, Mutter der Maschinen, die allein die Erde so bewohnbar machen werden, daß der Himmel abgetragen werden kann.

GALILEI Aha.

ANDREA Sie gewannen die Muße, ein wissenschaftliches Werk zu schreiben, das nur Sie schreiben konnten. Hätten Sie in einer Gloriole von Feuer auf dem Scheiterhaufen geendet, wären die andern die Sieger gewesen.

GALILEI Sie sind die Sieger. Und es gibt kein wissenschaftliches Werk, das nur ein Mann schreiben kann.

ANDREA Warum dann haben Sie widerrufen?

GALILEI Ich habe widerrufen, weil ich den körperlichen Schmerz fürchtete.

ANDREA Nein!

GALILEI Man zeigte mir die Instrumente.

ANDREA So war es kein Plan?

GALILEI Es war keiner.

Pause.

ANDREA *laut:* Die Wissenschaft kennt nur ein Gebot: den wissenschaftlichen Beitrag.

GALILEI Und den habe ich geliefert. Willkommen in der Gosse, Bruder in der Wissenschaft und Vetter im Verrat! Ißt du Fisch? Ich habe Fisch. Was stinkt, ist nicht mein Fisch, sondern ich. Ich verkaufe aus, du bist ein Käufer. O unwiderstehlicher Anblick des Buches, der geheiligten Ware! Das Wasser läuft im Mund zusammen und die Flüche ersaufen. Die Große Babylonische, das mörderische Vieh, die Scharlachene, öffnet die Schenkel, und alles ist anders! Geheiliget sei unsre schachernde, weißwaschende, todfürchtende Gemeinschaft!

ANDREA Todesfurcht ist menschlich! Menschliche Schwächen gehen die Wissenschaft nichts an.

GALILEI Nein?! – Mein lieber Sarti, auch in meinem gegenwärtigen Zustand fühle ich mich noch fähig, Ihnen ein paar Hinweise darüber zu geben, was die Wissenschaft alles angeht, der Sie sich verschrieben haben.

Eine kleine Pause.

GALILEI *akademisch die Hände über dem Bauch gefaltet:* In meinen freien Stunden, deren ich viele habe, bin ich meinen Fall durchgegangen und habe darüber nachgedacht, wie die Welt der Wissenschaft, zu der ich mich selber nicht mehr zähle, ihn zu beurteilen haben wird. Selbst ein Wollhändler muß, außer billig einkaufen und teuer verkaufen, auch noch darum besorgt sein, daß der Handel mit Wolle unbehindert vor sich gehen kann. Der Verfolg der Wissenschaft scheint mir diesbezüglich besondere Tapferkeit zu erheischen. Sie handelt mit Wissen, gewonnen durch Zweifel. Wissen verschaffend über alles für alle, trachtet sie, Zweifler zu machen aus allen. Nun wird der Großteil der Bevölkerung von ihren Fürsten, Grundbesitzern und Geistlichen in einem perlmutternen Dunst von Aberglauben und alten Wörtern gehalten, welcher die Machinationen dieser Leute verdeckt. Das Elend der Vielen ist alt wie das Gebirge und wird von Kanzel und Katheder herab für unzerstörbar erklärt wie das Gebirge. Unsere neue Kunst des Zweifelns entzückte das große Publikum. Es riß uns das Teleskop aus der Hand und richtete es auf seine Peiniger. Diese selbstischen und gewalttätigen Männer, die sich die Früchte der Wissenschaft gierig zunutze gemacht haben, fühlten zugleich das kalte Auge der Wissenschaft auf ein tausendjähriges, aber künstliches Elend gerichtet, das deutlich beseitigt werden konnte, indem sie beseitigt wurden. Sie überschütteten uns mit Drohungen und Bestechungen, unwiderstehlich für schwache Seelen. Aber können wir uns der Menge verweigern und doch Wissenschaftler bleiben? Die Bewegungen der Himmelskörper sind übersichtlicher geworden; immer noch unberechenbar sind den Völkern die Bewegungen ihrer Herrscher. Der Kampf um die Meßbarkeit des Himmels ist gewonnen durch Zweifel; durch Gläubigkeit muß der Kampf der römischen Hausfrau um Milch immer aufs neue verlorengehen. Die Wissenschaft, Sarti, hat mit beiden Kämpfen zu tun. Eine Menschheit, stolpernd in diesem tausendjährigen Perlmutterdunst von Aberglauben und alten Wörtern, zu unwissend, ihre eigenen Kräfte voll zu entfalten, wird nicht fähig sein, die Kräfte der Natur zu entfalten, die ihr enthüllt. Wofür arbeitet ihr? Ich halte dafür, daß das einzige Ziel der Wissenschaft darin besteht, die Mühseligkeit der menschlichen Existenz zu erleichtern. Wenn Wissenschaftler, eingeschüchtert durch selbstsüchtige Machthaber, sich damit begnügen, Wissen um des Wissens willen aufzuhäufen, kann die Wissenschaft zum Krüppel gemacht werden, und eure neuen Maschinen mögen nur neue Drangsale bedeuten. Ihr mögt mit der Zeit alles entdecken, was es zu entdecken gibt, und euer Fortschritt wird doch nur ein Fortschreiten von der Menschheit weg sein. Die Kluft zwischen euch und ihr kann eines Tages so groß werden, daß euer Jubelschrei über irgendeine neue Errungenschaft von einem universalen Entsetzensschrei beantwortet werden könnte. – Ich hatte als Wissenschaftler eine einzigartige Möglichkeit. In meiner Zeit erreichte die Astronomie die Marktplätze. Unter diesen ganz besonderen Umständen hätte die Standhaftigkeit eines Mannes große Erschütterungen hervorrufen können. Hätte ich widerstanden, hätten die Naturwissenschaftler etwas wie den hippokratischen Eid der Ärzte entwickeln können, das Gelöbnis, ihr Wissen einzig zum Wohle der Menschheit anzuwenden! Wie es nun steht, ist das Höchste, was man erhoffen kann, ein Geschlecht erfinderischer

Zwerge, die für alles gemietet werden können. Ich habe zudem die Überzeugung gewonnen, Sarti, daß ich niemals in wirklicher Gefahr schwebte. Einige Jahre lang war ich ebenso stark wie die Obrigkeit. Und ich überlieferte mein Wissen den Machthabern, es zu gebrauchen, es nicht zu gebrauchen, es zu mißbrauchen, ganz wie es ihren Zwecken diente. *Virginia ist mit einer Schüssel hereingekommen und bleibt stehen.* Ich habe meinen Beruf verraten. Ein Mensch, der das tut, was ich getan habe, kann in den Reihen der Wissenschaft nicht geduldet werden.

VIRGINIA Du bist aufgenommen in den Reihen der Gläubigen. *Sie geht weiter und stellt die Schüssel auf den Tisch.*

GALILEI Richtig. – Ich muß jetzt essen.

Andrea hält ihm die Hand hin. Galilei sieht die Hand, ohne sie zu nehmen.

GALILEI Du lehrst jetzt selber. Kannst du es dir leisten, eine Hand wie die meine zu nehmen? *Er geht zum Tisch.* Jemand, der hier durch kam, hat mir Gänse geschickt. Ich esse immer noch gern.

ANDREA So sind Sie nicht mehr der Meinung, daß ein neues Zeitalter angebrochen ist?

GALILEI Doch. – Gib acht auf dich, wenn du durch Deutschland kommst, die Wahrheit unter dem Rock.

ANDREA *außerstande, zu gehen:* Hinsichtlich Ihrer Einschätzung des Verfassers, von dem wir sprachen, weiß ich Ihnen keine Antwort. Aber ich kann mir nicht denken, daß Ihre mörderische Analyse das letzte Wort sein wird.

GALILEI Besten Dank, Herr. *Er fängt an zu essen.*

VIRGINIA *Andrea hinausgeleitend:* Wir haben Besucher aus der Vergangenheit nicht gern. Sie regen ihn auf.

Andrea geht. Virginia kommt zurück.

GALILEI Hast du eine Ahnung, wer die Gänse geschickt haben kann?

VIRGINIA Nicht Andrea.

GALILEI Vielleicht nicht. Wie ist die Nacht?

VIRGINIA *am Fenster:* Hell.

15

1637. Galileis Buch »Discorsi« überschreitet die italienische Grenze.

Liebe Leut, gedenkt des Ends
Das Wissen flüchtete über die Grenz.
Wir, die wissensdurstig sind
Er und ich, wir blieben dahint'.
Hütet nun ihr der Wissenschaften Licht
Nutzt es und mißbraucht es nicht
Daß es nicht, ein Feuerfall
Einst verzehre noch uns all
Ja, uns all.

Kleine italienische Grenzstadt früh am Morgen. Am Schlagbaum der Grenzwache spielen Kinder. Andrea wartet neben einem Kutscher die Prüfung seiner Papiere durch die Grenzwächter ab. Er sitzt auf einer kleinen Kiste und liest in Galileis Manuskript. Jenseits des Schlagbaumes steht die Reisekutsche.

DIE KINDER *singen:*
Maria saß auf einem Stein
Sie hatt' ein rosa Hemdelein
Das Hemdelein war verschissen.
Doch als der kalte Winter kam
Das Hemdelein sie übernahm
Verschissen ist nicht zerrissen.

DER GRENZWÄCHTER Warum verlassen Sie Italien?

ANDREA Ich bin Gelehrter.

DER GRENZWÄCHTER *zum Schreiber:* Schreib unter »Grund der Ausreise«: Gelehrter. Ihr Gepäck muß ich durchschauen. *Er tut es.*

DER ERSTE JUNGE *zu Andrea:* Hier sollten Sie nicht sitzen. *Er zeigt auf die Hütte, vor der Andrea sitzt.* Da wohnt eine Hexe drin.

DER ZWEITE JUNGE Die alte Marina ist gar keine Hexe.

DER ERSTE JUNGE Soll ich dir die Hand ausrenken?

DER DRITTE JUNGE Sie ist doch eine. Sie fliegt nachts durch die Luft.

DER ERSTE JUNGE Und warum kriegt sie nirgends in der Stadt auch nur einen Topf Milch, wenn sie keine Hexe ist?

DER ZWEITE JUNGE Wie soll sie denn durch die Luft fliegen? Das kann niemand. *Zu Andrea:* Kann man das?

DER ERSTE JUNGE *über den zweiten:* Das ist Giuseppe. Er weiß rein gar nichts, weil er nicht in die Schule geht, weil er keine ganze Hose hat.

DER GRENZWÄCHTER Was ist das für ein Buch?

ANDREA *ohne aufzusehen:* Das ist von dem großen Philosophen Aristoteles.

DER GRENZWÄCHTER *mißtrauisch:* Was ist das für einer?

ANDREA Er ist schon tot.

Die Jungen gehen, um den lesenden Andrea zu verspotten, so herum, als läsen auch sie in Büchern beim Gehen.

DER GRENZWÄCHTER *zum Schreiber:* Sieh nach, ob etwas über die Religion drin steht.

DER SCHREIBER *blättert:* Ich kann nichts finden.

DER GRENZWÄCHTER Die ganze Sucherei hat ja auch wenig Zweck. So offen würde uns ja keiner hinlegen, was er zu verbergen hätte. *Zu Andrea:* Sie müssen unterschreiben, daß wir alles untersucht haben.

Andrea steht zögernd auf und geht, immerfort lesend, mit den Grenzwächtern ins Haus.

DER DRITTE JUNGE *zum Schreiber, auf die Kiste zeigend:* Da ist noch was, sehen Sie?

DER SCHREIBER War das vorhin noch nicht da?

DER DRITTE JUNGE Das hat der Teufel hier hingestellt. Es ist eine Kiste.

DER ZWEITE JUNGE Nein, die gehört dem Fremden.

DER DRITTE JUNGE Ich ginge nicht hin. Sie hat dem Kutscher Passi die Gäule verhext. Ich habe selber durch das Loch im Dach, das der Schneesturm gerissen hat, hineingeschaut und gehört, wie sie gehustet haben.

DER SCHREIBER *der schon beinahe an der Kiste war, zögert und kehrt zurück:* Teufelszeug, wie? Nun, wir können nicht alles kontrollieren. Wo kämen wir da hin?

Zurück kommt Andrea mit einem Krug Milch. Er setzt sich wieder auf die Kiste und liest weiter.

DER GRENZWÄCHTER *hinter ihm drein mit Papieren:* Mach die Kisten wieder zu. Haben wir alles?

DER SCHREIBER Alles.

DER ZWEITE JUNGE *zu Andrea:* Sie sind ja Gelehrter. Sagen Sie selber: Kann man durch die Luft fliegen?

ANDREA Wart einen Augenblick.

DER GRENZWÄCHTER Sie können passieren.

Das Gepäck ist vom Kutscher aufgenommen worden. Andrea nimmt die Kiste und will gehen.

DER GRENZWÄCHTER Halt! Was ist das für eine Kiste?

ANDREA *wieder sein Buch vornehmend:* Es sind Bücher.

DER ERSTE JUNGE Das ist die von der Hexe.

DER GRENZWÄCHTER Unsinn. Wie soll die eine Kiste bezaubern können?

DER DRITTE JUNGE Wenn ihr doch der Teufel hilft!

DER GRENZWÄCHTER *lacht:* Das gilt hier nicht. *Zum Schreiber:* Mach auf.

Die Kiste wird geöffnet.

DER GRENZWÄCHTER *unlustig:* Wie viele sind das?

ANDREA Vierunddreißig.

DER GRENZWÄCHTER *zum Schreiber:* Wie lang brauchst du damit?

DER SCHREIBER *der angefangen hat, oberflächlich in der Kiste zu wühlen:* Alles schon gedruckt. Aus Ihrem Frühstück wird dann jedenfalls nichts, und wann soll ich zum Kutscher Passi hinüberlaufen, um den rückständigen Wegzoll einzukassieren bei der Auktionierung seines Hauses, wenn ich all die Bücher durchblättern soll?

DER GRENZWÄCHTER Ja, das Geld müssen wir haben. *Er stößt mit dem Fuß nach den Büchern.* Na, was kann schon viel drinstehen! *Zum Kutscher:* Ab!

Andrea geht mit dem Kutscher, der die Kiste trägt, über die Grenze. Drüben steckt er das Manuskript Galileis in die Reisetasche.

DER DRITTE JUNGE *deutet auf den Krug, den Andrea hat stehenlassen:* Da!

DER ERSTE JUNGE Und die Kiste ist weg! Seht ihr, daß es der Teufel war?

ANDREA *sich umwendend:* Nein, ich war es. Du mußt lernen, die Augen aufzumachen. Die Milch ist bezahlt und der Krug. Die Alte soll ihn haben. Ja, und ich habe dir noch nicht auf deine Frage geantwortet, Giuseppe. Auf einem Stock kann man nicht durch die Luft fliegen. Er müßte zumindest eine Maschine dran haben. Aber eine solche Maschine gibt es noch nicht. Vielleicht wird es sie nie geben, da der Mensch zu schwer ist. Aber natürlich, man kann es nicht wissen. Wir wissen bei weitem nicht genug, Giuseppe. Wir stehen wirklich erst am Beginn.

ZU »LEBEN DES GALILEI«

Anmerkung zu »Leben des Galilei«

In der ersten Fassung des Stücks war die letzte Szene anders. Galilei hatte in großer Heimlichkeit die »Discorsi« geschrieben. Er veranlaßt anläßlich eines Besuchs seinen Lieblingsschüler Andrea, das Buch über die Grenze ins Ausland zu schmuggeln. Sein Widerruf hatte ihm die Möglichkeit verschafft, ein entscheidendes Werk zu schaffen. Er war weise gewesen. In der kalifornischen Fassung, die hier gedruckt ist, bricht Galilei die Lobeshymnen seines Schülers ab und beweist ihm, daß der Widerruf ein Verbrechen war und durch das Werk, so wichtig es sein mochte, nicht aufgewogen.

Wenn es jemanden interessieren sollte, dies ist auch das Urteil des Stückschreibers.

Konnte Galilei anders handeln?
(1633: Die Inquisition beordert den weltbekannten Forscher nach Rom.)

Die Szene gibt hinreichende Gründe für Galileis Zögern, aus Florenz zu fliehen und sich in den Schutz der oberitalienischen Städte zu stellen. Trotzdem mag das Publikum sich ausmalen, daß er sich dem Eisengießer Matti anvertraute, und auch hierfür so manche Tendenzen im Charakter und in der Situation Galileis ausfinden.

Der Darsteller Laughton zeigte, daß Galilei bei seinem Gespräch mit dem Eisengießer unter großer seelischer Erregung steht. Er spielte einen Moment der Entscheidung, und sie ist falsch.

(Kenner der Dialektik werden in der folgenden Szene »Der Papst« eine weitere Aufhellung der Möglichkeiten Galileis finden, wenn der Inquisitor verlangt, daß Galilei zur Abschwörung seiner Theorie gezwungen werde, weil die italienischen Seestädte seine astronomischen Karten benötigten, die auf ihr beruhen und die man ihnen nicht verweigern könne!)

Es darf hier eben nicht objektivistisch verfahren werden.[1]

1 Der Objektivist läuft, wenn er die Notwendigkeit einer gegebenen Reihe von Tatsachen beweist, stets Gefahr, auf den Standpunkt eines Apologeten dieser Tatsachen zu geraten. (Lenin)

Zur 1. Szene

In der 1. Szene entwickelt Galilei Gedanken über eine neue Zeit. Im alten Theater ermöglichte der Stückschreiber dem Schauspieler die realistische Darstellung von Monologen dadurch, daß er ihm dafür bestimmte Handlungen oder eine bestimmte Situation, die die Handlung ermöglichte, gab. Selbst ein großer Schauspieler ist nicht in der Lage, das Verfahren des neuen Stückschreibers zu erkennen. Er wird nach vier Sätzen, bei denen ihm der Rücken gerieben wird, ungeduldig und verlangt andere Tätigkeiten, etwa Schuheanziehen. Er setzt die neuen Gedanken nicht in Beziehung zu dem Wohlbefinden, das der Gelehrte empfindet. Galilei müßte aufhören zu denken, wenn Andrea ihm nicht mehr den Rücken reibt.

Die Abhängigkeit der Produktion für die Gesellschaft von dem Wohlbefinden des einzelnen, das ihm die Gesellschaft bietet, ist für das Stück von außerordentlicher Wichtigkeit. Sieht das Publikum das nicht, so wird der Umfall Galileis rein idealistisch. Wenn die Gesellschaft ihm nicht Wohlbehagen ermöglicht, warum soll er sie nicht verraten? Obwohl er »an sich nicht schlecht sein darf«.

Ausgerechnet den kleinen Andrea unterrichtet Galilei über seine revolutionierenden und revolutionären Gedanken. Hier zeigt sich eine ganz neue – der kapitalistischen Entmenschlichung der »Ware Arbeitskraft« entgegengesetzte – Verhaltensweise. Die Lust am Produzieren und das Vermitteln von Wissen an jeden, der wissen will. Galilei überfordert seinen Schüler dafür sogar.

Gleich darauf bricht er die Unterrichtung des Interessierten ab, um einen Desinteressierten zu unterrichten, der zahlen kann. Seine Begründung an Andrea ist die gröbste, aber die für Andrea verständliche.

Fabelskizze

Erstes Kapitel

1. Galilei beobachtet die Beklemmung, mit der der Sohn seiner Haushälterin das uralte Weltsystem des Ptolemäus betrachtet. In diesem Modell ist die Erde von »kristallenen Sphärenschalen« eingekapselt, und das Kind nennt es einen Käfig.

2. Der kleine Andrea reibt Galilei den Rücken trocken. Dafür wird er mit einer Schilderung des neuen kopernikanischen Weltmodells erfreut,

in dem die Sonne stillsteht, die Erde sich aber in großer Bewegung befindet.

3. In kümmerlichen Verhältnissen lebend, muß der große Physiker anstelle begabter, aber armer Schüler dumme wohlhabende unterrichten.

4. Galilei bietet dem Schatzmeister der Universität einen wissenschaftlichen Traktat an. Dieser belehrt ihn, daß die Behörden der Republik Geld nur für kommerzielle Erfindungen auswerfen. Der große Gelehrte braucht jedoch Muße, um Beweise für das noch unbewiesene Weltmodell der neuen Astronomen beischaffen zu können.

5. Galilei hat von einem leicht verkäuflichen Spielzeug gehört, das in Holland konstruiert wurde, einem Fernrohr. Er vertröstet den Gerichtsvollzieher mit den finanziellen Versprechungen, welche die Universitätsbehörden ihm für eine kommerzielle Erfindung gemacht haben.

Zweites Kapitel

1. Im großen Arsenal von Venedig überreicht Galilei dem Rat ein neues Instrument, das Fernrohr, für kommerzielle Verwertung. Unberechtigterweise gibt er es als seine eigene Erfindung aus.

2. Während einer Zeremonie, in welcher der Rat von Venedig das Fernrohr seiner kommerziellen und militärischen Bedeutung wegen begrüßt, gesteht Galilei einem befreundeten Wissenschaftler, daß er das neue Instrument einem anderen Zweck zugeführt hat: verkündet astronomische Entdeckungen.

Drittes Kapitel

1. Die Hafenbehörden von Venedig stellen fest, daß ein holländisches Kauffahrteischiff Kisten von Fernrohren auslädt.

2. Der Schatzmeister der Universität unterbricht eine wichtige Sternbeobachtung, um dem Wissenschaftler zu eröffnen, daß die Behörden seine Moral beklagen. Galilei entschuldigt sich damit, daß er für seine wissenschaftliche Arbeit Geld benötigt.

3. Galilei zieht revolutionäre weltanschauliche Folgerungen aus den bislang unbekannten Bahnen von vier Monden des Planeten Jupiter. Ein befreundeter Wissenschaftler beklagt die Entdeckung, weil die Verkünder neuer Wahrheiten oft der Verfolgung ausgesetzt sind.

4. Galilei äußert seinen festen Glauben an die Macht des Beweises.

5. Galilei verspricht seiner Tochter ein komfortableres Leben am Hof von Florenz, wo er um die Stellung eines großherzoglichen Mathemati-

kers nachgesucht hat. Seine Freunde warnen ihn, die Republik zu verlassen und an einen Hof unter dem Einfluß des Klerus zu gehen, wo die Wissenschaft unter der Theologie rangiert.

Zwei Gespräche mit Neher über »Leben des Galilei« (3. und 5. Oktober 55)

Die auf italienische Art leicht aufmontierte und als leicht aufmontiert erkennbare Bühne. Nichts Steinernes, Wuchtiges, Massives.

Keine Interieurs.

Farbe von den Kostümen her. Also in Bewegung.

Die Bühne zeigt das Milieu Galileis, in zeitgenössischen Zeugnissen. (Technische Handzeichnungen Leonardos, die Wölfin mit Romulus und Remus, ein Kriegsschiff aus dem Arsenal von Venedig usw.)

Keine Projektionen, da die Bühne dann nicht voll beleuchtet werden kann.

Eventuell riesige Fotos, edel aufgehängt.

Steinboden.

Galilei für Busch

Schon in 1 sollte Galilei nichts Schnelles an sich haben – obgleich er ungeduldig sein mag, zum Studieren zu kommen.

Ist er schnell, mit Gehen oder Schauen oder Denken, so ist *dies* eben sein Unglück und erklärt alles, aber falsch.

Er ist der *sorgfältigste* Prüfer, und *er* gibt (im Widerruf, und darum handelt es sich das ganze Stück lang) die schlampige Antwort. Er sucht am angestrengtesten und begeistertsten nach der Wahrheit, und *er* verrät sie.

So, wenn er spricht, lehrt, sich nur äußert, ist es nie, daß er *weiß,* daß er schon Erdachtes wiederholt, er fördert es immer erst hervor oder überprüft Gedachtes zumindest, *wenn* er es wiederholt.

(Betrifft Rede über Neue Zeit und Experimente mit Andrea.)

»Galilei«

Die Bourgeoisie isoliert im Bewußtsein des Wissenschaftlers die Wissenschaft, stellt sie als autarke Insel hin, um sie praktisch mit *ihrer* Politik, *ihrer* Wirtschaft, *ihrer* Ideologie verflechten zu können. Das Ziel des Forschers ist »reine« Forschung, das Produkt der Forschung ist weniger rein. Die Formel $E = mc^2$ ist ewig gedacht, an nichts gebunden. So können andere die Bindungen vornehmen: die Stadt Hiroshima ist plötzlich sehr kurzlebig geworden. Die Wissenschaftler nehmen für sich in Anpruch die Unverantwortlichkeit der Maschinen.

Wissenschaft und Macht

Die nützlichen Hervorbringungen der Wissenschaft werden nur allzu freudig entgegengenommen von selbstischen Männern; jedoch sehen die Autoritäten mit Unlust auf die neuen Ideen, welche die Wissenschaft nötig hat, Neues hervorzubringen. Diese Ideen haben nämlich die unerwünschte Tendenz, kommen sie erst einmal ins Volk, sich auch mit den Obrigkeiten zu befassen, welche dazu da sind, die alten Ideen zu pflegen. Word is passed down.

»Galilei«-Vorwort 2

Denken wir zurück an den Erzvater der experimentellen Naturwissenschaften, Francis Bacon, der seinen Satz, man solle der Natur gehorchen, um ihr zu befehlen, nicht umsonst schrieb. Seine Zeitgenossen gehorchten seiner Natur, indem sie ihm Geld zusteckten, und so konnten sie ihm, dem obersten Richter, so viel befehlen, daß das Parlament ihn am Ende einsperren mußte. Macaulay, der Puritaner, trennte Bacon, den Politiker, den er mißbilligte, von Bacon, dem Wissenschaftler, den er bewunderte. Sollen wir das mit den deutschen Ärzten der Nazizeit auch tun?

Unter anderem fördert der Krieg die Wissenschaften. Welch eine Gelegenheit! Sie macht Entdecker, nicht nur Diebe. Die höhere Verantwortung (die der Höheren) ersetzt die niedere (die für die Niedern). Der Gehorsam entbindet die Willkür. Alles ist in Ordnung mit der Unordnung. Die Ärzte, die das gelbe Fieber bekämpften, mußten noch an sich selber experimentieren; die faschistischen Ärzte bekamen Material geliefert. Die Gerechtigkeit mischte sich auch da ein: sie brauchten nur »Verbrecher« d.h. Andersdenkende, zu vereisen. Für die Enteisungsexperimente vermittels »animalischer« Wärme bekamen sie Prostituierte, Weiber, die sich gegen das Gebot der Keuschheit vergangen hatten. Diese hatten dem Laster gedient, nun durften sie der Wissenschaft dienen. Übrigens stellte es sich heraus, daß heißes Wasser mehr belebt als ein Frauenkörper, es kann mehr tun für das Vaterland, an seinem kleinen Platz. (Im Krieg müssen wir nie die Ethik vergessen.) Fortschritte ringsum. Im Anfang des Jahrhunderts waren die Politiker des niederen Volks gezwungen, als ihre Universitäten die Gefängnisse anzusehen. Nun wurden die Gefängnisse Universitäten für die Wärter (und Ärzte). Natürlich wäre, auch wenn der Staat nicht in der Lage gewesen wäre, innerhalb der ethischen Grenzen zu bleiben, mit den Experimenten alles in Ordnung gewesen, nämlich »vom wissenschaftlichen Standpunkt aus«. Trotzdem hat die bürgerliche Welt immer noch einiges Recht, empört zu sein. Auch wenn es sich nur um Grade handelt, handelt es sich um Grade. In dem Prozeß gegen die Generäle von Mackensen und Mälzer in Rom, behandelnd die Erschießung von Geiseln, gab der englische Vertreter der Anklage, ein Colonel Halse, zu, daß »reprisal killings« im Krieg nicht ungesetzlich seien, wenn die Opfer vom Schauplatz des Vorfalls genommen werden, die Hinrichtungen nicht zu zahlreich sind und wenn ein Versuch gemacht wird, die Personen ausfindig zu machen, die für die Vorfälle verantwortlich waren. Die deutschen Generäle taten jedoch des Schlechten zuviel. Sie nahmen je zehn Italiener für jeden getöteten deutschen Soldaten (übrigens nicht zwanzig, wie Hitler verlangt hatte) und machten alles zu schnell ab, in ungefähr 24 Stunden. Die italienische Polizei lieferte einige Italiener zuviel, aus Versehen, und aus Versehen erschossen die Deutschen sie mit, sich zu sehr auf die Italiener verlassend. Aber auch hier hatte man die Gefängnisse um Geiseln geplündert, und Sträflinge oder Verdächtige, die auf ihren Prozeß warteten, genommen und die Lücken mit Juden aufgefüllt. Eine gewisse Menschlichkeit kam so nicht nur in dem numerischen Irrtum zur Entfaltung. Trotzdem wurden hier Grenzen überschritten, und die Überschreitung wurde geahndet.

Immerhin kann in dieser Zeit der tiefsten Verlumptheit der Bourgeoisie gezeigt werden, daß die Lumpen aus dem gleichen Stoff sind, wie die einst sauberen Gewänder waren.

So bekommen die Wissenschaftler endlich, was sie brauchen: die

Staatsmittel, die Planung im Großen, das Kommando über die Industrie; so kommt ihr Goldenes Zeitalter. Und ihre große Produktion beginnt als eine Produktion von Zerstörungsmitteln, ihre Planung führt zur äußersten Anarchie, denn sie bewaffnen den Staat gegen andere Staaten. Die Verachtung, vom Volk dem weltfremden Professor gezollt, kehrt sich in nackte Furcht, jetzt, wo er die Welt so sehr bedroht. Und im Augenblick, wo er als der absolute Spezialist sich vom Volk ganz und gar getrennt hat, sieht er sich, entsetzt, wieder als einen vom Volk, denn die Bedrohung gilt auch ihm selber; er hat zu fürchten für sein eigenes Leben, und er weiß am besten von allen, wie sehr. Seine Proteste, deren wir nicht wenige gehört haben, wenden sich nicht nur gegen die Anschläge auf seine Wissenschaft, die aufgehalten, sterilisiert, mißleitet werden soll, sondern auch gegen die Bedrohung der Welt durch sein Wissen und gegen die eigene Bedrohung.

»Galilei«-Vorwort 3

Eben nun hatten die Deutschen eines dieser Erlebnisse, die nur sehr schwer in verwertbare Erkenntnisse umzusetzen sind. Die Führung des Staates war einem unwissenden Menschen zugefallen, der zusammen mit einer Bande gewalttätiger und »ungebildeter« Politiker einen ungeheuren Krieg anzettelte und das Land vollständig ruinierte. Kurz vor der Katastrophe und für eine geraume Zeit nach ihr wurde die Schuld diesen Leuten aufgebürdet. Sie hatten eine beinahe totale Mobilmachung der Intelligenz durchgeführt, d.h. alle Fachgebiete mit geschulten Kräften versehen, und wenn sie auch hier und da tölpelhaft eingriffen, ist es doch nicht möglich, dieses tölpelhafte Eingreifen allein für die Katastrophe verantwortlich zu machen. Nicht einmal die politische und militärische Strategie scheint schlechthin falsch gewesen zu sein, und die Tapferkeit des Heeres und der Zivilbevölkerung ist unbezweifelbar. Am Ende siegte die Übermacht der Feinde an Menschen und Technik, ins Spiel gebracht durch eine Reihe schwer vorauszusagender Vorkommnisse.

»Galilei«-Vorwort 4

Unter den so mannigfachen Beschreibungen des Elends, das in dem enthitlerten Deutschland herrschte, war auch die des geistigen Elends. »Was sie brauchen, worauf sie warten, ist eine Botschaft«, hieß es. »Haben sie nicht eine gehabt?« sagte ich. »Sieh das Elend«, hieß es, »und da ist keine Führung.« »Haben sie nicht genug Führung gehabt?« sagte ich und wies auf das Elend. »Aber sie brauchen eine Aussicht«, hieß es. »Sind sie nicht dieser Aussichten satt?« sagte ich. »Ich höre, sie lebten lang genug von der Aussicht, daß sie ihren Führer loswürden oder daß er ihnen die Welt zum Ausrauben vor die Füße legte.«

»Galilei«-Vorwort 5

Eben die Zeit, wo man am schwersten ohne Wissen auskommt, ist die Zeit, wo es am schwersten zu beschaffen ist. Es ist der Zustand des untersten Elends, wo es scheint, daß man ohne Wissen auskommt. Nichts mehr ist kalkulierbar, die Maßstäbe sind mitverbrannt, die nahen Ziele verdecken die fernen; da entscheidet das Glück.

Hanns Eisler

Aufbau einer Rolle

Buschs Galilei

Brecht wollte nach der Arbeit mit Ernst Busch am Galilei ein Büchlein »Aufbau einer Rolle« herausgeben. Auf Vorschlag Helene Weigels habe ich nun diese Arbeit übernommen

Hanns Eisler

Ernst Busch als Galilei

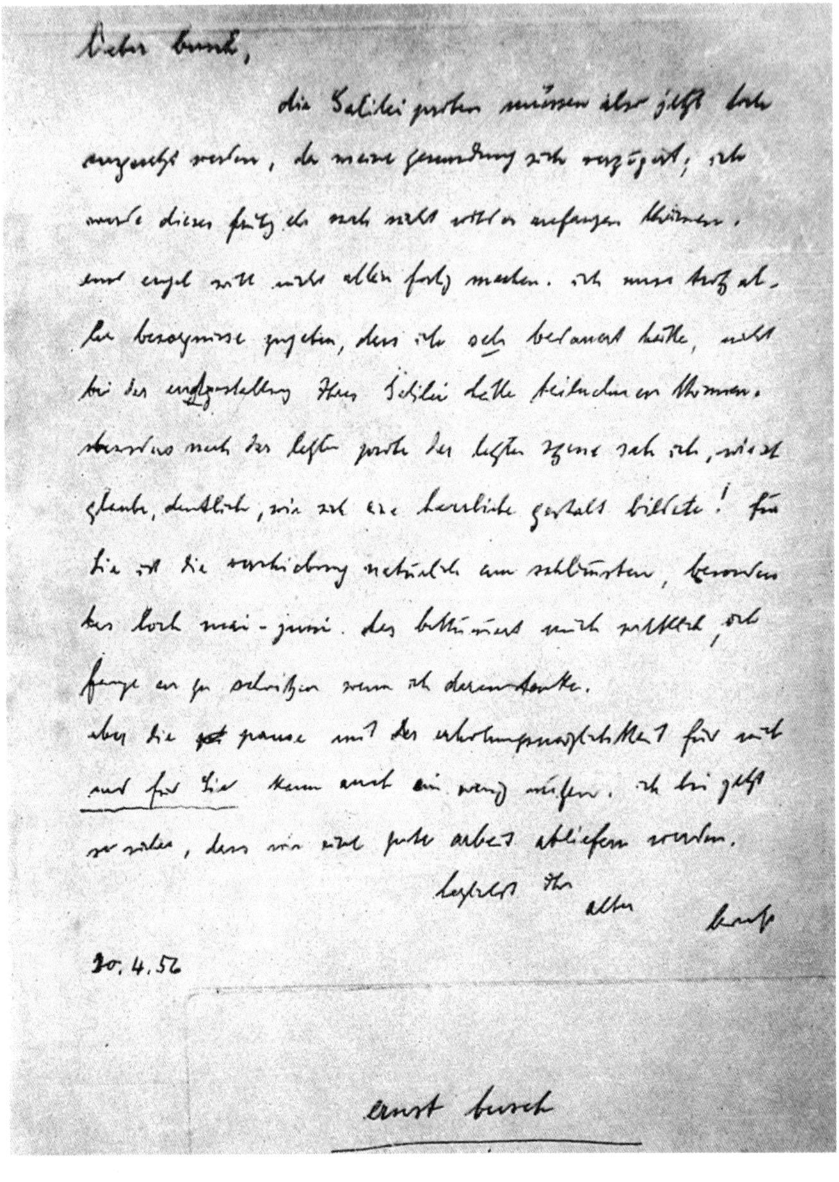

lieber busch,

die Galilei proben müssen aber jetzt doch abgesetzt werden, da meine gesundung sich verzögert; ich würde dieses frühjahr doch nicht wieder anfangen können. und engel soll nicht allein fertig machen. ich muss [illegible] für besorgnisse [illegible], dass ich sehr bedauert hätte, nicht bei der endgestaltung ihres Galilei [illegible] teilnehmen zu können. besonders nach der letzten probe der letzten szene sah ich, wie ich glaube, deutlich, wie sich eine herrliche gestalt bildete! für sie ist die verschiebung natürlich am schlimmsten, besonders [illegible] mai-juni. das bekümmert mich wirklich, ich fange an zu schwitzen wenn ich daran denke.

aber die pause mit der erholungsmöglichkeit für mich und für sie kann auch ein wenig nützen. ich bin jetzt so sicher, dass wir eine gute arbeit abliefern werden.

herzlichst ihr alter brecht

20.4.56

ernst busch

lieber busch,

die galileiproben müssen also jetzt doch ausgesetzt werden, da meine gesundung sich verzögert; ich werde dieses frühjahr noch nicht wieder anfangen können, und engel will nicht allein fertig machen, ich muß trotz aller besorgnisse zugeben, daß ich sehr bedauert hätte, nicht bei der endgestaltung Ihres Galilei hätte teilnehmen können. besonders nach der letzten probe der letzten szene sah ich, wie ich glaube, deutlich, wie sich eine herrliche gestalt bildete! für Sie ist die verschiebung am schlimmsten, besonders das loch mai-juni, das bekümmert mich wirklich, ich fange an zu schwitzen, wenn ich daran denke.
aber die pause mit der erholungsmöglichkeit für mich *und für Sie* kann auch ein wenig nützen. ich bin jetzt so sicher, daß wir eine gute arbeit abliefern werden.

herzlichst ihr

alter brecht

30.4.56

Seit einigen Jahrzehnten fällt unsern Schauspielern die Darstellung asozialer (vom gesellschaftlichen Standpunkt aus negativer) Menschen leichter, und sie erregt gemeinhin größeres Interesse als die von Helden. Schauspieler und Publikum scheinen den Mephisto dem Faust vorzuziehen, den Dritten Richard dem Prospero. Und was in unserem Jahrhundert die Klassen betrifft, scheinen Publikum und Schauspieler mit dem Proletarier sehr viel weniger anfangen zu können als mit dem Bürger. Und es scheint auch keine Rolle zu spielen, ob das Publikum und die Schauspieler bürgerlich oder proletarisch sind.

Soweit ich es übersehen kann, ist Ernst Buschs Wiedergabe des Semjon Lapkin die erste große Darstellung eines klassenbewußten Proletariers auf der deutschen Bühne. Ich habe andere Schauspieler gut in solchen Rollen gesehen und den großen Volksschauspieler selbst in anderen Rollen dieser Art, aber ich sah bisher nichts von solcher Bedeutung.

Dabei ist Semjon Lapkin keine zentrale Rolle. Es mangelt der Figur ein privates Eigenleben, und selbst die politischen Situationen sind spärlich und nicht einmal besonders wichtig. Es ist das Wissen und das schauspielerische Genie, die Busch befähigen, aus dem dürftigen Material eine unvergeßliche Figur neuer Art zu machen.

Dieses Wissen betrifft nicht nur die der Bühne neue Gestalt des Proletariers, sondern es ist ein Teil von Menschenkenntnis allgemeiner Art, von Menschenkenntnis, die auch andere Klassen umfaßt. Buschs Darstellung zeigt das Besondere des Arbeiters – und dann wieder das Besondere des klassenbewußten Arbeiters – und zugleich, daß er jenes ganze Ensemble gesellschaftlicher Typen ist, von dem Marx spricht, das Ensemble, in dem alle andern Klassentypen »aufgehoben« sind. In seiner Darstellung vereinigen sich die Züge feudaler Feldherrn und bürgerlicher Ökonomen mit dem Spezifischen des modernen Proletariers. Auch in schauspielerischer Hinsicht stehen wir hier, wo wir etwas so Neues sehen, zugleich vor einem Endprodukt. Merkwürdig entwickelt finden wir etwas von der Haltung des Mark Anton in der Streikszene wieder, etwas von der Haltung des Mephisto in den Szenen mit dem Bruder Lehrer. Busch ist weit mehr als ein Spezialist für Arbeitertypen.

Aber dann, welch ein Wissen um den Klassenkampf! Semjon Lapkin führt eine Zelle von bolschewistischen Arbeitern. Busch gibt, in den wenigen Szenen, in denen er auftritt, eine detaillierte und komplette Übersicht über die jeweils verschiedene Haltung Semjon Lapkins zu seinen Mitkämpfern. Dem heißblütigen Stepan Pregonski, der im Zorn auf den brutalen Polizeikommissar vom Stuhl aufspringt und die Flugblätter vergißt, auf denen er sitzt, ruft er blitzschnell sein »Sitzenbleiben, du wirst erschossen!« mit einer schwer beschreiblichen Mischung von tarnendem Spott und meisterhafter Lässigkeit zu – und Busch vergißt nicht Lapkins eigenen Schrecken! Auf die kluge und ruhige Mascha stützt er sich. Wenn sie der Wlassowa das Lied von der Suppe zusingt, drückt seine Haltung aus, daß er dies als eine adäquate politische Aktion einschätzt – aber auch hier vergißt Busch nicht den Spaß an dem Lied und dem Gesang, den Lapkin selber empfindet. Gegenüber den schlaksigen Jungen trägt er jenes unpersönliche Moment zur Schau, das mitunter durch besonders reibungslose Zusammenarbeit entsteht. Pawel Wlassow ist ein Neuling in der Bewegung. Lapkin hilft ihm in jeder Hinsicht, studiert ihn aber noch insgeheim. Ein kurzer Blick, verständnisvoll und mißbilligend, wenn Pawel gesteht, der Mutter nichts von seinem Eintritt in die Bewegung gesagt zu haben. Und wenn Pawel, vom Kommissar angebrüllt, er solle aufstehen, trotzig sitzen bleibt, ein leises und freundliches »Steh auf«. Durch seine Haltung zu den Revolutionären hilft er, diese Figuren aufzubauen (er half dem Darsteller des Pawel sogar, diese Figur jung erscheinen zu lassen), und zugleich baut er dadurch die eigene Figur auf. Jeden Augenblick macht er sich den andern Schauspielern nützlich und zugleich benutzt er sie jeden Augenblick. Seine Vorschläge bei den Proben sind nicht von der alten Art; sie dienen nicht dazu, nur ihn ins Licht zu setzen. Es gehört zur Sache, die gezeigt werden soll, wenn er etwa vorschlägt, daß die andern Revolutionäre nach der Haussuchung warten sollen, bis er, Lapkin, die neue entstandene, gefährliche Lage durchdacht hat, wozu er sich Zeit läßt – worauf er sie zu schnellem Handeln bringt, allerdings nicht, bevor er jeden nach der Meinung befragt hat!

Lapkins Verhältnis zur Wlassowa zeichnet Busch äußerst differenziert. Ihre »ungastliche« Haltung am Beginn nimmt er mit Humor auf, jedoch keineswegs ohne Ernst. Er erkennt schnell, aber nicht sofort, daß in der beherzten Gegnerin eine beherzte Kampfgefährtin steckt. Ihr Mutterwitz und vor allem ihre Dickköpfigkeit, mit der sie seine Argumente für den Streik bekämpft, machen ihm sichtlich Spaß. Wie schön die unostentative Freundlichkeit, mit der er der Frau, die ihren kleinen von der Polizei zerschlagenen Schmalztopf vom Boden aufliest, im Vorbeigehen die Hand auf den Arm legt! Da ist auch noch die Gewißheit darin, daß sie es ihm trotz ihres so verständlichen Zorns auf die Revolutionäre, die all das über sie gebracht haben, gestattet! Er macht keinen Hehl daraus, daß er ihren Einsatz im Klassenkampf, selbst gegen den Willen der noch Unbelehrten, für berechtigt hält. Auf der Probe bestand Busch darauf, daß die Revolutionäre zu ersetzen hätten, was die Polizei zerstört hatte. Wenn sie am Abend zurückkehrten, sollten sie einen neuen Schmalztopf und frischen Bezug für das ramponierte Sofa mitbringen. Er wachte aufmerksam darüber, daß dies mit Humor, aber als etwas ganz Selbstverständliches geschah.

Lapkin bringt die Wlassowa nach der Verhaftung ihres Sohnes zu seinem Bruder, dem Lehrer. Er hat eingewilligt, sie als Haushälterin einzustellen; sie geht mit ihrem Bündel in die Küche nebenan.

Lapkin sieht sich in der bürgerlichen Stube um, sein Blick bleibt auf dem Zarenbild an der Wand hängen. Etwas besorgt geht er auf seinen Bruder zu, ihm ein paar freundliche Worte zu sagen; sie sind anscheinend nicht allzu leicht auszusprechen, sie werden nur der vereinsamten Wlassowa wegen vorgebracht. Mit dieser Huldigung für die Wlassowa durch Lapkin vereint Busch die Skizzierung seiner Stellung zum Bruder: er hält ihn für einen unverbesserlichen Reaktionär. Hier hat er etwas zu lernen. Mit Grazie nimmt Lapkin später, bei seinem Besuch, den leisen Rüffel der Wlassowa entgegen, die sich gegen seine Verspottung des Lehrers wendet. Wieder legt er beruhigend der Wlassowa die Hand auf den Arm, wenn er dem Lehrer sagt: Hoffentlich hast du, als du sie lesen lehrtest, auch etwas gelernt. Er hat zur Kenntnis genommen, daß die Wlassowa Erfolg hat, wo er gescheitert war.

Aus dem Verhältnis zum Bruder, der studiert hat, gestaltet Busch den privaten Lapkin. Erheiternd und erschütternd der Blick, mit dem er Fjodor Trofimowitsch zuhört, der stille Spott in dem kampfverheerten Gesicht.

Busch geht bei der Gestaltung des revolutionären Arbeiters sparsam mit Gefühlen um. Es ist die Sparsamkeit des Mannes mit großen Ausgaben. Diese Menschlichkeit hat Klugheit, Mut und Zähigkeit zur Verfügung. Das Eminente an Buschs Kunst ist, daß er eine künstlerische Werkzeichnung abliefert. Die neuen Elemente, aus denen er die Figur baut, machen die Leistung unvergeßlich, aber sie bewirken auch, daß nur wenige Zuschauer sogleich gewahr werden, welche Bedeutung diese Leistung hat. Nicht ohne weiteres nennt ihn jeder einen großen Schauspieler – wie ja auch das Mittelalter, gewohnt an die Alchimisten, die Chemiker nicht ohne weiteres große Gelehrte nannte.

Aus: »Theaterarbeit« (Herausgeber: Berliner Ensemble, Helene Weigel)

VORWORT

Diskussionen mit Brecht, ob Busch Galilei, einen Renaissance-Menschen spielen kann: Busch ist ein norddeutscher Arbeiter, ein Puritaner, kein Genußmensch wie Laughton. Busch ißt wie ein Heizer, der seine Maschine heizt und kennt eigentlich nichts anderes, als seine Arbeit. Aber da setzt bei Busch Genuß ein. Private Züge: Veränderung der Wohnung seiner Freunde, indem er sie praktischer macht, Verbesserung von Lichtleitungen und Lampen, Umstellen der Möbel nach praktischen Gesichtspunkten, dasselbe bei Bühnenproben, bei Musikaufnahmen, wenn er das Orchester verschieden umsetzt, um bessere Aufnahmen zu erzielen. Von diesen persönlichen Neigungen muß Busch beim Aufbau der Rolle ausgehen. Er ist ein moderner »Renaissance-Mensch«, dem Verändern und Verbessern Genuß bereitet, so müßte er auch fähig sein, Genuß am Denken vorzumachen, und da er ein großer Schauspieler ist, muß es ihm besonders gelingen.

Er wird, und das ist günstig, keinen konventionellen »zerstreuten« Gelehrten spielen, wie ihn etwa das naturalistische Theater kennt, sondern einen neuartigen. Das waren ungefähr die Überlegungen.

Busch bereitete sich auf die Rolle des Galilei gründlich vor. Er las Bücher über klassische und moderne Astronomie und Physik und bewies Brecht und mir natürlich sofort, daß wir von Astronomie überhaupt keine Ahnung hätten. Brecht ließ sich den Galilei von einem Assistenten von Nils Bohr durchsehen. Aber das half Brecht Busch gegenüber nichts, da stimmte etwas nicht mit den Jupiter-Monden und die Umdrehung der Erde um die Sonne, die der Knabe vollführte, war auch nicht in Ordnung. Nicht ohne Rührung erinnere ich mich, wie oft Proben in Streitgespräche zwischen Brecht und Busch ausarteten. In diesen Diskussionen, und das zeigt den guten Instinkt Buschs, nahm er bereits die dozierende Haltung Galileis an und es wurde ihm zur natürlichsten Sache von der Welt, über Astronomie zu debattieren und Termini der Physik und Astronomie gehörten nun zu seiner Alltagssprache. In dieser Zeit veränderte er auch Haltungen und Gesten. Er arbeitete in seiner Freizeit. Seine Freunde hatten es in diesen Monaten nicht immer leicht.

Ein Freund, der damals in Rom war, erzählte mir: »Ich sah eine Büste und dachte mir, das ist doch dort Ernst Busch. Wie kommt seine Büste hierher? Schon jetzt? Als ich näher trat, sah ich, es war die Büste Galileis.«

Hanns Eisler

Morgentoilette bei Galilei. Busch erledigt das rasch, die Zeit muß ausgenutzt werden, das Gehirn muß in Tätigkeit gesetzt werden. Das geschieht im Gespräch mit dem Knaben, den er wie einen Freund behandelt. Er erspart dem Knaben auch Ironie nicht. Er läßt sich beim Anziehen helfen, weil das so rascher geht und weil Helfen etwas Selbstverständliches und nicht Erniedrigendes ist.

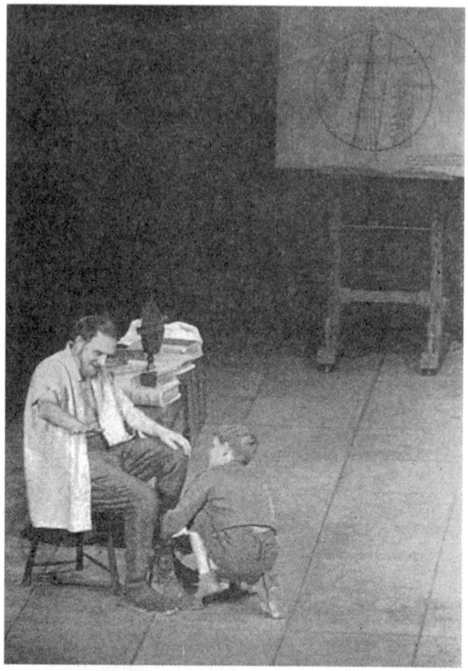

Die Klage der Sarti über die Finanzlage nimmt er wie eine tägliche Plage. Er ist das gewöhnt und hört kaum zu.

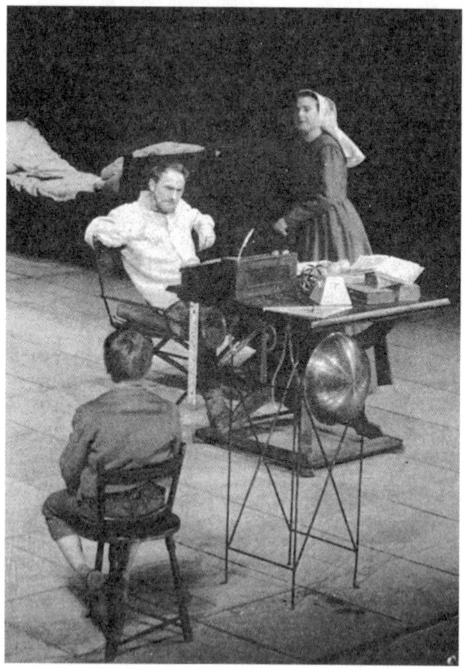

Er ergreift vorsichtig das Glas Milch, die Milchrechnung ist noch nicht bezahlt. Eine fast chinesische Geste.

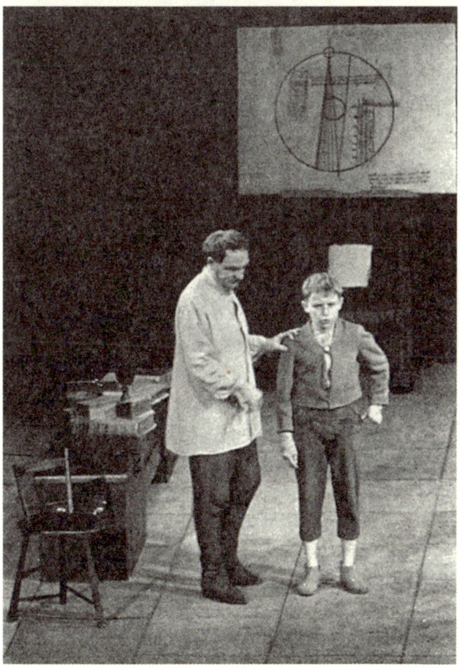

Die Anweisung an Andrea, die neuen Ideen geheimzuhalten, es könnte sonst Schwierigkeiten geben, spricht Busch konspirativ, ohne Unterschied zwischen Mann und Knaben: Andrea wird nun für voll genommen und in die Gelehrtenzunft aufgenommen.

GALILEI »Und das Rohr hatte zwei Linsen?«
Beim Zeichnen des Teleskops verändert Busch seine Haltung: Aus dem gelangweilten mürrischen Lehrer wird der Wissenschaftler, der, nicht ohne Besorgnis, was da herauskommen wird, Spaß aus seiner Arbeit bezieht.

GALILEI »... ob das nicht ein paar Skudi mehr wert ist?«
Das Benehmen Galileis zum Kurator ist spöttisch. Aber jetzt hat der Spaß ein Ende. Er muß Geld herausreißen, und da wird er bös. Es macht kein' Spaß zu feilschen, besonders nicht mit Beamten.

Busch scheint erstaunt über die Wirkung des von ihm nicht besonders beachteten »Schnickschnack« auf den Knaben.

SAGREDO »Der Sichelrand ist zackig und rauh.«
Buschs Gesicht drückt zustimmenden Fatalismus aus: So ist es; und das wird Folgen haben!

GALILEI »Und wir sehen es.«
Busch zeigt verbissenen Triumph.

SAGREDO »So wäre kein Unterschied zwischen Mond und Erde?«
Buschs Gestus: Gewiß, unangenehm, auch für mich, aber nicht zu ändern.

Sagredo-Szene.
GALILEI »Wo ist der Vierte?«

Auf die Bitte Virginias, sie möchte durch das Fernrohr sehen, dreht sich Busch um. Er blickt auf seine Tochter, wie man auf unmündige Kinder, Tiere oder Schwachsinnige blickt. Er weiß, das ist kein Denkriese. Das einzige, was sie können wird, wird das Heiraten sein. So zeigt Busch väterliche Liebe, auch Mißtrauen. (Wem wird sie die neuen Entdeckungen weiterplappern?)

GALILEI »Ich glaube an den Menschen, und das heißt, ich glaube an seine Vernunft! Ohne diesen Glauben würde ich nicht die Kraft haben, am Morgen aus meinem Bett aufzustehen.«

ANDREA »Bitte sich hier zu setzen.«
Busch zeigt den siegesbewußten Galilei: Es kann sich nur noch um Minuten handeln, und die Wahrheit hat sich durchgesetzt.

GALILEI »Eure Hoheit.«
Busch, gereizt durch die bösartige Stupidität der Fachgelehrten, vergißt jede Devotion dem Kindherzog gegenüber. Er wird rechthaberisch, behandelt das Kind wie einen Fachgelehrten. Das beweist, daß Galilei es kaum zu einem richtigen Hofgelehrten bringen wird. Zu eigensinnig.

Busch zeigt Galileis Heiterkeit über die Späße der Kleriker.

GALILEI »Hinauf, Monsignore, er ist mir hinaufgefallen.«
Busch zeigt uns den Galilei bei dem Trick mit dem Stein als einen höflichen und bescheidenen Menschen. Dem eifernden Mönch gegenüber versucht er »die sanfte Gewalt der Vernunft«. Ein anderes Verhalten Galileis wäre auch im Collegium Romanum nicht möglich. So zwingen die schwierigen Umstände ihn zu der klassischen Haltung des Weisen.

VIRGINIA »Er kannte deinen Namen sofort.«
Busch zeigt die geschmeichelte Eitelkeit Galileis, aber auch die Skepsis darüber. So, die Friseure Roms, kennen auch seinen Namen. Nicht nur die Kirche. Ruhm ist teuer, und er wird bezahlt werden müssen.

»Damit ist jede weitere wissenschaftliche Forschung...« Busch zeigt uns Galilei vor einem Zornausbruch. Er weiß jetzt, was man ihm zumuten wird.

BARBERINI »Schütten Sie nicht das Kind mit dem Bade aus, Freund Galilei.« Galilei scheint diesen Satz nicht mehr zu hören. Er schmeckt die Bitterkeit der Niederlage, der Ohnmacht. Buschs Gestus: Was soll ich hier?

DER JUNGE MÖNCH »Der Rücken meines Vaters wird zusammengedrückt...«
Busch sieht: Der des jungen Mönches auch. (Deswegen die Argumente gegen sich!)

Der junge Mönch schildert Galilei die Lage der Bauern. Busch zeigt uns Galilei als Zuhörer.

Durch Deklamationen unbeeinflußbar, als ob er sagen wollte:

»Und...?«

Nicht ohne Mitgefühl blickt er auf den Bauernsohn im Priesterrock.

Es setzt nur so viel Wahrheit durch, als wir durchsetzen; der Sieg der Vernunft kann nur der Sieg der Vernünftigen sein.

FEDERZONI »Die Nadel schwimmt.«
Ein Lehrsatz des Aristoteles wird widerlegt. Busch zeigt dabei auch den Respekt Galileis vor dem großen Griechen. Man wird noch viele widerlegen, auch ihn. Das ist nötig und kein Anlaß zur Überheblichkeit.

GALILEI »Der Wein schmeckt mir, Ludovico.«
Der Papst im Sterben und der Nachfolger ein Mathematiker. Schon schmeckt der Wein besser, man wird wieder arbeiten können.

Nicht ohne Kummer sieht Galilei den Zusammenbruch der Tochter. Busch zeigt väterliche Zartheit. Er ist nicht der romantische tough guy – über Gräbern vorwärts –, sondern weiß, daß private Schwierigkeiten kein Ende nehmen, wenn man die Vernunft durchsetzen will. Galilei wäre ein Unmensch, wenn er privatem Kummer nachgeben würde. Er bleibt ein Wissenschaftler, der mit Kummer weiterarbeitet.

VIRGINIA »Was will der Kardinal Inquisitor in Florenz, Vater?« Um die Tochter nicht zu erschrecken, antwortet Galilei nicht. Er benimmt sich genau so wie damals, als er sie nicht durch das Fernrohr blicken ließ. Warum sie belasten? Dabei zeigt Busch, sich etwas abwendend, den Kummer über die selbst verschuldete, ausweglose Lage.

»Der Wagen der Heiligen Inquisition erwartet Sie.« Nun ist es soweit. Wie wird er sich da herauswinden?

Galilei während der Wiederholung des Widerrufes.

GALILEI »Unglückliches Land, das Helden nötig hat.«
Busch zeigt Galileis zweifaches Bedauern: Daß er kein Held ist und daß Helden gebraucht werden.

GALILEI »Gebt ihm ein Glas Wasser.«
Auf die Beschimpfung Andreas hat er ihm eine Erfrischung holen lassen. Dabei zeigt er Müdigkeit und Ekel über die Lage, in die er sich gebracht hat.

Buschs Darstellung des hohen Alters

ANDREA »Ich bin im Begriff, Italien zu verlassen, um in Holland wissenschaftlich zu arbeiten, und bin gebeten, ihn aufzusuchen, damit ich über ihn berichten kann.«

GALILEI »Ist es Andrea? Führ ihn herein.«

GALILEI »Meine Oberen sehen auch meiner seelischen Wiedergesundung entgegen.«

GALILEI »Willkommen in der Gosse, Bruder in der Wissenschaft und Vetter im Verrat.«

GALILEI »Ich habe meinen Beruf verraten.«

GALILEI »Kannst du es dir leisten, eine Hand wie die meine zu nehmen?«

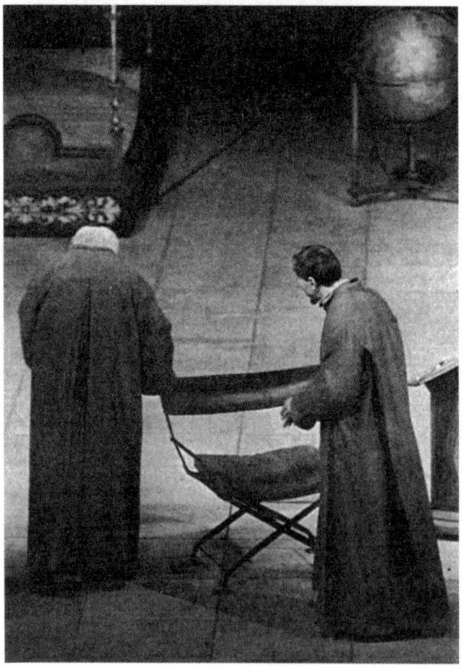

GALILEI »Ich esse immer noch gern.«
GALILEI »Besten Dank, Herr!«

HINTERGRUND DER AUFFÜHRUNG

Die Aufführung des Berliner Ensemble fand am 15. Januar 1957 statt. Regie: Erich Engel.

In einer Zeit, als die sozialistischen Länder Vorschläge über das Verbot der Atomwaffen machten, als eine Anzahl von Gelehrten der kapitalistischen Länder ebenfalls das Verbot der Atomwaffen forderten.

Der große Schauspieler Ernst Busch, der revolutionäre Arbeiter, konnte uns einen Galilei darstellen. Er zeigte eine verblüffende Einsicht in das Wesen und das Verhalten eines großen Gelehrten. Mögen wir uns nun einige Einsicht in das Wesen und Verhalten eines revolutionären Arbeiters erwerben.

DATEN ZU BRECHTS LEBEN UND WERK

10.2.1898: Geburt von Eugen Berthold Friedrich Brecht in Augsburg.

1904-1917: Besuch der Volksschule und des Realgymnasiums in Augsburg.

8.8.1914: Erster veröffentlichter Text *Turmwacht*, in: *Augsburger Neueste Nachrichten*, gezeichnet mit Berthold Eugen.

13.7.1916: Das *Lied von der Eisenbahntruppe von Fort Donald* im *Erzähler (Augsburger Neueste Nachrichten)* ist erstmals gezeichnet mit Bert Brecht.

März 1917: Not-Abitur am Augsburger Realgymnasium.

April 1917: Bekanntschaft mit Paula Banholzer.

Ab Oktober 1917: Beginn des Studiums in München: literarische und medizinische Vorlesungen; Seminar beim »Theaterprofessor« Artur Kutscher.

Mai 1918: Erste Niederschrift von *Baal*.

Februar 1919: Niederschrift von *Spartakus* (später: *Trommeln in der Nacht*).

30.7.1919: Geburt von Frank Banholzer, Sohn Brechts und Paula Banholzers.

September 1919: Abschluß von *Die Hochzeit, Der Bettler oder Der tote Hund, Er treibt einen Teufel aus, Lux in tenebris, Der Fischzug* und *Prärie*.

Februar/März 1920: Reise nach Berlin. Im Zug schreibt Brecht das *Sentimentale Lied No. 1004* (später: *Erinnerung an die Marie A.*).

1.5.1920: Tod von Brechts Mutter.

Februar 1921: Bekanntschaft mit der Opernsängerin Marianne Zoff.

November 1921-April 1922: Reise nach Berlin. Der Dichter Klabund hilft bei Kontakten mit Verlagen.

29.9.1922: Uraufführung von *Trommeln in der Nacht* an den Münchener Kammerspielen (Regie: Otto Falckenberg).

Mitte Oktober: Erstdruck von Brechts Stück *Baal* im Kiepenheuer Verlag. Dramaturgenvertrag mit den Münchener Kammerspielen.

3.11.1922: Heirat Brechts mit Marianne Zoff in München.

13.11.1922: Herbert Jhering gibt im *Berliner Börsen-Courier* die Verleihung des Kleist-Preises an Brecht für seine Stücke *Trommeln in der Nacht*, *Baal* und *Im Dickicht* bekannt.

20.12.1922: Premiere von *Trommeln in der Nacht* im Deutschen Theater Berlin (Regie: Otto Falckenberg).

Dezember: Erstdruck von *Trommeln in der Nacht*.

Anfang März 1923: Fertigstellung des Films *Mysterien eines Frisiersalons*.

12.3.1923: Geburt von Hanne Brecht, Tochter Brechts und Marianne Zoffs.

9.5.1923: Uraufführung *Im Dickicht* am Residenz-Theater München (Regie: Erich Engel, Bühnenbild: Caspar Neher).

August 1923: Bekanntschaft mit Helene Weigel.

8.12.1923: Uraufführung von *Baal* am Alten Theater Leipzig (Regie: Alwin Kronacher).

19.3.1924: Uraufführung von *Leben Eduards des Zweiten von England* in den Münchener Kammerspielen (Regie: Brecht, Bühnenbild: Caspar Neher).

Anfang April-Mitte Juni 1924: Brecht mit Marianne Zoff und Tochter Hanne auf Capri und in Positano.

Oktober 1924: Ansiedlung in Berlin.

3.11.1924: Geburt von Brechts Sohn Stefan Weigel.

November 1924: Bekanntschaft mit Elisabeth Hauptmann.

14.2.1926: In einer Matineevorstellung der Jungen Bühne am Deutschen Theater Premiere von *Lebenslauf des Mannes Baal*, Regie: Brecht, Bühnenbild: Caspar Neher.

25.9.1926: Gleichzeitige Uraufführung von *Mann ist Mann* am Hessischen Landestheater Darmstadt und am Düsseldorfer Schauspielhaus.

4.2.1927: Preisrichter eines Wettbewerbs der Zeitschrift *Die Literarische Welt*: Brecht entscheidet sich für das (nicht eingesandte) Radsport-Gedicht *He! He! The Iron Man!* von Hannes Küpper.

18.3.1927: Die Funk-Stunde Berlin strahlt eine Sendespielfassung von *Mann ist Mann* aus (Regie: Alfred Braun), die Brecht durch eine Rede im Rundfunk einleitet.

April 1927: Erstdruck von *Bertolt Brechts Hauspostille* im Propyläen-Verlag, Berlin.

11.-18.7.1927: Teilnahme an den Veranstaltungen der »Deutschen Kammermusik Baden-Baden«. Brecht inszeniert das Song-Spiel *Mahagonny*; Musik: Kurt Weill.

22.11.1927: Die Ehe von Brecht und Marianne Zoff wird geschieden.

25.12.1927: Brecht schlägt eine Demokratisierung des Rundfunks vor, z.B. die Direkt-Übertragung von Reichstagssitzungen und Prozessen oder statt »toter Referate wirklich Interviews« und »Disputationen zwischen bedeutenden Fachleuten«.

März 1928: Beginn der Bearbeitung von John Gays *Beggar's Opera*.

31.8.1928: Uraufführung der *Dreigroschenoper* im Theater am Schiffbauerdamm (Regie: Erich Engel, Bühnenbild: Caspar Neher).

Dezember 1928: Brecht vereinbart mit Kurt Weill ein Radiolehrstück über die Ozeanüberquerung des Amerikaners Charles Lindbergh.

März 1929: Für das Baden-Badener Musikfest arbeitet Brecht mit Slatan Dudow und Elisabeth Hauptmann am *Lehrstück* (später: *Das Badener Lehrstück vom Einverständnis*).

10.4.1929: Heirat Brechts mit Helene Weigel.

6.5.1929: Alfred Kerr bezichtigt Brecht des Plagiats an der Villon-Übersetzung von K. L. Ammer in den *Songs der Dreigroschenoper*. Brecht erklärt dies mit seiner »grundsätzlichen Laxheit in Fragen geistigen Eigentums«.

Mai 1929: Die lettische Regisseurin Asja Lacis macht Brecht mit ihrem Freund Walter Benjamin bekannt.

28.7.1929: Uraufführung von *Lehrstück* (Musik: Paul Hindemith; Regie: Brecht) beim Festival Deutsche Kammermusik Baden-Baden.

5.12.1929: Konzertaufführung von *Der Lindberghflug* in Berlin (erstmals mit der Musik Kurt Weills, Regie: Brecht).

Februar 1930: Arbeit an *Die Maßnahme*; erste größere Zusammenarbeit mit dem Komponisten Hanns Eisler.

9.3.1930: Uraufführung der Oper *Aufstieg und Fall der Stadt Mahagonny* im Neuen Theater Leipzig (Regie: Walther Brugmann, Bühnenbild: Caspar Neher).

Mitte Juni 1930: Im Verlag Gustav Kiepenheuer erscheint das 1. Heft der Reihe *Versuche*.

23.6.1930: Uraufführung der Schuloper *Der Jasager* (Leitung: Heinrich Martens) durch Schüler von Berliner Lehranstalten.

Juli/August 1930: Mit Caspar Neher, Slatan Dudow und Leo Lania arbeitet Brecht am Drehbuch zum *Dreigroschenoper*-Film.

August-November 1930: Rechtsstreit mit der Nero-Film AG wegen Mitsprache beim *Dreigroschenoper*-Film.

28.10.1930: Geburt von Barbara Marie Brecht, Tochter von Brecht und Helene Weigel.

1.11.1930: Auf einer Arbeitstagung des Südwestdeutschen Rundfunks in Frankfurt referiert Brecht über *Der Rundfunk als Kommunikationsapparat*.

13./14.12.1930: Uraufführung des Lehrstücks *Die Maßnahme* im Haus der Berliner Philharmonie (Regie: Slatan Dudow).

19.2.1931: Uraufführung der deutschen Version des Films *Die Dreigroschenoper* im Berliner Film-Lichtspieltheater Atrium, »frei nach Brecht, Musik von Weill, Manuskript: Lania, Vajda, Balazs«.

Juni-September 1931: Arbeit mit Ernst Ottwalt, Hanns Eisler und Slatan Dudow an dem Filmdrehbuch *Weekend – Kuhle Wampe* um die Schicksale von Proletariern in der Zeit der zunehmenden Arbeitslosigkeit und immer drastischerer Notverordnungen.

September 1931: Teilnahme an den Dreharbeiten von *Kuhle Wampe*.

17.1.1932: Uraufführung von *Die Mutter* im Komödienhaus am Schiffbauerdamm (Musik: Hanns Eisler, Regie: Emil Burri unter Mitwirkung von Brecht, Bühnenbild: Caspar Neher).

Februar 1932: Beginn der Zusammenarbeit und Freundschaft mit Margarete Steffin.

31.3. und 9.4.1932: Der Film *Kuhle Wampe oder Wem gehört die Welt?* wird von den Film-Prüfstellen wegen seiner kommunistischen Tendenz und wegen Erschütterung der republikanisch-demokratischen Grundlagen des Staates verboten.

21.4.1932: Nach erneuter Eingabe wird der gekürzte Film (bei Jugendverbot) mit der Auflage weiterer Schnitte freigegeben.

9.-21.5.1932: Auf Einladung des Zeitungsverbands fahren Brecht und Slatan Dudow mit *Kuhle Wampe* nach Moskau und nehmen am 14.5. an der Uraufführung des Filmes teil.

30.5.1932: Deutsche Premiere des Films *Kuhle Wampe oder Wem gehört die Welt?* in Berlin.

27.2.1933: Brand des Berliner Reichstags.

28.2.1933: Brecht und Helene Weigel fliehen aus Deutschland zunächst nach Prag, anschließend nach Wien und in die Schweiz.

Mitte April 1933: Reise nach Paris. Brecht schreibt *Die sieben Todsünden der Kleinbürger*; Musik: Kurt Weill.

Anfang Juni 1933: Helene Weigel übersiedelt mit den Kindern von Lugano nach Thurø, einer Insel bei Svendborg (Fünen).

7.6.1933: Uraufführung des Balletts *Die sieben Todsünden* im Théâtre des Champs-Elysées in Paris.

Ab Juni 1933: Brecht in Thurø.

9.8.1933: Brecht und Helene Weigel erwerben das Haus Skovsbostrand Nr. 8 in Svendborg.

Dezember 1933: Endgültige Übersiedlung nach Svendborg (bis 22. 4. 1939).

April 1934: Die Gedichtsammlung *Lieder Gedichte Chöre* erscheint in Paris.

3.10.1934: Reise nach London (bis 20.12.). Arbeit mit Leo Lania an Filmstories.

21.10.1934: Erstdruck des *Dreigroschenromans* in Amsterdam.

Ende Dezember: Brecht schreibt *Fünf Schwierigkeiten beim Schreiben der Wahrheit* über Probleme des Schriftstellers in Zeiten der Unterdrückung.

14.3.1935: Reise nach Moskau (bis 17.5.).

Juni 1935: Beginn der Zusammenarbeit und Freundschaft mit Ruth Berlau.

8.6.1935: Ausbürgerung Brechts aus Deutschland wegen »niedriger Gesinnung«.

Juni 1935: Teilnahme am I. Internationalen Schriftstellerkongreß zur Verteidigung der Kultur in Paris.

Oktober 1935: Reise nach New York (bis 16. 2. 1936). Beteiligung an der Inszenierung von *Die Mutter* (Premiere: 19.11.) mit der Theatre Union.

6.3.1936: Reise nach London (bis 28.7.). Überarbeitung des Drehbuchs für den Richard-Tauber-Film *Der Bajazzo*. Brechts Umarbeitung entspricht nicht der Konzeption der Produzenten und wird vorzeitig beendet.

4.11.1936: Uraufführung von *Die Rundköpfe und die Spitzköpfe* im Theater Riddersalen Kopenhagen.

Juli 1937: Reise nach Paris zur Teilnahme an der Abschlußveranstaltung des II. Internationalen Schriftstellerkongresses (am 16./17.7.).

Ende Juli 1937: In Svendborg beschäftigt sich Brecht mit einer Szenenfolge *Die Angst* (später: *Furcht und Elend des III. Reiches*).

16.10.1937: Uraufführung von *Die Gewehre der Frau Carrar* in der Salle Adyar, Paris (in deutscher Sprache; künstlerische Gesamtleitung: Slatan Dudow, mit Helene Weigel als Carrar).

21.5.1938: Uraufführung von Szenen aus *Furcht und Elend des III. Reiches* in Paris; Regie: Slatan Dudow; Musik: Paul Dessau.

Ende Mai 1938: Zwei Bände *Gesammelte Werke* von Brecht erscheinen im Malik-Verlag, London.

Oktober 1938: Brecht schreibt *Leben des Galilei* (mit Margarete Steffin; 1. Fassung).

März 1939: Beantragung eines Einwanderungsvisums für die USA und der Aufnahme in die Einreisequote.

April 1939: Übersiedlung nach Stockholm/Lidingö (bis 16.4.1940).

20.5.1939: Tod von Brechts Vater in Augsburg.

Juni 1939: Erstdruck der Sammlung *Svendborger Gedichte.*

21.8.1939: Henry Peter Matthis schreibt mit Brecht das Filmexposé *Wir wollen fliegen.*

November 1939: Arbeit an dem Hörspiel *Das Verhör des Lukullus.*

17.4.1940: Flucht aus Schweden, Weiterreise nach Helsinki.

22.4.-5.7.1940: Aufenthalt in Helsinki.

5.7.-6.10.1940: Aufenthalt auf dem Landgut Marlebäck von Hella Wuolijoki.

2.9.1940: Beginn der Arbeit an *Herr Puntila und sein Knecht Matti.*

März 1941: Für das amerikanische Theater schreibt Brecht *Der Aufstieg des Arturo Ui.* Eine erste Niederschrift wird am 29.3. abgeschlossen.

19.4.1941: Uraufführung von *Mutter Courage und ihre Kinder* im Schauspielhaus Zürich.

2.5.1941: Brecht und seine Angehörigen erhalten die Immigrationsvisa für die USA, Margarete Steffin (als Hella Wuolijokis »Sekretärin«) am 12.5.

Mitte Mai 1941: Brecht reist mit seiner Familie, mit Margarete Steffin und Ruth Berlau von Helsinki über Leningrad nach Moskau, dann mit dem Transsibirischen Expreß weiter nach Wladiwostok.

4.6.1941: Tod Margarete Steffins.

21.7.1941: Nach einem Zwischenaufenthalt in Manila (Philippinen) kommen die Flüchtlinge in San Pedro, dem Hafen von Los Angeles, an.

Oktober 1941: Mit dem amerikanischen Schriftsteller Ferdinand Reyher entwickelt Brecht die Filmstory *Der Brotkönig lernt Brot backen.*

Mai 1942: Vorarbeiten mit Fritz Lang zu einem Film über das Attentat tschechischer Patrioten auf den Stellvertretenden Reichsprotektor von Böhmen und Mähren Heydrich in Prag (*Hangmen Also Die*).

4.2.1943: Uraufführung von *Der gute Mensch von Sezuan* am Schauspielhaus Zürich (Regie: Leonard Steckel).

9.9.1943: Uraufführung von *Leben des Galilei* im Züricher Schauspielhaus (Regie: Leonard Steckel).

13.11.1943: Brechts Sohn Frank Banholzer kommt bei einem Bombardement an der Ostfront ums Leben.

24.2.1944: Lion Feuchtwanger unterzeichnet einen Vertrag mit der Filmgesellschaft Metro Goldwyn Mayer über die Filmrechte am *Simone*-Stoff. Brecht stehen aus dem Vertrag »etwas über 22 000 $« zur Verfügung.

Ende März 1944: Bekanntschaft mit dem englischen Schauspieler Charles Laughton.

Dezember 1944: Beginn der Arbeit mit Charles Laughton an der Übersetzung von *Leben des Galilei* und der Bühnenfassung *Galileo.*

Mai 1945: Brecht setzt die Arbeit an der amerikanischen Fassung von *Galilei* mit Charles Laughton fort.

12.6.1945: Premiere von *The Private Life of the Master Race* (9 Szenen aus *Furcht und Elend des III. Reiches*) im City Collage Auditorium.

24.3.1947: Für Peter Lorre beendet Brecht einen Filmentwurf nach Gogols Novelle *Der Mantel* und beginnt eine weitere Filmgeschichte *Der große Clown Emaël.*

30.7.1947: Premiere von *Galileo* im Coronet Theatre in Beverly Hills.

30.10.1947: Brecht vor dem Kongreßausschuß für Unamerikanische Betätigungen. Abends hört er Auszüge seines Verhörs im Radio.

31.10.1947: Brecht fliegt nach Paris.

5.11.1947: Fahrt nach Zürich. Zusammentreffen mit Caspar Neher.

15.2.1948: Uraufführung der Bearbeitung *Die Antigone des Sophokles* im Stadttheater Chur.

5.6.1948: Uraufführung von *Herr Puntila und sein Knecht* am Zürcher Schauspielhaus (Regie: Brecht, mit Leonard Steckel als Puntila).

Oktober 1948: Reise nach Berlin. Vorbereitungen zur Inszenierung von *Mutter Courage und ihre Kinder.*

11.1.1949: Premiere von *Mutter Courage und ihre Kinder* im Deutschen Theater.

12.11.1949: Eröffnungsvorstellung des neugegründeten Berliner Ensembles im Hause des Deutschen Theaters mit *Herr Puntila und sein Knecht Matti.*

15.4.1950: Premiere von *Der Hofmeister*, Tragikomödie von Jacob Michael Reinhold Lenz, in der Bearbeitung des Berliner Ensembles; Regie: Brecht und Caspar Neher.

4.8.1950: Ein von der DEFA zugesandtes Drehbuch des *Courage*-Films hält Brecht für keine vertretbare Vorlage für einen Film.

8.10.1950: Premiere von *Mutter Courage und ihre Kinder* in den Münchener Kammerspielen.

12.1.1951: Premiere von *Die Mutter* mit dem Berliner Ensemble im Deutschen Theater.

Februar/März 1951: Diskussionen um die Oper *Das Verhör des Lukullus* (Geschlossene Uraufführung: 17.3.). Veränderungen an Text und Dessaus Musik.

26.9.1951: Brecht verfaßt einen *Offenen Brief an die deutschen Schriftsteller und Künstler.*

7.10.1951: Brecht erhält den Nationalpreis I. Klasse.

12.10.1951: Uraufführung der veränderten Oper *Die Verurteilung des Lukullus* in der Deutschen Staatsoper Berlin.

Mai 1952: Das Buch *Theaterarbeit. 6 Aufführungen des Berliner Ensemble* (Redaktion: Ruth Berlau, Bertolt Brecht, Claus Hubalek, Peter Palitzsch, Käthe Rülicke) erscheint.

16.11.1952: Premiere von *Die Gewehre der Frau Carrar* am Berliner Ensemble.

23.11.1952: Uraufführung von *Der Prozeß der Jeanne d'Arc zu Rouen 1431*; künstlerische Leitung: Brecht, Regie: Benno Besson.

17.6.1953: Protest-Demonstrationen gegen die DDR-Regierung im Ost-Sektor von Berlin, sowjetische Panzer greifen ein, der Ausnahmezustand wird verhängt. Brecht bekundet sein Verständnis für die Forderungen der Arbeiter und fordert eine »große Aussprache mit den Massen über das Tempo des sozialistischen Aufbaus«. In diesem Sinne schreibt er auch Briefe an Ulbricht, Grotewohl und den sowjetischen Botschafter.

15.9.1953: Brecht schließt mit der Wien-Film einen Vertrag über die Verfilmung von *Herr Puntila und sein Knecht Matti* ab.

19.3.1954: Erste Vorstellung des Berliner Ensembles im Theater am Schiffbauerdamm mit Molières *Don Juan*, Regie: Benno Besson.

26.6.-6.7.1954: Reise nach Paris, Gastspiel beim ersten Festival der dramatischen Kunst mit drei Vorstellungen von *Mutter Courage und ihre Kinder*. Das Berliner Ensemble erhält den ersten Preis für das beste Stück und die beste Inszenierung.

7.10.1954: Premiere von *Der kaukasische Kreidekreis* am Berliner Ensemble; Regie: Brecht, Bühnenbild: Karl von Appen.

17.-27.5.1955: Mit Helene Weigel und Käthe Rülicke Reise nach Moskau. Im Swerdlow-Saal des Kreml wird Brecht am 25. 5. der Stalinpreis überreicht. Brecht hält seine Rede *Der Friede ist das A und O*.

15.-26.6.1955: Reise nach Paris. Gastspiel des Berliner Ensembles mit *Der kaukasische Kreidekreis* im Théâtre Sarah Bernhardt.

18.8.1955: Wolfgang Staudte beginnt in der DEFA mit den Dreharbeiten für *Mutter Courage*.

17.12.1955: Die *Kriegsfibel* erscheint im Eulenspiegel-Verlag.

Dezember 1955: Bei der Wien-Film wird *Herr Puntila und sein Knecht Matti* fertiggestellt.

8.-11.2.1956: Reise nach Mailand, um sich die *Dreigroschenoper* am Piccolo Teatro anzusehen. Die Inszenierung Strehlers erfährt Brechts höchste Anerkennung.

12.4.1956: Brecht begibt sich zur Behandlung »der Folgen einer Virusgrippe« in die Charité (bis 12.5.).

Juli 1956: Nach Diskussionen über die Stalin-Kritik auf dem XX. Parteitag der KPdSU entstehen kritische Notizen und Gedichte, die sich mit den Folgen des Stalinismus beschäftigen. In einem Gedicht bezeichnet Brecht Stalin als »verdienten Mörder des Volkes«.

14.8.1956: 23.45 Uhr stirbt Brecht in seiner Wohnung Chausseestraße 125.

Editorische Notiz

Alle Brecht-Texte im vorliegenden Band folgen den Bänden 5, 24 bzw. 25 der »Großen kommentierten Berliner und Frankfurter Ausgabe« (GBA) der *Werke* von Bertolt Brecht (1988-1998).

Hanns Eislers Beschreibung der Inszenierung von 1955/56 bzw. 1957 ist dem Modellbuch *Aufbau einer Rolle. Galilei* (hg. v. d. Deutschen Akademie der Künste, Berlin: Henschelverlag Kunst und Gesellschaft 1956/1958; = Ruth Berlau: Modellbücher des Berliner Ensemble 2) entnommen.

Die Einführung in den Band und die Zwischentexte zur Entstehung der einzelnen Fassungen hat Stefan Hauck (Hofheim/Ts.) geschrieben.